브라질 민족

브라질의 형성과 의미

서양편 · 752

브라질 민족

브라질의 형성과 그 의미

다르씨 히베이루(Darcy Ribeiro) 지음
이광윤 옮김

한국문화사

한국연구재단 학술명저번역총서 서양편·752
브라질 민족
브라질의 형성과 그 의미

1판 1쇄 발행 2016년 8월 20일

원　　제 O povo Brasileiro: A formação e o sentido do Brasil
지 은 이 다르씨 히베이루(Darcy Ribeiro)
옮 긴 이 이광윤
책임편집 이지은
펴 낸 이 김진수
펴 낸 곳 **한국문화사**
등　　록 1991년 11월 9일 제2-1276호
주　　소 서울특별시 성동구 광나루로 130 서울숲IT캐슬 1310호
전　　화 02-464-7708
전　　송 02-499-0846
이 메 일 hkm7708@hanmail.net
홈페이지 www.hankookmunhwasa.co.kr

책값은 뒤표지에 있습니다.

ISBN 978-89-6817-391-2 93950

이 도서의 국립중앙도서관 출판예정도서목록(CIP)은 서지정보유통지원시스템 홈페이지(http://seoji.nl.go.kr)와 국가자료공동목록시스템(http://www.nl.go.kr/kolisnet)에서 이용하실 수 있습니다.(CIP제어번호: CIP2016019404)

'한국연구재단 학술명저번역총서'는 우리 시대 기초학문의 부흥을 위해
한국연구재단과 한국문화사가 공동으로 펼치는 서양고전 번역간행사업입니다.

| 차례 |

일러두기 ······ viii

서문 • 1
서론 • 9

I 신세계 _ 17

01 종족의 근원 _ 19
브라질이라는 섬 _ 19 / 뚜삐(Tupi)라는 근원 _ 21 / 포르투갈성(性) _ 29

02 세계의 충돌 _ 34
상반된 시각 _ 34 / 서로 다른 이유들 _ 42 / 구원의 신화 _ 51

03 문명의 과정 _ 60
민족의 근원 _ 60 / 바로크와 고딕 _ 65 / 역사의 현대화 _ 70

II 인종의 잉태 _ 75

01 인간의 형성 _ 77
인종 간 통혼 (꿍냐디즈무) _ 77 / 총독제 _ 83 / 인디오 포획 _ 97

02 인종의 혼혈화 _ 106
브라질인디오 _ 106 / 아프리카 브라질인 _ 114 / 신 브라질인 _ 121 / 브라질인 _ 126 / 존재와 의식 _ 135

03 씨앗과 자궁 _ 144
탈 인디오화 _ 144 / 경이로운 발전 _ 152 / 흑인의 축적 _ 164

III 사회 · 문화적 과정 _ 169

01 모험과 일상 _ 171
브라질에서의 전쟁 _ 171 / 브라질이라는 거대 기업 _ 180 / 평가 _ 183

02 무질서한 혼돈의 도시화 _ 199
도시와 촌락 _ 199 / 산업화와 도시화 _ 204 / 도시의 악화 _ 211

03 계급과 피부색 그리고 편견 _ 215
계급과 권력 _ 215 / 사회적 거리감 _ 218 / 계급과 인종 _ 227

04 동화와 분리 _ 236
인종과 피부색 _ 236 / 백인 대 흑인 _ 239 / 이민자들 _ 249

05 질서 대 진보 _ 252
무정부의 기원 _ 252 / 과거와 현재 _ 255 / 종족 변형 _ 263

A formação e o sentido do Brasil

IV 역사에 나타난 다양한 브라질 _ 273

01 다양한 브라질 _ 275
서론 _ 275
02 끄리오울 브라질 _ 280
03 까보끌루 브라질 _ 311
04 쎄르따네주 브라질 _ 341
05 까이삐라 브라질 _ 364
06 남부 브라질: 가우슈, 마뚜뚜 그리고 그링구 _ 404

V 민족의 운명 _ 437

출산의 고통 _ 439 / 대치 _ 444

참고문헌 ········ 448
역자 후기 ········ 465
찾아보기 ········ 468

• 일러두기 •

1. 이 번역서는 *O povo Brasileiro: A formação e o sentido do Brasil*(Companhia das Letras, 1995, 제2판)을 번역한 책이다.
2. 본문에 나오는 주석 중 각주는 모두 저자에 의한 원서를 그대로 따랐으며 일부 해설은 모두 역자에 의한 것이다. 아울러 그 범위와 내용, 특히 본문의 내용에 대한 해설은 역자의 견해와 관점에 따른 것이므로 또 다른 적용과 해석도 가능함을 밝혀둔다.
3. 본 역서에서는 문장, 단어 등의 중요도를 높이기 위해 한글과 원어인 포르투갈어를 병기했으며, 때로는 단어의 이해를 높이기 위해 한자도 병기했다.
4. 지명이나 인명 등 고유명사의 발음 표기는 외래어표기법에 따르지 않고, 브라질에서 쓰이는 포르투갈어의 발음을 그대로 살리기 위해 모두 현지의 발음에 따랐다. 이는 우리나라의 포르투갈어 외래어표기법이 브라질 현지에서 통용되는 발음과는 많이 다르기 때문이다.

❙서문❙

이 책을 쓰는 것은 지금까지 내게 부여된 그 어떤 일보다도 가장 커다란 도전이었으며 지금도 여전히 가장 큰 도전으로 남아있다. 나는 이 책을 30년 이상이나 쉼 없이 쓰고 또 쓰고 있다. 하지만 그보다 더 최악인 것은 내가 다른 일에 매달려 이 책을 마치지 않았다는 사실이 나를 더 좌절하게 만든다는 것이다. 언제나 뒷전에 남겨둔 이 글쓰기 작업에, 나는 결코 노력하지 않은 것도 아니며 이 일을 끝내는 데 그 무엇도 나를 방해하지 않았다. 그러나 오늘 나는 세 번째로 다시 쓰고 있다. 처음은 내가 글쓰기를 마친 그 때였고, 두 번째 다시 쓸 때는 논리적이지 못한 수많은 에피소드와 내용을 수정하고 책 전체를 다시 썼다.

그런데 최근 나는, 이 책을 끝내지도 못한 채 죽음이 임박한 나 자신을 알아차리고 조바심과 고민에 마음을 가다듬어야 했다. 그래서 병원에서 도망쳐 나와, 살기 위해 그리고 이 책을 쓰기 위해 이곳 마리까(Maricá)로 왔다. 만일 당신이 오늘 활자화된 이 책을 손에 들고 있다면 그것은 드디어 내가 이 책을 다 쓰고 세상에 존재하게 만들었다는 뜻이리라. 아! 그렇게 되기를….

나는 지금 막 마지막 구절까지 다 읽었다. 내가 페루(Peru)에 머물 때 쓴 원고는 그 때는 탐탁하게 생각하지 않았지만 스페인어로 번역, 출판되기도 했다. 지금 생각하니 그땐 이 책이 훌륭했다. 그랬기에 출판될 수 있었으며, 여전히 도전적인 자세와 내용으로 지금 여기에 존재하게 된 것이다. 나는 이 책을 던져버리고 싶지 않았다. 오히려 이 책은 내게 더 많은 것을 요구했으며, 더 훌륭한 책으로 모양을 갖추기 위해 다시 보고 다시 수정하게끔 내게 기약하고 있었다.

어떠한 책도 완성되는 법은 없다고 나는 믿는다. 내가 이 책을 계속 쓰고 또 보고 있는 것처럼 모든 저자는 끝없이 언제나 손에서 책을 놓지 않는다. 그렇게 하면 우리는 그 책에 싫증이 나겠지만 그때 가서야 책은 비로소 끝을 맺게 되는 법이다. 확실하지는 않지만 적어도 내게는 그렇다.

그런데 어째서 나는 이 책에서 도망쳐 숱한 세월 동안 무수히 다양한 다른 일에 빠져 있다 이제야 다시 손을 보게 된 것일까? 나도 잘 모르겠다! 확실한 것은, 쉬려고 그런 것은 아니었으며 또 다른 과제가 내게 주어졌기 때문이었다. 그 과제 중에는, 나를 문학적으로 만들어 20여 년 동안 내가 시도하고자 한 흥미로운 소설 쓰기에 빠져들어 네 편의 소설을 출간하게 한 일도 있었다. 이러한 오래 돌아오는 여행 동안 나는 이곳 브라질에서 그리고 유배지에서 매우 정치적으로 변해 좋은 결과와 나쁜 결과를 모두 맛보았으며, 그 일은 내게 삶과 죽음의 문제를 포함해 다양하고 고된 일을 겪게 만들었다.

그 모든 세월 동안 이 책은 여기 이곳 서랍 속에서 퇴색한 채로 오늘까지 머물러 있었다. 이제야 나는 마리까(Maricá) 이곳 해변에 무수히 많은 원고 더미 가방을 갖고 온 것이다.

잘 정리되지 않아 책으로 출판되지는 않은 형태의 원고를 내가 처음 쓰기 시작한 것은 1950년대 중반, 교육부 여론조사 기구인 브라질 교육조사센터(Centro Brasileiro de Pesquisas Educacionais)에서 광범위한 사회-인류학적 조사 프로그램을 진행할 때였다. 당시 나는 이 책을, 농촌사회와 도시사회 그리고 구시대와 현대사회의 다양한 모습을 보여주는, 브라질 전체 사회의 모습을 조망해본다는 야심을 갖고 시작한 연구조사의 총체적인 결과로 인식했는데, 그때는 혁명적 사회변화 움직임이 막 나타나기 시작한 시기이기도 했다.

그러나 나는 당시 브라질리아 연방대학교(Universidade de Brasília)를 설립하는 계획을 맡으면서 책 쓰기를 그만두었다. 그리고 이후 내게 국가개혁운동을 주도하라는 임무와 함께 직책이 주어져 주엉 굴라르(João Goulart) 대통령 정부에서 교육부장관과 비서실장 등을 역임하기도 했다.

여러분도 알다시피 이 모든 정치적 행동의 결과는 우루과이에서의 내 첫 번째 유배로 나타났다. 그곳에서 약 2년간의 강제노동 기간이 지난 후 400페이지에 이르는 이 책의 첫 번째 부분이 형체를 갖추었다. 그것은 내가 주인공으로 참여한 브라질의 비극적인 사건들이 불러온 내 인생역정의 결과였다. 그것은 또한 군사혁명에 패배한 바로 우리 자신을 만든 이 사회에서 역사적이고 과학적인 대답을 추구하고자 세상 밑바닥에서 뚫고 나온 동맥과도 같은 것이었다. 어째서 우리를 지배계급이 또다시 굴복시켰는가?

사실 이 책을 쓰기 위해 나는 그러한 연구조사 결과로 나타난 책들을 거의 탐독했다. 그러려면 브라질과 라틴아메리카에 관한 텍스트를 손에 넣어야 했으며, 이는 몬테비데오 시립도서관 덕택이었음을 나는 잘 기억하고 있다.

내가 책을 처음 완성하고 읽어본 뒤 스스로 비평했을 때는, 내가 과연 무엇을 말했는지 또 과거에 말하지 못한 것조차 왜 말하지 못했는지 고민에 휩싸일 수밖에 없었다. 더욱 놀라운 것은 "왜 브라질이 아직 제대로 모습을 보여주지 못하는가?"라는 오랫동안 내가 스스로 되뇌어 온 질문에 결론적으로 대답하지 못했다는 점이었다.

그때의 내 느낌은 우리의 역사적인 경험에 근거하고 우리 자신의 언어로 설명 가능한 일반적인 이론이 우리에게 없다는 것이었다. 당시 이론적 틀은 모두 유럽중심적 이론에서 유래한 것이었고 그래서 그것이 우리 자신을 더 잘 이해하게끔 만드는 데 무력했던 것이다. 우리의 과거는 이방인의 과거가 아니었으며, 우리의 현재는 그들의 과거가 또한 아니었으며 우리의 미래는 공동의 미래가 아니다.

나는 이후 오랜 시간 내 스스로 던진 질문에 답하기 위해 혼란 속에서 연구에 몰두했다. 그 책을 수정하면서 이론을 제시하는 서론 부분이 전체 책 내용으로 바뀌었다. 브라질에 대한 연구에서 이론은 전체 인류 역사에서 브라질을 재위치시키기 위해 필요했고, 이는 나로 하여금 모든 역사 이론을 재고하게끔 했다. 그러나 주어진 대안들은 무력할 뿐이었다. 아마도 그 대안들은 유럽의 역할에 대한 이론적 견해로서 쓰일 수 있을지는 모르나 동양인의 역사를, 아랍세계의 역사를 그리고 작게는 우리 라틴아메리카의 역사를 설명하지는 못했다. 그 대안 중 **기원**(*Origens*) 문제에 있어서는 엥겔스 그리고 **형성**(*Formações*) 문제에 있어서는 마르크스로 대표되는 새로운 이론들은 상충하면서 문제 해결에 도움이 되지 못했다.

『**문명의 과정**』(*O Processo Civilizatório*)이라는 책은 내가 쓴 책 중에서 내 목소리로 분명하게 이야기할 수 있는 책이다. 그것은 이미 서구적 범주의 언어로 번역되어 수없이 반복되어 설명되었기 때문에 그대로 믿고 싶다. 그런데 너무나도 야심 찬 책을 쓴다는 대담함은 나로 하여금 일종의 열등감으로 가득 찬 환자의 원한 같은 감정을 들게 했으며, 그 이유는 브라질 지성인의 한 사람으로서 너무나도 복잡한 문제를 다루는 이 논쟁에 들어갈 권리를 인정해주지 않기 때문이었다. 게다가 이 책은 마르크스주의자의 책이 아니기에 공산주의자의 억압을 겪었고 또한 마르크스주의자의 책이라고 우파 학자들의 억압도 겪었다. 그러나 같은 주제에 관해 나온 최근의 또 다른 책들보다도 더 많이 출판되고 읽혀 왔기에 이로써 어떠한 해악도 끼치지 않았음을 알 수 있다.

그러나 『**문명의 과정**』은 충분하지 않았다. 1만 년 역사에 주어지는 설명으로는 너무나 광범위하다. 일반적인 대답은 필연적으로 우리의 역사적 역할에 빈약한 윤곽만을 그려줄 뿐이다. 그 대답은 일반적으로 이 주제를 다룬 내용과 함께 고전적인 텍스트에 대한 대안으로서 주어질 수 있었다. 또한 그것은 역사와 새로운 문명의 과정 그리고 새로운 사회문화적 형성의 원동력으로서 새로운 기술적 혁명을 제안함으로써 자유롭기보다는 더 사실적이고 더 설명적인 개념이었다. 이러한 관점에서는 우리의 현실은, 우리 역사의 인과관계를 고려하는 데는 불충분하지만, 비교론적이며 이론적인 목적에 유용한 설명을 낳으면서 가장 일반적인 모양으로 그려진다.

그래서 나는 더 근원적인 설명을 추구하기 위해 오랜 작업에서 빠져나왔다. 이제 내게 새로이 주어진 주제는 불평등한 발전의 원인을 설명하는 노력의 하나로 아메리카인 형성과정을 재구성하는 것이었다. 그래서 새로운 책 – 『**아메리카와 문명**』(*As Américas e a Civilização*) – 으로 아메리카 역사의 500년을 1만 년의 전체 역사의 규모로 뛰어넘어 보았다.

이 책은 출판 이후 인류학자들보다 역사가와 철학자들에게 더 많이 읽히고 번역되고 논의되었다. 그들은 저항하기 어려운 야만적 논리의 경향을 지니고 있으며 그리고 이상하고 탈선한 모든 행위에 집착하고 있었다. 그들은 또한 문명의 인류학을 행하면서 우리 자신을 이해하는 데 자신들의 힘을 쓰는 것을 아연실색하며 부정하면서 주어진 이상한 주제에 자신들의 재능을 다 쏟고 있다.

그러나 『아메리카와 문명』을 끝내고 난 뒤 나는 내가 추구하고자 한 것과 관련해 내가 얻은 그 무엇의 한계를 보고 말았다. 내 책은 우리로 하여금 이해하게끔 도와주지만, 그러나 명백하게도 우리의 야망을 충족하는 데는 아직 충분하지 못하다. 그래서 나는 또다시 새롭고 동시대적인 단계에서 우리가 이해하는 데 필요한 이론을 추구하기 시작했다. 가공되지 않은 것보다는 덜 유럽중심적인 개요의 자리를 차지하는 긴급히 필요한 이론은 3가지로 나눌 수 있다.

첫 번째 이론은 사회계급의 경험적 기초에 근거한 것인데, 계급이 브라질과 라틴아메리카 사회에 어떻게 드러났는지 보는 것으로, 유럽과 북미 사회에서 마르크스적 개요가 받아들여졌듯이, 계급이 우리의 이베로-라틴적 현실 앞에서 유럽인 이민자들에 의해 어떤 형태로 눈에 보이게 되었는지를 살펴보는 이론이다. 여기서는 봉건 귀족주의와 경쟁하는 진보주의적 부르주아도, 혁명적 경향에 의해 정화된 프롤레타리아도 없지만 그러나 계급투쟁 성격은 있으며 규명하고 특징짓도록 가장된 적대자적 블록은 존재했다.

우리에게는 똑같이, 보수주의든, 재정리주의든, 폭동주의든, 정치적 호전성과 권력 형태에 대한 유형 연구가 부족했다. 모든 정치과학의 유형 연구는 해석된 것보다 우리를 더욱 혼란스럽게 만드는 철학적 억측이나 의미 없는 분석에 의해 이루어졌다. 자유주의나 보수주의, 급진주의, 민주주의 그리고 심지어는 사회, 정치적 혁명에 대해 효율적으로 말하는 것은 또 다른 맥락에서 구체적인 정의의 의미를 가질 수 있다. 그런데 우리의 맥락에서는 그러한 표현들이 보다 다른 주체와 그리고 보다 다른 단절된 이념에 적용되는 모호성만큼이나 아무것도 의미하지 않는다.

사회적인 재구성이라는 심오한 움직임을 위해 의식을 동원하면서 박식한 지식은 너무나도 거짓으로 실제를 보여주고, 대중적인 몰이해가 더해져, 상반되게 비평적 차원을 얻고 있는 우리의 현실을 고려할 능력이 있는 문화이론은 여전히 부족하다. 우리 자신과 우리의 새로운 세계관을 이해하기 위해 보다 다른 전통을 혼합하는 대중적 창조성 앞에서 유럽적 관습에 종속되어 이식된 우리의 뛰어난(박식한) 문화의 형태와 역할을 어떻게 설정할 것인가? 이러한 필요성을 고려하기 위해 나는 『**라틴아메리카의 딜레마**』(*O Dilema da América Latina*)라는 책을 썼다. 그 책에서 나는 새로운 사회계급과 정치적 역할의 개요를, 우리로 하여금 자신들에게 일치하도록 존재하라는 북미의 헤게모니적 압력 아래 놓고서 제안했다.

순수하게 교육적인 관점에서 나는 네 번째 책 『**브라질 사람들: 브라질의 이론**』(*Os brasileiros: Teoria do Brasil*)을 완성하기 위해 이 세 권의 책에서 발전된 이론적 틀을 요약했다. 이 책은 내가 시사했던 문화이론을 새롭게 제시했다. 나는 그 이론을, 라틴아메리카적인 차원을 다루면서 그차원 내의 너무도 많은 주제 중 하나로 다루지 않기 위해 『**라틴아메리카의 딜레마**』 책에서는 다루지 않았다.

다섯 번째 책인 『**인디오와 문명**』(*Os índios e a civilização*)은 앞선 네 권의 책과 함께 과거 실행했던 내 문명 인류학 연구의 완결판이다. 그러나 확실한 것은 그 이론적 틀은 여전히 인종적 변형 개념에 근거하고 있다는 것이다. 인종적 변형 개념이란 사람들이 태어나, 살면서 변형되고 그리고 죽는 과정을 통해 인종적 변형이 이루어진다는 개념이다.

거의 2천 페이지에 달하는 그 다섯 권의 책이 쓰인 배경을 설명한 이 서문에서, 지금 논의하고자 하는 이 책에 대해서는 별로 언급하지 않았지만 나는 그 모든 책은 브라질이라는 나라를 설명할 이론적 근거를 추구한 결과였다고 말하고자 한다.

앞서도 말했지만 나는 페루에 있을 때 내 이론적 연구에 기초하여 이 책을 다시 쓰려고 수없이 시도했다. 그 몇 해 전 몸에 생긴 병을 돌보며 몇 달 동안 다시 쓰려 애써봐도 만족스럽지는 않았지만….

그뿐만이 아니었다. 내 삶에 청천벽력 같은 일이 생기고 말았다. 한쪽 폐에 암 덩어리가 생겨 그것을 떼어버려야만 했다. 그래서 유배기간 동안 머릿속에 잠들어 있던 정치적 감각의 촉광을 되살리면서 나는 브라질로 돌아왔다. 그 모든 것은 아니 그보다 더한 모든 것은, 내가 점점 죽음의 길로 가까이 가고 있으며 병이 나를 노예처럼 구속하고 있다는 것을 내가 알게 되면서부터, 내가 원했던 작업을 이루지 못할지도 모른다는 강박감이 되어 나를 짓누른다.

그런데 지금은, 사회 인류학적인 내용보다도 브라질을 더 새롭게 이해하려는 내 투쟁이 담긴 이 책을 다시금 써야 한다는 새로운 죽음의 압박감이 나를 몰아세우고 있다.

그러니 독자들이여, 착각은 하지 말지어다. 인류학자이기 이전에 나는 신념 있고 정치적인 사람이라 도덕적인 이유와 깊은 애국심의 발로로 정치와 학문을 하고 있을 뿐이다. 그리고 독자들이여, 이 책에서 심오한 분석을 구하지 말지어다. 이 책은 우리의 조국 브라질을 우리 스스로 찾기를 희망하고 우리의 생각과 정신 위에서 영원히 흐르기를 희망하는 참여자로서의 책일 뿐이니….

▌서론 ▌

민족으로서 브라질과 브라질 사람들의 잉태는 다음 장에서 다루고 이해할 것이지만, 브라질인인 우리는 포르투갈 침략자들과 야생의 전원주의자인 원주민 인디오 그리고 노예로서 팔려온 아프리카 흑인들의 융합과 충돌 그리고 혼합으로 이루어졌다.

포르투갈 사람들의 정복과 집권으로 만들어진 이러한 인종 융합에서 서로 다른 인종적 원형과 다른 문화적 전통 그리고 차별된 사회적 구성은 서로 대치하고 합쳐졌으며 그리고 새로운 사회적 구조의 모델 내에서 새로운 민족으로(Ribeiro, 1970) 자리 잡게 되었다. 그들은 진정 제설혼합적 문화에 의해 활성화되고 그것에서 유래한 문화적 자취를 재규명함으로써 단일의 뚜렷한 혼혈적 특징을 가진, 문화적으로 차별화된 새로운 민족적 인종이었다. 또한 그들은 수도 없이 존재하는 전혀 다른 새로운 인종으로 자신들 스스로가 인식하고 있으며 또한 인식되고 있기 때문에 분명 새로운 민족임이 틀림없다. 그리고 세계경제로 지속되는 봉건사회와 노예제도의 새로운 타입에 기반을 둔 단일한 사회-경제적 조직 형태를 개막한 사회적 구조화의 새 모델이기 때문에 또한 새로운 민족이라고 할 수 있다. 게다가 모든 브라질인에게 용기를 주고 감동시키는 너무나 희생적인 민족에게서 행복의 보이지 않는 즐거움과 놀라운 의지가 보이기에 여전히 새로운 민족이 아닐 수가 없다.

그러나 한편으로는 그 스스로를 위해서 존재하지 않고 수입되거나 국내에서 보충된 민중을 통하여 세계시장을 위한 자본의 식민지적 공급자 기능을 수행함으로써, 수출이익을 만들어내기 위해 유럽을 확대하는 해양침략에서 그랬듯 외부적 프롤레타리아 계급으로 취급되기 때문에 또한 낡은 민족이라고도 할 수 있다.

아메리카 인디오와 아프리카 흑인에게서 물려받은 다양한 피부색에 따라 차별화된 브라질 사회와 문화는 서구 유럽 문명의 전통에서 파생된 다양한 포르투갈 요소와 함께 형성되었다. 이렇게 브라질은 자체적인 특징을 새롭게 갖춘 차별화된 새로운 싹처럼 드러났지만 그러나 계통적으로는 포르투갈의 근원에 얽매여 있으며 그의 존재와 성장의 잠재력은 광범위하게 실현되고 있다.

태생적 근원이 너무나도 다양한 이들의 혼합은 차별되고 합쳐질 수 없는 구성요소들이 충돌하여 다인종 사회라는 결과를 낳을 수도 있었다. 그런데 그 반대로, 그런 다양함이 브라질인의 신체적 용모와 정신에 내재하고 있음에도 불구하고, 이들 다양한 선조의 표식은 인종, 문화 또는 지역적 소수층에서 큰 차이가 없었다.

유일한 예외는 브라질 국민에 둘러싸여 섬처럼 고립되어 남아있는 일부 소수 종족 집단이다. 그들은 문명 경계 밖에 살면서 자신의 인종적 정체성을 지키고 있다. 그들은 수적으로 너무 적어 자신들의 운명이 어떠하든 자신들이 포함된 다인종 사회에 영향을 미칠 수가 없다.

포르투갈인과 관련해 브라질인이 단일하게 유지하고 있는 것은, 원주민 인디오와 아프리카의 모태에서 유래한 차별화된 특질 그리고 브라질에서 접합된 개별적 비율, 여기서 마주치는 환경적 조건 그리고 다양한 인종을 모아 동원했던 경제적 생산목적의 성격에서 유래한 특질이다.

이러한 근본적인 인종적 단일화는 그러나 세 개의 다양한 힘 위에서 움직이고 있기 때문에 곧 단일성을 의미하는 것은 아니다. 첫째로 생태학적 힘은 환경의 조건이 지역적 적응을 강요하는 곳에서 상이한 인간적 풍경을 나타나게 하고 있으며, 둘째로 생산의 상이한 형태를 만들어내는 경제적 힘은 그 형태를 기능적 전문화와 삶이 부합하는 장르로 이끌고 있다. 그리고 마지막으로 이민화의 힘은 특히 유럽인과 아랍인 그리고 일본인이라는 새로운 인종을 끌어들여 그들을 동화시키고 브라질인으로 만들어갔지만, 이민자들이 더 집중되어 있는 사회적 계층과 지역에서 차별화를 만들어내어 일부 브라질인을 외국인으로 만들어버렸다.

이러한 방식으로 오랜 기간에 걸쳐 지역별로 다양하고 특징적인 브라질인의 존재가 역사적으로 구체화되었는데, 북동부의 쎄르따네주(sertanejo), 아마존의 까보끌루(caboclo), 해안지역의 끄리오울루(crioulo), 중부와 남동부의 까이삐라(caipira), 남부의 가우슈(gaucho) 그리고 이탈리아계 브라질인, 게르만계 브라질인, 일본계 브라질인 등과 같이 구별되었다. 이 모든 사람은, 자신의 외모나 기능적인 적응과 혼혈화 그리고 문화화에 기인한 차이에 의해서라기보다는 브라질인으로서 공통적으로 갖고 있는 특징에 의해 브라질인의 정체성을 아주 잘 드러내고 있다.

도시화의 경우, 많은 다양한 도시적인 삶의 형태를 만들어냈음에도 불구하고 문화적인 차원에서는 큰 차이 없이 브라질인을 단일화하는데 크게 기여했다. 산업화의 경우 또한 삶의 형태가 자체의 인간적인 모양을 구체화한 반면에, 지역별로 제조업 특화분야를 구체적으로 형성했다. 그리고 새로운 형태의 매스커뮤니케이션은 새로운 문화적 스타일을 전하는 단일한 전달매체로서 활발하게 기능하고 있다.

구시대 주민의 후손이나 최근 이민자들의 외모와 마찬가지로 인종적이며 문화적인 근원과 그들의 지역적-환경적 기능에는 차이가 있을지라도 브라질인들은 같은 인종에 속하는 하나의 국민임을 잘 알고 있으며, 느끼고 있고 또한 그렇게 행동하고 있다. 이들은 단일한 민족적 실체를 가지고 있으며, 포르투갈어 사투리보다는 덜한 지역 사투리에 의해 구별되는 동일한 언어를 사용하고 있다. 또한 지역 주민들과 계급 구성원들 또는 개별 민족의 후손을 구별 짓는 각각의 다양한 하위문화 요소보다도 모두를 위한 의미심장한 공통의 전통에 참여하고 있다.

그러나 단순한 인종이라기보다도 브라질은 자신의 땅에 정착하고 자신들의 운명을 그 자신의 국가에 내맡기도록 한 민족적 인종이요, 국민-국가이다. 예를 들어 단일한 정부에 의해 통치되고 그래서 인종 간 분쟁에 의해 분열되어 있는 다인종 사회인 유럽의 스페인이나 미주의 과테말라와는 반대로 브라질인들은 단일한 민족적 인종으로 통합되어 있어 단일한 국가에 그리고 단일 인종의 정부에 편입되어 있는 것이다. 다양한 소수 인종의 인디오 원주민만이 예외이긴 하지만 그러나 이들의 수는 너무 미미하여 이들의 존재가 민족적 운명에 영향을 미치지는 못하고 있다.

브라질 민족 형성과정의 위대한 결과인 문화적이고 민족적인 단일성은 그러나 매우 중요한 역동적인 요인으로 그 내면에 존재하는 불화와 모순 그리고 적개심에 대해 우리로 하여금 절대로 눈을 멀게 하지는 않을 것이다. 다양한 식민지 침식의 지속적인 경제적 통합 과정에 의해 실현된 민족적 단일성은 오랜 세월 정치적 엘리트들과 혹독한 투쟁을 통하여 획득되어 독립 후에는 사실 구체적으로 공고화되었다. 이것은 브라질의 구세대 정치 지도자 계급의 탁월한 공적임이 틀림없으며 이 점은, 포르투갈 식민화 결과로서 단일한 장벽과 다양한 민족으로 구분된 스페인 식민지와 비교할 때 특히 두드러진 차이점이기도 하다.

이러한 단일화는, 상이한 인종적 정체성을 억압하고 분리주의 경향을 압박하고 억제하여 얻어진 정치적 단일화라는 지속적이며 강제적인 과정의 결과이다. 그것은 근본적으로 더 개방적이며 확고한 사회를 건설하고자 열망하는 사회적 동기를 내포하고 있으며, 이러한 조건에서 단일화를 위한 투쟁은 단순히 공화주의자 또는 반 소수과두지배체제였었던 분리주의 운동을 응징하면서 사회적이며 계급적인 억압을 더 강화하고 나섰다.

브라질의 문화적 단일성 이면에는 자체의 민족 형성과정이 만들어낸 계층화 형태 때문에 야기된 심각한 사회적 거리감이 숨어있다. 모든 사회적 계층화에 상응하는 계급적인 적개심은 인종적 차이보다 더 바꿀 수 없는 사회적 차이를 만들어내면서 아주 소수의 특권계급으로 하여금 국민 대다수에 저항하게 하여 더욱 악화되어 갔다.

브라질에서 민족-국가라는 개념은, 과거 서로 다른 인간 집단이 적대 계급으로 나뉘어 있었지만 자신들의 생존과 번영의 필요성에 부응하기 위해서는 서로 연합했던 사회 형태에서는 드러나지 않았다. 즉, 그것은 사실, 앙심을 갖고 계속적인 종족파괴와 인종근절을 만들어낸 너무도 난폭한 지배와 억압의 과정에서 외국의 중상주의적 목적에 부응하기 위해 충원된 노예 노동력이 집중되면서 나타난 것이다.

이러한 상황에서 지배계층과 그 하위 계층 사이 그리고 이들과 피지배계층 사이의 사회적 거리감은 인종-문화적 단일성과 민족적 단일성 아래에서 겉으로 드러난 상처의 특징인 분리된 긴장을 축적하고 그 반대를 더욱 심화시키면서 더욱 심각해지고 있다. 그 결과 엘리트 지배계층 즉 포르투갈에서 온 반도인 백인과 브라질에서 태어난 토착백인-이들 모두는 결국 브라질인이지만-은 언제나 억압받는 피지배계층이라는 기괴한 공포 속에 살았으며 또 여전히 살고 있다. 그러한 괴이한 공포의 또 다른 표현은, 현행 질서의 어떠한 변화도 용인하지 않는 중앙 권력의 지배적 경향과 폭동에 대항하는 억압적 야만성이다.

사회적 계층화는 이렇게 관습적으로 부유한 브라질 사람과 가난하고 비참한 브라질 사람을 더 크게 강조하여 분리하고 또 적대하게 만들었다. 이러한 국면에서 계급 관계는 너무도 폐쇄적이라 일반 대중과 특권층 소수 계급 간에 모든 적절한 인간적인 소통을 단절시키고 있으며, 이는 또한 자연스러운 행위인 것처럼 보이지만 한편 무시되거나 잘못 취급되고 있다. 인종적, 문화적인 융합 과정을 대변했던 과거의 작업은 그런 식으로 1억 6천만 명에 이르는 같은 국민을 더 냉혹하게 불평등한 형태와 피부색에 따른 계급적 계층화로 사분오열시키며 사회관계의 보다 유동적인 차원에서 부정되고 있다.

놀라운 것은, 날조된 '인종적 민주주의' 선언을 너무나도 선언적으로 자부하는 브라질인들이 사회적 계층을 구분하는 심오한 속뜻을 잘 이해하지 못하고 있다는 사실이다. 더욱 심각한 것은 이러한 속뜻이 그러한 계층화에 반대하는 투쟁으로 이어지지 못하고 있다는 사실인데, 이는 카스트(cast)나 게토(역자 주: ghetto, 중세 이후 유럽 각 지역에서 유대인을 강제격리하기 위해 설정한 유대인 거주 지역)처럼 부자들을 가난한 사람들에게서 분리하는 생활양식(modus vivendi)에 결정화되고 있기 때문이다. 특권층은 가난한 사람들의 숙명에 대하여 단순하게 무관심의 장벽 속에 고립되어 있는데, 가난한 계층의 혐오스러운 빈곤에 대해 특권층은 분리를 영구화하는 사회적 근시안 속에서 무시하고 숨기고자 애쓴다는 것이다. 고통당하는 일반 대중은 신에게 선택받은 소수자를 특권화하고 성스러운 체제로서 사회질서를 바라보게 되고 그래서 그 모든 현실에 동의하고 일치된 생각을 가질 뿐이다.

이러한 양자택일적 분리에 대한 인식은 노예제도에 대항한 원주민 인디오와 흑인들의 오랜 투쟁에서만 활발하게 강화되었다. 그래서 훗날 까바누스(Cabanos)와 까누두스(Canudos), 꼰떼스따두(Contestado) 그리고 무께르(Mucker) 폭동에서 발생한 것처럼 일정 지역 일반 대중이 사회적 계층화의 선택적이며 자체적으로 계획한 투쟁 속에서 조직화되는 경우가 드물게나마 존재했다.

이러한 사회적 격리 상황에서 계급적 편견의 악화에 의해 그리고 부정을 점진적으로 인식하면서 야기되는 고통이라는 것은 후에 전체 사회에서 일어나는 무정부적 소요 사태로 폭발할 수도 있다. 늘 존재하고 있는 이러한 위험은, 지배계층이 질서 유지에 대해 지닌 괴이한 우려로 설명될 수 있다. 그들은 논쟁이 가열하면 그러한 일이 발생할 수 있음을 잘 알기에 그래서 현존 질서에 있어 다른 어떠한 미봉책보다도 후순위로 고려되는 독재라는 예방적 혁명이 출현하게 되는 것이다.

한 가지 주목해야 할 것은 이러한 우려가 무엇보다도 노예들이 반란을 일으키리라는 두려움 속에 자리 잡고 있다는 것이다. 사회적 적개심이 가공할만한 폭력으로 폭발할 위협이 있을 때 가장 빈곤한 유색 인종 특히 흑색에 가까운 계층에 대한 사회적 두려움은 여전히 존재한다. 왜냐하면 흑인 계층은 감정적인 폭발과 함께 어쩌면 불평등한 구질서를 재건하고자 하는 억압적 힘에 의해 짓밟히고 굴복당하는 것으로 끝나지 않으려 하기 때문에 실제적으로 위험한 사회적 격변을 떠맡을 수도 있다.

브라질이 직면한 심각한 도전은, 그러한 힘과 세력들이 노리는 자유화 가능성과 퇴보의 위험을 명확하고 투명하게 인식하면서 이를 결집하고 또 정치적으로 이끌 필요성을 획득하는 것이다. 역사적으로 볼 때 브라질 사람들은 역사에 기록된 피비린내 나는 투쟁을 통해 억압과 종속의 상황에서 벗어나지도 못하고 아주 혹독한 희생을 치러왔다. 그러한 투쟁에서 원주민 인디오들은 무참히 희생되었고 또 수백만 명의 흑인은 노예 상태에서 벗어나지도 못하며 학살되었다. 즉 브라질의 광대한 지역에서 수천만 명의 전체 인구가 역사의 흐름을 바꾸기 위해 자신의 운명을 가늠하지도 못한 채 반혁명 와중에 살해되고 만 것이다.

역사에서 공식적으로 주장되는 것과는 반대로 역사 건설에 필수적인 도구로서 지배계층에 의한 폭력은 반드시 있었으며 심지어는 너무 과도하기까지 했다. 부족한 것이 있었다면 그것은 다름 아닌 상황을 역전할 능력이 있는 사회운동의 여지였을 뿐이다. 언제나 그렇듯이 과거에도 그리고 지금도 여전히 부족한 것이 있다면 그것은 그러한 상황에 필수적인 요소로서 살아있는 역사에 대한 확고한 이해와 대다수 사람에게 지지받는 사회적 재구성 시도라고 할 수 있다. 사회적 재구성이 혁명을 동반하지 않고 민주적인 노선을 통하여 이루어질 수 있다는 것은 생각할 수조차 없다. 그러나 그것은 구시대 법령이 강제적 힘으로 유효한 현재에도, 고작 수천 명에 불과한 대토지소유자가 브라질 땅 대부분을 소유한 현실과 그리고 수백만 명의 노동자가 빈민촌의 극심한 빈곤상태에서 생존해야만 하는 현실에서 더더욱 불가능한 것이다. 그래서 민족주의자이며 민중주의적 정치지도자가 제도와 현실을 재고하고 이러한 방향으로 나아가면 갈수록 지배계층은 억압과 힘에 더욱 의지하게 마련인 것이다.

이 책은 그러한 투명한 요구에 부응하려는 노력의 하나로 기술된 것이며 나는 그러한 노력을 추구하려고 무던히도 애를 썼다. 그래서 나는 먼저 원래의 인종 원형과 거기서 파생된 복합적인 인종 잉태의 과정을 분석, 연구하여 이들이 복잡하게 혼혈화되어 훗날 브라질 민족을 형성하게 된 과정을 이해하고자 했다. 그리고 또한 그들이 제각기 다른 지역적 상황에서 형성하게 된 존재 양태의 다양한 형태와 모습을 연구하고자 했으며, 마지막으로 특히 대토지소유제와 노동 제도와 같은 제도적 체제에 대한 비평을 통하여 브라질 민족이 어떻게 출현하고 성장하여 강제 종속되어 변형되었는지를 살펴보고자 했다.

I

신세계

01 종족의 근원

브라질이라는 섬(島)

대서양 연안 지역은 수천 년에 걸쳐 다양하고 무수히 많은 원주민 인디오 종족에 의해 지배되고 그들의 역사에 의해 점철되어 왔다. 이들은 생태학적으로 더 나은 거주 적소(適所)를 찾고자 경쟁하면서 일정 지역에 머물렀다가 철수하고 또다시 머무르는 과정을 끊임없이 반복했다. 그러나 수세기 동안 뚜삐(tupi)어를 사용하는 훌륭한 전사(戰士) 인디오 종족이 대부분의 대서양 해안지대에 걸쳐 그리고 남미의 주요한 강(江)인 파라과이(Paraguai) 강, 구아뽀레(Guaporé) 강, 따빠조스(Tapajós) 강 그리고 그 근원지까지 거의 모든 강을 거슬러 아마존 지역 상부에 이르기까지 광대한 지역에서 지배자로 정착했다.

자이미 꼬르떼자웅(Jaime Cortesão, 1958)이 말한 것처럼 이렇게 이 인디오들은 남미라는 땅에서 훗날 우리의 영토와 나라가 되는 브라질 섬(Ilha Brasil)의 형체를 구체화했다. 당시에는 물론 명백하게 국가는 아니었다. 왜냐하면 인디오들은 그들의 인구가 얼마나 되는지 또 얼마나 강대한지를 모르고 있었기 때문이다. 같은 계통 언어와 그 방언을 사용하면서도 그들 각각은 세력이 커지면서 종족 분리가 이루어져 서로 차별화되어 서로를 모르게 되고 그래서 서로 적대시하는 무수하게 많은 인디오 종족이었을 뿐이다.

만일 역사가 이들 뚜삐족에게 자유와 자율성을 누릴 시간을 더욱더 오래 주었더라면 그중 일부는 광범위한 지역에서 더욱더 우두머리로서 군림하면서 또한 다른 종족으로 하여금 자신들을 섬기도록 강요하면서, 그들을 문화적으로 단일화시키며 그리고 그렇게 해서 차별화에 의한 확대의 과정에 역의 과정을 풀어헤치면서 다른 원주민 인디오들 위에 겹쳐져 더 굳건해질 수 있었을 것이다.

그러나 이러한 일은 결코 일어나지 않았다. 정작 일어난 것은 그리고 전체적으로 또한 급격하게 변화된 것은, 유럽인이라는 새로운 주인공이 그들의 세계에 들어온 일이었다. 먼 바다에서 막 도착한 이들 소규모 유럽인은 너무나도 호전적이었으며 게다가 다양한 형태로 파괴적인 행동을 할 능력이 있었다. 특히 앞서 존재했던 신대륙 사람들에게 죽음의 질병을 들여와 그들을 무력화하거나 심지어 전멸하게 만들었다.

이러한 파괴적 행동은 특히 생물학적 분야에서 유럽 백인들이 몸에 질병을 지니고 와서 이에 무방비한 원주민에게 퍼트린 치명적인 흑사병에 의한 박테리아 전쟁처럼 모든 차원에서 일어났다. 영토 쟁탈을 통한 생태계적 측면에서는 다른 목적으로 자원의 수탈과 밀림의 무분별한 개간이 일어났으며, 그리고 경제 · 사회적 측면에서는 인디오를 노예화하고 생산품을 수탈함으로써 중상주의라는 경제방식을 통해 신대륙이 유럽에 이국적인 산물과 노예 그리고 금 공급지로서의 역할을 하게 만들었다.

그리고 문화 · 인종적인 측면에서는 혼혈화를 통해 새로운 인종의 잉태를 가져왔으며, 이는 이방인의 삶의 형태에서 벗어난 원주민 인디오와 아프리카에서 들어온 흑인 그리고 신대륙에 정착한 유럽인들로 하여금 언어와 문화면에서 통일화를 또한 실현하게 했다. 그리하여 원래의 근원이 해체되고 또다시 만들어지는 과정을 통하여 브라질인이라는 새로운 인종이 태어나게 되었다.

이러한 과정을 재구성하고 전체적으로 복합적인 관점에서 이를 이해하려는 것이 이 책을 쓰는 내 목적이다. 물론 이 작업이 불가능할지도 모른다고 솔직히 시인한다. 불가능한 이유는 우리에게는 식민침략 주동자들의 사료와 증거밖에 없기 때문이다. 식민지배자들은 자신들의 업적만을 우리에게 이야기한다. 그들은 또한 원주민 인디오와 흑인들에게 자신들의 수사(修辭)로 표현한 증언을 이야기하면서 인디오와 흑인들에게 일어난 것을 말할 뿐이다. 우리에게 전해지는 막대한 기록은 지배자의 견해일 뿐이다. 그래서 그 기록들을 읽으면서 나는 과거의 불행한 모험을 이해하기 위해 무진 애를 써야 했다.

그러나 두 가지 국면에서 아주 놀라운 업적을 찾을 수 있었다. 첫째로 역사적인 국면에서, 오늘날의 우리, 곧 브라질 사람에 이르는 과정을 통하여 단일하고 유일한 차원의 재구성이 이루어졌으며, 두 번째로 인류학적인 국면에서, 예를 들어 포르투갈과 프랑스 사람의 로마화 과정에 대해 빈약하고 의심스러운 사실만 우리가 인식하고 있는 것처럼, 우리가 이 땅에서 방대하게 행한 민족 잉태라는 일반적인 과정이 또 다른 시대와 또 다른 환경에서 무수히 많은 또 다른 민족을 만들어 낸 그것과 동일하다는 것이다.

뚜삐(Tupi)라는 근원

브라질 해안지역에서 포르투갈 사람에게 발견된 원주민 인디오 집단은 주로 다른 문화적 원형을 가진 원주민 집단을 몰아내고 수세기 전부터 거주한 뚜삐족 계통이었다. 정확한 통계는 아니지만 대략 그 수는 백만 명쯤으로 추산되는데 이들은 수십 개의 집단으로 나뉘어 각각의 집단은 300~2,000명의 원주민이 한데 모여 사는 촌락의 형태를 이루고 있었다(Fernandes, 1949). 이들 원주민 인디오의 인구는 당시 포르투갈 인구가 이와 비슷한 아니면 조금 더 많았던 데 비해 적지 않은 수였다.

문화발전 단계에서 이 뚜삐족 인디오들은 1만 년 전 구세계 인간이 그랬듯이 구석기 시대의 상황을 극복하며 농업혁명의 첫걸음을 내디뎠다. 특기할만한 사실은 이들은 자신들이 개간한 땅에서 식량을 얻기 위해 야생의 상황을 극복하면서, 다양한 식물이 자생하던 열대 삼림지대의 다른 원주민들과 함께 스스로 이 모든 작업을 행했다는 것이다. 이들 식량 중 특히 놀라운 결과물이 바로 만지오까(mandioca)인데 그것은 원래 유독성 식물이었지만 뚜삐족 인디오들이 재배 과정에서 적절하게 처리하여 청산을 추출해내어 식용으로 바꾼 것이다. 그것은 몇 달간 땅에서 생장하여 특별히 재배하거나 가공할 필요가 없는 아주 유용한 식용작물이었다.

만지오까 외에도 뚜삐족 인디오들은 많은 식물 가운데 특히 옥수수와 고구마, 마, 콩, 땅콩, 담배, 호박, 면화, 표주박, 고추, 파인애플, 마마웅, 마테차 그리고 과라나 등의 작물을 재배했으며 또한 까주(caju) 등을 포함한 수십 종의 과일을 재배하기도 했다. 이들 작물 재배를 위해 인디오들은 돌도끼와 같은 도구로 나무를 자르며 태우면서 숲을 개간하여 땅을 만들었다.

농업은 뚜삐족 인디오들에게 1년 내내 풍부한 식량을 보장해주었으며 또한 다양한 원자재와 향신료, 흥분제와 약을 제공했다. 그리하여 이들은 1년 중 어떤 시기에는 풍부하게 과일과 야자열매 등을 공급받고 나머지 시기에는 궁핍한 상태에 처하게 되는 열대자연의 관대함에만 의존해 살던 농업 전 단계 원주민들이 직면했던 식량 부족 상태를 극복한 것이다. 그러나 뚜삐족 인디오들은 과거에도 그랬듯이 물론 사냥과 수렵활동을 통하여 또 다른 식량을 조달하기도 했으며 또한 계절적 요인에 의해 몇 달은 아주 풍부하게 또 몇 달은 부족한 식량 상황에 처하기도 했다(Ribeiro, 1970; Meggers, 1971).

그런데 자연의 더 나은 혜택을 받았던 지역에서는 사냥과 수렵 활동을 통한 식량이 풍부하여 더 안전하고 규칙적으로 원주민 인디오들의 생존을 보장해주었으며 그래서 이들은 더욱 큰 부락을 이루고 살았다. 식량 자원이 특히 풍부한 일부 지역에서 이들 부락은 예외적으로 3,000여 명에 이르는 대집단을 형성하기도 했다. 이들은 거의 차별화된 농업 촌락으로 전(前) 도시 단계의 집단으로서 대부분의 주민은 식량생산에 동원되었지만 예외적으로 종교지도자(빠제(pajés)나 까라이바(caraíbas))나 일부 전투지도자(뚜싸우아스(tuxáuas))는 이러한 노동에서 제외되었다.

포르투갈 백인들에게 따뿌이아(tapuia)라고 불린 또 다른 인디오족과는 반대로 이들을 거대 단일 인종으로 분류하게 하는 언어와 문화적 단일성에도 불구하고 뚜삐 계통의 인디오들은 더 이상 자신들로 하여금 집단적으로 행동할 수 있게끔 하는 정치조직에는 통합할 수 없었다. 종족 차원으로서의 주민들의 자체적인 발전 조건은 각각의 종족 단위가 성장하면서 서로가 더 적대시하고 차별적으로 변하는 새롭고 자율적인 단위로 나뉘게 되었다.

바다 건너에서 들어와 열린 전쟁을 시작하려는 아주 강대한 세력인 포르투갈 백인이라는 새로운 적과 직면해서도 뚜삐족 인디오들은 단지 일시적이며 지역적인 동맹 체제를 구축했을 뿐이며, 이마저도 곧 사라져버리고 말았다. 그중 따모이우 동맹(Confederação dos Tamoios)이라고 알려진 아주 중요한 동맹체제가 있었는데, 이는 과나바라(Guanabara) 만(灣)에 주둔한 프랑스 군대와의 연합체였다. 이 동맹은 1563년부터 1567년 사이에 제(jê)어를 사용하는 쎄하 두 마르(Serra do Mar) 지역의 고이따까(Goitacá)족과 아이모레(Aimoré)족의 지원을 받은 히우 지 자네이루 지역의 뚜삐남바(Tupinambá)족과 싸웅 빠울루 평원의 까리조(Carijó)족 인디오들이 포르투갈 백인과 이들을 지원하는 다른 인디오족에 대항하기 위해 구성된 체제였다. 레리(Léry)에 따르면, 개혁 대 반개혁, 칼뱅주의자 대 예수회 선교사로 대별되는 이 전쟁에서 프랑스 군대나 포르투갈 군대는 4,557명이나 되는 무수히 많은 인디오 군대와 싸움을 벌인 것으로 전해지고 있다. 그리고 까를로스 지아스(Carlos A. Dias, 1981)에 따르면 1567년에는 히우 지 자네이루의 마지막 전투에서 양쪽의 1만2천여 명의 군대가 식민지의 운명을 가늠하기도 했다고 한다. 그러나 당시 그들은 유럽인들의 선동에 의해 호전적으로 무장했을 뿐 무슨 이유로 전쟁을 벌이는지도 몰랐다. 따모이우 동맹군은 여러 지역에서 승리를 거두었을 뿐 아니라 특히 이스삐리뚜 싼뚜(Espíirito Santo) 까삐따니아(Capitania, 세습봉토)를 완전 정복했고 싸웅 빠울루(São Paulo) 까삐따니아에는 심각한 피해를 주기도 했다. 하지만 이들 동맹군은 예수회 선교사들이 부추긴 인디오 군대에 결국 무너지고 말았다.

앞서 1559년 헤꽁까부(Recôncavo)의 빠라과쑤(Paraguaçu) 전투에서와 마찬가지로 이들 전쟁에서 그리고 1599년 히우 그란지 두 노르찌(Rio Grande do Norte)의 뽀찌과라(Potiguara) 전멸과 그다음 세기의 바르바루스 전쟁(Guerra dos Bárbaros) 그리고 아마조니아(Amazônia)에서의 전쟁과 같이 포르투갈 정복이 공고화될 때까지 인디오들은 오랜 세월에 걸쳐 각각의 지역을 지배하기 위해 더 이상 침략자들과 안정적인 평화 협정을 체결하지 않았다.

이러한 저항은 그들의 평등적인 사회 구조의 단순성에 기인하는 것으로 설명할 수 있는데, 이는 유효한 평화협정을 체결할 수 있는 상위 계급이나 종속에 조건 지어진 하층 계층에 기대하지 않았으며 그들로 하여금 명실상부한 국가로서 조직화되는 것을 불가능하게 하고 동시에 지배를 실현 불가능하게 만들었다. 다른 인디오 종족이나 유럽 침략자에 대항한 각각의 전투 이후 승리자들은 포로들에게 식인 의례를 행하고 떠났으며 패배자들은 훗날의 새로운 공격을 위한 힘을 비축하려고 도망을 쳤다. 그리고 더 이상 공격하거나 방어할 능력이 없는 소수 패배자의 경우 생존자들은 문명의 경계선 뒤편으로 숨어들었는데 이 대표적인 경우가 500년이 지난 오늘날 브라질 북부 경계에 사는 야노마미(Yanomami)족이다.

각각의 뚜삐족의 핵심은 자신의 확대된 지역에 살던 다른 종족과 그리고 심지어 같은 문화적 원형을 갖고 있는 이웃 인디오들과 영원히 지속되는 전쟁 상태에 살고 있었다(Fernandes, 1952). 첫 번째 경우, 전쟁은 농업 활동과 사냥 그리고 수렵에 적합한 땅을 차지할 목적에서 일어났으며, 두 번째 경우, 종족 간 상호 교류의 형태가 식인 의례에 쓸 포로들을 체포할 목적으로 실행되는 전투적 탐험이라는 점에서 문화적으로 조건 지어진 적개심 때문에 일어났다.

그러한 식인 의례의 공동 참여적이며 또한 문화적인 특징은 뚜삐족 자체 집단 내에서 희생될 수 있는 전사들을 체포하는 데 거의 절대적이었다. 동등한 가치의 총합을 공동으로 향유하기 위해 이들은 다만 자신들이 명령받은 역할, 즉 자신을 죽이고 먹어치울 인디오들과 오만불손하게 대화를 하는 교만한 전사 역할을 완벽하게 수행했다. 이러한 점은 한스 스타덴(Hans Staden)의 책에서도 증명이 되는데, 그는 세 번이나 식인 의례에 끌려갔으며 그때마다 자비를 베풀어달라고 울며불며 변을 누었기 때문에 인디오들이 자신을 먹어치우기를 거부했다고 책에서 기술하고 있다. 즉 비겁한 자는 먹지를 않았던 것이다.

식인풍습은 뚜삐족 인디오의 상대적 지체나 낙후의 표현이기도 했다. 그들은 전쟁포로를 먹었는데 이는 이들의 생산체계가 초보적이기도 했지만 포로들을 노예로서 그들의 공동체에 통합시킬 자극이나 동기가 이들 뚜삐족에게 없었으므로 포로들을 항복시키는 대신 식량으로서 소비하기를 원했기 때문이었다.

많은 다른 인디오 종족이 브라질 인종 형성에 또한 중요한 역할을 했다. 그중 일부는 빠레시(Paresi)족과 같이 과거 싸웅 빠울루 지역 인디오들의 앞선 기술적 우월성 때문에 특별한 노예로서 취급되기도 했다. 그리고 뚜삐족과 비교해 적응체계에 있어 너무 큰 차이를 보였기에 노예로서 부적합하고 또한 화해할 수 없는 적으로 취급받는 종족도 있었는데 예를 들어 보로로(Bororo)족, 샤반찌(Xavante)족, 까야뽀(Kayapó)족, 까잉강(Kaingang)족, 그리고 따뿌이아족(Tapuia)족이 바로 그들이었다.

가장 대비되는 특징을 가진 인종은, 브라질 사람이 된 마멜루꾸(mameluco, 역자 주: 백인 남자와 인디오 여자의 혼혈인)와 기마(騎馬) 종족이라고도 불리며 아주 위협적인 세력을 지니고 있던 과이꾸루(Guaikuru)족이었다. 이들은, 다른 인디오족에게는 초원에서 급속히 늘어나 새로운 사냥감에 불과했던 말을 타고 다니며 침략자인 유럽인들에게 패배와 손실을 입히며 숲에서 그들에게 강대하고 실질적인 위협세력으로 등장하게 되었다.

브라질 영토에서의 문명 확대에 관한 연구를 한 역사가들은, 파라과이에서 모든 스페인 사람을 몰아내기 위해서는 과이꾸루 족 인디오의 수가 조금 부족했다고 말한다(Felix de Azara apud Holanda, 1986: 70). 스페인, 포르투갈령 남미 경계 위원회(Comissão de Limites da América hispânica e portuguesa) 위원인 프란씨스꾸 호드리게스 두 쁘라두(Francisco Rodrigues do Prado, 1839:

I, 15)는 꾸이아바(Cuiabá)와 주변 지역 전체에서 이들에게 살해된 싸웅 빠울루 지역 인디오를 약 4천여 명으로 추산했다.

이들 과이꾸루족 인디오들은 이러한 점진적인 노선에 다소 다른 경향이 있었던 것으로 알려져 있다. 먼저 그들은 수많은 유럽인이 그들의 역할에 대해 관찰하면서 놀라워할만한 체격 조건을 갖고 있었다. 그들은 "지금껏 유럽 어느 민족도 이들 야만인에 비교될 만큼 거인의 용모를 갖고 있었는지 의심이 들 정도"로 대단히 잘 적응한 거인 전사(戰士)처럼 묘사되었다(Felix de Azara apud Holanda, 1986: 78). 그러나 오랜 세월 이들을 교화하고 가톨릭을 전파한 스페인의 예수회 사제인 산체스 라브라도르(Sanches Labrador, 1910: I, 146)는 그 지역에서 보아온 이들 인디오족이 피부 속에 무자비한 잔인성을 숨기고 있지만, "유색 피부의 헤라클레스처럼 거대한 이미지는 갖고 있지 않다"라고 전하고 있다.

과이꾸루족 인디오의 역할에 대한 또 다른 설명은 그들은 유럽인이 도착하기 전 이미 농업을 주로 하는 다른 인디오족에 대해 종주권을 행사하며 그들로 하여금 자신들에게 식량과 노예를 공급하도록 강요했다는 사실이다. 16세기 초부터 기록된 여러 증거를 볼 때 그들은 또한 구아나(Guaná)족 인디오를 지배할 만큼 현명한 종족으로 알려져 있으며, 자신들은 주인이요 이들에게는 노예로 종속되는 관계를 강요한 것으로 전해지고 있다. 과이꾸루족 계통 가운데 므바야-과이꾸루(Mbayá-Guaikuru)족은 빠야구아-과이꾸루(Payaguá-Guaikuru)족 인디오와 동맹관계를 맺으면서 더더욱 강대하고 위험한 종족이 되었다. 이들 빠야구아-과이꾸루 인디오는 해적 인디오로 알려져 있는데 자신들 배의 노로 뾰족한 창을 만들어 마뚜 그로쑤 주(Mato Grosso) 고산지역 빌라 벨라(Vila Bela)에서 금을 운반하고 내려온 무수히 많은 싸웅 빠울루 지역 인디오를 공격해 금을 탈취하곤 했다.

쎄루지우 부아르끼 지 올란다(Sérgio Buarque de Holanda, 1986: 82)가 조사한 초기 자료에 따르면 그들은 싸웅 빠울루 지역 인디오들에게서 10~20 그리고 심지어는 60~100아호바(역자 주: arroba, 옛 무게 단위: 1아호바는 약 15kg에 해당)의 금을 빼앗아 파라과이 아순시온 지역 인디오들과 물물교환을 했는데 이에 따라 아순시온 지역 인디오들은 막대한 재산을 모았던 것으로 알려져 있다.

기마 종족으로서 세력을 무장한 과이꾸루족 인디오의 지배종족으로서의 기질은 이로써 농경활동을 하는 수많은 다른 인디오 종족에게 종주권을 행사하고 그들을 노예로서 자신의 영향 아래 두는 능력을 발휘했으며 이로써 이들은 인디오 종족 내에서 강력한 세력으로 부상하게 되었다.

금이 널려있는 광대한 오지 지역의 지배를 놓고 스페인과 다툰 포르투갈인들에게는 과이꾸루족을 적으로 대하는 것보다는 동맹을 맺어 우호적인 관계를 맺는 것이 훨씬 더 나았다. 그래서 쌍방은 시간이 가면서 동맹을 체결하는 데 성공했다. 포르투갈과의 경쟁보다는 탐욕을 앞세웠던 스페인은 한편 이러한 동맹관계에서 오랜 기간 자극을 받았다. 과이꾸루족 인디오들은 노예와 흑인, 유럽의 백인 남자와 여자들 그리고 수많은 마멜루꾸까지 포획할 수 있을 때까지 마구잡이로 포로로 잡아 파라과이 아순시온에서 팔면서 아주 빠르게 물물교환하는 법을 배웠다.

이러한 동맹관계에 대해 쎄루지우 부아르끼 지 올란다는 "이는 서로간에 죽음까지 불사하는 극한 상황까지 연출한, 너무나도 다르고, 너무나도 서로 알지도 못하는 다양한 두 개의 인간성 사이의 투쟁으로 볼 수 있다."라고 언급하며 놀라움을 표시했다(1986: 59).

과이꾸루족 인디오들은 한편으로는 스페인과 그리고 또 다른 한편으로는 포르투갈과 양자 동맹관계를 체결하며 어느 한쪽에만 충성을 맹세하지 않았으며 또한 지배를 받아들이지도 않았다. 그리고 자신들의 보호막이었던 예수회 선교사들에게 인도되고 교리를 받은 그들이 꾸이아바와 빌라 벨라를 습격하며 포르투갈인을 공격했으며(Labrador, 1910), 예수회 선교사를 축출하고는 아순시온 주변 지역에서 스페인인들에게 결정적인 공격을 감행했다.

이러한 동맹관계 덕택으로 므바야족은 브라질과 붙어있는 마뚜 그로쑤 남쪽 지역에, 그리고 빠야구아족은 아순시온 인근 지역에 거처를 정하게 되었다. 파라과이 전쟁(Guerra do Paraguai)은 이렇게 파라과이와 브라질 사람들을 습격하고 노략질하면서 서로에게 마지막 영광의 기회를 준 것이다. 그리고는 결국 백인과 그들이 들여온 병균에 의해 자신들의 수많은 가축과 기마를 약탈당하며 끝이 났던 것이다. 그렇지만 그들은 1947년경 자신들의 촌락에 살던 그 시절을 증거할 수 있었던, 다른 여타 인디오들과 확연히 대비되는 자신들의 자존심 강한 특징을 끝까지 보존했으며 또한 여전히 그것을 보존하고 있다.

포르투갈성(性) (A Lusitanidade)

자치적이고 절대적이며 그리고 계급사회를 이루지 않은 종족으로 구조화되어 있는 이 땅의 원주민 인디오와는 반대로 유럽 침략자 집단은 거대하고 오래된 도시적이며 계급적인 문명을 갖고 있었다. 그곳의 모든 결정의 중심지는 다양한 부문에서 왕실의 후원을 받고 있던 포르투갈 리스본이었으며 특히 해양진출위원회는 모든 것을 관장하고 입안하고 지시하고 그리고 필요한 것을 공급했다.

또 다른 강력한 조정자는 가톨릭교회였으며 이곳의 오른팔 격이 바로 종교재판소였다. 이곳은 이교도적이며 무법적인 것을 추종하는 데 대한 비난과 비판을 청취하며 판단을 내리고 선고를 내리고 감옥에 가두기도 하고 심지어는 가장 용감하게 저항하는 이교도를 산 채로 태우기까지 했다. 이렇듯 강력하고 막대한 권위와 힘을 가진 이곳도 식민지로 막 태어난 브라질에 강요된 문명화의 구조를 끝내지 못했다. 가톨릭교회는 식민지 쟁탈을 놓고 때로는 서로 간에 유혈 충돌을 마다치 않으며 적극적인 경쟁관계에 있던 많은 국가와 동등한 권력을 갖고 있던 대규모 집단이었다.

이와 함께 포르투갈의 진취적인 영토 확장과 해외 진출의 항구적이며 어두운 위협자로서 특별한 주목을 받은 나라는 스페인이었으며, 그 뒤를 이어 포르투갈의 신대륙 경쟁에 더 적극적으로 동참한 나라는 영국과 네덜란드였다. 그런데 그 모든 국가 권력의 상층부에는 바로 로마가, 바티칸이 있었으며 바로 이곳은 그 어떤 세계 경영과 지배도 신성시하는 적법성의 중심이요, 수많은 교회와 수도원 등을 다스리며 자리잡고 있던 거대 사제직, 즉 교황의 이름으로 통치되는 신앙의 중심지였던 것이다. 게다가 서로 간에 지극히 적대적으로 무장한 중상주의 체제라는 강력한 이념조차 가톨릭 교황의 지배를 받고 있었다.

이러한 포르투갈의 복합적인 세력은 몇 세기에 걸쳐, 먼바다 항해를 가능하게 한 노와 돛을 구비한 대서양 범선과 나침반, 천문관측 그리고 일련의 막강한 함포와 같이 신기술로 무장한 중상주의 혁명이라는 변화의 힘에 의해 적극적으로 활성화되었다. 이와 함께 구텐베르크 인쇄술의 발전으로 책과 지도의 이용성은 배가되었으며 또한 새로운 철 주조기술은 전쟁의 장비와 도구를 더 현대화하는 데 일조했다.

이렇듯 날로 진보되는 과학의 힘은 점차 축적되어 가던 지식과 경험을 연결해주는 노력의 결실이었다. 과학이라는 것은 또한 무엇보다도 전 세계를 유럽에 의해 통치되는 단 하나의 세계로 바꾸어놓고자, 있음직한 새로운 땅을 발견하고자 그러한 지식을 활용하는 노력이었다. 이 모든 것은, 약탈할 수 있는 모든 부의 원천을 운반해 가려는 목적에서 그리고 뒤이어 생산할 수 있는 모든 산물을 또한 가져가려는 목적에서 시도되는 노력의 일환이었다.

이로써 이제껏 보지 못한 거대한 다인종으로 재탄생시키기 위해 자신의 언어와 단일한 문화를 지닌 수천의 종족을 말살하여 새로운 존재의 역사를 만들어 내는 인간성의 시대가 도래한 것이었다.

그러한 정신적, 물질적 확장의 주요한 원동력은 로마의 멸망에 이어 봉건제도의 와해를 극복하고 막 태어난 두 개의 민족국가, 즉 포르투갈과 스페인이라는 국가의 탄생을 가져온 문명화 과정이었다. 이 두 민족국가가 그러한 확장을 시도하게 된 것은 단순한 이유에서는 아니었다. 포르투갈과 스페인이라는 두 나라가 해외로의 확장을 염두에 둔 것은 중상주의적 목적보다도 해외에 존재할지 모르고 또한 존재하고 있는 다른 민족들에게 가톨릭을 전파한다는 고귀한 목적을 수행하고자 한 탓이었다. 그들은 무엇보다도 하느님에게 헌신하는 고귀한 업적을 수행하면서 구원자의 임무를 전 세계에 행하고자 했다. 그래서 불행하게도 가톨릭과 신교로 나뉘어 있는 전 세계 모든 인간을 가톨릭이라는 하나의 종교로 통일시키고자 하는 의도가 있었다.

브라질 발견 이전에 로마 바티칸은, 앞서 아프리카에서의 경험을 토대로 또 다른 신을 추종하는 이교도를 상대로 하는 것이 아니라 우상숭배자와 순진무구한 자들을 상대로 새롭게 신앙을 전파할 것을 염두에 두고 기본적인 식민 행동 강령을 규정한 바 있다. 그것은 1454년 1월 8일 교황 니콜라우스 5세가 발표한 교황칙서에서 살펴볼 수 있다.

포르투갈의 총애하는 동 엥리께 왕자가 신앙의 뜨거운 열정과 영혼의 구원이라는 목적을 지니고 자신의 적인 사라센 제국뿐 아니라 모든 또 다른 불신자에게 믿음을 전파하면서 전 세계가 하느님의 영광스러운 이름을 알게 하고 믿게 하는 데 노력하고 있음을 우리는 잘 알고 있다. 이로써 힘으로 정복당한 아프리카 흑인들이나 적법하게 소유하게 된 또 다른 민족 모두가 하느님의 왕국으로 들어왔으며 적어도 이들 모두가 가톨릭으로 개종하는 진전이 있기를 우리는 희망하고 있다. 그래서 우리는 모든 것을 신중히 고려하여 포르투갈의 동 아퐁쑤(D. Afonso) 왕에게 해외 영토 확장과 관련해 모든 자유 권한을 양도하는 바이다. 그러한 권한 내에는 하느님의 적인 모든 사라센인과 이교도, 그리고 그들의 재산과 땅을 침략하고 정복하고 종속시키는 것이 포함되며 또한 그들과 그들의 후손까지 노예화하고 도구로 삼을 수 있다. 이 모든 권한이 포르투갈의 동 아퐁쑤 왕과 그의 후계자인 왕자들에게 영원히 귀속되며 만에 하나 개인이나 집단이나 누구라도 이러한 명령을 어기면 즉각 파문당할 수 있음을 천명하는 바이다(…) (in Baião, 1939: 36~37).

그리고 훗날 1493년 5월 4일 바티칸은 이전 칙서와 거의 동일한 어조로 된 인떼르 꼬에떼라(Inter Coetera) 칙서를 발표했는데 여기에서도 신세계는 스페인과 포르투갈의 정당한 소유이며 신세계의 민족 또한 그들의 노예임을 재차 확인했다.

(…) 더 자율적이고 신중하게 고려하여, 그리스도의 권능을 전파할 목적으로 현재 발견되었거나 앞으로 발견될 서반구와 남반구에 이르는 모든 땅이나 섬에 대하여 북극에서 시작되는 하나의 선을 설정하고자 한다. (…) 이로써 인도로 향해 있거나 다른 방향으로 향해 있는 발견된 모든 확실한 땅과 섬은 아쏘리스(Açores)와 까부 베르지(Cabo Verde) 섬이라 불리는 곳에서 서반구와 남반구로 향하여

> 100레구아(역자 주: légua, 옛날 거리 단위로 1레구아는 약 5km에 해당함) 떨어진 지점에 설정된 선으로 소유가 구분된다. (…) 귀국과 귀하 그리고 그 후손에게(카스티야와 레온 왕국의 왕들) 명하노니, 하느님의 전지전능한 권한과 예수 그리스도의 사제의 이름으로 로마 바티칸은 그대들에게 영원토록 땅을 양도하니 그대들은 그곳에서 모든 지배권을 갖고 도시와 성채 그리고 마을을 건설하고 이와 함께 모든 소유물에 대해 권리와 감독을 철저히 하여 하느님의 신성한 사업을 수행하기를 당부한다. 또한 그대들과 그 후손에게 명하노니 그대들에게 자유롭고 전능한 모든 권력과 권위와 감독을 행사할 권한을 부여하노라. (…) 또한 성스러운 자비의 은혜로움을 통하여 그대들은 위에서 언급한 땅과 섬, 그곳 주민과 민족들에게 가톨릭 신앙을 전파할 신성한 의무를 명받았노라.(…) (in Macedo Soares, 1939: 25~28)

이러한 원칙은 오늘날에도 브라질에서 유효함을 인식할 필요가 있다. 그래서 예외적으로 아주 작은 땅을 인디오들에게 반환하거나 또한 예외적으로 그 인디오들을 노예로 부리지는 않았다고 일시적으로 선언하는 원칙이 브라질 땅에서 존재하는 것이다. 또한 대농장주들이 자신들에게 한 번 양도된 대토지를 영원히 소유할 권리와 그 안에서 자신의 운명을 선택하지도 못한 모든 사람을 단순 노동력으로 활용하는 것이 교황의 칙서에서 유래했듯이 주인에 대한 영원한 종속과 봉사라는 원칙이 여전히 강요되고 있는 것이다.

02 세계의 충돌

상반된 시각

원주민 인디오들은 유럽인의 도착을 자신들이 지닌 신비로운 세계관 속에서만 받아들일 수 있는 경이로운 사건으로 여겼다. 거친 파도 위를 걸어오는 기적을 보여준 유럽인들은 자신들이 신봉하는 태양신인 창조주 마이라(Maíra)의 사람들이었다. 인디오들은 유럽인들이 방문한 목적을 어떻게 해석해야 할지 몰랐다. 그것은 유럽인들이 평화로울 수도 있지만 폭력적일 수도 있고, 약탈하거나 베푸는 사람일 수도 있기 때문이었다.

인디오들은 유럽인들이 관대한 사람들이라고 생각했다. 왜냐하면 자신들의 세계에서는 받는 것보다 남에게 주는 것이 더 아름답기 때문이었다. 인디오들의 땅에서는 그 누구도 다른 사람들의 물건을 뺏은 적이 없었다. 또 용감하거나 창의적인 행동을 칭찬하는 데 전혀 인색하지 않았다. 바다에서 막 나와 육지에 도착한 사람들은 겉으로는 냄새나고 역겨웠으며, 못생겼다. 그렇지만 인디오들은 이 유럽인들을 거부할 줄 몰랐다. 사실 목욕과 식사를 하고 난 유럽인들의 풍채와 용모는 훨씬 좋아졌다. 이들과 처음 조우한 인디오들은 두렵기보다는 남모를 큰 기대를 했을 것이다. 그래서 많은 인디오가 마이라(Maíra) 신이 계시는, 악이 없는 곳으로 자신들을 데려다주리라 믿으며 최초로 도착한 유럽인들의 배에 올라탔을 것이다(Newen Zeytung, 1515). 이런 인디오가 너무나 많아서, 인디오는 빠우-브라질(pau-brasil) 나무에 이어 유럽 대도시로 수출하는 중요한 상품이 될 정도였다.

시간이 조금 흐르자 원주민들의 이런 순진한 생각은 사라지기 시작했다. 그다음 해부터는 아예 없어졌거나 아니면 그 반대 현상으로 나타났다. 인디오들은 자신들에게 들이닥친 대학살을 보게 된 것이다. 자신들의 마이라(Maíra) 신은 이제 존재하지 않는지? 가장 총애하는 종족이 그렇게 크나큰 시련을 겪게 되는 것을 마이라 신은 어떻게 설명할지? 사는 것보다 죽는 게 더 낫다고 여길 정도로 이 시련은 수많은 인디오에게 너무나 끔찍하고 무서운 것이었다.

이후 자신들이 가지고 있던 가치관은 모두 부정(否定)되었으며, 원시사회기반도 무너져버렸다. 모든 걸 빼앗기고 붙잡히게 된 수많은 인디오가 할 수 있는 최선의 방법은 그저 그물침대 해먹에 누워 죽기만 기다리는 것이었다. 닥칠 미래는 정말 끔찍할 정도로 과거가 부인될 것이고, 이는 참된 사람들에게 맞지 않는 삶이라고 확신하며 인디오들은 슬픔 속에 죽어갔다.

이런 인디오들, 자신들에게 일어난 일로 겁에 질린 인디오들에게 선교사들의 설교라는 채찍이 휘둘러졌다. 이 설교 때문에 인디오들은 모든 게 자신들이 잘못했기 때문이고, 자신들의 죄와 악함 때문이라는 걸 알게 되었다. 하늘에 계신 선한 신께서 한 마리 들개처럼 덤벼들어, 영원한 지옥으로 던져버리겠다고 위협하고 있음을 알게 되었다. 선과 악, 미덕과 죄악, 용기와 비겁, 모든 게 다 뒤죽박죽이 되어버렸다. 아름다움과 추함, 나쁨과 착함이라는 가치관이 뒤바뀌어 버렸다. 진정한 용기, 미적 감각, 창의성, 연대의식과 같이 인디오들에게 가장 중요한 가치관들이 이제 의미가 없어져버렸다. 인디오들의 눈에 기독교는 자신들의 세계와는 달리 모든 것을 타락시키고 부패하게 만드는 세계, 즉 죄악과 고통스러운 사망과 질병이 가득한 비겁한 세계로 비쳤다.

선교마을이든 식민지 마을이든, 백인과 같이 살게 된 인디오들은 마을에서 자신들의 운명에 놀라서 할 수만 있다면 밀림 깊이 도망치게 되었다. 도망친 인디오 중 많은 인디오는 자신도 모르게 전염병에 걸려 있어, 자기 자신뿐만 아니라 도망친 밀림에서 만난 다른 인디오들을 죽음으로 이끌고 말았다.

그러나 다양한 생활도구와 장식, 그리고 모험이라는 유혹을 견딜 수 없었던 인디오들은 다시 마을로 돌아올 수밖에 없었다. 매번 새로운 인디오 세대는 해변에 정착한 이상한 인종을 자신의 눈으로 직접 보기를 원했고, 갖가지 귀한 물건을 가득 싣고 온 선박을 맞이했다. 일부 인디오는 먼저 다가가 백인 편에 섰다. 이들은 무기력하고 무의미한 부족에서의 일상보다 자신과 다른 인디오들과의 전쟁에서 궁수로 싸우는 것과 같이 새로운 주인들과 함께 살아가는 모험을 선택했다.

이것이 여기 브라질에서 유럽인과 인디오 간에 이루어진 운명적 만남의 첫 번째 결과였다. 서기 1500년 브라질, 이 시기에 긴 브라질 해안을 따라 문명과 야만의 만남, 서로를 보며 서로가 놀라는 만남이 이루어졌다. 세계에 대한, 삶과 죽음에 대한, 사랑에 대한 이해가 서로 다를 뿐만 아니라 상반되는 두 세계는 큰 충돌을 경험했다. 몇 달 동안 거친 대양에서 항해한 결과, 괴혈병으로 고생했을 뿐 아니라, 악취가 나며 수염과 털이 무성히 자란 선원들은 자신들 눈 앞에 펼쳐진 순수함과 아름다움을 보고 매우 놀랐다. 그렇지만 더 놀란 사람은 깃털로 몸을 가린 원주민, 바로 너무나 활기차고 아름다운 인디오들로, 이들은 역겨운 냄새에 코를 막으며 바다에서 나온 선원들을 보며 놀랐던 것이다.

도착한 사람들에게 자신들이 들어가는 세계는 금과 영예를 쟁취하는 검투장이었다. 선교사들도 비록 정신적인 영예라 해도 그 영예를 추구했다. 해외에서 자신들의 행위가 잔혹하고 비열하다고 해도 이미 교황과 왕이 내려준 교서와 칙서에 의해 사전에 사면을 받았기 때문에 이들은 영예를 얻을 수 있다면 무슨 짓이든 할 수 있었다. 이들은 이교도인 인디오들의 무덤을 도굴하고 사원을 털도록 파견된 십자군이거나 십자군과 거의 유사했다. 그렇지만 이곳 브라질에서 이들이 만난 것은 낙원에서 추방되기 전, 바로 에덴동산의 아담과 같은 사람들이어서 놀랄 수밖에 없었다. 이 만남으로 새로운 시대가 열렸다. 침략자는 하느님의 영광과 가톨릭 번영을 위해 이교도인 원주민들을 굴복시키려고 격렬하게 덤벼들었다. 어떠한 순수함도 이들 침략자에게는 소용없는 그런 시대가 시작되었다. 식자층이 오늘날 이런 잘못된 만남에 대해 다시 생각해 본다면 그 진정한 의미를 알게 될 것이다.

옷을 입지 않은 채 해변에 있던 인디오들에게 세상은 풍요로움이 넘치는 세계였다. 새와, 물고기, 뿌리와 과일, 꽃과 씨들이 너무나 풍족해 사람들이 아무리 많이 온다고 해도 아무런 문제 없이 사냥을 하고, 물고기를 잡고, 곡식을 심고 거두는 즐거움을 주는 그런 풍족한 세상이었다. 이들의 단순하지만 지혜로운 생각에 따르면 삶이란 선한 신들의 선물이었다. 이 신들은 자신들에게 걷고, 뛰고, 헤엄치고, 춤추고 싸우기에 좋은, 아주 훌륭한 육체를 주었다. 빛과 어둠뿐만 아니라 색깔을 구분하는 훌륭한 눈. 듣기 좋거나 싫은 소리와 높거나 낮은 노래와 같이 세상의 모든 소리를 즐겁게 들을 수 있는 귀. 악취를 느끼거나 향기를 들이마시는 데 아주 적합한 코. 달고 쓰며, 짜고 신 음식을 맛보며 그 각각의 맛에서 만족감을 느끼는 뛰어난 입. 그리고 무엇보다 사랑의 즐거움을 위해 만들어진 다르지만 서로 보완되는 생식기. 이 모든 것을 자신들에게 주었다.

막 도착한 사람들은 아담의 원죄에서 유래한 자신들의 죄를 인지하고 있는 현실적이고 경험이 많으며 고통받는 사람들이었다. 원죄와 영원한 파멸의 공포를 잘 알고 있어 기독교 행위를 할 준비가 이미 되어 있었다. 인디오들은 이에 대해 아무것도 몰랐다. 가톨릭이 아닌 자신들의 방식으로는 어떠한 죄에 대한 개념을 지니고 있지 않았다. 대신 명예, 영광, 관용은 잘 알고 있는 순수하고 믿을만한 사람들이었으며, 함께하는 삶을 살 능력이 있는 사람들이었다.

막 도착한 사람들의 눈에는, 인디오들, 즉 보기만 해도 즐거워지는 우아한 인디오들, 남자든 여자든 건강한 육체를 지닌 인디오들은 큰 결함을 지닌 사람들이었다. 무엇보다 아무 쓸모 없는, 무의미한 삶을 사는 게으름뱅이였다. 원주민들은 무엇을 생산하지? 아무것도 생산하지 않고 있잖아. 무엇을 모으고 있지? 아무것도 모으지 않잖아. 마치 이 세상에 자신들만이 사는 듯이 풍요롭지만 의미가 없는 삶을 사는 사람들이었다.

인디오들의 눈에는, 바다에서 온 사람들은 너무 고통스러운 삶을 사는 것 같았다. 무엇 때문에 그렇게 고생하며 일하지? 그저 남에게 주거나 교환하면 되지 무엇 때문에 더 많이 가지고 싶어 하고, 계속 모으려고 하지? 빠우-브라질 나무 조각을 모아 배에 싣는 일이 생존을 위한 일이기에 이를 할 수밖에 없는 사람들처럼 일을 하고 있었다. 인디오들은 빠우-브라질 나무를 힘들여 벌목하고 수집하는 바다에서 온 사람들을 보지 않았다면 이들의 고통을 믿을 수 없었을 것이다. 인디오들은 숲이 사라지면 새도 없어지고 사냥도 못 하게 된다는 것을, 또 바다와 강이 마르면 물고기가 다 죽는다는 것을 이들이 왜 두려워하지 않는지 의아해했다.

뚜삐남바(tupinambá) 인디오들은 아라부땅(arabutan, 역자 주: 원주민어로 빠우-브라질 나무)을 찾으러 가는 일에 전념하는 프랑스 사람들과 다른 외국인들에 무척이나 놀랐다. 언젠가 한 인디오 노인이 내게 물었다. 무엇 때문에 당신들, 마이르스(maírs)와 뻬로스(perôs, 역자 주: 프랑스와 포르투갈 사람들)들은 장작을 구하기 위해 그렇게 먼 곳에서 왔습니까? 몸을 데우기 위해서요? 당신들 나라에는 나무가 없어요? 나는 우리나라에는 나무가 많지만, 빠우-브라질과 같은 나무가 없어서 여기에 왔다고 대답했다. 그리고 노인이 추측하듯 이 나무를 땔감으로 사용하는 것이 아니라, 원주민들이 목화실이나 깃털을 염색하는 염료를 그 나무에서 추출하기 위해서라고 말했다.

그러자 노인은 즉시 되물었다. 그렇다면 왜 그렇게 나무가 많이 필요해요? - 예, 우리나라에는 노인께서 상상하는 것보다도 더 많은 옷감, 칼과 가위, 거울과 다른 물건을 가지고 있는 상인들이 있고, 그중 한 명만이 수많은 선박이 실어 나르는 빠우-브라질 나무 전부를 산다고 대답했다. - 그 미개인은 즉시 되물었다. 아! 정말 재미있는 이야기를 하네. 내가 말한 것을 제대로 이해하고 나자 이렇게 또 물었다. 그러나 당신이 말한 그 부자는 죽지 않아요? - 예, 그 사람도 다른 사람처럼 죽지요, 하고 나는 대답했다.

이 미개인들은 토론하기를 좋아해 어떤 주제든 끝까지 가는 경향이 있다. 그렇기에 노인은 계속해서 물었다. 죽고 나면 가진 것을 누구에게 주죠? - 가진 게 있다면 자식들에게요, 나는 대답했다. 자식이 없다면 형제나 가장 가까운 친척에게 주죠. 독자 여러분이 느끼듯이 전혀 어리석은 사람이 아닌 그 노인은 계속 물었다. - 지금 나는 당신네 외국인들이 아주 미쳤다고 여겨지네요, 왜냐하면 여기 도착했을 때 바다를 건너기 위해 큰 고생을 했다고 했는데, 당신들 자식이나 가까운 친척에게 재산을 주려고 그렇게 일을 많이 해요! 당신들에 충분한 먹을 것을 주는 대지가 그들을 또 키우지 않나요? 우리에게도 사랑하는 아버지와 어머니, 자식들이 있지요. 그렇지만

> 우리가 죽은 뒤에는 우리를 키운 대지가 자식들을 키워 줄 것이라는 확신이 있지요. 그래서 그렇게 염려하지 않고, 편안히 쉴 수 있지요(Léry, 1960: 151~161).

바람에 부푼 돛에 매료되어 해변을 채웠던 인디오들과 이제 막 도착해서 인디오들을 매력적이라고 생각했던 수염이 자란 선원들 간의 잘못된 만남은 생물학적인 충돌, 즉 건강과 질병이라는 치명적인 충돌이었다. 원주민들은 잠시 정신을 잃어 기절하거나 가려움증과 같은 병 외의 다른 병은 접해보지 못했다. 하지만 백인들은 충치부터 천연두, 백일해, 결핵 그리고 홍역까지 가져왔다. 첫 만남이 시작된 이후 무자비한 생물학적 전쟁이 시작되었다. 한쪽은 수백, 수천 년 동안 페스트라는 전염병을 이기고 면역력을 키워 살아남은 사람들이고, 다른 한쪽은 그 어떠한 면역력도 갖추고 있지 않았던 사람들로, 이후 대규모로 사망하기 시작했다. 이렇게 치명적인 페스트라는 전염병과 함께 문명은 인디오 세계에 들어왔다. 그다음에는 원주민을 노예로 만들고, 말살하는 대량 학살이 이어졌다. 그렇지만 이는 인종과 종족 말살, 즉 말로 형용할 수 없는 고통스러운 계단을 올라가는 첫걸음에 불과했다.

인디오들에게 삶이란 그저 넉넉한 세상과 공동체에서 편안하게 생활하는 것이다. 물론 이들에게도 싸움과 전쟁은 있다. 그러나 용감하게 싸우는 운동처럼 싸움과 전쟁은 그 의미가 있다. 인디오 전사는 적을 사로잡으면 새로운 이름과 문신을 새길 영광을 얻을 수 있었다. 그렇기에 포로를 잡기 위해 용맹스럽게 싸운다. 전사는 또한 이 포로를 수백 명의 사람이 참가하는 축제에 제공하는데, 이는 포로가 된 사람을 먹으면 그 사람의 용맹이 자신들의 몸에 남아있을 거라고 여기기 때문이다. 그래서 인디오들은 경건한 의식을 치르며 잡아온 포로를 먹는다.

인디오 여자는 자신이 할 수 있는 최대한으로 노력하여 해먹이나 광주리를 엮는데, 이 훌륭한 작품을 통해 자신들의 미적 감각을 표현하는 것이다. 우루꾸(urucu) 열매의 빨간색이나, 제니빠뿌(jenipapo) 열매의 청록색으로 물들인 깃털로 몸을 장식한 젊은이들은 즐기고 활력을 느끼기 위해 씨름을 한다. 마치 전쟁터에서 하듯 온 힘을 다해 몸과 몸을 부딪치고, 붙잡고 던지는 씨름을 한다.

막 도착한 백인들에게 인생이란 인디오들과 달리 누구나 일을 해야 하며, 이익을 얻어야 하는 괴로운 과업이었다. 이들은 옷감으로 몸을 감싸고, 장화를 신고, 모자를 썼다. 대부분 아름답고 예쁘기보다는 더럽고 초라했다. 그렇지만 자신들의 허영과 사치를 이 옷과 장화와 모자에 담았다. 화승총과 창으로 무장한 이들은 하느님의 창조물인 꽃을 느끼고 맛보았다. 이들을 사로잡고 있는 욕망은 원주민 여자들의 자궁에 자식을 여럿 얻기 위해 씨를 뿌리는 것이었다. 또 이 여인들의 팔과 다리를 밭에서 김을 매거나 수확하는 데 사용하는 것이고, 또 먹을 것을 얻기 위해 사냥하고 낚시하는 데 사용하는 것이었다. 즉 스스로를 위해 사용하는 것이 이들의 욕망이었다. 원주민 남자들은 주로 염료나무를 벌목하는 데 사용하거나, 자신들의 편안함과 이익을 위한 물건을 생산하는 데 사용되었다.

사로잡힌 원주민들은 참으로 서글픈 운명에 처했다. 특히 여자들, 섹스하기에 좋은 성기, 일하기에 좋은 팔, 임신하기에 비옥한 자궁을 가진 여자들은 막 도착한 사람들에게 쾌락을 제공했다. 이 먼바다에서 온 영웅들은 냉혹한 주인처럼, 살아있는 원주민들을 아주 가혹하게 대했다. 이들의 사명은 하느님과 법이라는 이름으로 자신들이 점차 점령해 나간 광대한 영토에 있는 동물과 숲, 사람들을 지배하고 복종시키는 것이었다.

그 차이는 너무나 커 도저히 서로를 이해할 수가 없었다. 인디오 그 자체를 제외하고는 인디오들이 만들었거나 가지고 있는 그 어떠한 것도 평가를 받지 못했다. 인디오들은 그저 쾌락의 대상이었다. 인디오들은 이해하지 못하는 일을 하는 사람이며, 사용하지도 않는 물건을 생산하는 사람들로 인식될 뿐이었다. 이와 반대로 침략자들은 도끼, 칼, 큰칼, 주머니칼, 가위, 거울 그리고 오팔 빛의 유리구슬로 가득 찬 선박과 함께 왔다. 얼마나 많은 인디오가 이 물건에 눈이 뒤집혀 다른 부족과 짐승처럼 싸웠는지 모른다. 어떨 때는 자신의 부족과도 싸웠다. 이런 물건들이 필수품이 되어감에 따라 이를 생산할 수 없는 원주민들은 어떤 대가를 치르더라도, 모든 수단을 써서라도 이 물건들을 구하려고 했다. 본질적으로 이 물건들은 시장경제, 모든 것을 뒤엎어버리는 놀라운 힘을 지닌 시장경제에 원주민 세계를 합쳐버렸다. 막 발견된 '잃어버린 낙원'은 이렇게 획일화된 채 파괴되고 말았던 것이다.

서로 다른 이유들

유럽인들의 침략에 직면한 원주민 인디오들은 할 수 있는 한 최대한 자신들의 삶과 존재 양식을 지키려고 했으며 무엇보다도 처음에 가졌던 환상, 즉 평화로운 만남이라는 환상을 잃어버린 후 이를 지키려고 노력했다. 사실 환상을 잃어버리게 된 것은, 침략자에게 굴복하는 것이 비인간화, 즉 자신들이 짐을 옮기는 짐승과 같이 된다는 사실을 인식한 때였다. 인디오들과 백인 식민자들은 사느냐 죽느냐 하는 이 싸움에 모든 힘과 무기와 속임수를 투입했다. 대부분의 인디오는 서로 연합하는 일부 소수를 제외하고는 함께 살게 된 유럽인들의 도움을 받아 다른 부족들의 도움을 받지 않았다. 이런 이유로 각각의 부족은 수적으로 우세하지 못했기에 아주 잘 조직되어 있으며 기술적으로 더 앞서있어 그 결과 잘 무장된 유럽인과의 싸움에서 질 수밖에 없었다.

유럽인의 승리는 무엇보다도 막 태동한 신 브라질 공동체들의 발전적 조건에 힘입었으며 이러한 조건은 원주민 인디오 공동체에 강력하게 영향을 미쳤던 선교사들과 학자들의 도움을 받는 유일한 정치적 존재로서 새로운 브라질 공동체를 결집시키게 되었다. 하지만 역설적으로, 공동체에 참여하지 않았던 미개한 인디오들은 유럽인의 지배에 저항하며 수백 년 동안 전쟁을 해야 했는데, 수준 높은 문명의 멕시코와 페루 같은 지역에서는 유럽인들의 정복과 평화가 빠르게 이루어졌지만, 브라질에서의 정복은 느리게 진행되었다는 역사에서 이를 잘 알 수 있다. 아직도 브라질에서는 미개한 원주민 부족들이 문명이라는 경계선을 넘어 자신들의 영토에 침입하는 것에 저항하고 있어 브라질에서의 정복은 현재까지도 계속되고 있다고 할 수 있다.

포르투갈 식민지 시대의 연대기(年代記)는 정복 전쟁을 있는 그대로 잘 기록하고 있다. 다만 곤봉과 바람총, 활과 화살만 가지고 있는 인디오들과 비교해 총과 대포로 무장한 유럽인 군대에 대한 이야기는 의도적으로 하지 않고 있지만, 역사가들은 아주 자랑스럽게 포르투갈 사람들의 영웅담을 강조하고 있다. 안쉬에따(Anchieta) 신부가 바로 대표적인 경우로, 그는 원주민을 포획하여 노예로 만들거나 선교사들의 손에 맡겨 교육하도록 한 멩 지 싸(Mem de Sá) 3대 브라질 총독을 칭송하는 글을 남겼다. 안쉬에따 신부는 훗날 인디오들의 친구가 되어 가톨릭 성인으로 추대되지만, 식민 초기에는 용맹한 총독을 칭송하는 기이한 인물로 그려지고 있다.

거대한 정글에서, 군인들 앞에 서서 나아가는
사령관의 영웅적 행동을 누가 이야기할 수 있을까.

불탄 마을은 백육십이요,
화마에 삼켜져 폐허가 된 집은 천 채라,
풍요롭던 들판은 파괴되어버려
모든 게 고통의 연속이 되어버렸네.

이는 주제 지 안쉬에따(José de Anchieta, 1958: 129) 신부가 라틴어로 쓴 "멩 지 싸 총독을 칭송하며(De Gestis Mendi de Saa)"(1560년경)라는 제목의 2천 행이나 되는 시의 일부이다.

멩 지 싸 총독이 원주민을 굴복시키고 말살하는 전쟁을 하고, 1558년 노브레가(Nóbrega) 신부가 제안한 식민지화 계획을 제대로 수행하고 있다는 사실을 상기해 보면 당시의 안쉬에따 신부의 송덕 노래는 이해가 된다. 하지만 이 가공할 계획은 인디오들에 대한 포르투갈 예수회의 정책을 가장 잘 표현해준다. 안쉬에따 신부의 놀라운 표현에서 눈에 띄는 것 중 하나가 바로 식인풍습을 근절할 필요성에 대한 주장이었다. 그는 "수많은 기독교인을 잡아먹는 지옥 같은 입"이 없어져야만 원주민의 식인풍습이 끝날 것이라고 주장한다. 이와 크게 다르지 않은 또 다른 주장은 인디오들이 불법적으로 노예가 되지 않도록 인디오들을 즉시 합법적인 노예로 만들어야 한다는 것이다. 그 실례를 보면,

(…) 만약 전하(S.A.)께서 인디오들이 전부 개종하기를 원하신다면, 이들을 굴복시키라고 지시하시고, 밀림 깊숙한 곳까지 들어가 기독교인으로 만들어 다른 신대륙 지역에서 하듯 이 개종한 인디오들이 또 다른 원주민을 굴복시키고 사로잡도록 일을 나누어 주어야만 합니다. (…)

이교도들을 개종시킬 수 있다면, 양심의 가책뿐만 아니라 아주 힘들게 구해야만 노예를 얻는 여러 방법이 없어질 것입니다. 정의로운 전쟁을 통해 노예를 확보하면 모든 게 합법적이 될 것이고,

인디오들의 충성스러운 봉사를 받게 될 것입니다. 또 사람들이 살지 않은 땅에는 사람들이 살게 될 것이고, 하느님은 많은 영혼을 얻게 될 것입니다. 전하께서는 또한 금과 은을 갖게 되지 못한다 해도 많은 목장과 농장을 소유하게 되기 때문에 큰 수익을 이 땅에서 올리게 될 것입니다. (…)

역시 이런 방법이 새로운 영토에 기독교인을 살게 만드는 가장 좋은 방법일 듯 싶습니다. 예전에 했듯이 가난한 사람들을 이곳으로 보내는 것보다 더 나을 것입니다. 가난한 사람들은 단 한 명의 노예를 살 돈도, 자신의 삶을 시작할 돈도 갖고 오지 않기에, 이곳 생활을 견딜 수 없을 것입니다. 그래서 결국에는 짐승과 같은 생활을 하거나 죽게 될 수밖에 없습니다. 또메 지 쏘우자(Tomé de Souza) 총독과 함께 온 그런 사람들과 같이, 자기 땅을 사서 거주할 능력을 지닌 사람들을 보내는 게 더 좋을 듯합니다. (…)

또 필요할 때, 원주민들을 벌주거나 손해를 막을 수 있는 인디오 감독관이 있어야 합니다. 신부들이 선택하여, 총독의 승인을 거쳐 일하게 되는 이 감독관들에게는 보수를 많이 주어야 합니다. 만약 총독이 열성적이라면, 현재도 충분합니다.

원주민들이 지켜야 할 법은 사람 고기를 먹지 못하게 하고, 총독의 승인을 받지 않아도 전쟁을 할 수 있도록 하며, 한 명의 여자만 취해야 하고, 목화가 많으니 최소한 기독교인들 비슷하게 옷을 입어야 하며, 미신을 없애야 하고, 자신들뿐만 아니라 기독교인들에 대해서도 정의가 유지되어야 한다는 내용을 포함해야 합니다. 또 기독교인들 곁을 제외한 다른 지역으로 옮겨 가지 않고 평온하게 살도록 해야 하며, 충분한 땅을 나누어 가지고, 교리를 가르칠 예수회 신부와 함께 살도록 해야 합니다(브라질 풍물에 대한 메모, 1558년 5월 8일, Leite, 1940: 75~87).

이러한 내용이 바로 식민화를 지시하고 감독한 그 훌륭한 예수회 계획이었다. 그것은 한마디로 극심한 폭력, 불관용, 오만, 탐욕에 대한 요약이었다. 노브레가 신부의 문명화 계획 수립에는 인간이 지닌 모든 악한 점이 다 사용되었으며, 멩 지 싸 총독은 총과 칼로 이 계획을 수행하여 그 결과 16세기 브라질 해안에 있던 약 300개 마을이 절망과 파괴를 겪게 되고 말았다.

안쉬에따 신부의 글을 통해 대학살이 이루어졌음도 또한 알 수 있다.

> 20년 전부터 현재까지 이 바이아(Bahia) 지방에서 사라진 사람 수는 믿을 수 없을 정도이다. 그 누구도 이렇게 많은 사람이 죽으리라고 생각한 적이 없었다. 이제 바이아 지방에서 농장과 목장을 보게 될 것이다. 이 땅 사람들은 이제 거의 없어지고, 대신 기니(Guiné)에서 온 흑인들로 넘쳐나는 농장과 공장을 만나게 될 것이다. 그 많았던 이 땅 사람들에 관해 물으면, 죽었다고 말할 것이다(바이아에 처음 세워진 마을에 대한 보고서, 1587년경, Anchieta, 1933: 377~378).

침략자들이 가져와 자신들도 모른 채 인디오들을 병들게 한 전염병은 실제로 칼과 총보다 더 무서운 브라질 정복 무기였으며 브라질 인구 감소의 주요 원인이 되었다는 것은 의심할 여지가 없다. 우리는, 바이아 지방을 강타했던 최초의 전염병 결과에 대한 역사 기록을 통해 당시의 전염병이 얼마나 무서웠는지 잘 알 수 있다. 16세기 중반 예수회 신부들은 4만 명의 원주민을 헤꽁까부(Recôncavo) 지역에 있는 여러 마을에 수용했는데, 이 대부분은 천연두에 걸려 사망할 정도로 예수회의 결정은 현명하지 못한 것이었다. 이들 중 간신히 살아남은 3천여 명은 육신이 너무도 허약해져, 선교마을을 다시 세울 수 없었던 것으로 전해진다. 예수회 선교사들은 자신들이 고의적이지는 않지만 전염병 매개체였다는 사실을 본국에 보낸 편지에서 증언했다. 이들은 또 새로운 땅의 좋은 공기가 자신들의 '폐병'을 치료하는 효과를 편지에서 언급했으며, 또 다른 편지에서는 인디오들이 피를 너무 토해 파리처럼 말라서 죽어가고 있어 단지 이들의 영혼만을 구할 수 있을 뿐이라고 보고하기도 했다.

더 잔인한 것은 예수회 선교사들의 계획과 정반대되는 계획으로, 이 계획은 이념적인 측면에서는 동일하지만 실질적인 측면에서는 훨씬 더 효과적이었다. 도밍구스 조르지 벨류(Domingos Jorge Velho)가 포르투갈 왕에게 1649년 보낸 편지가 이를 가장 잘 설명해준다. 싸웅 빠울루 혼혈부대의 위대한 지휘관이었던 도밍구스는 자신의 부하들에 대해 자랑스럽게 말한다. "이들은 폐하의 군대 명단에 등재된 사람들이 아닙니다. 월급도, 옷감 보조나 탄약도 받지 않습니다. 우리 중 일부가 무기를 지닌 종들과 함께 부대를 만들었습니다." 도밍구스는 밀림에 들어가는 것이 일부 사람들이 "전하께 말하듯이" 원주민을 사로잡아 개화시킬 목적으로 하는 것이 아니라고 한다. 그들이 자기 스스로 "인간사회와 문명화된 인류를 알게 하려고, 용감한 이교도들이며 인육을 먹는 내륙의 인디오족을 사로잡을 것"이라고 말하고 있다. 또 "헛수고에 불과한, 인디오들을 천사로 만드는 일을 하기 전에 사람으로 만들어야 한다."라고 주장한다(바히가(Barriga)에서 왕에게 보내는 편지, 1694년 7월 15일, Ennes, 1938: 204~207).

포르투갈 범선이 브라질 해안을 전부 탐색하며 만났던 인디오 마을들, 최초의 연대기 작가들이 훌륭하다고 여겼던 인디오 마을들은 몇십 년도 되지 않아 사라졌다. 그 자리에는 세 가지 형태의 새로운 정착촌이 세워졌다. 가장 중요한 첫 번째 정착촌은 공장과 부두에서 일하는 아프리카 흑인을 수용하는 곳이었으며, 두 번째는 백인과 원주민 간의 혼혈인이나 가난한 백인들이 주로 세운 정착촌으로, 해안이나 초원지역에 세워졌다. 그리고 세 번째는 노예처럼 식민지 기업에서 일하거나 선교마을에 수용된 인디오들로 이루어진 정착촌으로, 자치를 유지하고 있는 마을도 있지만 대부분 선교사 감독 아래 놓여 있었다.

브라질을 식민화하려는 초기 예수회의 계획은 어떠한 인도적인 고려 없이 수립되었다. 그렇지만 민간인에 의한 식민화 과정은 너무나 잔인하여 이후 예수회 선교사들은 농업과 상업중심지에 사는 민간인들과 심각한 분쟁을 겪게 되었다. 선교사들에게 있어서, 당시 멸종위기를 겪고 있던 인디오들은 하느님의 피조물인 동시에 브라질의 원래 주민들로, 이교신앙을 포기하고 교회라는 목장에 들어온다면 선교마을에 수용되어 식민 사업에 참여할 수 있는, 생존할 권리가 있는 사람들로 여겨졌다. 반면 백인 식민자들에게 인디오는 노예이거나 인간이라기보다 짐승에 더 가까운 특성을 지닌 인간 가축으로만 여겨질 뿐이었다.

포르투갈 왕실은 명목상으로는 인디오를 지지했다. 그렇다고 해도 적대적이고 용맹한 인디오뿐만 아니라 멀리 떨어져 사는 인디오들을 사로잡아 노예로 만들기 위해 벌이는 식민자의 '정당한 전쟁'에 대한 허가를 결코 거부한 적은 없었다. 왕실은 거의 언제나 인디오를 노예로 만드는 일에는 못 본 척했다. 특히 가난한 지역에서는 식민사업 자체의 특성 때문에 인디오를 노예화하는 일은 막을 수 없는 일이 되었다. 값이 너무 비싸기 때문에 흑인 노예를 살 수 없는 싸웅 빠울루와 다른 지역의 백인 식민자는 밀림에 사는 인디오들을 노예로 사용할 수밖에 없었다. 또 오랫동안 인디오들이 해온, 즉 생계에 필요한 일을 할 인력을 요구하는 사람들에게 인디오를 사로잡아 판매하는 일이 그들의 주 사업이었다.

싸웅 빠울루와 마란냐웅(Maranhão), 아마존과 같은 여러 지역에서 예수회 선교사와 백인 식민자 사이에 큰 분쟁이 일어났다. 원주민에 대한 해결책으로 그 둘은 각각 선교마을 수용이나 노예화를 주장했지만 단기적이든 장기적이든 언제나 백인 식민자가 이겼다. 이들은 인디오 남자들을 밀림 안내자, 뱃사공, 나무꾼, 사냥꾼, 어부, 하인, 장인으로 활용했으며 특히 인디오 여자들은 자궁으로서 나중에 수많은 이 땅 사람들, 바로 브라질인(brasileiro)이라는 혼혈인을 만드는 데 사용했다.

대부분의 가톨릭 선교회가 원주민을 교화시킨 다음 식민지 노동력으로 사용하거나 무장탐험대에서 일을 할 수 있도록 하는 역할을 아무런 거부감 없이 맡았다. 그렇지만 예수회 신부와 선교사들은 식민자를 위해 자신들이 했던 초기의 원주민 세뇌 역할에 대해 후회하게 되었다. 특히 이웃 파라과이의 예수회 선교사들의 경험에 고무되어, 브라질 예수회는 부족 구분 없는 이상적인 사회를 만들 프로젝트를 실행하려 했다. 이를 위해 먼저, 선교마을, 미션(missão)을 세우고 자신들이 인도하거나 민간인들이 보낸 원주민들을 수용했다. 비록 일부 물건을 생산하여 판매하기도 했지만 기본적으로는 자립 경제를 지향하는 공동체를 세우는 노력을 한 것인데 이후 이러한 프로젝트는 아마존 지역에서 제2차 복음화 물결로 발전하게 된다.

예수회의 프로젝트는 식민정부 프로젝트와 너무 상반된 성격이었다. 그래서 동일한 지역에서, 동일한 왕국의 지배하에 이렇게 상반된 프로젝트가 동시에 시도되었다는 게 놀라울 정도였다. 그렇지만 원주민과 관련된 정책에 있어 예수회는 식민정부와 분쟁을 겪게 되어, 결과적으로 브라질에 기대했던 규모만큼의 인디오들을 모으지도 못했고, 파라과이에서 거두었던 성공을 맛보지도 못했다.

주요한 실패 원인으로는 두 가지를 들 수 있다. 먼저, 이미 언급했듯이 포르투갈 백인 식민자는 인디오 노동력을 빼앗아 가는 선교 프로젝트가 자신들이 점령한 지역에서 이루어지는 것에 대해 직접적으로 반대를 했다. 두 번째로는 백인들이 가져온 전염병이 선교마을에 사는 인디오에게 집중적으로 발생하여 수많은 죽음을 불러왔다는 사실이다. 수십 년이 지난 후 예수회는 개종 실패 - "신앙을 일깨우는 것은 하느님의 일이지" 예수회 신부의 일이 아니기에 그렇게 심각한 일은 아니었다 - 때문에 인디오들의 영혼을 구원하지 못했을 뿐 아니라 생명도 구원하지 못했다는 것을 인정했다. 하지만 사실은 그 반대였다. 즉 브라질 전체 해안에 이제 인디오들이 살지 않게 된 것이었다. 오늘날 이 사실을 되새겨 보면 예수회 선교사들이 인디오 멸종 원인 중 한 가지에 책임이 있음을 인정하지 않을 수 없다.

원주민 인디오들이 전투에서 승리를 거두려고 할 때마다 예수회 신부들은 외교평화협상가의 역할을 맡았는데, 페루이비(Peruíbe)에서 실제로 그러한 일이 일어났다. 안쉬에따 신부가 기적을 행하는 **어버이**처럼 이곳저곳을 돌아다닐 때였는데, 당시 신부는 공격만 하면 지게 되어 있는 포르투갈 백인들을 공격하지 말라고 인디오들을 설득했다. 이러한 안쉬에따 신부와 노브레가 신부 덕분에 싸웅 빠울루와 다른 포르투갈 식민지가 유지된 것이었다.

예수회 신부들의 역할은 확실히 부정적이었다. 그들은 인디오들을 선교마을에 수용하기 위해 멀리 떨어져 있는 인디오 마을에서 데려왔다. 그들이 데려온 인디오들은 자신들이 아니라 선교사들에게 봉사했고, 포르투갈 사람들이 다른 인디오 부족과 벌인 전투에 참여하여 죽어갔을 뿐 아니라, 전염병에 쉽게 희생되었다. 의도적이진 않지만 자신들 스스로가 전염병을 옮기기도 했다. 이 두 가지에서 보듯이, 예수회의 의도는 인디오를 파괴하려 한 것은 분명 아니었지만 그 결과는 마치 미리 계획한 것처럼 인디오들에게는 치명적이었다.

예수회 선교사들의 가장 잘못된 행위는 브라질 원주민 인디오와 포르투갈 왕실에 이중으로 충성하는 모호한 태도에서 기인했다. 이들은 호전적인 인디오들을 적극적으로 옹호하기보다는 적대시하며, 포르투갈 왕실에 더 충성했다. 이러한 태도는 특히 브라질을 발견한 이후 백 년 동안 더욱 심했다. 이 시기에 예수회는 인디오들이 부족에서 나와 선교마을로 들어오게 하려고 기독교 정신을 내세우며 원주민들의 부족의식을 없애는 데 주력했다. 이러한 방식은 선교 효과로 크게 나타나기도 했지만, 반대로 선교에서 시작된 부족 말살 책임 역시 지울 수 없었다.

그다음 세기에, 예수회 선교사들은 자신들이 저지른 잘못된 역할을 슬퍼하며, 도덕적 책임을 느끼기 시작했다. 그중 안또니우 비에이라(Antonio Vieira) 같은 예수회 신부들은 위험을 무릅쓰고 인디오들을 지키려 했다. 그 결과 백인 식민자들은 처음에는 싸웅 빠울루에서, 그 이후에는 마란냐웅과 그라웅-빠라(Grão-Pará)에서 예수회 신부들을 추방했다. 뽕발(Pombal) 후작이 실권을 쥐고 있던 당시의 포르투갈 왕실은 너무나 일찍 시작한 사회주의 경험을 브라질에서 종결하기로 결정하고, 예수회를 추방한 것이다. 그러자 가장 슬픈 일이 일어났다. 예수회 선교사들은 뽕발 후작이 토지와 인디오를 상으로 준 부자들에게 선교마을을 굴복하듯 넘겼으며, 이후 신부와 선교사들은 수십 년 동안 원주민을 올무에 얽매는 해온 역할 때문에 체포되어 유럽으로 이송되고 말았다.

구원의 신화

브라질의 존재 확인과 발견 그리고 침략의 시기에 새로운 땅에 대한 더욱 상세한 기술들이 이루어졌다. 그러한 기술들은 그곳의 강과 숲, 동물과 귀신들을 알게 된 침략자들에 의해 이루어졌다. 초기에는, 오랜 과거의 시간 동안 장소와 사물에 이름을 붙이고 정의를 내리며 그리고 사물의 용도와 사용을 정의하면서 주변의 자연이 어땠는지에 익숙했던 인디오들의 방대한 지식을 흡수해서였고, 훗날에는, 어떤 때는 과거의 명칭을 다시 얻게 되고 또 어떤 때는 새로운 이름을 다시 붙이는 등- 그러나 이 두 경우는 서로 다른 가치와 의도를 가진 지식체계를 구성했지만- 지속적으로 재규정하면서 이루어졌다.

이 땅에서 맞닥뜨린 유럽인과 원주민 인디오들은 서로에게 엄청난 호기심을 갖게 되었다. 이 땅에 처음으로 건너온 유럽의 뱃사람들에게 초기에 관대함을 베풀었던 착하고 아름다운 사람으로 보였던 원주민 인디오들은 인육을 먹는 너무나도 야만적인 식인종으로 보이게 되었다. 서로 동거를 하게 되면서 인디오들이 유럽 사람들에게서 서로 다른 민족과 특징을 구별하기 시작했던 만큼 유럽인들은 인디오들을 서로 다른 언어로 말하며 서로 다른 관습을 갖고 있는 동맹자와 적으로 구별하게 되었다.

이렇게 한 인종이 다른 인종을 형상화하고 구체화하는 상호적 인종학이 나타나게 되었다. 이것은 유럽에서, 항해자들의 편지에서, 이후 연대기와 증언에서 그리고 종국적으로 초기의 인종학에서 나타난 놀라운 해석과 일치한다. 이에 대한 호기심은 당시에 생각조차 할 수 없었던 새로운 그 무언가와 맞닥뜨리게 되었던 신학자들의 왕국에서 활활 불타오르고 있었다.

유럽인들이 보고 기술한 자신들과 한편 너무 다르고 또 다른 한편 너무도 유사한 원주민 인디오들 또한 하느님의 형상대로 그의 손으로 빚어진 인간 종의 한 일원이지 않은가? 그들은 가톨릭이 아닌 신앙에 빠져있던 것이고 그렇다면 구원을 받을 수 있는 것이 아닌가? 그렇다. 그들에게 결핍되어 있었던 것은 야만의 의식에서 자신의 적들을 먹는 식인풍습이나 주술사를 통한 악령에 얽매여 있는 사악함 그리고 원초적인 동물성에서 비롯된 색욕이나 상업적 생산을 무시한 무익하고 배부른 삶의 나태함과 같은 아주 사악한 증오심의 더러운 영혼을 없애는 잿물의 목욕 바로 그것임이 곧 명백해졌다.

이러한 호기심은 원주민 인디오들과 신학적이며 복음적이며 신적인 이성으로 대화한 프란씨쓰꾸 지 비또리아(Francisco de Vitória), 마누엘 다 노브레가(Manuel da Nóbrega) 그리고 훗날 안또니우 비에이라(Antonio Vieira) 수사를 비롯한 많은 신부와 선교사의 박식한 연설을 구성한 야만적인 신학에서 꽃피우게 되었다. 그리하여 금전적인 의무나 소유의 이성이 아닌 이성에 눈멀고 귀먹은 백인 식민자들에 의해 무너지고 노예화된 인디오들에게 가톨릭 신학은 더욱더 비이성적으로 보이게 되었다.

이러한 생생한 증거에도 불구하고 성스러운 임무를 띤 유럽인들은 보편적이며 신성한 가톨릭의 사도들로서 신세계에서 하느님의 왕국을 건설하려는 그리스도의 목적을 충실히 이행한다고 믿고 있었다. 의심의 여지 없이 이교도 민족과 미지의 광대한 땅의 연이은 발견과 함께 이베리아 반도의 확장을 통해 이러한 환상적이고 구원자적인 신학을 갖춘 그들은 신성한 임무를 차근차근 실행해 나간 것이다. 이러한 맥락에서 또르데질랴스 조약(Tratado de Tordesilhas)도 궁극적으로는 보편적인 가톨릭교회를 탄생시키고자 하는 이베리아 반도인들의 복음화 목적에 관한 예언자적 비전이었는지 모른다.

예수회 선교사들의 이러한 과업은, 강제적인 필요성에 응답하는 것으로 이는 정복의 야만성과 이후 지속적으로 진행된 정복 투쟁 그리고 수많은 인디오 종족의 근절에 대해 형식적인 위엄을 가장한 것이었다. 신세계의 맹주로 군림하게 된 이베리아 반도의 제국주의는 과거 로마제국의 모습을 그대로 지니고 있었다. 그들은 상스러운 원주민 인디오,

즉 악령으로 가득한 불충실한 노예들로 하여금 지옥과 죄의 두려움을 알고 진정한 신의 추종자로 개종하게 하고자 그리스도의 자비와 신중함을 계승할 것을 약속했다.

히브리인들의 신을 인간의 왕으로 바꾼 성서적 전통으로 무장한 유럽인들은 이제 이교도 인디오의 야만성을 낙원에서 쫓겨난 이브의 자손이라는 과거의 인간성에 그리고 영원한 구원을 목적으로 한 미래의 인간성에 포함하려 했다. 이러한 문제에 관한 논쟁은 그들에게 과연 고대의 전통으로 인한 득실이 무엇이 있겠는가 하는 격한 논의를 벌이면서 곳곳에서 발생했다. 노아와 그의 가축들에게 일어난 대홍수가 신세계에서도 일어났는가? 어떤 복음의 목자들이 하느님의 말씀을 그곳에 전달하는 임무를 띠고 있었는가? 왜 그리스도의 사도들은 복음화 임무를 이행하는 데 실패했는가? 또는 원주민 인디오들도 역시 원죄를 지고 있었는가? 다음의 구세주가 그들을 역시 구원할 것인가? 묵시록의 대홍수와 마지막 심판이 백인들에게처럼 인디오들에게도 가치가 있을까? 어쩌면 예언된 하느님의 아들이 그들 가운데 원주민 인디오로 태어날 수도 있지 않을까?

그 모든 논쟁에서도 오로지 이베리아 반도의 왕실과 교회에 대해 태양처럼 빛나는 것이 있었으니, 그것은 다름 아닌 무슨 일이 있어도 새로운 사람들을 가톨릭교회와 왕의 양떼에 편입시키고자 그리스도의 임무를 충실히 수행하는 구원자적 미션이었다. 이것은 정신적인 차원에서 엄연한 의무요 권리였다. 즉 이 목적은 왕실로 하여금 원주민 인디오를 굴복시키고 식민화하여 새로운 땅의 부의 원천을 갖고 오게 하는 권리가 다름 아니라 그들을 복음화하여 구원하는 성스러운 의무에서 비롯된 것이라고 표현되었다.

속세적인 차원에서 유럽 헤게모니의 정당성이 주권과 지배의 설립이었다면, 신적인 차원에서 예수회와 프란체스코 선교사들의 의도는 이제 막 발견된 인디오들을 개종시켜 성스럽고 독실한 하느님의 나라를 만들려는 것이었으며, 그리하여 종교 강령에서 명시된 것처럼 모든 믿는 사람은 합일되어 살며 모든 재산을 공동으로 소유하게끔 하자는 것이었다.

이렇게 두 개의 상반된 의도가 신세계 지배에서 각각의 패권을 향유하면서 구체화되었다. 한편으로 식민자들의 지배는 물질의 거래(무역)를 내세웠지만, 다른 한편 종교인들의 지배는 선교를 내세웠던 것이다. 초기에 그 광대한 땅에서 이 두 가지 목적은 자신의 영역 안에서 나름대로 세력을 확장했지만 그러나 점차 두 세력 간의 투쟁으로 변질되기 시작했다. 식민지배자들은 식민지의 막대한 부(富)에 욕심을 내며 그 땅에 건실한 중상주의 세계를 창설하고자 노력한 반면, 선교사들은 신세계에서 이교도의 복음화에 주력했다. 즉 항해왕자 동 엥리께(D. Henrique)가 설파한 것처럼, 식민지 정복은 과거 구약(舊約)을 다스리는 성부(聖父)의 시대와 신약(新約)을 다루는 성자(聖子)의 시대가 지나고 신세계에서 인디오를 개종시켜 하느님의 영광을 찬양하게 하는 기쁨과 사랑의 시대를 개막하는 성령(聖靈)의 시대가 도래한 것이라는 것이다.

역사는, 인디오들에 대한 대량살육 전쟁과 본의 아닌 이교도적 선교활동을 통해 선교사들로 하여금 식민지배의 의도를 수행하게끔 했다.

이교도들의 개종과 그리스도성(cristanidade) 안으로의 통합이라는 과업을 수행한 주된 인물들은 예수회와 프란체스코회 그리고 카르멜회 소속 선교사들이었다. 특히 예수회 선교사들은 때로는 싸우기도 하고 또 때로는 굴복시키면서 인디오들을 자신들이 만든 선교마을(포교마을, missão) 안에 모아 두었다. 그곳에서 인디오들은 겉으로는 죄를 뉘우치면서 겸손하게 살아가는 듯 보였지만, 실제로 선교사들은 식민자의 손에 포로가 될지도 모른다는 양자택일의 선택을 강요하면서 인디오들에게 초기 기독교 시대의 구도자와 같은 비참한 그리고 자신들의 생활과는 전혀 다른 삶을 만들어주었다. 이런 식으로 시간이 지나면서 구세계에서는 생각조차 할 수 없는 거룩하고 효용 가치가 있는 그리스도의 도시가 만들어졌지만, 그러나 그것은 부드러운 진흙과도 같은 인디오들－질베르뚜 프레이리(Gilberto Freyre)가 말한 것처럼 아직 유치(乳齒)를 갖고 있는 사람과도 같은 유아적이고 순수하며 순수한 인디오들－이기에 가능한 것이었다. 선교사들은 부정부패로 찌든 유럽에서 아무것도 기대할 수가 없었으며 유럽에 대한 마지막 구원의 희망은 어쩌면 계시였을지도 모른다. 그러나 반대로 신대륙에서 그들은 나날이 성서적 예언을 구체화하는 자신들의 희망을 확인하기에 이르렀다.

신대륙에서 선교사들이 행하려 했던 과업은 유럽인들의 생존과 삶의 방식을 이식하려는 것이 아니었다. 오히려 그들은, 종국에는 예언자들에 의해 꿈꿔온 기반 위에 견고하며 평등하고 종교적이며 독실한 공동체 사회를 건설하기 위해 인디오들의 최고의 잠재력을 개발하여 새로운 땅에서 새로운 인간을 재창조하려는 것이었다. 이러한 사회주의적이며 성스러운 유토피아가 원시기독교 전통과 관대한 메시아적 예언자들에게 의존하여 미주 신대륙에서 꽃피었는데 그러한 유토피아는, 시간이 지날수록 인디오들에게서 드러나는 낙원의 상호 연대의식과 아담의 순수성에 경탄한 선교사들의 마음속에서 굳건히 자리 잡게 되었다.

콜럼버스의 신대륙 발견 이전 문명의 잔재인 원주민 인디오의 계급주의 체계 앞에서 하느님의 더 큰 영광을 기리기 위해 신비주의적인 프란체스코회는 화려한 그리스도 사원 안에서 이교도들을 개종시키려고 선교사를 더욱더 많이 파견했다. 그들은 원래의 인디오성(indianidade)에 고무되어 토머스 모어의 유토피아의 규범에 따라 인디오의 삶을 지배하기를 꿈꾸었다. 그들은 또한 유럽의 확대를 그리스도성(cristanidade)의 보편화로 만들면서 식민지 정복을 위해 그러한 선택을 할 수 있다고 믿고 있었다. 그리하여 인디오들의 육체에 탁신(託身)된 그리스도성은 이 세상에서 행복을 얻을 수 있는 요한의 천년왕국에 들어갈 수 있다는 것이었다. 브라질에서는 예수회 선교사들이 역사를 재창조하면서 이러한 면에서 앞장서고 있었다.

이러한 유토피아는 백인들의 식민의도를 너무 노골적으로 반대하고 있어 곧 백인 식민자들과 선교사들 간의 싸움으로 즉각 변질되고 말았다. 백인 식민자들은 사제와 선교사들의 도움으로 하느님에게 속세의 마을을 신성하게 할 준비를 갖추게 하는 한편, 인디오들로 하여금 자신들을 부유하게 만들어줄 것을 생산하기를 원하면서, 하느님에게는 하느님의 것을 그리고 왕에게는 왕이 필요로 하는 것을 제공해주고자 했다. 남쪽지방 쎄찌 뽀부스(Sete Povos)와 북쪽지방의 아마조니아(Amazonia) 선교구(역자 주: 포교구 또는 인디오 공동체 마을)에서 그랬듯이 인디오들에게서 자신들이 부유해지는 데 필요한 노동력을 제공받으려는 식민자의 의지는 우세했고, 그랬기 때문에 선교구가 왕실 자체에 대해 생산적이고 심지어 이익을 남기게끔 설립되었다는 것은 어쩌면 비극이었다.

자신들의 이상을 위해 투쟁하면서 결국 와해되기까지 한 성직자들의 선교 신념의 힘은 오늘날 그러한 과거의 드라마를 생각하는 사람들에게는 하나의 놀라운 일이었다. 정복이란 것을 필요악처럼 초월적으로 해석하면서 고통과도 같은 신념의 길에 펼쳐져 있는 길을 경계 없이 타협한 후에야 선교사들은 잘못을 깨닫고 그리고 스스로 공범의 역할을 자처하기 시작했다.

그래서 그들은 수세기 동안 수많은 인디오의 죽음에 대해서, 불타버린 인디오들의 마을에 대해서, 어린이에 대해서 그리고 노예가 된 수많은 성인 인디오에 대해서 자비를 베푸는 어떠한 말도 하지 않고 그 모든 것에 대해서 침묵으로 일관했다. 아니 심지어는 안쉬에따(Anchieta) 신부처럼, 수많은 천박한 시(詩)로 이 놀라운 일들을 노래한 사람도 있었다. 그들 모두에게 그러한 아픔은 그들이 동이 트면서 보았던 여명의 면면을 채색하는 데 필요한 아픔이었다. 그들은 처음에는 복음화에 그리고 후에는 인디오를 공동체 마을에 격리한 것을 실패한 것에 대해 나중에야 잘못을 깨달았을 뿐이다. 그러나 어떠한 역사적 비극도, 과거의 어떠한 이상적인 계획도 그러한 반성의 태도를 갖지 못했다. 왜냐하면 당시까지 어떠한 희망도 그렇게 고무적이질 않았으며 또한 계획에 따라 의도적으로 사회를 재건하고자 하는 인위적인 모습을 미리 보여주지 못했기 때문이다.

예수회의 이상향은 산산이 부서졌으며 선교사들은 무방비로 그리고 맥없이 자신들의 어린 양, 인디오들을 식민자들의 손에 노예와 희생물로 넘겨주면서 아메리카 대륙에서 축출되었다. 그리고 똑같은 일이 프란체스코회 선교사들의 경이적인 희망과 꿈이 전인미답의, 불경스럽고 야만적인 식민지 세계의 조악한 비전으로 축소되면서 발생했다.

여기서, 예수회와 프란체스코회의 이상적 계획이 실패로 끝난 것은 어쩌면 자업자득이 아니었을까 하는 의문이 든다. 왜냐하면 선교사들과 식민자들, 더 확대해 말한다면 선교사들의 의도와 이베리아 왕실의 의도 간의 어쩔 수 없는 불양립성을 고려해본다면, 선교사들은 아메리카에서 자신들만의 왕국을 만들면서 다른 유럽인들과 분리되었던 것이다. 그들은 인디오 토속어를 말하고 자신들끼리 충성심을 가질 기독교화된 인디오성의 재건이라는 선교적 선택을 이베리아의 확대라고 주장하고 싶었다. 그러한 두 가지 의도 사이에 어떠한 의심도 가능하지 않았다. 이베리아 왕실은 식민의도에 따라 그 양쪽을 다 선택했고, 선교사들은 정복 행위를 위엄 있게 만드는 기능을 행한 것이다. 이제 실용적인 인간들이 지금까지 보았던 것보다 더 위대한 제국의 기초를 안정시키고 공고히 하기 시작했다. 하느님과 교회의 소명을 행하고자 하는 신앙심 독실한 선교사 왕국의 자리에 이베리아 왕실이 원한 것은 오직 식민지 제국이었을 뿐이다.

03 문명의 과정

민족의 근원

대서양 항해를 가능하게 한 기술 혁명과 그를 통해 가속화된 문명화 과정은 이베리아 반도의 스페인과 포르투갈을 식민지역에 대해 구원자적 중상주의 제국으로 변모시켰다. 이러한 점은 단순히 봉건국가 형성에서뿐만 아니라 자본주의의 초기 형성(이는 훗날 영국과 네덜란드에서 나타났지만)에서 설명할 수 없는 확장 에너지를 돌연 획득하여 이 나라들이 놀라운 생명력을 얻게 된 것이라고 설명할 수 있다.

사실 세계 역사의 해석 이론은, 천 년이라는 찬란한 기간 동안 아랍 문명이 이룩한 단일한 힘이나 최초의 보편주의 문명을 만들어낸 이베리아 반도의 팽창을 설명할 이론적 범주를 제공하지 못한다. 이러한 이론적 결핍은 『문명의 과정』(*Processo Civilizatório*, Ribeiro, 1968, 1972)이라는 책에서 아랍세계와 관련해 다른 누구에게도 영향 끼치지 않을 구원주의라는 자신들의 비정상적인 특징을 강조하며 **구원자적 독재주의 제국**의 논리를 보여주게 된다. 아랍인들은 소박하게 이 지역을 점령하고, '지하드'(Jihad, 聖戰)를 외치며 사람들을 살도록 내버려두었다. 모든 문명에 일어난 것과 마찬가지로, 그들은 새로운 구원주의의 장르를 열면서 구태의연하게 진출해 봉건주의로 변했다. 이베리아 반도 국가들에 대해서는 해양으로의 진출을 가능하게 한 상업주의적이며 기술적인 혁명 때문에 일어난 구원자적 중상주의 제국의 논리를 가정할 수 있다. 즉 아랍세계와 동양제국에서 발달한 기술적 논리가 포르투갈 사람들에 의해 수용되고 또 더욱 발전하게 된 것이다.

초기에(1차 십자군 전쟁 기간에) 이베로(ibero)족은 중세적 자치 또는 상업적 독점에 자리를 내주지 않는 권력의 집중화를 통하여 자신의 영토 내에서 완전한 통치를 책임지면서 아랍의 속세적 지배에서 자유로워졌으며 이와 함께 유대인들을 축출했다.

두 번째로(2차 십자군 전쟁 기간에) 이베로족은 아프리카와 아시아 그리고 특히 아메리카 지역 사람들에 대한 정복과 약탈 그리고 복음화의 전쟁을 치르면서 바다로 그 영역을 확대해나갔다. 이렇게 해서 위대한 아메리카 문명의 자발적 발전을 저지하면서 최초의 세계경제체제의 기초를 건설한 것이다. 동시에 그들은 자신들의 언어와 고유한 문화를 지니고 전 지역에 흩어져 번영과 행복 속에 살고 있던 수천 명의 원주민 인디오들을 몰아냈다.

그리하여 그들은 유럽보다도 훨씬 큰 지역과 민족을 정복하여 사회 · 경제적으로 그리고 역사 · 문화적으로 새로운 구심체로서 그 형체를 갖추어간 것이다(Ribeiro, 1970). 그 자연스러운 변모 과정에서 브라질을 포함한 아메리카 원주민 인디오들은 본의 아니게 새로이 떠오르는 문명의 세계로 편입되었으며, 이와 함께 자신들의 고유한 지식체계에 유럽의 이식을 허용했고 또한 막 형성 중인 세계시장에 유용한 막대한 노동력을 제공하게 되었다.

과거 로마시대처럼 근대 세계의 초기 민족들은 이베로인과 영국인 그리고 러시아인들이었다. 그들 각각은 서로가 동질적이면서 또한 아주 이질적인 민족들을 만들어내면서 인류의 다양하고 또 중요한 기원-라틴아메리카인, 네오브리타니카인 그리고 슬라브인-이 되었다. 놀라운 것은 서구문명의 근간이라고 할 수 있는 독일이나 프랑스 그리고 이탈리아가 초기 민족은 아니었다는 점이다. 그들은 봉건적 질서 아래 다양한 분쟁에 휘말려 폐쇄적인 상태에서 지내면서 민족국가로서 조직화되지 못했고 또한 생산적인 역할을 하지도 못했다.

슬라브인들은 동시에 스텝과 툰드라 지역까지 진출했으며 알래스카에도 거주하기에 이르렀지만, 그러나 엄격하게 계층화된 구시대적 사회에 발목을 잡혀 신세계 정복의 야욕을 접어야만 했다.

영국인들은 근면한 청교도 농부로서 또 산업과 상업 부르주아로서 자신들의 목적을 달성하면서 영역을 확대해갔으며, 자신들이 도달한 곳이 어디든 상관없이 자신들의 영역을 외부 세계에 이식하는 새로운 형태의 식민화에 힘을 쏟았다. 이들은 바티칸의 구태의연한 명분과 합리를 이해하기를 거부한 채 소박하게 미주지역의 영토를 조금씩 정복해나갔다. 그들은 자신들 왕국의 굶주리는 사람들을 조금씩 그 지역에 퍼뜨렸지만 새로운 조국을 건설하는 역량과 의지는 강하게 이식시켰던 것이다. 그들은 또한 해적들과 밀매업자들을 몰아내고 신대륙에서 구대륙 유럽으로 실어 나른 막대한 금을 그들의 손에서 넘겨받았으며 이후 중상주의의 교류라는 구조에 의해 더 많은 부를 거둘 수 있었다.

이들은 이후 식민화를 위한 식민지로서 미주 대륙 북쪽 지역에 정착했는데, 당시 미주지역은 사탕수수 노예경작으로 막대한 부를 가진 인근 카리브 지역 섬나라보다 훨씬 빈곤한 지역이었다. 그래서 이 지역은 식량과 공예품을 카리브 지역 노예무역상과 노예들과 교역함으로써 점차 산업발전을 시작하게 되었다.

반면에 이베로족은 약탈할 부의 자원과 노예를 찾고자 더 위협적이며 광적인 열정으로 신세계로 진출하기 위해 해외로의 모험에 눈을 돌렸다. 이들 중 일부는 전 세계에 로마 가톨릭 왕국을 건설하고자 하는 구원자적 임무를 수행하는 새로운 십자군이기도 했다. 이들은 신대륙에 대한 열띤 기대와 관심을 갖고 무례하게 진출하여, 인종적으로 신대륙 원주민들과 혼합하고 개종시키고 재창조하는 일에 전념했다. 그 결과 원주민들을 수태시키고 또 새로운 인간 종을 만들어 내면서 폭발적으로 그 수가 늘어나게 되었다.

앞서 본 것처럼 해양진출과 발견의 최초 동기는, 새로운 문명을 전파하고자 무장한 함선을 전 세계에 파견하는 것을 가능하게 한 과학 기술의 발전에 힘입은 포르투갈과 스페인의 조숙한 국가적 통합이었다. 이슬람 지배에서 해방되고, 유대인 착취에서 탈피하고 봉건제도의 영향력에서 벗어난 이들은 각기 다른 지역에서 민족국가를 창조했으며, 이들은 최초의 근대국가 형성을 실현하게 되었다.

이리하여 해외에서 획득한 발견과 풍요와 마찬가지로 아메리카와 아시아, 아프리카 대륙에 대한 헤게모니를 갖춘 제국 건설이라는 명실상부 거대한 기업의 능력을 갖춘 조직이 탄생한 것이다. 그 힘은 어떤 때에는 스페인이 유럽 전체에 대한 통치권을 행사할 만큼 크게 성장한 적도 있었고, 포르투갈은 자신들의 독립성을 유지하기 위해 영국과 동맹관계를 맺기를 강요당한 적도 있었다.

세계 확대라는 이러한 투쟁 속에서 이베리아 반도는 여러 차례 꿈꿔온 세계 제국 우두머리 자리를 넘겨주고 점차 쇠약해졌다. 그러나 자신들과 동반자와의 투쟁에서는 굴복했지만 아메리카 신대륙에서 자신들의 종자는 아메리카 혼혈이라는 놀라운 업적을 이루어냈으며, 이로써 그들의 언어와 문화는 계속해서 확장되어갔다. 이러한 과정에서 드디어 라틴아메리카라는 가장 거대하며 풍요롭고 단일한 제국을 건설할 수 있게 되었다. 그리고 제3국에 불과했던 영국은 이베리아 반도 국가들이 가져다 준 자본에 자신들의 유대인적 지식을 곁들여 미주 대륙의 또 다른 절반을 차지했으며, 이곳에 신(新) 브리타니카의 단일한 제2의 거대 인종을 확산시켜나갔다.

이러한 지배의 차원은 지배와 점유로 끝나게 된 세계 차원의 것이었으며, 원래의 인종적 이질성과는 반대로 인류 역사상 유례를 찾아볼 수 없는 것이었다. 그러한 이질성은 종속된 민족의 자발성의 권리나 인종적 변화를 무시하면서 수세기에 걸친 노력을 통하여 깨어지고 다시 만들어졌다.

어쩌면 소화조차 불가능했을지도 모르는 자신들의 영토에 묶이게 된 민족들의 거센 저항으로 가득 찬 이베리아 반도 국가들과 영국은 이렇듯 거의 모든 것을 삼켜버리고 혼합해나갔다. 고도의 유럽 문명을 맞닥뜨린 이 인디오들은 노예 노동력을 제공해주는 단순한 동물적 에너지로 변화되도록 자신들의 목이 잘려 피를 흘리고 전염되어갔으며, 파괴된 이들은 단지 단일한 민족으로서의 감정과 조상들의 언어와 과거 영광의 흔적만을 자신들의 가슴 속에 품게 되었을 뿐이다.

원주민 인디오와 흑인의 브라질에서 포르투갈의 식민 업적 또한 과격했다. 포르투갈이 진정으로 브라질 땅에서 찾고자 한 것은 금도 아니고 수출할 물품도 아니었다. 그 많은 부(富)도 유럽의 구세계에서는 새로운 가치 창출을 허락하지 않았다. 포르투갈의 진정한 식민 업적은, 무엇보다도 자신들의 운명을 기다리며 꽃피우기 시작한 갈색의 인류로 다양화되어간 혼혈화에 의해 만들어진 민족국가의 건설이었다. 자신들의 운명이란 다름 아닌 자신들만을 위해 존재하는 지극히 단순한 존재로서의 운명이었다.

식민지 도착 이후 거의 5세기 동안 포르투갈이라는 이 외부적인 식민계급은 토착 민족에게 불충실한 채 지속적으로 또한 영원하지도 않은 채 지배자로 군림해왔다. 그들은 단지 이익을 얻을 방편으로 토착민들과 산림과 동물들을 마구잡이로 유린하면서 신대륙의 엄청난 밀림을 헤집어놓았으며, 광물자원을 찾으려 셀 수도 없는 언덕을 파헤쳐놓았고, 셀 수 없이 많은 땅을 황폐화하고 수백만 이상의 원주민들을 혹사했던 것이다.

500년이라는 시간 동안 식민지의 모든 것이 지속적으로 바뀌었지만, 유일하게 무한한 헤게모니를 행사하는 식민계급만은 바뀌지 않은 채 유지되고 있었다. 구지배계급은 강력한 무기와 단결심으로 무장한 채 그리고 피지배자들을 오로지 생산의 도구로 사용하기 위한 덫에 가둬둔 채 신지배계급에게 초월적인 권력과 연대감을 이양했다. 피지배자들은 무엇을 원하든 무엇이 필요하든 상관없이 그리고 그들의 운명과는 상관없이 지배계급이 생산해내기 원하는 일에만 오로지 내몰렸다.

그래서 포르투갈 식민자들은, 다른 나라 식민자들이 또 다른 식민지역에서 똑같은 체제에서 성취했던 대규모 노동력에 적합한 풍요를 전혀 거둘 수 없었으며 오히려 산업문명에 통합되는 데는 노력에 비해 훨씬 작은 성과를 거두었을 뿐이다. 이로써 오늘날 식민지를 경험한 브라질이 문명과 산업화 측면에서 지체될 수밖에 없는 결과를 가져오게 된 것이다.

바로크와 고딕

신대륙에서는 서로 다른 두 개의 식민화 스타일이 각각 북미와 남미에서 있었다. 북미에서는 노동력 초과로 새로운 농업에 의해 배제되어 온 일가족 형태를 이전하기 위한 냉정한 북유럽 사람들의 거만한 고딕

스타일이 그것으로, 그들에게 원주민 인디오는 유럽화되려는 자신들의 원대한 구상을 더럽히는 사소한 존재일 뿐이며, 그들은 자신들이 원하는 곳에서 살고자 가능하면 바다 멀리 태평양을 건너온 것이었다.

그리고 남미에서는 인디오들과 혼혈을 이룬 이베리아 반도인들의 바로크 스타일이 그것으로, 그들은 원주민 인디오들에게 필요한 일에 대한 노동력을 제공받으며 자신들의 후손을 이어가는 것 이외의 어떠한 권리도 인정하지 않았다. 북유럽 사람들의 인종차별에 대해 이베리아 반도인들은 동화주의로 맞섰던 것이다. 하나는 서로 다른 것을 알고 그래서 머무르기를 원하는 사람들의 지고하며 거만한 관용이었고, 또 하나는 자신들에게 모든 차이는 참을 수 없는 것이기에 포로들과 인디오와 흑인들의 신체와 영혼 위에 군림하며 동거하기를 원하는 사람들의 강압적인 관용이었다.

직면한 도전 앞에서 매 순간 아무 생각 없이 말하는 모험가의 윤리를 가진 이베리아 반도인은 그들이 원하는 것을 생산하지 못했지만 그러나 그것은 아주 자주 아무 구속 없이 자신들이 행동한 결과였다. 브라질 식민화는 이곳 열대지방에 적응되고 혼혈화로 구체화된 유럽성(europeidade)을 수립하기 위해 지속적이고 강압적인 노력으로 이루어졌음이 확실했다. 그러나 백인화와 문명화에 반대되는 만큼 너무나도 탈유럽이나 탈인디오라는 의도에도 불구하고 그러한 식민화는 언제나 우리 자신에게 행한 자연의 심술궂은 저항과 역사의 변덕스러움에 부딪히곤 했다.

자신들의 새로운 조국에 풍요를 기대하지 않았던 북미의 고딕스타일의 주인들에게는 풍요로운 전원생활을 하도록 땅이 주어졌다. 유럽세계에서 빠져나왔기에 그곳에 예속되지 않았듯이 북미 주인인 유럽인들은 노예생활에 예속될 필요도 없었다. 왜냐하면 그들에게는 어떠한 유용한 물건을 만들어내는 능력이 없었고 오로지 땅과 자유만 주어졌을 뿐이기 때문이다.

그러한 일은 바로크식의 남미에서는 일어나지 않았다. 이곳에서 이베리아 반도 사람들은 일부는 미개하거나 일부는 문명화된 수많은 열대 원주민과 마주쳤으며, 이들을 새로운 땅에서 눈에 보이는 것이나 혹은 쉽게 생산해낼 수 있는 부의 원천을 만드는 데 필요한 노동력으로 이용할 수 있었다. 여기서는 어떠한 땅도 원주민들이 소유하지 않았다. 엄청나게 널려있는 모든 땅은 거의 지배계층이 점유했으며 이 땅은 미개한 원주민들을 강제노동에 예속시키는 데 사용되었다. 원주민들에게는 또한 어떠한 자유도 용납되지 않았는데 그 이유는 그들이 영원한 지옥에서 구원할 가톨릭 교리를 전파하는 데 필요한 이교도로서 취급되었기 때문이다.

과거 수세기에 걸쳐 지배를 받았던 사라센과 유대인 이교도들을 몰아냈던 이베리아 반도 사람들에게 이러한 생각은 더없이 당연한 것이었다. 이슬람에 대항한 영광의 십자군 열정을 지닌 이베리아 반도인들은 신대륙에서 아메리카 원주민들에게 똑같은 열정을 보인 것이다. 그래서 그들은 신대륙의 불경함과 유럽의 종교개혁에 대항하며 신의 도시를 건설한다는 목적을 위해 로마 교황청에서 받은 성직 기능을 수행했다. 이를 위해 로마 교황은 주교를 임명하고 또 다른 성직 권력을 부여하는 등 가톨릭의 중요한 특권을 이베리아 왕실로 이전했다. 신이 그들에게 풍요로움과 원주민 노예들을 준 대가로, 로마 교황은 신대륙의 불충한 원주민들을 개종하고 이교도와 전쟁하는 데 과거 이슬람과의 전쟁에서 행한 것과 똑같은 조건의 신성한 권리를 그들에게 준 것이다. 이로써 복음의 사도들을 통하여 이교도 원주민들을 불멸의 크리스천으로 바꾸어 놓을 줄 누가 알았겠는가.

결과적으로, 북미의 고딕적이며 개혁적인 세계보다도 남미의 바로크적이며 가톨릭적인 세계에서 지배계층은 가장 완벽하고, 현명하고 독실하다고 생각되는 가톨릭 서구문명의 대리인으로서 규정되었으며, 또한 원주민의 야만상태에 반대될 뿐만 아니라 악에 반대되는 선함과 무지에 반대되는 지혜의 자연스러운 지배로 자신들의 운명을 규정하고 원주민을 우월하게 다스리게 되었다. 이러한 지배는 전쟁 행위와 약삭빠른 거래, 노동으로의 징집 그리고 선교마을로의 피난처 제공을 통해 이루어졌다. 이리하여 무력하기만 했던 원주민 인디오들은 하느님의 뜻과 인간의 천성에 따라 강제로 자신들의 운명을 간단하게 바꾸게 되었다. 그래서 식민지배계층은 더욱 부유해지고, 원주민 노동자들은 영원한 삶으로 구원받았던 것이다.

어쩌면 가톨릭 문명으로 무장한 이베리아 지배계층의 미개한 원주민 노예화라는 사실은 이율배반적인 것이다. 그러나 시간이 갈수록 원주민들은 이교도적 유아상태와 선천적인 무관심, 그리고 음탕함과 죄악에서 벗어나게 되었다. 언제나 어떠한 이데올로기라도 헤게모니를 행사하는 사람들에게는 그만큼 당연시되는 것이었지만, 노예가 되어 고통받는 사람들에게는 그만큼 항거조차 못 하는 것이었다. 지배계층을 위해 자신들의 땅을 빼앗기고, 자신의 몸은 노예가 되고 가축과 같이 이동재산으로 변한 원주민들은 영혼까지도 빼앗기게 되었다. 이것은 자신들을 오로지 낙원에서 하느님 영광을 기리는 영원성 보상을 기다리도록 스스로를 이교도인 죄 많고 불쌍한 인간으로 만들어 그들 자신의 의식을 침범하여 굴복시킨 개종을 통해 이루어졌다.

이러한 이데올로기의 힘이야말로 여전히 오늘날에도 통용되는 그러한 이데올로기인 것이다. 이데올로기의 힘은 더 풍요롭고 더 수익이 나는 삶을 살기 위해 자신들의 노예들에게 그들의 천부적인 나태함을 극복하도록 강요하면서 그들을 이끌고 문명화하는 고전적인 주인의 두뇌를 만들었으며, 또한 성스러운 사회질서와 하느님의 창조물로서 영생의 길을 부여받은 자신의 역할을 보고 배우는 피지배자의 두뇌를 만들기도 했다.

이러한 형태는 북미에서는 모든 백인을 포함하는 운명의 주인인 자유로운 국민의 형성과 일치하고, 남미에서는 피지배자의 어떠한 권리도 인정치 않으려는 대량의 비인간성 위에 만들어진 시민과 군인계층과 땅 소유자 계층이라는 엘리트의 형성과 일치했다. 그래서 북미에서는 흑인을 또한 포함하는 모든 시민의 권리에 근거해 민주주의 사회의 성숙을 가져오게 되었지만, 반대로 남미에서는 무지와 가난 그리고 임의 처분에 내던져진 피지배자에 적대적인 대토지소유자를 만들어냈다.

문화-역사적 측면에서 북미에서는 서구문명의 합법적이고 단조로운 연장으로서 그들 문명의 잠재력을 실현했으나, 반대로 남미에서는 특히 아프리카성(性)과 같은 단일성에 의해 재결정된 새로운 문명의 약속이 이루어졌다. 그래서 유럽인의 눈에 남미 원주민들은 기이한 사람으로 보여 그들의 인디오적 열대성은 이국적인 것으로 비치기에 이르렀다.

그 누구도 남미 원주민들을 가장 정상적인 형태로 생각되는 인간으로서 백인성의 연장으로 생각하지 않았으며 실제로 원주민들 자신도 그렇게 생각하지 않았다. 그들은 다른 형태의, 또 다른 방식으로의 인간군(群)으로 생각되었다. 여기서 기억해야 할 것은, 이러한 사고가 원주민들을 인간성의 가장 빈약한 형태로 만든 것이 아니라 가장 인간적인 형태의 풍요로운 인간성을 만들었다는 사실이다. 원주민들의 기이한 단일성은 수없이도 위협받아왔지만 그러나 오랜 세월을 거쳐 풍요롭게 공고화되어 왔다. 게다가 유럽에서 건너온 수많은 이민자를 이곳에서 받아들였으며 그리고 엄청난 수의 동양인들도 이곳에 평화롭게 정착한 것이다. 이들 모두는 이 땅에서 브라질 사람으로 동화되었다.

역사의 현대화

오랜 시간 생존했던 종족적 인종과는 대조적으로, 낯설고 보잘것없는 이제 막 태동한 식민지 사회는 포르투갈의 방식으로 해외에 펼쳐진 유럽 문명의 씨앗이었으며 또한 기초로서 활약했다. 계급화되고, 박식한 문화에 의해 이용되며 그리고 대항해가 가능했던 국제적 맥락의 경제에 통합된 농업적이며 다른 한편 도시적 조건으로 양분된 사회가 이미 만들어진 것이다.

이러한 보다 높은 진화적 입장은 종족적 상황의 원주민 인디오 사회가 도시적이며 계층화된 문명사회로 부상한다는 것을 의미하지는 않았다. 그것은 노예 노동력으로서 아프리카에서 유입된 흑인들과 그에 앞서 토착민 형성과정에서 살아남은 잔류자들에게 중세시대를 거쳐 오면서 유럽인이 획득한 문명적 진보의 단순한 계획이었다.

브라질은 인디오들을 정복한 후에 그들의 잔류자들을, 이미 사회문화적 진보의 더 높아진 단계로 편입하여 생겨난 새로운 사회의 노예 노동력으로 보충하고 원주민 인디오들의 발전적인 노선을 깨뜨리면서 문명화 과정의 결과 앞에 서 있었다.

이러한 발걸음은 - 인종적 자율성의 상실과 지배 그리고 변형을 가정하는 - 브라질 사회에서 만들어지는 것들 위에 기초를 설립하면서 역사적 현대화 또는 연합에 의해 실현되게 된 것이다.

그러한 기초는 명백히 첫째로 사탕수수 농장 설치와 함께 이루어졌으며 이러한 농장이 실현 가능해진 것은 세계시장에 과거 채취경제의 중심을 연결하면서 이를 통해 포르투갈 식민 모국의 중상주의적-노예 제도로 구체화된 "외적 프롤레타리아"의 사회경제적 상황이 만들어졌기 때문이다.

적응 계획 – 이는 존재의 물질적 조건을 만들어내고 재생산하는 기술과 관련된 것으로 브라질의 식민지 핵은(식민지 중심지역 또는 토대) 다음과 같은 기초에서 설립되었다.

– 금속과 다양한 기계적 장비와 도구 사용과 함께 생산과 운송, 건설 그리고 전쟁에 적용된 유럽기술의 도입

– 수출 상품 생산자로서 그리고 흑인 노예와 소비재의 수입자로서 신세계를 세계경제로 통합시키는 대양 횡단

– 사탕수수 생산을 위한 농업과 화학 그리고 기계적 공정의 적용에 기초한 사탕수수 농장 건설과 훗날 새로운 기술발전을 포함하는 금과 다이아몬드 채굴

– 원주민들의 열대 경작과 관련되어 식민지 핵에 생존을 위한 식량을 공급하는 돼지와 닭 그리고 또 다른 가축 사육과 마찬가지로 – 수송 도구 외에 – 육류와 가죽을 제공하는 가축의 도입

– 민족사회의 다양한 변형된 경제적 생활에 있어 결정적 구실을 하게 될 산업용이든 식용이든 새로운 재배작물 채택과 전파

– 벽돌과 지붕, 신발, 모자, 비누, 술, 자동차 바퀴, 교량, 배 등의 포르투갈식 단순생산 기술

연합 계획 – 사회적이며 경제적인 생활 조직화 방법과 관련된 것에서 식민지 핵은 다음과 같은 문명화 계획 수립으로 구체화되었다. 즉,

– 각각의 역할 보충에 의한 상호의존에도 불구하고 사회를 농촌과

도시적 요소로 양분하고 또한 서로 다른 것들에 적대적으로 계층화시킨 또 다른 사회 구조화 형태로 평등한 종족사회의 특징인 혈연관계에 기초한 초보적 연대감을 대치

– 원주민 인디오 노예제도와 훗날 이를 대치한 아프리카 흑인 노예밀무역은 노동력 동원 측면에서 이전보다 훨씬 활발하게 동원할 수 있게 됨

– 경제적 차원에서 식민지 기업을 수익성 있게 만들고 또한 노예 폭동과 인디오 공격 그리고 외적의 침략에서 식민지 기업을 보호하는 기능을 주로 하는, 기업의 주인과 지배 귀족 엘리트를 지배계층으로 갖게 되는 유일한 사회-정치적 구조로 현지 모든 중심을 통합

– 노예 공급과 생산소득에 대한 세금징수를 위해 능력 있고 생산적인 또 다른 자원을 공급해줄 기업 건설에 드는 비용에 재정 자본을 이용할 수 있는 가능성

이념 계획 – 또는 소통 형태, 즉 신념과 예술적 창조 그리고 자생적인 인종의 이미지 등과 관련한 것으로 새로운 브라질 공동체 문화는 다음과 같은 요소로 구체화되었다.

– 브라질 공동체와 포르투갈 본국과의 유일한 소통 도구로 바뀌기까지 수세기를 거쳐 완만하게 전파된 포르투갈어

– 당시 유럽의 기술적이고 학문적인 지식을 소유하여 보다 복잡한 활동을 이끌고 지식과 신념, 가치의 전달자로 활약하는 소수의 지식사회계층

– 교리문답을 통하여 인디오를 개종시키는 일을 중개한 후 또 다른 그 어떤 이데올로기 전파도 심지어 과학지식 전파도 저지하기 위해 식민지의 지적 생활을 엄격히 통제하고 메시아적 가톨릭을 강요하는 구

원자적 국가관과 연관된 공식 교회

－특히 새로운 사회가 어디에서 그리고 언제 화려함을 표현하기 시작하는가를 규범으로 갖고 있는 바로크라는 유럽의 장르와 스타일에 복종하는 활동을 하는 예술가들

앞서 언급한 더 진보된 사회 질서의 형태와 통제와 표현의 이념적 도구에 합쳐진 이러한 기술적 혁신은 유럽의 식민화 이식으로서 브라질 사회와 문화를 만든 기초로 작용했다. 이것들은 인디오나 아프리카 기원의 다양한 흔적이 편입되면서 유래한 단일성보다 유럽 문명의 포르투갈적 지류로서 만들어진 포르투갈의 식민지 지배에 더 많이 영향받는 것들이었다.

이것은 또한 태생적인 지배계급의 부재를 설명하는데, 이러한 구실을 한 사람들은 경제적 개발의 대리인 자격이든, 정치적 헤게모니의 관리자 자격이든 실제적으로는－지배계급의 대리인이나 관리자로서－식민지배에 앞섰기 때문이다. 피지배계층은 자신의 생존 조건을 만들어내는 데 헌신하거나 활발하게 재생산할 능력이 있는 사람으로 구성되지는 않았다.

그들은 노동에서 소비될 단순한 노예 노동력으로 변화되도록 자신들의 의지에 반해 모여 아프리카 기원의 원형에서 이탈한 사람들과, 다만 자신들끼리만 이해할 수 있는 아주 먼 곳에서 데려온 인디오로 구성된 서로 다른 집합체이다. 그래서 그들 자신의 혁신은 자신들의 재생산에 의해서보다도 새로운 노예 수입에 의해 더 많이 이루어졌다.

이러한 부정형의 공동체와 사회문화적 산물에 기초하여 만들어진 새로운 것들은 즉시 두 개의 가혹한 도전에 마주해야 했다. 그 하나는, 노예로서 일하도록 강요되거나 붙잡히지 않아서 해안지방에서 멀리 도

망가거나 내륙지방에서부터 해안지방에 거주한 새로운 브라질의 중심에 적대적이 된 인디오 집단을 전멸하려는 압력이었으며, 또 다른 하나는, 내적 사회계층화와 식민 본국에 대해 자신의 독립을 유지하면서 성장한 새로운 브라질의 중심 위에 포르투갈의 식민섭정을 유지하려는 압력이었다.

II

인종의 잉태

01 인간의 형성

인종 간 통혼(通婚) (O Cunhadismo, 꿍냐디즈무)

브라질 민족형성을 가능하게 한 사회적 제도는 이방인을 자신의 공동체에 편입시키는 원주민 인디오의 오래된 풍습인 꿍냐디즈무(cunhadismo, 역자 주: cunhado라는 동서, 매부, 처남을 뜻하는 말의 명사형으로 동서지간, 인종(종족) 간 통혼을 의미함)였다. 이것은 이방인들에게 인디오 처녀를 아내로 주는 것으로, 이방인이 그녀를 아내로 맞아들이면 이때부터 자동적으로 그 부족의 모든 구성원과 다양한 인척관계가 형성되는 것이다.

이는 모든 구성원과 서로 관계를 맺는 원주민 인디오들의 계층별 인척관계에서 나오는 결과로, 그리하여 인디오 처녀를 받아들이는 이방인은 그녀에게서 자신의 인척관계를 갖게 되며 그리고 양친 세대의 모든 친척에게서 또 다른 양친과 장인 장모와 시부모들을 그리고 그 하부 세대에게서는 자식들과 사위들을 갖게 되는 것이다. 이 경우, 혈족이나 인척관계라는 용어는 모든 집단을 성교 또는 근친상간의 사람으로 등급화하게 된다. 그러나 성교 가능한 사람 중에서도 장인 장모나 시부모와는 피해야 한다. 이러한 개방적이고 향락적인 섹스 관계는 사위와 며느리 세대에서도 똑같이 일어난다. 이러한 관계의 방대한 자료는 많은 역사가 특히 이프라임 까르도주(Efraim Cardoso, 1959)와 자이미 꼬르떼자웅(Jaime Cortesão, 1964)의 기록에서 찾아볼 수 있다.

파라과이의 상황을 분석한 이프라임 까르도주의 기록에 따르면, 아순씨온에는 적어도 80명 이상의 인척관계가 존재한다. 중요한 점은 그 수가 많다는 것뿐 아니라 또한 그러한 외래자(外來者)에게 개인적인 안락함을 위해서나 물품 생산을 위해서 자신의 일을 해줄 수많은 친척이 존재했다는 사실이다.

해안지방에 거주한 유럽인들이 그러한 형태의 혼인을 할 수 있었듯이 통혼제도는 또한 염료나무를 잘라 운반하여 배로 실어 나르거나 앵무새나 작은 원숭이를 사냥하여 길들이는 등의 중노동을 할 노동력 충원을 효율적으로 실행하기 위한 형태로 기능했다. 그리고 후에는 식인의례에서 먹히던 전통적인 운명 대신에 물품과 교환할 대상으로서 전쟁포로를 구하기 위해 통혼제도가 이용되었다.

원주민 인디오들은 유럽인들이 배로 싣고 온 풍요로운 부에 매혹되어, 유럽인들을 철기 도구나 거울, 장식품 등과 같이 훗날 자신들에게 필요하게 된 진귀한 물건들을 공급해주는 공급원으로 이용했기 때문에 다른 것들은 원하지 않았다. 그래서 그러한 물건들이 충족되면 또 다른 물건들이 제공되는 일이 반복되었다. 그리하여 결국, 인디오 노동력의 필요성이 지나치게 커졌을 때 인종 간 통혼 관계는 노예 획득 전쟁으로 비약되었던 것이다.

새로운 문명화의 노정에서 인종 간 통혼은 브라질을 실질적으로 차지하기 시작한 수많은 혼혈인종을 탄생시켰다. 식민화가 그러한 혼혈화의 진전을 통하여 이루어졌다는 것은 믿을 수 있는 사실이나, 그러나 배에서 갓 내린 유럽인들이 인디오 마을에 접근하는 것은 문제가 있었다. 이것은 실질적으로 날로 늘어나는 유럽의 배들이 오가고 인디오 집단을 상업주의 체제로 편입하면서 드러났다. 포르투갈에게는, 돈이 될만한 물건이 무엇인지 잘 아는, 프랑스와 영국, 독일, 네덜란드와 같은 다른 유럽인들의 공격적인 접근이 자신들의 정복을 위협하는 것으로 인식되었다.

인종 간 통혼이라는 관습의 실행 없이는 브라질의 탄생은 있을 수 없었다. 브라질에 건너온 유럽인들은 자국의 함대에서 버려진 난파선원과 추방자이거나 인디오 마을에서 새로운 삶을 찾고자 도망친 선원들이었다. 이들에 의해서 대부분의 인디오 종족이 거주했던 대서양 해안지방에는 폭발적으로 인구 증가가 이루어졌다.

인종 간 통혼이라는 관습에 기초하여 유럽 출신의 난파선원들과 추방자들이 정착한 중심지역에는 혼혈인들이 탄생했으며 그중 일부는 인디오들과 한 마을에 함께 살면서 인디오의 관습을 따르고 입술과 귀를 뚫어 장식을 하거나 심지어는 식인 의례에 참여하여 인육을 먹기도 했으며 인디오 언어를 배우고 인디오 문화에 적응했다. 또 다른 유럽 이방인들은 인디오 마을에서 떨어진 곳에 정착하여 무수히 많은 인디오 여자와 그들의 자식들과 함께 살면서 그들의 친척과 빈번한 교류를 하면서 살았는데 그들의 생존은 인디오들에 의해 보장되었다. 그러나 유럽 물건과 브라질 생산품을 교환하는 물물교환에 의한 문명의 대리인으로서 활동할 수 있는 상업경제라는 지극히 악덕인 활동이 이들에게는 자행되고 있었다.

그러한 활동이 처음으로 이루어진 곳이자 주요 중심지는 브라질을 처음 발견한 뻬드루 알바리스 까브랄(Pedro Álvares Cabral) 이전에 이미 브라질 해안지역에 정착한 주엉 하말류(João Ramalho)와 안또니우 호드리게스(Antônio Rodrigues)를 중심으로 모여 살던 싸웅 빠울루 지역이었다. 그들은 자신들과 밀매했던 유럽의 배들이 정착한 인근 항구 지역에서 포획된 노예들을 구출하는 데 전문적으로 활동한 것으로 보이는데 당시 이곳 항구는 노예항구로 불리게 되었다.

많은 유럽인은 싸웅 빠울루 지역을 근간으로 한 주엉 하말류와 그 지역 사람들을 만난 것으로 알려져 있다. 1553년 주엉 하말류의 거주지였던 싼뚜 앙드레(Santo André)를 방문한 독일의 탐험가 울리히 쉬미델(Ulrich Schmidel)은 도적 소굴보다도 인디오 마을이 더 안전하다고 말하며, 포르투갈 왕실이 2천 명의 인디오 전사들을 동원하는 데 비해 하말류는 무려 5천 명의 인디오를 동원할 능력이 있다고 전했다.

또한 또메 지 쏘우자(Tomé de Sousa) 총독은 1553년 포르투갈 왕에게 보낸 서한에서 주엉 하말류 본인에 관해 경이로운 표현으로 언급하고 있다. 즉, "(…) 그는 셀 수도 없을 만큼 자식들과 손자 그리고 증손자 등 후손이 있으며 이 때문에 내가 감히 폐하라는 이름을 붙이지도 못할 정도의 신분이 있는 것 같았다. 그는 머리와 얼굴에 백발이나 노년의 흔적을 찾아볼 수 없을 정도였으며, 저녁을 먹기 전에 9레구아(역자 주: légua, 1레구아는 약 5km에 해당)나 되는 거리를 걸을 정도로 건장해 보였다"라고 말했다(브라질 땅에 관한 소식을 왕에게 전하는 서한, 1553년 6월 1일, Cortesão, 1956, 271).

같은 해에 마누엘 다 노브레가(Manuel da Nóbrega) 신부 또한 하말류에 대해 놀라운 사실을 전했다.

> (…) "그는 인디오들 사이에서 너무 유명하고 인디오들과 너무 비슷해 우리가 친근하게 마주하기에는 너무 큰 장애물이다. 그는 많은 부인과 자식들을 갖고 있으며 언제나 자식들과 함께 지내고 있다. 그들은 다른 인디오들과 함께 전쟁에 나가고 인디오 축제를 즐기며 다른 인디오들처럼 나체로 지내며 생활하고 있다. 우리는 모든 면에서 그를 지켜보았지만 우리에게는 정작 쓸모가 없는 것 같다."(루이스 곤살베스 다 까마라 신부에게 보내는 서한, 1553년 6월 15일, 노브레가,

1955: 173~174)

예수회 선교사들은 하말류와 그의 인디오 가족을 자신들의 곁으로 나오게 하려고 가능한 모든 술책을 동원했지만, 인디오들에 대한 그의 무한한 지휘 권력을 보고는 신부들 앞에서 복종의 태도를 지니리라는 기대는 할 수도 없었다. 선교사들은, 싸웅 빠울루를 근거로 한 뚜삐남바(tupinambá)족에 대항해 연합하고 있으며 그리고 히우 지 자네이루 과나바라(Guanabara) 만에 주둔하고 있던 프랑스인들에 의해 선동된 따모이오(Tamoio)족이 보여주는 위협에 직면하여 그의 힘을 빌릴 수도 없었다. 다만 하말류와 그 동조자들의 지원으로 예수회 선교사들은 당시 칼뱅주의자들이 주창하고 있던 종교개혁이라는 가공한 위협 앞에서도 반종교개혁의 기치를 들고 독실한 신앙의 왕국을 건설할 수 있었다.

또 다른 중요한 선구자적 인물은, 바이아 주에서 명성이 자자했던 일명 까라무루(Caramuru)라 불리던 디오구 알바리스(Diogo Álvares)였는데, 그는 1510년 바이아(Bahia)에 정착하여 역시 수많은 인디오 가족을 거느린 인물이었다. 그는 함께 살던 인디오들과 유럽에서 막 도착하고 있는 포르투갈인과의 사이에서 확실한 중재를 잘 수행했다. 그 덕분에 바이아에 중요한 포르투갈 기지가 건설될 수 있었으며, 그는 또한 예수회 선교사들을 도와주었고 심지어 유언을 통해 예수회에 자신의 재산을 물려주라고 언급하기도 했다.

세 번째로 중요한 지역은 뻬르남부꾸 지역이었는데 이곳에서도 많은 포르투갈 사람이 따바자라(Tabajara)족 인디오들과 결혼하여 많은 수의 마멜루꾸(mameluco, 역자 주: 유럽 백인 남자와 인디오 여자 사이의 혼혈인) 혼혈인을 탄생시켰다. 이 중 가장 대표적인 인물은 프랑스에 의해 점령되었던 마란냐웅 지역의 탈환 전쟁에서 공을 세운 제로니무 지 알부께르끼(Jerônimo de Albuquerque)였다.

마란냐웅 지역 자체에서도 뻬로(Peró)라 불리는 뛰어난 손재주를 지닌 포르투갈인 전사가 있다는 소식이 당시 전해졌는데 그 또한 수많은 마멜루꾸를 낳았으며 그 지역 식민화에 상당한 역할을 한 것으로 알려져 있다.

포르투갈 사람들 외에도 프랑스인들 또한 인종 간 통혼이라는 관습에 기초하여 여러 지역에서 자신들의 후손을 낳아 거점을 두고 있었는데, 까삐스뜨라누 지 아브레우(Capistrano de Abreu)에 따르면 이 프랑스인들이 인디오들에게 영향력이 너무 커서 한동안 브라질이 포르투갈 것인지 아니면 프랑스 것인지 잘 모를 정도였다고 한다. 이들 중 대표적인 인물들은 히우 지 자네이루의 과나바라(Guanabara) 만에 거주했던 따모이오족 인디오들 사이에서 천 명 이상의 상당한 마멜루꾸를 탄생시키고 물이 마른 인근 강 지역에서 훗날 적도 프랑스(França Antártica)라 불리던 섬을 중심으로 모여 살았다.

프랑스인들과의 사이에서 혼혈인을 탄생시킨 또 다른 인디오 부족은 빠라이바(Paraíba) 주의 뽀띠과라(Potiguara)족과 뻬르남부꾸(Pernambuco) 주의 까에떼(Caeté)족인데, 이 혼혈인들은 프랑스인과의 물물교역 덕택으로 상당한 부를 축적한 것으로 알려져 있다. 물물교역의 주된 품목은 빠우-브라질 나무였지만 이외에도 그 지역 특산 고추와 면화, 그리고 원숭이나 앵무새 등이 있었다.

스페인인들 역시 브라질 해안지역에서 인종 간 통혼이라는 관습에 근거하여 원주민 인디오들과 공생하고 있었는데, 그중 가장 대표적인 인물은 뽀띠과라족의 통역이었으며 이들 인디오처럼 입술을 뚫고 살았던 카스티야인 뻬로 갈레고(Pero Galego)였으며, 그는 빠라이바 주에서 포르투갈인을 축출하는 데 앞장섰으며 뒤이어 마란냐웅(Maranhão) 주에서는 프랑스인들 편에서 막강한 힘을 행사한 것으로 전해지고 있다.

총독제

일반화된 인종 간 통혼이라는 위협에서 자신들의 이익을 유지하기 위해 포르투갈 왕실은 1532년 세습봉토제(世襲封土制, Capitania Hereditária)를 시행했다. 이 제도는 브라질에서 실질적인 식민화와 생산 활동을 위한 임무를 띤 사람들이 브라질 식민경제를 한층 높은 수준으로 끌어올리는 새로운 시도였다.

이 계획은 실질적으로, 포르투갈 본국에서 추방된 사람들을 강제이주시켜, 브라질을 식민화하려는 세력들에 대항하려는 조치였다. 두아르찌 꼬엘류(Duarte Coelho, 1534)에게 보내진 봉토와 계약에 관한 서한에서 왕은, 봉토주들의 이해와 브라질을 식민화하려는 편이성에 부응하여 다만 반종교범죄인이나 반란, 변태성욕자 그리고 화폐위조범의 형을 집행하면서 사형 등에 이르는 선고를 받은 범죄인들에게 도피처를 제공할 필요가 있다고 언급하고 있다(Malheiro Dias, 1924: III, 309~312).

왕권에 가깝고 브라질 식민화를 통해 부를 얻고자 하는 고위 신분 귀족들에게 분배된 봉토제는 나름대로 지역적 단위를 형성했는데, 이들 봉토는 서쪽으로는 또르데질랴스 조약에 의해 정해진 경계선과 동쪽으로는 대서양 연안에 이르는 광대한 면적을 분할한 것이었다.

봉토 중에는 뻬르남부꾸(Pernambuco)와 싸웅 비센찌(São Vicente)처럼 성공을 거둔 곳도 있었지만, 특히 일례우스(Ilhéus)의 봉토주 뻬레이라 꼬우찡유(Pereira Coutinho)처럼 인디오들에게 잡아먹힌 경우처럼 나머지 대부분은 비극적인 최후를 맞이하고 말았다. 그리고 로뻬스 지 쏘우자(Lopes de Sousa)는 봉토에 관심조차 없어 브라질에 오지도 않았기에 많은 봉토가 포르투갈 식민자 없이 방치된 채로 남아 있었고, 이들 지역에서는 인디오들이 친척이 아니라 다만 노예로서 노동력을 제공하는 인력으로 전락하고 말았다.

세습봉토제는 포르투갈 왕실이 브라질을 본격적으로 탐험하려고 1530년 파견한 마르띵 아퐁쑤 지 쏘우자(Martim Afonso de Sousa)가 본격적으로 시행한 제도로 그는 각종 씨앗과 농기구, 가축 등을 브라질 땅에 갖고 왔다. 그가 아프리카 흑인 노예들을 데려왔는지는 기록이 없지만, 이미 포르투갈인들이 본국 리스본에서 아프리카 흑인들에 둘러싸여 살던 상황에 비추어볼 때 아마도 브라질에도 흑인들이 유입되지 않았을까 하는 추측이 가능하다.

뻬루 로뻬스는 다음과 같이 마르띵 아퐁쑤 지 쏘우자의 업적에 대해서 얘기하고 있다.

> 우리 모두에게 주어진 이 거대한 땅에서 탐험대장 마르띵 아퐁쑤는 식민화를 결정했으며 사람들에게 땅을 나누어 주어 농장을 설립하게끔 했다. 그리고 그는 삐라띠닝가(Piratininga)라 불리는 강을 거슬러 올라가 싸웅 비센찌 섬과 9레구아 들어간 오지에 자신의 마을을 건설하여 사람들을 두 그룹으로 나누어 두 마을에 살도록 했으며 그들 중에서 관리자를 선출했다. 그는 우리가 마을을 만들어 법을 준수하고, 결혼식을 행하고, 서로가 소통하여 각자가 주인의식을 갖고, 자신의 재산을 안전하게 지닐 수 있게 하는 등 우리 모두 위안을 받을 수 있는 정의로운 일을 행했다(apud Marchant, 1943: 68).

봉토주는 30레구아나 되는 거대한 땅을 관리하기 위해 포르투갈 왕에게서 봉건적 권력을 양도받은 대귀족이었다. 그들은 마을을 건설하고, 세즈마리아(봉토)를 부여받고, 수공업과 상업을 허가하고, 직접 혹은 간접 방식으로 경제 개발 사업을 벌였으며 이와 함께 범죄자들에게 형벌을 부과하는 등의 막강한 정치권력을 행사했다.

이들 봉토주 중 한 사람인 마르띵 아퐁쑤는 400여 명의 본국인과 함께 9명의 귀족, 7명의 기사 그리고 2명의 왕실 의회 사람을 동반했는데 이는 당시 브라질이 받아들인 귀족 중 가장 많은 수였지만 사실상 본국에서는 무기력한 신분의 귀족들이었다.

초기 당시 브라질 해안지방 전 지역에 걸쳐 포르투갈 이외에 유럽 다른 나라들이 침략하여 특히 네덜란드와 독일의 수많은 상선이 여러 항구에 정박하고 그들이 브라질에서 갖고 간 화물은 적지 않았는데, 어림잡아 3천여 그루의 빠우-브라질 나무와 3천여 개의 표범 가죽, 밀랍 그리고 600여 마리의 말하는 앵무새 등이 바로 그것이었다. 이에 대한 대가로 원주민 인디오에게 주어진 철기 도구와 잡화 등은 특기할 만한 것이었다. 유럽인들이 본국으로 가져간 것은 인디오 노예 수만큼 많은 것이었는데, 인디오들은 자신들의 평상시 생활 방식과 비교해 엄청난 노력을 들이며 원거리 원정에 나서 빠우-브라질 나무를 벌목해 해안의 항구로 옮기는 수고를 했다.

포르투갈의 경우, 원주민 인디오들이 운반한 엄청난 양의 화물을 해안지방 인근의 창고에 보관했지만, 프랑스는 화물을 보관할 수 없어 밀무역을 위해 인디오들이 갖고 온 모든 화물을 항구에 정박시킨 자신들의 상선에 보관했다. 이러한 작업은 자연스럽게, 프랑스인들에게 까라멜루스(caramelus)라 불리게 된 통역들이 직접 관리했는데 이 명칭은 훗날 마멜루꾸에게 붙은 명칭이 되었다.

인디오들과의 동거와 점차 증가하는 풍요로움과 함께 상대적으로 여러 가지 복잡한 난관 또한 늘어났는데, 그중 가장 특기할만한 것은 프랑스인들과의 인디오 동맹지역인 이따마라까(Itamaracá)에서처럼 인디오들의 호전성이 점차 강성해져 특히 일레우스(Ilhéus)에서는 봉토주가 인디오들에게 잡아먹히기도 했다.

브라질 땅에서 얻고자 했던 것에 불만을 가진 포르투갈 왕실은 세습 봉토제가 실패의 기미를 보이자 봉토를 직접 관리하기 시작했는데 이를 위해 시행한 제도가 바로 초대 총독 또메 지 쏘우자를 필두로 한 총독제(Governo Geral)였다. 총독제 시행은 곧 마을 형태에서 벗어나 칼로 무장한 군 병력과 함께 수많은 식민자가 브라질 땅에 이주하여 더 강화된 식민통치를 시작했다는 것을 의미한다.

초대 총독은 1549년 3척의 범선과 2척의 돛배 그리고 한 척의 쌍돛배에 관리들과 군인들, 수공업자들 그리고 주로 추방자로 구성된 천 명 이상의 일반인들을 태우고 브라질에 도착했다. 초대 총독과 함께 첫 번째 예수회 선교사들도 브라질에 들어왔는데, 가장 나이 많고 경험이 풍부한 노브레가(Nóbrega)와 3명의 사제, 2명의 수도사 그리고 19세의 건장한 청년이었던 안쉬에따(Anchieta)가 바로 그들이었다.

총독 정부는 포르투갈인들이 까라무루의 인디오와 혼혈인 마멜루꾸의 도움으로 도시를 건설하면서 바이아 주에 건설되었다. 당시 바이아에 온 포르투갈 사람들은 직업별로 다양했는데 그중에는 외과의사, 수혈사, 이발사, 석공, 목수, 통 제조자, 철공수, 주조업자, 요설가, 양조업자, 세공업자, 선박 건조자, 어부, 그리고 쌍 돛배 건조자 등이 있었다.

그리고 포르투갈의 독신 여성은 브라질에 오지 않았지만 아마도 무어족 노예 여성은 브라질에 온 것으로 알려져 있는데 이들은 후에 남자들의 경쟁 대상이 되었다. 결과적으로 브라질에 막 도착한 남성들은 인디오 여성과 짝을 지을 수밖에 없었으며 이와 함께 혼혈인 마멜루꾸를 양산해내기 시작했다. 이에 대해 적지 않은 수치심을 갖고 있던 예수회 선교사들은 본국 왕실에 구조를 요청하기에 이르렀는데 이들은 "브라질 땅에 다양한 종류의 남성들이 있으므로 (…) 심지어 매춘부까지 모든 종류의 여성이 필요하며 이렇게 해야만 죄악을 피하고 하느님의 사업을 더욱 크게 번창시킬 수 있다"(1550년 서한, Nobrega, 1955: 79~80)고 주장했다. 선교사들은 특히 신분이 좋은 사람들과 부자들을 위해서 왕실 고아들을 브라질에 보내주기를 요청했는데 이를 통해 약간의 성과를 기록하여, 1551년에 3명, 1553년에 9명 그리고 1559년에 7명의 여자아이가 브라질에 도착하여 그나마 브라질 가족 구성에 일조를 하게 되었다.

드러나지 않았던 또 다른 역사는 브라질에 세워진 예수회 학교에서 인디오 어린이들과 함께 교육하기 위해 리스본의 거리의 아이들을 데려왔다는 사실이다. 1550년 바이아에는 "소위 망나니라 불리는 길 잃은 아이들, 도둑 그리고 질 나쁜 아이들"이라고 지칭된 한 무리의 아이가 도착했으며 싸웅 비센찌(São Vicente)에는 그 해에 10명에서 12명의 아이가 도착했다. 예수회 선교사들은 이들을 통해 꾸루밍스(curumins), 즉 인디오 어린아이들을 문명화하길 기대했으며 또한 수업을 통하여 라틴어를 배우게끔 하려고 했지만 그것은 단기간에 익히기에는 매우 어려운 일이었으며, 게다가 인디오 여성에 둘러싸인 백인 남자아이들이 그녀들의 유혹에 넘어가 함께 도망치는 일이 허다했다. 그래서 선교사들은 전략을 바꾸어 라틴어 교육을 포기하고 그 대신 인디오들의 언어인 뚜삐-과라니(tupi-guarani)어를 완전 체득하게 하여 가톨릭 신자와 사제로 만들어 인디오들을 교화하는 동시에 가톨릭을 전파하는 임무를 갖게끔 교육하는 데 주력했다.

예수회 신부인 노브레가(Nóbrega)는 그러나 뻬르남부꾸 지역에는 백인 남성과 인디오 여성의 딸이 많으므로 포르투갈 본국에서 여자나 어린아이를 보낼 필요가 없으며, "하느님의 은혜 덕택에 이곳에서는 모두 결혼을 할 수 있다"라고 서한에 쓰고 있다(1551년 서한, Nóbrega, 1955: 102). 이로써 이 혼혈인 여자(마멜루까, mameluca)들은 이제 인디오 여성이 아닌 더 대접

받는 고귀한 인종 범주로 대우받으려 노력하면서 브라질 역사에 새로운 인종의 한 페이지를 작성하게 되었다. 보다 나은 인종으로 대접받으려면 혼혈 여성들은 가톨릭을 믿으며 신자가 되는 길밖에 없었는데 이것이 예수회 선교사들이 성공을 거둔 유일한 개종이었다. 그래서 이 혼혈 여성들이야말로, 노브레가의 서한에 기록되어 있듯이 브라질 땅에 신앙심 돈독한 대중 가톨릭을 정착시킨 사람들이었던 것이다.

> 오랫동안 죄악에 빠져 가톨릭 교인들과 함께 지냈던 인디오 여성들에게 우리는 이제 더 이상 오지 밀림으로 들어가지 말라고 권유하며, 그녀들을 받아줄 집을 어렵게 마련하여 그곳에서 노동하는 남자들과 결혼하기를 권했다. 모든 인디오 여성이 큰 열정을 갖고 그동안의 자신의 죄악을 뉘우치며 이제 더 이상 죄를 짓지 않겠노라고 고백했다. 그래서 이 마을에서만 40명 이상, 또 다른 마을에서는 더 많은 여성이 여전히 미진하지만 이제는 가톨릭 교인으로 개종했으며 그중에는 또 다른 인디오 여성들에게 개종을 권하기 시작했다는 사실은 진정 우리가 원하던 것을 성취한 것이다. 우리는 그중 신앙심 깊은 한 명의 여성을 더욱더 주님을 찬미하게 하려고 메이링냐(Meirinha, 역자 주: 원래는 법원에서 일하는 관리를 의미했으나, 여기서는 교회관리 및 업무 보조하는 사람을 지칭함)로 임명했다(1551년 9월 13일 자, "꼬임브라의 사제들과 형제들에게 보내는 서한, 뻬르남부꾸에서", 노브레가, 1955: 92~93).

새로 임명된 총독과 그리고 무엇보다도 예수회 선교사들을 괴롭힌 가장 위협적인 것은 프랑스가 프랑스와 인디오 혼혈인들이 살고 있었던 히우 지 자네이루 과나바라 만에 근거지를 두고 설치한 소위 남극 프랑스(França Antártica)라 이름 붙은 프랑스 식민지와의 대치상태였다. 브라질 내에 자국 식민지를 건설하려고 빌레가뇽(Villegaignon)은 수십 명의 칼뱅주의자와 노르망디와 영어식 언어를 사용하는 존경심도 없고 미개하며 시골뜨기 같은 선원들과 함께 도착했다. 빌레가뇽과 함께 온 이들은 모두 600여 명에 이르렀는데 이들은 대부분이 선원이거나 수공업자였다.

남극 프랑스 건설 기도에서 절반은 성직자요 절반은 군인인 빌레가뇽의 종교적 열정은 탁월한 역할을 했으며 뒤이어 위그노 교도(16세기 프랑스 신교도)와 칼뱅주의자 그리고 가톨릭교도 간의 투쟁이 발발했고 이에 따라 막 태동한 프랑스 공동체가 와해되었으며, 브라질 식민화에 있어 자신들에게 부과된 새로운 역할을 받아들이길 거부한 인디오들의 반란으로 상황은 더욱 심각해졌다.

인종 간 통혼 풍습의 평등하고 친밀한 동거는 참을 수 없는 긴장의 기류 속에서 점차 신앙심 깊은 공동체의 교리로 그 자리를 넘겨주고 있었다. 자신들의 종교적 성향보다 더 색정적인 열정을 잠재우기 위해 사제들은 원주민 인디오 중 일부를 교수형에 처하고 그들과 성관계를 맺은 인디오 여성들을 벌주기도 했다.

이러한 위기 상황에서 프랑스인들은 예수회 선교사들의 열렬한 지원을 받는 인디오 병력의 공격에 맞서야 했는데, 반종교개혁의 전사로 양성된 예수회 선교사들은 브라질이라는 신대륙에서 종교개혁에 맞서 원주민 인디오들과 함께 새로운 유토피아를 건설하고자 했다.

진정한 경제적인 혁명은, 수많은 식물 재배법을 혼합하여 단조로운 사탕수수 농장 경작에 이용함으로써 인디오들의 다양한 경작 형태가 한층 발전되면서 이루어졌다. 이는 이전까지 먹고 소비하는 것만을 재배하던 행태를 버리고 상품으로의 가치를 생산하려는 경작 형태로 바뀌면서 더 생산적인 모양을 갖추게 된 것이다.

오랫동안 이 인디오들의 엄청난 노력에 식민자들은 값싼 도구나 잡동사니 물건을 제공하면서 그들을 위로했지만, 인디오들이 자신들의 봉사에 더 나은 보상을 요구하고, 빠우-브라질 나무는 점점 희소하거나 밀림 깊은 곳으로 들어가야 있으며, 백인들의 늘어나는 인구에 비례하여 물물교환 대가로 백인들에게 더 많은 땅이 제공되어야 하지만 백인들이 제공한 물건에는 인디오들이 이미 싫증이 난 상황에 이르는 등 여러 가지 문제점이 나타나기 시작했다. 이러한 상황에서 새로운 노동력 동원 형태로서 노예제도 시행 가능성이 대두하기 시작했다.

노예제도의 증거는 봉토주를 위해 일하는 인디오 노예 인구가 실제로 점차 늘어나기 시작했다는 사실로서 나타났다. 싸웅 비쎈찌에서는 3천여 명에 가까운 인디오 노예가 이 지역 6개 사탕수수 농장에서 일하고 있었으며, 또한 노예를 구출하려는 인근 지역 인디오의 저항이 증가했고 이때부터 더욱더 깊은 밀림으로 들어가 인디오를 찾으려는 오지 개척단의 수가 점차 늘어나기 시작했다는 사실이 이를 증명한다.

멩 지 싸(Mem de Sá) 3대 총독(1558~1572)이 부임했을 때는 전염병과 기근 때문에 상황이 더욱 심각해졌다. 포르투갈 식민자에 대해 반군으로 돌아선 인디오들은 더 내륙으로 들어가 더 많은 땅을 개간하려는 식민자에게 개간 자체를 부정하고 나섰는데, 특히 인디오들의 적극적인 지원을 받는 프랑스 군대가 주둔하고 있던 과나바라 만 지역 상황은 위기가 극에 달했다.

멩 지 싸 총독은 예수회의 충고를 받아들여 인근 지역 인디오들에 대해 잔악한 전쟁을 지시했을 뿐 아니라 동시에 승리한 인디오들은 선교사들에게 보호를 요청하는 정책을 병행했다. 약 34,000여 명의 인디오가 예수회의 보호 아래 11개 교구(paróquias)에 모여 있었는데 이는 후에 마을 형태를 갖추고 조직적인 집단 마을인 선교구(포교구)의 기원을 이루게 되었다.

이곳에서 인디오들의 모든 생활은 성별 또는 연령별로 그룹 지어져 새벽부터 밤까지 종소리에 맞춰 정해진 시간 동안을 경작지에서 노동을 하거나, 사냥, 고기잡이 또는 직물 등 수행해야 하는 일을 해야만 했다. 이들에게는 또한 책을 읽거나, 기도하거나 심지어 섹스를 하는 시간이 정해져 있었는데 이는 종족의 인구가 현저하게 줄어들고 있었기 때문이다. 식민자의 노예 노동력 필요에 부응하기 위해 총독은 까에떼(Caeté)족 인디오들에 대항하여 전쟁을 선포하기도 했는데, 이 과정에서 식민자들은 멀리 떨어진 인디오 마을을 공격하기보다는 이미 선교마을 안에서 평화롭게 사는 인디오들을 사냥하는 것이 더 편했기 때문에 자주 알력이 발생하기도 했으며, 이에 따라 선교마을에서는 급속히 인디오 주민들이 줄어들기 시작했다. 그래서 약 12,000명이 모여 있던 한 선교구에서는 인디오가 1,000여 명으로 줄어들기도 했다.

이러한 심각한 상황에서 1562년에서 1563년 사이 천연두가 급속도로 퍼지기 시작해, 포르투갈 백인들은 화를 입지 않았지만, 불과 석 달 만에 3만 명 이상의 인디오와 흑인들이 사망했다. 천연두 외에도 새로운 질병이 나타나 생존한 인디오의 4분의 1 이상이 사망하여 마을마다 매장하지 못한 시체들로 넘쳐났으며, 또한 기아에 허덕이는 인디오들로 가득하여 수많은 인디오가 약간의 식량을 교환조건으로 백인들에게 노예를 자처하기도 했다.

이 때문에 전 오지 지역에는 전염병이 자신들에게도 덮칠 것이라든지 또는 백인 식민자들이 마을을 약탈할 것이라는 등의 소문이 급속도로 퍼지기 시작해, 백인들의 농간으로 상당수 인디오가 오지 마을을 버리고 바이아 주로 넘어가 그곳에서 노예가 되기도 했다. 안쉬에따 선교사의 “초기 마을에 관한 정보”라는 자료에 따르면, 8만여 명으로 추산되던 바이아 주 인근의 인디오는 1만여 명으로 줄어들었으며, 이는 천연두와 또 다른 악성 열병이 원인이었던 것으로 알려져 있다.

이와 관련하여 안또니우 블라스께즈(Antonio Blasquez)는 다음과 같이 말하고 있다.

> 당시 원주민 인디오들에게서는 언제나 익숙했던 즐거움과 쾌락의 잔치를 찾아볼 수 없게 되었으며, 양친 없이, 또 어떤 이들은 자식도 없이 그리고 남편 없는 수많은 과부는 서로 바라보면서 한숨과 눈물의 시간을 보내고 있었다. 그래서 예전에는 많았던 자신들의 인구가 지금은 상당히 줄어들고, 전에는 먹을 것이 있었지만 지금은 배고픔에 죽어가고, 전에는 자유를 누렸지만 지금은 가톨릭 백인들의 힘에 눌려 포로가 되거나 약탈을 당하는 현실을 생각하면서 불행에 빠져있게 되었다. 이러한 갑작스러운 변화를 생각하고 또 반추해보아도 그들은 눈물과 한숨을 지을 수밖에 없으니 참으로 슬픈 위로의 눈물을 거둘 수가 없다(1564년의 서한, Blasquez, 1931: 405)

멩 지 싸 총독 시절은 포르투갈 백인들의 3가지 재앙, 즉 페스트와 전쟁 그리고 노예화가 가장 극심했던 시대이며, 이 때문에 뚜삐남바족 인디오들이 전멸하다시피 했고 그나마 생존한 인디오는 농장이나 요새 재건에 노역을 담당하게 하려고 강제동원되었다.

그리고 당시 뚜삐남바족 인디오들에게 눌려 지냈던 아이모레(Aimoré)족과 따뿌이아(Tapuia)족 인디오라는 새로운 적이 나타났는데, 이들은 일레우스(Ilheus)와 같은 과거 풍요로웠던 지역의 주민들을 몰아내면서 백인 식민자를 공격하기 시작했다. 그러나 인디오들은 패배했으며 그때부터 바이아와 이스삐리뚜 싼뚜, 싸웅 비쎈찌와 삐라띠닝가 그리고 남쪽으로까지 백인들은 자신들의 영역을 넓혀나가기 시작했다. 그리고 빠라이바와 쎄아라의 프랑스 동맹세력이었던 까에떼족의 저항을 일소하고 나서 뻬르남부꾸에 이어 마란냐웅에도 백인들의 세력은 강화되었다. 그때부터 백인들에게서 도망쳐 이주한 인디오들과 더불어 예수회 선교사들은 더 많은 인디오에 대한 선교활동에 나서게 되었으며, 이와 함께 대서양 전 해안지역에서 포르투갈 백인들의 브라질 식민화가 가능하게 된 것이다.

포르투갈의 지배는 1570년 약 4천여 개의 소촌락(vizinhos, 각각 8명에서 12명으로 구성) – 이는 3만에서 4만에 이르는 인구에 해당하는 – 이 있는 8개의 대규모 거주지가 생길 만큼 견고하게 공고화되었다. 그곳 주민은 포르투갈인이 1/4도 채 되지 않았기 때문에 나머지 인구는 대부분이 마멜루꾸였다. 대규모 거주지 중 특히 바이아와 뻬르남부꾸, 이스삐리뚜 싼뚜 그리고 싸웅 빠울루 봉토의 네 곳은 경제적 풍요로움 때문에 날로 발전했지만, 세 곳은 쇠퇴하거나 완전히 사라졌으며 다른 한 곳, 이따마라까 봉토는 어느 정도 발전했지만 프랑스와 동맹한 인디오들의 공격으로 방치되었다. 일례우스와 뽀르뚜 쎄구루 봉토에서는 각각 200개 이상의 소촌락이 있을 정도로 번성했지만 역시 아이모레족 인디오의 공격에 굴복하고 말았다. 역시 아이모레족 인디오의 공격을 받았던 이스삐리뚜 싼뚜 봉토는 섬에 있어 인근의 다른 인디오를 전멸시킬 수 없었으므로 그들과 간접적으로 지원을 하여 생존할 수 있었다.

해안 인근의 싸웅 비쎈찌와 싼뚜스 그리고 이뻬로이그(Iperoig)의 3개 마을로 구성된 싸웅 빠울루 봉토와 산간지역의 뻬라띠닝가는 그저 평범한 정착촌에 불과했다. 이 지역 사탕수수 농장들은 크게 번성하지 못했으며 빠우-브라질 나무 생산도 다른 봉토들과 비교해 그저 그런 수준이었다. 예수회 선교구 또한 크게 발전하지 못했으며 적은 수의 인디오만을 관리할 뿐이었다. 이 지역에서 가장 강력한 세력은 마멜루꾸 혼혈인과 노예들의 연합세력이었으며 이들은 함께 살며 노예로 쓰거나 매매할 목적으로 인디오를 포획하는 일에 앞장서며 생활하고 있었다.

프랑스인들을 축출한 후 설치된 히우 지 자네이루 봉토는 패배한 따모이우(Tamoio)족 인디오들을 노예로 충당하고 있었으므로 뚜삐남바족 인디오들과 평화롭게 지내고 있었으며 이곳 예수회 선교사들 또한 외곽지역에서 3천여 명의 인디오가 모여 사는 선교구를 운영하고 있었다.

바이아 봉토는 포르투갈 백인들의 가장 큰 중심핵으로, 예수회의 통제 아래 도심지 주변에 다양한 인디오 공동체를 운영하고 있었으며 이들은 지역을 방어하고 노동력과 식량을 제공하는 일을 담당하고 있었다. 이 지역에는 30여 개 이상의 사탕수수 농장에 약 3~4천여 명의 흑인 노예와 8천 명에 달하는 인디오들이 일하고 있었지만 농장 수에 비해 아프리카 흑인 노예 수는 더욱 늘어날 것으로 추산되었다.

올린다(Olinda)와 이가라쑤(Igaraçu) 섬 그리고 인근 지역에 천여 개 이상의 소촌락이 모여있는 뻬르남부꾸 봉토도 비슷한 상황으로, 대부분이 아프리카 흑인 노예 노동력으로 충당되는 2개의 대규모 사탕수수 농장이 있었다. 이 지역의 원래 주민은 전쟁과 기근, 흑사병 그리고 가뭄 등으로 실제적으로는 전멸하다시피 하여 예수회 선교사들조차 선교활동을 거의 펼칠 수가 없었다. 뻬르남부꾸 만의 두 항구는 노동력의 주 진입로로서의 구실을 하고 있었는데 이곳을 통하여 아프리카 흑인 노예들이 브라질에 들어와 식민지 건설과 특산품 생산이라는 일을 담당하게 되었다.

예수회 선교사들은 엄격한 규율 아래 백인 식민자와 판이한 형태의 번영을 누렸는데 이는 자신들의 건축물을 호화롭고 웅장하게 만들기 위해 인디오들에게 식량을 제공하는 방법을 사용했기 때문이다. 각각의 선교구에는 사람들 외에도 무기가 있었는데 이는 다른 인디오들에게 대항하거나 흑인 노예들의 항거에 대항하려는 목적으로 총독의 요청이 있으면 언제나 싸움에 나설 준비를 하고 있었기 때문이다. 전쟁에 대한 보상으로 인디오들에게는 식량이 제공되었다. 협상이 점점 더 어려워지면서 촌락에 대해서나 농장에 대해서나 복잡한 노동력 교환 체계 때문에 도시의 백인 식민자들은 이들 인디오 노동력의 원천을 포기하게끔 되어갔다. 포르투갈 시설에 편입되어 있는 수보다도 훨씬 많은 상당수의 인디오가 사라져갔으며, 사라진 이들은 원래의 자연적인 생활을 할 수 있는 가까운 숲과 오지로 숨어들어갔다.

이와 함께 북동부 지역에서는 제당업자(açucareiro)라는 새로운 브라질 계층이 나타나기 시작했다. 이들은 원래 유럽 백인과 인디오 간 혼혈인 마멜루꾸나 브라질인디오(brasilíndios)로 구성되어 있었는데, 아프리카 노예가 빠르고 더 확고하게 출현하면서 곧 나뉘게 되었다. 이미 드물게나마 최초의 브라질 원형인을 탄생시킨 흑백혼혈인, 물라뚜(mulatos)를 만들어낸 수많은 여성을 포함하여 아프리카 흑인혼혈인들 역시 인디오와 유럽 백인, 아프리카인에 쉽게 동화되지 못했다.

흑인과 흑백혼혈인의 출현으로 그리고 무엇보다도 훗날 그들에 대한 인식 때문에 인종의 근원은 곧 깊이 있게 구분되었다. 이리하여 가부장적 가족제도와 무수히 많은 노예를 지닌 '대저택과 노예숙소'(Casa Grande & Senzala)에 집중된 흑인 혼혈 문화 지역이 탄생하게 되었다. 싸웅 빠울루 브라질인디오와 매우 유사한 이 노예들은, 노동력 제공자이며 생산 공급자였고 어부처럼 하위 전문 집단과는 차별화되었다.

가축 기르는 일을 담당하는 그들 일부는 또한 전원에서의 노역에 전념하면서 차별화되었으며, 이들은 또한, 밀림 노동에 전념하는 따뿌이아족 인디오와 지속적으로 접촉했기에 밀림 깊숙이 다니는 사람들과 차별화되어 전형적인 북동부 촌뜨기라는 새로운 인간 전형에 자리를 물려주었다.

언어학적 측면에서 뚜삐-과라니어는 오랜 세월 싸웅 빠울루 지역 혼혈 브라질인디오들의 보편적인 언어로 자리 잡았으며, 반면에 북동부 제당업자들은 포르투갈어에 쉽게 적응했다. 이는 왜냐하면 노예들과 작업 감독 간 대화를 쉽게 하려고 강요받은 노예들과 혼혈인들이 브라질에 포르투갈어를 정착시키는 데 주요한 역할을 했기 때문이다. 훗날 브라질 중앙의 광산지역으로 이주한 노예 집단 또한 이 지역에 포르투갈어를 도입하는 데 역할을 하게 되었다. 싸웅 빠울루 지역 주민들에 의해 형성된 첫 번째 이주는 그 지역의 모든 강과 산 그리고 주요 사건들에 그 지역 토착 인디오가 부르던, 이제 쓰지 않는 언어인 뚜삐어로 된 명칭을 남겨놓게 되었다. 가축을 기르며 브라질의 가장 광대한 지역을 차지한 북동부의 혼혈 브라질인디오들은 그 지역 토착어를 채택하지 않았으며 포르투갈어를 보급한 주요 인물이었다.

이처럼 오랜 세월에 걸쳐 단일하게 공통적으로 동질성을 지니기보다 서로서로 너무나도 차별화된 브라질의 독특한 인종양식이 – 예를 들면 뚱보 바이아의 바이아 사람, 마싸삐(massapé, 역자 주: 사탕수수 경작에 적합한 토양)의 뻬르남부꾸 사람이나 북동부 오지인 등과 같이 – 만들어지게 된 것이다.

같은 맥락에서 나타난 또 다른 무리 중에는 밀림과 강 생활에 적응하며 원래의 인디오 유산을 잘 간직하고 있는 아마존의 까보끌루(caboclo, 역자 주: 흑인과 인디오의 혼혈인)가 있는데, 이 지역에서 그들은 자신들의 삶과 문화에 인디오의 풍미와 풍요로운 자원을 제공하는 자연환경에 관한 다양하고 엄격한 행동양식을 통하여 원래의 공동체 내에서 자신들의 삶을 지키거나 세상에 영향력을 퍼뜨리면서 살고 있다. 특히 까보끌루들은 소규모 농업문화에 비해 상당히 풍요로워 프랑스 시골 농부와 비교할 수 있는데, 예를 들어 염소젖 치즈나 포도주, 파이 그리고 또 다른 것들은 아마존 토속 식물인 만지오까나 까싸바 등으로 만든 죽이나 수프, 향신료 등과 유사한 것으로 볼 수 있다. 그러나 애석하게도 브라질의 풍요로운 식문화는 까보끌루 문화의 퇴조와 함께 점점 사라져간 반면, 프랑스의 식문화는 더욱더 꽃을 피우게 되었다.

또 다른 브라질의 전형 중 하나는 목자(牧者) 생활이 전문인 남부지방 가우슈(gaucho, 역자 주: 남부지방 사람들을 지칭하는 표현으로 목동이라는 의미)로, 이들은 국경분쟁과 전쟁에서 용감한 사람들이라는 요소나 남부지역 들판에서 주로 가죽을 얻으려고 대규모로 가축을 키우는 사람이라는 의미보다도 가축 사냥꾼이라는 요소, 즉 두 개의 서로 다른 요소가 합쳐진 경우이다.

인디오 포획

인디오 노예화는 초기 식민 역사에서 오랜 시간 지속되어 왔지만 17세기에 아프리카 흑인 노예제도가 본격 시행되면서 점차 그 명맥을 잃게 되었다. 이에 대해 브란다웅(Brandão)은 다음과 같이 언급하고 있다.

> (…) 몇몇 봉토(capitania)에서는 그 땅 원주민인 인디오보다도 흑인 인구가 훨씬 많았는데, 그곳 모든 노예는 비슷한 생산물을 만드는 농장에서 모두 함께 생활하고 있었다(Brandão, 1968: 115).

일부 지역에서 인디오 노예는 여전히 생산의 보조적 기능에 사용되는 값싼 노예로서 넘쳐나고 있었다. 백인 식민자 누구라도 수출품 생산을 위해 흑인 노예를 선호했음에도 인디오 노동력의 효용을 더 이상 의심하지는 않았다. 인디오는 반대로 화물이나 사람을 운반하거나 식량을 생산하거나 준비하고 사냥과 고기 잡는 일에는 매우 이상적인 노동력이었으며, 또한 다른 종족이나 도망친 흑인 노예들을 포획하는 전쟁에서 유용한 전사였다.

기록에 따르면, 인디오들은 목수나 가구 제작, 도기 제작 등과 같이 공예 활동에 남다른 재능이 있으며 특히 예수회 선교구에서는 인쇄나 조각, 음악 그리고 글쓰기 등의 역할을 담당한 것으로 알려져 있다.

포획된 노예의 기본 기능은 그러나, 기본적인 생존에 필요한 생산을 위한 노동력 제공이었다. 그래서 법적으로는 자유의 몸으로 인디오들은 밀림에서 백인들에 의해 포로가 되어 거주지를 보장받아 백인 주인들에게 소유화되었다.

동 세바스찌아웅(D. Sebastião) 왕이 정당한 전쟁을 통한 인디오 포획을 인정한 1570년 포르투갈 왕실 칙령 이후부터, 인디오 매매를 위한 공식 경매, 노예로서 판 인디오에 대한 세금부과, 공공건설에 드는 비용을 충당하기 위해 인디오의 땅을 판매하거나 압수하는 왕실 명령 그리고 싸웅 루이스 지 마란냐웅(São Luís de Maranhão)에서 성당을 건설할 때 한 것처럼 교회 건축 같은, 초법적 절차를 통해 인디오 포획을 허가하는 왕실 칙령이 잇따라 발표되었다.

엄밀하게 말하면 인디오의 자유를 보장하는 수많은 법령에도 불구하고 인디오를 노예화하는 데 필수불가결한 유일한 요건은 자유 인디오였다고 말할 수 있다. 예수회 선교구와 같이 식민지 사회에 편입되어 있다 해도 습격을 당하고 노예로 포획되는 경우는 수도 없이 많았다. 예를 들어 멩 지 싸 총독이 페르난데스 싸르딩냐(Fernandes Sardinha) 주교를 붙잡아 잡아먹은 까에떼(Caeté)족 인디오를 노예화하기 위해 보복전쟁을 허락한 경우도 마찬가지이다. 백인 식민자들의 이 같은 보복 명령은 심지어 예수회 선교구까지 이르러 1만2천여 명에 달했던 인디오 가톨릭 예비신자가 천 명으로 줄어들게 되었다.

수많은 인디오가 이러한 방법으로 식민사회에 편입되었지만, 그것은 식민사회 구성원이 아니라 죽을 때까지 백인들이 약탈하고자 하는 화물을 운반하는 가축처럼 봉사하며 소모되기 위한 노동력으로 편입된 것이었다. 이렇게 오랜 세월 새로운 지역으로 확장하여 지배를 넓혀가면서 그곳에서 포획한 외딴 인디오 남자들과 여자들을 농업과 임신 그리고 가사노동을 위한 근원으로 만들어나갔다.

수입된 아프리카 흑인 노예 가치의 1/5에 불과한 가격으로 매매된 인디오들은 유럽 백인들이 경작을 포기한 지역에서 가난한 사람들의 노예로 전락하고 말았는데, 흑인 노예가 담당하기 시작한 수출 작물 경제에서 배제된 모든 힘들고 고생스러운 일은 모두 인디오 노예의 몫이었다.

인디오 포획은 언제나 고귀한 업적으로 심지어는 개종(改宗) 혹은 가톨릭 전파의 기술로서 이루어져 왔다. 노브레가 신부 자신은 자신의 식민화 계획 내에서 노동력을 담당할 포획한 인디오를 살 능력이 없는 너무 가난한 식민자의 브라질행을 만류하며 노예를 소유할 조건을 갖춘 재력이 있는 식민자를 브라질로 보내줄 것을 건의하기도 했다. 다른 예수회 선교사들과 마찬가지로 그는 식민화를 위해 인디오들을 고갈시키고 있는 식민자들의 탐욕에 대해 종지부를 찍고자 했다. 식민자들과 경쟁자적인 입장에 있었다고 해도 인디오들에게 또 다른 운명적인 것을 주고자 했기에 식민지 기업이라는 중요한 메커니즘으로서 예수회 선교사들은 대규모 선교마을을 건설할 필요성에 대해 명백한 비전을 갖고 있었던 것은 확실하다.

예수회 선교사들과 인디오 포획을 규정화하려는 그들의 노력에 대한 포르투갈 본국 왕실의 지원은 언제나 종교적이며 도덕적인 이유에 근거하지는 않았으며, 사실 그것은 행정적 이익에 근거를 두고 있었다. 확실히, 대규모 선교구는 적대적인 인디오와 외적 그리고 지위가 격상된 흑인 노예들에 대한 전쟁과 같이, 드는 비용 없이 언제라도 동원이 가능한 인력이 모여 있는 곳이었다. 그곳은 또한 주로 식료품 생산에 주력하고 있었기에 굶주린 사람들에게 식량을 공급해주는 중요한 원천이었다. 그래서 농장들은 단지 수출 작물 생산에만 주력하면 되는 것이었다. 선교구에 인디오들이 모여 있는 것은 또한 노예상인들의 이해와 맞아 떨어지는 것이었다. 왜냐하면 이들은 단 한 번의 공격으로 인디오를 쉽게 포획할 수 있었기 때문이다.

포르투갈 왕실과 예수회 간의 정치적 이해 차이와 다른 한편으로 인디오 노예 상인들의 이해는 노예의 해방이나 포획을 위한 실질적인 결정에 의해 결코 해결되지 못했다. 왜냐하면 이를 규정짓는 법령은 실제로 일어나는 행위보다는 훨씬 모순적이고 위선적이었기 때문이었다. 인디오를 단순히 적대적이라는 이유로 그리고 막대한 해악을 끼친다는 이유로 이들에 대해 정당한 전쟁을 행하고 이후 이들을 끝없는 불법과 위선의 범주 안에서 꼼짝 못 하게 하며 또 이들을 지배하는 수많은 법령이 발포되었다.

인디오 노예제도를 관리하는 행정적 조치들은, 인디오 포획은 금지하면서 실제로는 이를 합법적으로 제도화하는 유혹과 협잡의 계속된 순환과정이었다. 인디오들은, 정당한 전쟁에서 체포되었기 때문에, 정당한 보상으로 얻어냈기 때문에, 허가받은 공격에서 포로가 되었기 때문에, 그들을 식인하려는 다른 부족의 포로 상태에서 자유를 찾아주었기 때문에 또는 지방 정부에 1/5의 세금을 대신 충당해준 대가로 얻어냈기 때문에 합법적으로 쉽게 노예가 될 수 있었다.

> 드디어 예수회 선교사들이 도착했으며, 이들은 인디오들의 노예화를 옹호하는 전반적인 감정에 반대하지 못하면서 인디오들과 평화협정을 체결했다. 선교사들은 인디오보다는 우월하다는 자각을 하며, 합법적으로 포획된 인디오들에게 마음의 문을 열어주면 줄수록 그들을 교회로 더 많이 이끌 수 있어 그들에게 구원의 길을 놓아줄 것이라고 생각했다(비에이라 신부, 25장에 대한 대답). 이렇게 노예화에 동감하면서 선교사들은 군대를 동반하여 마치 중재자처럼 인디오 포로들의 정의를 결정했다. 이러한 양보 속에서 그들의 종교 전파는 파국으로 치달았으며 무엇보다도 그들의 명성 또한 떨어지기 시작했다. 그리하여 구원하려 했던 불행한 인디오 종족을 오히려 파멸시키는 데 직접적으로 경쟁했다는 오점에서 누구도 자유로울 수 없었다(Azevedo, 1930: 169).

그러나 이게 다는 아니었다. 21세 이상 성인 인디오들의 자발적인 노예화도 극히 필요할 때 제도화되었는데, 노예 신분이 된다는 것을 명확히 밝힌 후에 그들을 사고자 하는 자비가 있는 사람들에게 파는 것이 허가되었던 것이다(Leite, 1965: 119, 124). 또한 어린 인디오들을 양육하여 노동을 위한 훈련을 시키기 위해 부모에게서 사는 것도 합법적이었는데, 이러한 행위는 친족관계에 근거를 둔 사회에서는 부모야말로 자식에게 극도의 애정을 갖고 있으며 그보다 더한 이는 없으므로, 극히 철면피적인 행동이라고 볼 수 있다. 그리고 또한 노예사냥꾼이나 노예상인에 의해 들여온 어린 인디오를 가톨릭으로 개종시키기 위해 사는 것은 정당하고 심지어는 공적을 쌓을만한 일로 여겨졌는데, 이러한 풍습은 오늘날에도 아마존 지역 밀림 깊숙한 곳에서 이어지고 있다. 이외에도 여자 노예와 짝을 이룬 남자 인디오를 포로로서 억류하고, 또한 그 사이에서 태어난 자식을 노예로 규정하는 것도 적법했다.

종족에서 벗어나 노예가 된 인디오가 모두 얼마나 되는지는 알 수가 없다. 만일 통계가 정확히 이루어진다면 그 수는 100만 명에 이를지도 모른다. 이는 시몬센(Simonsen)이 싸웅 빠울루 오지개척단(역자 주: bandeirantes: bandeirantes와 entradas는 사실 같은 의미로, 같은 목적으로 행동했다. entradas는 정부가 주도, bandeirantes는 개인이 주도했다는 점에서 차이가 있다. 사전적 의미를 고려해 entradas를 내륙개척단, bandeirantes는 오지개척단으로 번역한다)에 포획되어 노예가 된 인디오가 30만 명에 이르며 그중 1/3은 밀매되어 다른 지방으로 팔려나갔다고 기록하고, 또한 주스뚜 만씰라와 시몬센 마쎄따(Justo Mancilla e Simonsen Masseta, 1951: I, 137)에 따르면 17세기에 파라과이 예수회 선교구에서 싸웅 빠울루 사람들이 약 20만 명의 인디오를 포획해 집단거주시켰다는 기록에 비추어보면 충분히 그 수를 가늠해볼 수 있다. 그리고 오랜 세월에 걸쳐 매년 아마존 강 상류지역에서 남하하여 포교구로 들어가거나 포획된 인디오는 적지 않았던 것으로 알려져 있다.

브라질 중부지역, 미나스 제라이스와 이스삐리뚜 싼뚜와 바이아의 삼림지역은 남부의 잡목 숲 지역과 마찬가지로 영토 확장이 이루어지면서 포획된 인디오의 대규모 공급지역이 되었다. 이 지역에서 영토 확장에 저항하는 인디오 포획은 포르투갈 본국 왕실에 의해 법적으로 허용되었다. 포로가 된 인디오들은 침략 전쟁에서 패배한 종족의 일부였는데, 이는 대부분의 인디오가 전쟁에서 죽었거나 도주했으며 또는 포로생활에서의 학대와 반란으로 사망했기 때문으로, 결국 식민화를 위한 노동력 동원 형태로서의 포획과정은 대규모로 자행된 대량학살과 다름이 없었다.

인디오 포획의 다양한 형태로의 법적 허용과 확대는 싸웅 빠울루 지역에서 집에 있는 많은 인디오 노예를 다양하게 세분하여 집안의 도구로서 명부에 작성해두고 있는 것으로 잘 나타난다. 이 명부에서 인디오 중 노동 목록에 따라 의무적인 노동을 행하는 이는 젠찌 호자(gente roja), 집안에서 부리는 머슴은 젠찌(gente)라고 불렀다(Machado, 1943: 31~36, 165~

176). 이러한 명부에 실린 도구는 노예라고 언급하지 않고 개인 소유물로서 세습되고 있었다.

예수회 선교구 자체는 인디오 포획의 또 다른 형태일 수 있었다. 선교구는 신부들의 관리 아래 이곳에서 영원히 살 수 있다는 유혹에 이끌리거나 아니면 전쟁에서 포로가 된 인디오들의 항구적인 촌락이었다. 이곳에서 인디오는 노예도 아니요 종도 아닌 신분의 법적 보호를 받고 있었다. 이곳에서 인디오들은 그야말로 구도자, 즉 영원한 구원의 은혜 속에서 기도와 봉사를 통하여 가톨릭 신자가 되어갔으며 이로써 스스로 구원을 찾아간 것이다. 법적인 측면에서 이들은 후견인의 보호 아래 양도된 고아들과 유사한 조건으로 예수회 선교사들의 후원 아래 있던 자유인일 것이다.

예수회에 있어 인디오는 이성적인 영혼이 있지만 육체적으로는 타락한 존재들이었으며 또한 보호와 감시가 필요한 존재였다. 그러나 선교구에 살면서 인디오들은 자신의 생존을 위해서 그리고 자신들이 속한 공동체의 번영을 위해서 노동을 해야만 했으며, 또한 백인 식민자의 이익을 위협하는 어떠한 세력과의 전쟁이든 언제라도 동원되어야 했다. 그리고 인디오들은 공동체의 이익에 기여한다는 명분으로 교회나 요새, 도시 그리고 도로의 건설이나 뱃사공, 부엌일, 탐험대의 잡일 또는 시키는 모든 강제적인 노동을 하도록 백인 마을로 보내지기까지 했다. 이외에도 저축 명목으로 면화 옷감 2바라(vara, 역자 주: 옛 길이 단위로 1바라는 약 1.1m)의 월급을 받아 백인 식민자에게 빌려주기도 했는데, 이 월급을 받아 인디오들은 예수회 신부들을 통하여 규모 있는 소비를 배우기도 했다.

게다가 일부 예수회 선교사는 인디오 포획이나 전멸에 대항하여 분노를 표현하는 그 누구하고도 분쟁에 휩쓸리기 원치 않았으며, 일부 신부들은 개인적인 탐욕 때문에 자신의 수중에 있는 인디오를 착취하여 백인 정부에게서 벌을 받는 등 부정한 행실이 연이어 나타나기도 했다.

예수회 선교사 축출로 상황은 더욱 나빠졌는데 그들의 선교구는 북쪽지방에서는 명망가 가족에게 양도되어 개인적인 농장으로 악용되기도 했으며, 다른 지역에서는 정부와 백인들에게 더 친화적인 다른 선교단체에 양도되기도 했다. 이들 중 일부는 민간 행정 당국의 관리 아래 빌려준 인디오에 대해 일정부분 이득을 챙기거나 자신들의 농장에서 일을 시키기도 했는데, 이를 통한 수입이 꽤 되었던 것으로 알려져 있으며, 그리하여 몇몇 선교단체는 과거 예수회 선교구를 세습하는 혜택을 얻기도 했다. 이러한 형태로 착취된 인디오는 엄청났던 것으로 알려지는데, 특히 17세기 말 역사 기록에 따르면 싸웅 빠울루 봉토에서는 400여 개 그리고 또 다른 봉토에서는 4천여 개 마을이 존재한 것으로 전해지고 있다.

예수회 선교구의 인디오에게 자유를 제공하여 인디오를 동등한 존재로서 식민 공동체에 통합시킨다는 명목에서 이루어진 포르투갈 본국 뽕발 재상의 예수회 축출은 실제적으로는 엄청난 이득을 챙기려는 조치일 뿐이었다. 당시 내려진 조치는 선교구 밖에서 혹은 다른 지역으로의 임대를 통하여 번갈아 분기별로 시행하던 강제노동을 폐지하는 것이었다.

하지만 실제로 이러한 노동은 명목적으로만 인디오들에게 자유를 주는 형태 아래 과거보다 훨씬 더 심각한 포로 상태에서 실행되는 것이었다. 임대된 인디오들의 이러한 상황은 주인에게 소속된 노예들보다 훨씬 심각했는데, 노예들은 좋은 가격에 매매되는 인적 자원으로 판매가를 유지해야 했으므로 늘 감시된 반면, 임대된 인디오들은 임대 가치

외에는 별반 가치가 없어 아무리 이득을 많이 내고 아무리 빨리 작업을 해도 자신들에게 주어지는 식량은 적어 늘 기아에 허덕여야만 했다. 포획된 인디오 노동력의 이러한 인간적인 파멸은 곧 백만 이상의 인디오가 겪은 대량살육의 또 다른 모양에 지나지 않았던 것이다.

02 인종의 혼혈화

브라질인디오(Brasilíndio)

브라질 형성에 있어 포르투갈 지배가 내륙으로 확대된 것은 곧 브라질인디오 또는 마멜루꾸의 업적이었다. 대부분 포르투갈 백인 남자와 인디오 여자 사이에 태어난 이들은 또르데질랴스 조약에서 정해진 포르투갈과 스페인의 국경을 넘어 기대될 수 있는 모든 것을 초월하여 포르투갈 지배 영역을 넓힌 중요한 이들이었다.

싸웅 빠울루 지역의 포르투갈 백인들은 브라질인디오나 마멜루꾸 탄생의 주역이었는데, 이들이 더욱더 깊은 내륙지방으로 진출한 원동력은, 무엇보다도 경사진 언덕을 오르내려 소용돌이치는 강과 밀림을 통해 나흘간의 어려운 여정 끝에 항구에서 멀리 떨어진 곳에 도달해야만 했던 고지대 작은 마을인 싸웅 빠울루 농장의 척박한 토양 때문이었다. 쎄르지우 부아르끼 지 올란다(Sérgio Buarque de Holanda)에 따르면, 이들이 내륙으로 진출하게 된 동기는,

> (…) 그들의 슬픈 일상적이며 가정적인 생활의 요구였다. 그들은 용감하게 가난에 대항하여 투쟁했으며, 이 가난을 이겨내기 위해, 알지 못하고 어쩌면 적일지도 모르는 세상의 함정에 도전하여 더

큰 공간으로의 이동을 주저하지 않았다(Holanda, 1986: 26).

그들이 깊은 심연의 밀림에서 찾아낸 것은 자신들이 획득할 수 있는 유일한 상품인 원주민 인디오였다. 인디오야말로 자신들이 노예로 쓰거나 사고팔기 위해 필요한 것이었으며, 이 무수한 인디오야말로 자신들에게 필요한 것을 끊임없이 공급해주고, 경작지를 개간하고, 사냥과 수렵, 요리 등을 통해 자신들이 먹고 쓰고 판매하는 모든 것을 만들어 주었다. 또한 인디오들은 멀고도 험한 길을 이동하면서 모든 화물을 운반해주는 운송 도구였다.

인근 지역에 살고 있던 인디오를 노예로 삼은 브라질인디오들은 계곡에 숨어 살던 또 다른 인디오 종족을 찾아 나섰다. 이를 위해 그들은 마멜루꾸들과 포획한 인디오로 구성된 집단을 조직하여 몇 달, 몇 년을 맨발로 걷거나 돛배를 타고 이동했다. 수년 동안 지속된 이러한 개척자적인 내륙침투 활동에서 그들은 몇 달을 여행하기도 하고 또는 야영생활을 하며 더 깊은 밀림으로의 여행을 계속하기 위한 식량과 필요한 물품을 생산하는 생활을 계속한 것이다. 이들의 선발대는 나아갈 길을 측량하고 포획할 수 있는 인디오나 선교구를 수색하며 그리고 적의 침탈에 대비하여 경비를 서기도 했다. 소위 인디오 인간 사냥꾼이라는 이러한 임무는 싸웅 빠울루 지역 사람들의 일상적인 삶의 행태였으며, 이러한 활동은 그들 자신에게 한편 명예스럽고 또 존경할만한 일로 여겨지고 있었고, 다른 한편 가장 용기 있고 영광스러운 일로 생각되었다.

이들이 성취한 가장 성공적인 업적은 가난한 지역 주민들에게 나눠줄 수 있었던 풍요로움이었으며, 또한 내륙진출이라는 과업에 대한 일반인들의 인식과 자신들 스스로 느낀 만족과 희열이었다. 이러한 생활은 물론 쓸모없는 방식이었을지는 모르나 일반적인 농촌과 전원생활의 삶의 방식과 비교하면 분명 의미 있는 것임은 틀림없었다.

브라질인디오들은 인디오 모계의 피를 이어받은 용맹과 무자비함 때문에 이를 두려워한 스페인 예수회 선교사들에게 마멜루꾸(mameluco)라고 불렸다. 이 용어는 원래 아랍인들이 자신들의 양성소에서 각자의 능력 개발을 위해 키우고 훈련하던 노예의 계급(혈통) 중 하나를 의미했다. 노예 중 전쟁에 나가 무사(武士)로 능력을 발휘한 노예는 자니자루(janízaro)로, 반면에 겁 많고 경비나 염탐활동에 적합한 노예는 시빠이우(xipaio)로 불렸고, 특별한 재능이 없는 노예는 거세되어 술탄왕국의 환관인 에우누꾸(eunuco)로 불렸다. 그리고 노예 중 가장 높은 위치에 있었던 마멜루꾸는 정복을 통해 지배하게 된 피정복자들에게 이슬람의 명령을 탁월하게 수행한 노예들을 의미했는데, 이 용어가 싸웅 빠울루 지역의 백인-인디오 혼혈인에게 붙여진 것은, 『영혼의 정복』(Conquista Espiritual)이라는 책을 쓴 후이즈 데 몬또바(Ruiz de Montova)가 '무자비한 싸웅 빠울루 오지개척단(bandeirantes)에게 파라과이 예수회 선교사들이 공격을 당한 극심한 고통과 수난'이라고 언급한 것과 관련해볼 때 예수회의 쓰라린 고통과 무관하지 않음을 알 수 있다.

마멜루꾸나 브라질인디오들은 실제로 브라질 문명화의 영웅이었으며, 또한 포르투갈 왕실의 충실한 신하요, 자신들을 억압하는 지배를 수행하는 이들이었다. 문명의 대리인으로서의 그들의 가치는 오랜 행군과 몇 달간 뜨거운 태양 아래 배를 젓는 노동에서 지치지 않는 선천적인 원주민적 강인함에서 유추할 수 있다. 열대 밀림의 거친 삶에 익숙한 이들은 신대륙의 땅과 초목, 동물 그리고 무엇보다도 거주지 등에 관한 자신들의 오랜 전통 지식을 유럽인들에게 전해주었다.

그들의 또 다른 특기할만한 가치는 쎄르지우 부아르끼 지 올란다(Sérgio Buarque de Holanda, 1986: 29)가 언급한 것처럼, "밀림의 거친 세계와 삶에 적응하여 새로운 형태의 생존 방식을 유지하면서, 철과 구리가 아닌 가죽의 견고함으로 어떠한 새로운 환경에도 동화될 수 있는 유연한 유동성"에 있었다.

브라질인디오나 마멜루꾸들은 부모 양쪽에서 극렬하게 배척당한 희생자였다. 그들은 부친인 백인과 동일시되기를 원했지만 백인은 그들을 불결한 자식으로 보았으며, 어릴 때부터 그들의 노동력을 이용하고 나중에는 내륙탐험대의 짐꾼으로 부려먹었다. 또한 원주민 인디오의 사고로는 여성은 남성이 씨앗을 뿌리는 자궁일 뿐이므로 인디오 모친에게는, 태어나는 자식이 아버지의 자식일 뿐 어머니의 자식이 아니라는 것이다. 이렇듯 자신들을 배척한 그 누구와도 동일시할 수 없었던 마멜루꾸는 누구의 것도 아닌 새로운 땅에서 브라질레이루(브라질인)라는 자신의 정체성을 만들어가기 시작했다.

이렇게 극단으로 치달았던 꽁냐디즈무, 즉 인종 간 통혼을 통하여 원주민 인디오나 유럽의 백인 그리고 아프리카 흑인 그 누구도 아니며, 그 누구에 의해서도 볼 수 없었던 새로운 인간 종(種)이 탄생하게 된 것이다. 브라질레이루라는 이 새로운 종은 자연스럽게 문명의 대리인으로서 탁월한 성과를 거두었다. 이들은 포르투갈어를 말하며 나름의 세계관을 갖고 있었고, 또한 열대 밀림에 적합한 탁월한 기술 능력이 있었다. 이 모든 것은 뚜삐족 인디오들과 함께한 강제적인 동거의 결과이기도 했다.

그들의 모험적인 삶은 원주민 인디오 젊은이들에게 더 매력적으로 보였던 것으로 판단된다. 왜냐하면 브라질인디오로서의 운명으로 살기를 원하며 그들 스스로 인디오 포획에 앞장서는 인디오들의 자발적인 선택에 대한 기록이 방대하게 남아있기 때문이다.

늘 기사(騎士)로서 지휘를 하는 백인들과는 반대로 마멜루꾸들은 대열을 지어 좁은 밀림 길을 맨발로 걸으며, 자신을 포함하여 포획한 인디오들의 어깨에 무거운 짐을 이고 다니면서 새로운 세상을 열어놓았다. 그들은 가마와 의자로 이동하는 백인 귀족들과 귀부인들을 손수 이고 움직였을 뿐만 아니라 심지어는 환자와 죽은 사람들을 포함하여 모든 것을 운반하는 짐꾼의 역할을 했다.

프리에데리씨(Friederici, 1967)는, 북미 캐나다 인디언들과 비교하면서, 더 체계화되고 정규 가족에 근거한 유럽 사회가 이들 지역을 식민화했을 때, 근절 외에는 또 다른 길이 그들에게 열려있지 않았다고 추정했다. 브라질에 살던 마멜루꾸나 브라질인디오의 열정적인 역동성과 비교하여, 오로지 인디오 고유 언어를 사용하고 털신을 신고 가죽옷을 입고 다니는 북미 인디언들의 역사적 역할을 살펴보는 것은 적어도 흥미 있는 일이다.

북미 인디언들은 자본적 역할을 대변했다. 그들은 캐나다를 무단 침입했으며 자신들의 영토를 영국에 팔아넘길 때까지 그 지역을 지배했다. 그들의 후손은, 이 지역을 침략해 식민화한 앵글로-캐나다인들과 함께 적대적인 이웃 종족을 괴롭힌 케베쿠아(Kevekúa)로 보인다.

남미에서 오늘날 아르헨티나와 우루과이 그리고 파라과이 영토를 개척한 사람들은 또 다른 마멜루꾸들이었다. 그들의 상당수를 부에노스아이레스에서 볼 수 있으며 그곳에서 그들은 검은 머리 인간으로 그리고 훗날 이 지역에 들어온 수백만 이방인들에 의해 사악한 인간으로 취급되었다. 아르헨티나 국민 대부분은 실제로 자신들의 나라가 80만 명에 이르는 마멜루꾸들이 정복해 만들어져 독립에 이르렀다는 사실을 모르고 있다.

브라질에서 이들 마멜루꾸의 역할은 실로 막대한데, 특히 브라질의 중요한 핵을 구성했을 뿐 아니라 브라질화된 흑인(negros abrasileirados)들과 함께 1,400만 명에 달하는 이들은 자신들의 용모와 정체성을 유지하면서 외적의 침략에 대항했다.

새로운 인간 종(種)으로서의 브라질인디오 또한 예수회 선교사들과 포르투갈 백인들에 대항하여 자신들만의 이데올로기를 규정짓기에 이르렀다. 이는 싸웅 빠울루 주교였던 도밍구스 조르지 벨류(Domingos Jorge Velho)가 본국 왕실에 보낸 서한 중에 마멜루꾸의 행위에 대항하지 못하는 무능력함과 위선에 항의하는 내용으로도 알 수 있다.

마멜루꾸가 브라질 역사의 중요한 대리인으로서의 역할을 하는 것은 쉽지 않았다. 그들은 한편으로 예수회 선교사들의 미움과 포르투갈 왕실의 악의에 그리고 다른 한편으로 오지의 삶이라는 엄청난 난관에 봉착해 있었다. 주변 인근 지역 인디오들, 예를 들어 바이아의 아이모레(Aimoré)족, 미나스와 이스삐리뚜 싼뚜의 보또꾸두(Botocudo)족, 남부지역의 까잉강(Kaingang)족과 쏘끌렝(Xokleng)족, 마뚜 그로쑤의 샤반찌(Xavante)족, 그리고 무엇보다도 아라과이아 강과 또깐찡스 강 외의 밀림을 통하여 광범위한 지역에 퍼져있던 보로로(Bororo)족과 까야뽀(Kayapó)족의 위협이나 혹시 포로가 될지도 모른다는 비극적인 운명과 같은 어려움이 바로 그것이었다.

인근 지역 인디오들은 무엇보다도 열대 밀림 농부의 삶의 형태와는 아주 대조되는, 밀림의 조건에 순응하는 적절한 체계를 가진 종족이었다. 그러나 그들의 전쟁 방식은 적을 향해 창이나 화살을 쏘아 쫓아내는 것을 선호하는 또 다른 특징을 갖고 있었다. 이들은 마멜루꾸에 의해 채택된 뚜삐-과라니족 농업방식에 전혀 익숙지 않아 포로로서는 소용이 없었지만, 그러나 무엇보다도 포로로 잡히면 포획자를 죽이고 도망치는 일이 발생해 언제나 감시의 끈을 놓을 수 없었다.

이들 인디오 종족은 특히 까야뽀족처럼 원거리 이동에 익숙해서 예상치 못한 지역에서 자신들의 종족에 편입시키려고 특히 어린 소녀나 여자들을 포로로 만들려고 다른 종족을 공격하곤 했다. 이러한 특징 때문에 그들은 오지개척단이나 내륙개척단 또는 다른 인디오들에게는 언제나 공포의 대상이었다.

문명의 대리인인 마멜루꾸들과 대치한 훈련받은 이들 인디오 앞에서 애초 말할 필요조차 없었던 화기의 이점은 아무것도 아니었다. 똑똑하고 영악한 그들은 오랜 행군을 거쳐 때로는 무수히 많은 독화살을 사전에 알지 못한 마멜루꾸들에게 퍼붓곤 했다. 오지개척단이 삼각대에 거치한 총으로 화살을 쏘는 인디오 한 명에게 쏘려는 순간 이 인디오는 이미 3~5개의 화살을 쏘았다.

그런데도 마멜루꾸로 구성된 오지개척단은 만지오까와 옥수수를 경작하는 종족과 노예 노동력으로 훨씬 유용하게 사용할 수 있는 유순한 인디오 종족을 포획하기 위해 이들 적대적인 인디오의 영토를 거쳐 지나갈 수밖에 없었다. 이들 인디오의 기본적인 적응 문화는 마멜루꾸를 비롯한 브라질인디오의 언어와 관습, 행실과 동일한 뚜삐족의 문화를 여전히 유지하고 있었다.

포획된 인디오들의 삶은, 그들의 주요 노동이었던 짐꾼이나 뱃사공으로서 그 이상 힘들 수 없을 정도였다. 그들을 재촉하며 노동을 강요하는 주인에게 인디오들은 죽거나 사라져도 끊임없이 보충될 만큼 충분했기에, 자신의 운명인 양 무관심 속에서 쓰고 나면 없어지는 가축과 같은 재산이었을 뿐이다.

백인들의 정착을 쉽게 하고 그들과의 연합을 받아들였던 인디오 종족에 관한 몇몇 기록은 특히, 다른 인디오 종족에게 박해받으며 자신들의 적과의 전쟁에 동원되며 사는 것보다는 차라리 가톨릭교 아래 힘들고 고통스러운 삶을 사는 것이 그나마 낫다고 생각하게 된 인디오들을 더 신중히 고려할 필요가 있다. 그리고 또한 전사(戰士)로서 오지개척단에 동원된 젊은 인디오가 다른 인디오를 포획하여 상을 받고, 거친 밀림을 헤쳐나가는 뛰어난 용기와 지혜가 있는 길 안내자로서 놀라운 사냥꾼으로 추앙받게 된 사실도 재조명을 받아야 한다.

식민지 경제에 동원된 일부 인디오 종족 집단은 다른 인디오들에 대항한 전쟁에서 백인 동맹자 자격으로 일종의 자율권을 유지할 수 있었다. 종족 상태에서 국민적 상태로, 마을에서 집단 촌락으로 점진적으로 나아가면서 문명화를 향해 성숙하는 대신에, 이러한 자율성은 어쩔 수 없이 인디오적 요소를 유지하거나 아니면 단순히 자신들 구성원의 사망으로 사라져갈 수밖에 없었다. 모든 역사적 기록에서 인디오 마을과 백인 식민자들의 공존은 백인 사회의 성장과 인디오의 소멸로 이어졌으며, 인디오는 점차 줄어들어 심지어 완전히 종족 멸망으로 끝났다는 사실을 알 수 있다. 물론 일부 종족은 생존하여 자신들 나름의 정체성을 유지하고 있기는 하지만 말이다.

내가 수행한 인종학적 조사에 따르면, 일부 인디오 종족은 오랜 세월 문화동화의 압력 아래서도 인디오로서 자신의 정체성을 규정하며 자신의 구성원들에게 충성을 다하는 고도의 저항의식이 돋보이는 면이 나타났다(Ribeiro, 1970). 그러나 이러한 인디오들의 저항은 과거에도 또 오늘날에도 그것에 대항하여 취해진 모든 방법 앞에서 아무 소용이 없었다. 예수회 선교사들에 의한 완전한 불관용과 함께 실행된 통합의 압박 그리고 공식 원조 기구의 설득력 있는 방법도 종족 멸망의 위협 앞에서는 아무 소용이 없었다.

인디오와 브라질인들은 더 이상 융합으로 나아갈 수 없는 투쟁에 있어서 인종적 양자택일로서 대치되고 있다. 인디오 종족 집단이 부모 자식의 동거로 본래의 전통을 지속할 기회가 있는 어느 곳에서든 문화동화의 압박이 있음에도 자신들의 인종적 정체성을 유지하고 있다. 그러한 문화적 동화의 압박으로 인디오들은 문화적 측면에서 언어와 노동 방식, 문화와 전통의 향유 방식에서 점점 더 인디오가 아닌 것으로 변해가기 시작했다. 그런데도 인디오들은 자신의 종족과 함께 자신들의 정체성을 잘 유지하고 있으며 브라질 사회라는 조직 내에서 자신들만의 고유한 전통을 유지하고 있다. 이러한 과정에서 보이는 다음 단계는 인디오와 브라질인이라는 조건의 상호 전환이 아니라, 점차 문화적 동화가 이루어지지만 그래도 항상 인종적 정체성을 유지하는 일반적인 인디오의 조건과, - 인종적 정체성이 아니라 - 자신의 관습과 전통에 따라 사는 자신의 속성을 간직한 특별한 인디오라는 조건, 그 둘의 상호 전환인 것이다.

아프리카 브라질인(Os Afro-Brasileiros)

브라질의 흑인은 대부분 아프리카 서부 해안지역에서 왔다. 아르뚜르 하무스(Arthur Ramos, 1940, 1942, 1946)는 니나 호드리게스(Nina Rodrigues, 1939, 1945)의 연구에 뒤이어 브라질에 들어온 아프리카 흑인들을 문화적 측면에서 크게 3개 집단으로 구분했다. 첫째 집단은 주로, 일명 나고(nagô)족, 게제(gegê)족 그리고 미나스(minas)족으로 불리는 요루바(Yoruba)족으로 대표되는 수단족 문화의 배경을 가진 종족과 잠비아, 시에라리온, 말라게타와 황금해안 지역의 소수집단으로 구성되었다. 둘째 집단은, 나이지리아 북부 지역의 페울(Peuhl)과 만딩가(Mandinga) 그리고 하우사(Haussa)족으로 이들은 이슬람화된 문화를 지니고 있었으며, 이들이 들어와 정착한 바이아에서는 말레(malé), 그리고 히우 지 자네이루에서는 알루파(alufá)로 알려져 있었다. 셋째 집단은 오늘날 모잠비크 지역에 해당하는 아프리카 남서부 해안지역과 앙골라 출신인 콩고-앙골라 집단의 반투족으로 구성되었다.

흑인들은 브라질의 사탕수수 생산을 증대시키려고 수입되어 기본적으로 노동력 분담을 책임졌기에 이들의 문화적 기여는 초기 브라질 문화의 원초적 형성에서 크게 두드러지지는 않았다. 문화 대리인으로서의 흑인들의 역할이 더 수동적이었음에도 흑인들은 브라질 땅에서 거의 모든 것을 생산해내는 대규모 노동력으로서, 그리고 자신들의 강렬한 색깔로 강렬하고 지속력 있게 이끌어낸 브라질의 문화적, 인종적 혼합체로서 중요한 의미를 지니고 있었다.

백인들과 마찬가지로, 뒤늦게 들어와 브라질의 인종에 통합된 흑인들은 이미 만들어진 포르투갈-뚜삐 혼혈의 원형에 직면하여, 브라질에서 먹을 것을 생산하고 요리하면서, 포르투갈식으로 동화된 뚜삐(인디오)식 이름을 부르면서 그리고 기다란 담배를 피우며 만지오까 증류주를 마시면서 브라질 땅에서 생존하는 법을 배워야 했다.

주로 아프리카 서부 해안지역에서 수입된 흑인들은 서로 이해 못 하는 언어를 말하는 수많은 종족 가운데서 노예로 포획되었다. 오늘날도 마찬가지지만 당시 아프리카는 문화적인 면에서 동질성이 유지되고 있었지만 수많은 언어와 방언이 쓰이던 곳이었다. 이 때문에 인종적 단일성이 노예화된 흑인들로 하여금 단결을 가능하게 하는 언어-문화적 통일성에는 부응하지 못한 것이다. 오늘날 수세기를 거치면서 흑인들의 의식세계를 표현해오고 있는 그들의 종교 또한 그들 자신을 단결시키는 대신 오히려 그들을 분열시켰으며 가장 중요한 갈등의 요인으로 이용되었다.

같은 노예선을 탄 그들 자신이 아프리카에서 지니고 온 상호적대성에 종족 태생 노예가 한곳에 모여 사는 것을 피하고자 하는 정책이 더해져, 브라질에 유입된 흑인들의 언어적, 문화적 다양성은 아프리카 문화유산을 지키고 유지하려는 단결 요소의 형성을 저지했다.

브라질이라는 새로운 땅에 흩어져 다른 노예들과 함께 피부색과 노예라는 동일한 조건에 처했지만 그러나 쓰는 말이 다르고 또한 상호적대적인 종족적 정체성의 차이 때문에 흑인들은 새로운 사회의 문화적 보편성에 수동적으로 편입될 수밖에 없었다. 극심하게 적대적인 상황에도 불구하고 아프리카 흑인들은 감독이 소리치는 것을 알아듣고 또 그들 스스로 의사소통을 하기 위해 포르투갈어를 배우게 되었으며, 그리하여 그들은 특히 북동부 사탕수수 재배지역과 중앙의 광산지대에 모여 살면서 이 지역 문화에 다양한 방법으로 영향을 미쳤을 뿐 아니라 그들 스스로 브라질식 포르투갈화가 되어갔다. 그래서 오늘날 이 지역에 사는 사람들은 피부색과 두꺼운 입술 그리고 큰 코 등 아프리카 흑인의 뚜렷한 용모를 지니고 있을 뿐 아니라 억양이나 기호 그리고 리듬, 감정 등 아프리카적인 요소를 그대로 간직하고 있는 것이다.

사탕수수 농장과 광산지역에서 흑인 노예들은 강제적으로 정형화되지 않은 공동체에 편입되었는데, 이는 자신들 종족의 필요성에 대응하려는 목적이 아니라 주인들의 타산적인 목적에 부응하기 위해서였다. 그 공동체 안에서 자신들이 소비하지도 않는 것을 생산해내기 위해 점차 소모되면서 그들은, 자신들의 아프리카 문화를 근절하려는 주인들에 의해 급진적으로 탈문화되어갔으며, 동시에 그들은 사탕수수 농장과 광산의 단순한 문화적 보편성에 익숙해지기 위해 모든 면에서 브라질화되어가고 있었다. 그리하여 그들은 초과 생산 기능을 수행하기 위해 이미 기업적 차원에서 생존에 적응했던 뚜삐 인디오의 원형에서 유래한 적응과 동화 그리고 이념적 실체에 쉽게 접근할 수 있었다.

경이적이고도 지속적인 노력을 통하여 흑인 노예들은 앞서 브라질의 인종적 원형을 만들어낸 마멜루꾸나 브라질인디오와 함께 아프리카 다양한 지역에서 유입된 같은 흑인들과의 동거에 의해 문화적 존재로서의 실질을 재구성했으며, 이로써 더 광범위하고 만족스러운 형태의 동화가 이루어지게 되었다. 그래서 흑인들은, 여전히 토착적인 문화에 얽매여 있으며 또한 새로운 사회의 다른 구성원들과 함께 초기 공동체를 만들어갈 능력이 있는 **우둔함**의 상태에서 이제 새로운 사회와 문화에 통합된 **영리함**의 상태로 변하게 된 것이다. 여전히 포르투갈어를 말하지 못하며 절름발이 포르투갈어만을 구사하는 이 우둔한 흑인들은 그러나, 사탕수수 농장이나 광산지역의 힘들고 어려운 노동을 완벽하게 수행할 능력이 있었다.

원주민 인디오가 점점 줄어드는 상업 활동 지역에 대규모로 모여 살기 시작한 흑인들은 현지 사회 형성에 결정적인 구실을 했다. 어쩌면 이들이야말로 식민자의 언어를 전파하고 또한 막 도착한 노예들에게 노동의 기술과 공동체의 규범 그리고 자신들의 하위문화의 가치 등을 가르친 유럽화의 대리인으로서 탁월한 역할을 한 사람들일지도 모른다. 그리하여 그들은 한편으로 포르투갈식 언어를 차용하고 또 다른 한편으로 아프리카의 문화적 유산을 주입하는 데 커다란 역할을 하게 된 것이다. 아프리카의 문화적 유산이 생태학적이나 기술적인 측면에서 이곳 생존방식과 맞지 않아 적응 형태로 표현될 수 없었기에, 그리고 노예 상태로 편입되어 계층화 사회로서 식민 구조에 의해 엄격하게 규정되어 연합 형태로는 표현될 수 없었기에 그것은 주로 이념적인 측면에서만 생존할 수 있었다. 즉 종교적인 신념과 마술적 실행에서만 흑인들은 자신들이 처한 마법적인 신세계의 위협을 통제하고 자신의 운명을 위로하는 노력에 헌신한 것이다. 이러한 정신적인 가치와 함께 흑인들은 스스로 은둔하여 아프리카의 음악과 리듬 그리고 요리의 미각과 기호를 유지해왔다.

반은 문화적이면서 또한 반은 인종적인 이러한 소박한 아프리카의 유산은 인디오적 가치체계와 결합하여 이념적인 면에서 브라질 문화에 단일한 문화적 모습을 차용해주게 된 것이다. 이러한 측면에서 특히 포르투갈 본국에서 유행하던 다양한 가톨릭 이교도보다도 훨씬 다양한 대중적인 가톨릭이 나타나게 된 것이다.

노예 집단 거주지에 모여 살게 된 아프리카 출신의 브라질 흑인들은, 소위 서구문명이 중심적 핵을 책임지는 형태가 아니라 하위사회에 봉사하는 잡종문화의 변형으로 당대의 문명화에 직접 참여하는 역할을 했다. 흑인들에게 유럽화라는 이상적인 모델을 강요하면 할수록 그것을 얻지도 또 그에 접근할 수도 없었는데, 이는 금전적 가치와 수출을 위한 열대작물을 생산하는 데 운명 지어진 그들에게 적용될 수조차 없었기 때문이다. 그들의 정상적인 존재 모델은, 자신들의 잠재성을 개발하는 내적 법규가 존재할 수도 없었던 포로공동체의 변형이었으며, 그 안에서 그들은 남자는 짐 운반꾼으로, 여자는 가축으로 여겨지며 육체적인 노동을 강요하고 도덕적으로 피폐를 원하는 주인의 의지와 동기에 이끌려 생활할 수밖에 없었다. 타락도 질환도 아닌 이 두 모델 간의 차이는 더 이상 극복되거나 치료될 수 없는 것이었다. 이렇듯 브라질은 실제적으로 생태적 기반에 일치한 완전히 새로운 사회를 만들어낸 식민지 프로젝트, 단일작물 재배 그리도 노예제도를 통해 건설되었다.

잔인한 형벌을 통한 영구적인 탄압과 위협적인 폭력을 통한 인간 존재의 착취에 바탕을 둔 농장과 광산이라는 노예기업은 이루 말할 수 없는 비인간적이며 비문화적인 행위주체로 활약했다. 이러한 강제에 예속되어 스스로의 존재를 잊어버리고 자신의 권리도 박탈당한 모든 노예는 마치 짐을 운반하는 가축처럼 그저 재산 중 하나로 여겨졌으며,

나아가 주인의 이익 유지에 양립할 수 있는 종족 중 하나일 뿐이었다.

더욱 놀라운 것은, 흑인 노예처럼 인디오들도 이러한 비인간적이며 비문화적인 농장에서 자신의 해체와 파멸이라는 과정을 겪으며 생존하면서, 자신을 재건하고자 하는 전대미문의 노력으로만 인간이라는 속성을 유지했을 뿐이었다. 노예의 상황에 처하면 죽음이나 탈출이 아니면 고통스러운 농장이나 광산에서 살아남을 수 있는 다른 출구는 없었다. 그 좁은 탈출구를 통하여, 수많은 흑인과 인디오 노예는 자살이라는 자발적인 탈출 아니면 다시 포획되면 거의 언제나 죽음으로 귀결되고 마는 단순한 도망이라는 방법으로 자유를 찾고자 했다. 그래서 모든 흑인 노예는 궁극적으로 자신의 운명이라는 것이 힘든 노동 후에 죽음으로 귀결된다는 사실을 알고 있었기에, 7년에서 10년이라는 강제노동과 감시 아래서도 기회만 있으면 무모하기 짝이 없는 탈출을 하고자 하는 환상을 꿈꾸고 있었다. 왜냐하면 노예 노동력으로서 그 수명을 다하면 주인이 쓸모없는 노예들에게 먹을 것을 주지도 않을 것이라는 사실을 잘 알고 있었기 때문이다.

아주 먼 곳에서 붙잡혀와 생지옥 같은 곳에서 존재의 삶을 영위하는 것보다 흑인 노예들에게 가장 나은 방법은 탈출 시도에서 다시 붙잡혀 일찍 죽는 것이었다. 그것이 무모하고 고통스러운 것일지라도 가능하면 그러한 시도를 거부할 수 없는 것이 흑인 노예들의 솔직한 심정이었다. 이와 관련해 한 독일인 역사가는 다음과 같은 글을 남겼다. "노예들은 적당히 매를 맞지 않았다면 노동을 그만두었을 것이다. 그들을 굴복시킨 강제노동과 같은 불공정함을 우리가 무시했다면, 먼저 우리는 주인들이 노예들에게 부과한 형벌에 대해 심각하게 고려해야만 했다"(Davataz, 1941: 62~63). 끝없는 감시와 잔인한 폭력을 통해서만 유지되는 너무나도 비인간적인 상황인 노예제도의 합리성이 바로 이런 점에 기인하는 것이다.

사냥을 통해 덫에 갇혀 15세가 되던 해에 아프리카 자신의 고향에서 포획된 흑인 노예는 노예상인에 이끌려 담배와 술 그리고 싸구려 잡동사니 물건과 함께 교환되어 해안가에 도착해 그곳에서 또 다른 노예들과 함께 질긴 밧줄에 목이 서로 묶인 채 항구와 노예선으로 운반되었다. 죽음의 노예선에 실린 그들은 더러운 악취가 진동하는 비좁은 공간에서 백여 명이나 되는 다른 노예들과 함께 몸을 웅크린 채 제대로 먹지도 못하고 짐짝처럼 지내야 했다. 혹시라도 항해 중에 도망치기라도 하면 또 다른 노예 상인에게 붙잡힐 수밖에 없었으며, 브라질에 도착한 후에 그들은 말처럼 이빨과 발목의 두께 그리고 주먹의 강인함으로 값이 매겨져야 했다. 브라질에 도착한 그들은 또다시 배에 실려 강을 따라 내륙의 사탕수수 농장이나 광산지역 주인들에게 인도되어, 1년 365일 매일같이 하루 18시간 강제노동에 시달리는 운명에 처해 자신들의 삶을 이어가야만 했다. 일요일에도 흑인 노예들은 밭을 경작하여 최소한의 배고픔을 면하고 그다음 날 또다시 계속되는 강제노동에 동원될 최소한의 힘을 비축하기 위한 식량을 재배해야 했다.

그곳에서 흑인 노예들은 사랑도 가족도 섹스도 없이 - 물론 자위는 가능했지만 - 그리고 그 누구와도 다름없이 똑같은 누더기에 더럽고 불결하고 상처 나고 병든 몸을 이끈 채 아무런 희망이나 쾌락도 없이 매일매일 일상을 보내야만 했다. 게다가 매일같이 강제노동에 전념하게 하려고 채찍질 형벌을 받았다. 그들은 또한 매주 한 차례씩 탈출을 꿈도 꾸지 못하게 하는 훈육의 형벌을 받아야 했는데, 그 대표적인 형벌은 손가락을 자르거나 가슴에 구멍을 뚫거나 장작불로 지지거나 형틀에 묶어 한 번에 300번 아니면 매일 15번의 매질을 하는 것이었다. 만일 탈출하다 붙잡히기라도 하면 불에 달군 쇠꼬챙이로 표식을 하거나, 쇠구슬로 족쇄를 채우거나, 참회 기간 동안 화로 입구에서 산 채로 불에 그슬리거나 어떤 때는 기름을 부은 나뭇단에 던지기도 했다.

수세기 동안 이런 식의 일상의 삶을 거쳐 온 사람들은 결코 지울 수 없는 표식을 몸에 지니고 사는 것과 마찬가지였으리라. 브라질인인 우리 모두는 그렇게 육체적으로 고통받아온 흑인들과 인디오의 육신을 이어받았다. 더없이 부드러운 자애로움과 더없이 잔인한 난폭함이 합쳐져 고통을 느끼는 우리를 그리고 무감각하고 용맹한 우리를 또한 만든 것이다. 노예들과 그들의 주인의 후예들인 우리는, 더 많은 고통을 주기 위해 의도적으로 만들어진 고통의 감정만큼 우리의 광란의 양식으로 변해 모든 사람에게 야만성의 실행을 느끼게 해주면서 우리 안에 싹트고 재배된 악행의 노예로서 살아온 것이다.

브라질 사람인 우리의 유산 중 가장 잔인한 것은, 우리 영혼에 각인된 고문과 악행의 상처를 영원히 안고 살아가야 한다는 것이며 또한 언제라도 인종적이며 계급적인 야만성에 노출되어 있다는 것이다. 그것은 오늘날에도 여전히 가난하고 힘없는 자를 고문하고, 혹사하고 상처를 입히는 브라질의 권위 속에서 꿈틀거리고 있다. 하지만 그것은 한편으로 우리에게 분노와 적개심을 불러일으키지만, 다른 한편으로 미래에 새롭고 대동단결하는 사회를 만들어내려는 힘과 용기를 또한 우리에게 주게 될 것이다.

신 브라질인(Os Neobrasileiros)

새로운 자기 동일체화와 다양한 부문에서의 사회문화적이며 기술적인 혁신 덕분에 이제 막 태동한 새로운 브라질 공동체는 두 가지 진보적인 발걸음을 내딛게 되었다. 그 첫째는, 인디오 공동체보다도 더 많은 구성원 수를 브라질 공동체 내에 포함하는 것이며, 그중 일부를 더 전문적인 기능을 수행하게 하기 위해 생존의 과업에서 자유롭게 하는 것이었다. 두 번째는 모든 구성원을 세계경제에 통합되는 사회경제적 체계로 구조화하여 인종적 정체성 내에 결합시키는 것이었다.

당시 브라질은 충분한 자급자족 경제체제를 갖추고 있었지만, 금속 도구나 소금, 화약 그리고 생산할 수 없었던 일부 품목은 수입에 의존하고 있었다. 그래서 인디오적 생산체계와 기본적인 식량 공급에만 의존하여 살 수 없었다. 오히려 자신들의 주요 수출품목, 즉 빠우-브라질 염료나무부터 시작하여 인디오 노예 그리고 일부 수출품목 교환 대가로 위에 언급한 품목을 공급받으려고 외부적으로 중상주의 관계를 유지했다. 이러한 품목을 생산하는 것이야말로 그들의 존재 이유였기 때문이다.

오랜 세월 신 브라질 식민주의 중심의 기본 민중은 거주 형태나 음식 섭취, 세계관과 말하는 언어의 형태에 의해 흑인과 유럽 백인보다도 훨씬 인디오적인 모양새를 보였을 것이다. 그러한 인디오성(性)은 확실히 실제보다는 겉으로 더 많이 드러난 것으로, 이는 자연에 순응하는 인디오식 방법과 과거 전통의 생존 방식, 인디오 언어 사용이 더욱더 성장하고 확대될 능력이 있는 새로운 인종에게 유용했기 때문이다. 앞서 본 바와 같이 인디오 인구의 증가가 단지 차별화되고 독립적이며 그리고 분산될 경향이 있는 소수 인종 종족의 분할로 이끌리는 동안, 새로운 공동체들은 다수 인종의 형태로 결합하여 성장할 능력이 있는 활동적인 단위체를 구성했다.

뚜삐어(語)는 18세기 중엽까지 이 네오브라질레이루, 즉 신 브라질인의 일상적인 모국어였다. 사실 뚜삐어는 초기에 문명의 언어로서 포르투갈어보다 훨씬 더 널리 퍼졌다(Corteão, 1958과 Holanda, 1945). 16세기에 포르투갈 사람들의 입으로 뚜삐어를 말하려는 노력에서 비롯된 통상언어인 넹엥가뚜(*nheengatu*)는 신 브라질인뿐 아니라 예수회 선교사들 사이에서 주요 언어로 급속히 전파되었다.

뚜삐어는 브라질 발견 직후 모든 해안지역에 살던 뚜삐남바족과 포르투갈 사람들의 의사소통 도구로서 쓰였으며, 이후 바이아와 뻬르남부꾸, 마란냐웅 그리고 싸웅 빠울루 지역 마멜루꾸들의 모국어로 자리 잡았다. 이어 이 언어는 예수회 선교사들과 백인 식민자들이 세운 선교구와 마을에서 그리고 스페인 식민자와 대치했던 남부 지역의 히우 그란지 두 술 지역에서 일상적인 언어로 확산되었다. 여기서 특기할만한 사실은, 파라과이 지역에서 그리고 오늘날 아르헨티나와 우루과이 영토가 된 일부 지역에서 당시 쓰이던 과라니어와 약간의 차이가 있는 통상언어로 자리 잡으면서 뚜삐어는 뚜삐-과라니라는 거대 언어 계통으로 자리 잡았다는 것이다.

뚜삐어는 유럽인들이 신대륙에 도착하기 전 오늘날 브라질의 전 해안지역에서 쓰였으며, 이후 쁘라따(Prata) 강 줄기를 따라 내륙으로 들어가 아마존 유역 광대한 지역까지 뚜삐어를 사용하는 종족이 진출하게 되었다. 이로써 뚜삐어 사용 지역은 크게 보아 오늘날의 브라질, 파라과이 그리고 우루과이 영토에 해당하는데, 이 지역은 신 브라질인들이 그곳에 살던 종족과 의사소통을 하기 위해 뚜삐어를 말하면서 형성된 곳이며 그래서 그들은 생태학적으로 같은 공간에서 계속 살게 된 것이다.

통상 언어로서 포르투갈어가 브라질 사람들의 모국어로 대치된 것은 18세기 중에 이루어진 것으로 보인다. 그러나 그 이전부터 경제 발전이 활발히 전개되고 그에 따라 흑인 노예와 포르투갈 식민자들의 밀집이 급속하게 이루어진 지역에서는 더 빠르게 포르투갈어가 전파되었으나, 경제적으로 취약 지역인 아마존이나 남부 지역에서는 다소 더디게 전파되었다. 네그루(Negro) 강 인근 지역에서는 20세기까지 뚜삐족들이 더 이상 아마존 북부지역까지 진출하지 않았음에도 통상 언어가 쓰였다. 예수회 선교사들에 의해 문명 언어로 도입된 넹엥가뚜는 선교사 축출 이후에도 현지 브라질인들의 대중 언어로 남았으며, 1940년까지 주된 언어로 명맥을 유지했다(Censo Nacional, 1940).

남부 지역에서 쁘라따 만(灣) 인근의 광대한 과라니족 인디오 지역의 존재는 과거 우루과이와 아르헨티나 지배 지역의 과라니어 지명과 그리고 파라과이에서 사투리로서의 과라니어가 현존한다는 것으로 입증되고 있다.

언어의 변천과 비슷한 과정이 생산 기술적인 측면에서도 진행되었는데, 초기에는 인디오식이었지만 시간이 감에 따라 대단히 급속하고 또 완벽하게 중상주의적 경제체제로 통합되고 더 현대화되면서 유럽식으로 변해갔다. 오랜 세월 조악한 브라질식 기술은 만지오까나 옥수수 호박 그리고 감자 등의 생산 및 재배와 사냥이나 수렵과 같은 면에서만 유지되어 왔다.

인디오식의 이러한 기술적 토대는 점차 생산성을 증대시켜온 유럽의 기술적 기여에 의해 번영을 계속해왔다. 특히 도끼와 칼, 사냥용 큰 칼, 낫, 쟁기와 낚시 등의 철기와 사냥과 전쟁을 위한 화기(火器), 짚으로 엮은 인디오식 띠삐띠(tipiti)를 대치한 압착기와 옥수수 껍질을 까는 기구, 사탕수수를 으깨는 돌절구, 수력 또는 우마차 바퀴, 베틀과 면화 직조기, 만지오까 가루를 만드는 토기를 대치한 쇠 냄비와 프라이팬 등의 도구 그리고 식량과 운반, 수송에 이용되는 닭과 돼지, 소와 말 등의 가축 등이 바로 그런 것이었다.

새로이 만들어진 집들은 인디오들의 집단 주거지 말로까(maloca)보다 상대적으로 작게 만들어졌는데, 이는 수많은 사람을 한 집에 모아 살게 하는 대신에 소수의 가족이나 노예들을 따로따로 살게 만들려는 이유에서였다. 그러나 하층민을 위한 주택 건설에 진흙과 벽돌을 사용하고 귀족들의 주택에 벽돌과 돌, 석회 기와 등을 사용하는 기술은 훨씬 더 개선되었다. 동시에 부자들의 저택은 더 현대화된 가구들, 즉 그물침대 대신에 침대로, 엮어 짠 바구니 대신에 가죽이나 나무로 만든 궤짝 그리고 탁자와 의자, 가구 및 기도실 등으로 호화롭게 장식되었다. 이외에도 음식 조리 기술, 소금과 비누 사용, 술, 기름 램프, 무두질한 가죽, 약 그리고 샌들과 모자 등의 사용으로 과거보다 훨씬 세련된 생활이 가능해졌다.

새로운 식민지 핵의 주요 기능적 요소는 현지의 민간과 교회 세력으로 대표되는 행정 및 정치 지휘부와 생산업자 및 상인의 기업적 기능을 맡는 사회경제적 지배체제였다. 권력구조의 지배 단일성은 막 태동한 공동체에게 농촌과 도시 구성 요소 내에서 더욱더 성장하고 차별화되어 가도록 허용해주었다. 특히 소유주 지휘 아래 있지만 그곳에서 태어난 사람들과 상업 활동에 전념하는 흑인 노예들에 의해 운영되는 농촌의 농장에 자리 잡은 지휘 단위는 행정과 방어 그리고 식량생산에 헌신했다. 그리고 도시화된 민중 일부에 의해 구성된 두 번째 지휘 단위는 군 지휘관과 고위 성직자에 의해 통제되었으며, 육체노동자, 수공업자, 상인, 공무원과 성직자들이 구성원으로 움직이고 있었는데 이 주요한 기능은 식민지 사업을 관리하고, 이를 포르투갈의 소유로 만들고 또한 포르투갈의 문화 범주 내에서 완전한 로마가톨릭교회 문화에 충실하도록 실질적인 틀을 만드는 것이었다.

이러한 일련의 식민지 민중 가운데 특히 생산 활동과는 무관한 상위

계층이 돋보이는데, 이들은 포르투갈 문화에 대해 아주 친숙한 세 가지 지식인 그룹으로 이루어져 있었다. 그 첫 번째는, 포르투갈 본국 정부에 의해 통제되는 식민지 관료들로서, 이들은 민간 및 군대 행정을 담당하고 있었다. 두 번째는, 로마 가톨릭의 섭정 아래 원주민 인디오에게 교리교육 및 선교를 하고, 국민을 이념적으로 통제하는 역할을 하는 성직자 그룹이며, 세 번째는, 금융업자와 선주 대리인으로 수출 경제를 책임진 사람들로서 이들은 열대작물을 수입하는 유럽 수입업자와 항구의 이익과 리스본의 명령에 관심을 둔 그룹이었다. 이 세 개의 그룹은 항구에 설치된 보조 인력을 더하여 전체적인 구조의 지휘부를 구성하고 있었다. 이 지휘부는, 대부분 농촌 인구로 구성된 당시의 유럽 사회와 맞먹는 재원(財源)을 가진 도시적인 요소를 구성하고 있었으며, 그것은 곧 포르투갈 리스본에 의해 중개되고 있었기 때문에 기타의 요소들보다는 덜 독립적인 유럽 대도시망의 하부구조였다.

브라질인(Os Brasileiros)

아메리카 민중의 형성과정은 설명할 수 없을 정도의 특이성을 보여준다. 왜냐하면, 도대체 어떻게 그중 일부가 식민 단계에서 가장 빈곤한 민중조차 역동적이며 효율적인 형태로 산업혁명에 통합되면서 급속한 발전을 기할 수 있었던 반면에, 다른 이들은 발전에 지체되고 또 여전히 근대화를 위해 노력했던 것일까? 이는 명백하게도 자신들의 인종적 정체성이 완벽하게 유럽에서 들어온 이식된 민족은 자신들의 용모가 새로운 문명에 편입되기 쉬움을 빨리 발견했지만, 또 다른 경우는, 원래의 근간과는 완전히 다른 용모로서 활동하며 서로가 완전히 다른 형태의 새로운 인간 종(種)을 퍼뜨리는 어려움을 겪었으므로 이들은 해양 저편의 유럽인과 같을 수 없다는 인종적 정체성을 재규정하는 것이 자신들의 과업이었던 탓이다.

역사에 노정된 또 다른 논쟁은, 아메리카 민중들의 언어적 단일성의 원인에 관한 것이다. 북미나 남미나 광대한 영토에서 수백만 인구가 사용하는 언어는 영어나 스페인어, 그리고 포르투갈어라는 단일한 언어이다. 이러한 상황이 또 다른 지역에서 일어나지 않았다는 것은 특기할만한 사실이다.

빠우-브라질이라는 염료나무와 동일시되는 **브라질**이라는 명칭은 사실 매우 오래된 것이다. 과거의 서한(書翰) 그리고 해양 전설에 따르면, 이곳에는 이베리아 반도의 어부들이 대구라는 생선 수색에 나섰던 **브라질 섬**이라는 기록이 있었다. 이는 새로운 땅을 언급하는 것이었지만, 포르투갈 왕실은 새 이름으로 부르기를 원한 것 같다. 오래된 고지도(古地圖)들은 이 새로운 땅을 이미 "브라질레이라"(brasileira)로 기록했으며 그 땅 사람들은 "브라질레이루스"(brasileiros, 역자 주: 브라질인들)라고 불렀다. 그런데도 브라질 사람들이 스스로 이방인처럼 사용한 브라질이라는 명칭은 아주 오랜 후에야 쓰이게 되었다.

이방인이라는 명칭은, 무엇보다도 브라질인디오(brasilíndios)와 아프리카-브라질인(afro-brasileiros)으로 이루어진 초기의 네오브라질레이루(Os Neobrasileiros, 역자 주: 신 브라질인)와 차별적으로 명명될 필요가 있을 때, 그리고 새로운 세계에서 인디오와 포르투갈인 그리고 흑인과 차별적이거나 저항적인 요소를 갖는 새로운 역사-문화적 형태를 갖추기 시작했을 때 붙여진 것이었다.

그러한 저항적인 의식은 훗날 아주 오랜 시간이 지난 후에야 나타났겠지만, 그러나 반대와 차이의 인식은 처음부터 주어졌으며, 본국 사람에 대한 토착백인의 선입견에서 그리고 그 땅 사람들에 대한 멸시에서 나타났다. 이것은 또한, 유럽식 범주에 따른 복합 가족 대신에 백인인 부친과 수많은 원주민 인디오 여성 사이에 태어난 혼혈인의 진정한 창조성을 브라질에서 찾은 선교사들의 혼란 속에서 명백히 드러났다. 그리고 브라질이 발견된 후 2세기가 지난 후에야 뚜삐-과라니어를 이해하면서 포르투갈어를 말하는 수많은 혼혈인이 언젠가는 엄청나게 늘어날지도 모른다고 생각한 본국 왕실 관리들의 불안 속에서도 그러한 저항적인 의식이 나타났던 것이다.

브라질레이루, 즉 브라질인은 새로운 사회문화 공동체의 구성원으로서 자신을 정체성화하기보다는 포르투갈 본국인에게 보일 기이함을 더 인지함으로써 그리고 어쩌면 원주민 인디오에 대한 자신의 차별성과 우월성을 규정짓고자 하는 욕망 때문에 스스로를 인식하기 시작했는지도 모른다.

어쩌면 결코 유럽인이 될 수 없다는 사고를 경멸하면서까지 스스로의 정체성을 추구하고자 했던 그들은, 원주민이나 흑인인 하위계층으로서 자신들을 생각했던 것 같다. 백인 부친의 자식으로 태어났지만 자신이 속한 사회 내에서 포르투갈 본국에서 온 백인들보다 훨씬 낮은 사회적 지위를 차지하는 혼혈인 마좀부(mazombo)는 토착백인으로서의 취급을 거부하며 그리고 자신들을 인디오로 생각하며 브라질인디오로 차별당하는 그 땅의 자식이라는 상황을 매우 수치스러워했다.

자신을 첫 번째 브라질레이루라고 인식한 사람들은 마멜루꾸였는데, 육체적, 정신적으로 혼혈이었던 이 브라질인디오들은 자신들이 경멸한 원주민 인디오와 그리고 자신들을 무시한 유럽인들과 차별화하지도 못하고, 또 포르투갈 왕실과 본국에서 온 백인들의 조롱의 대상이 되면서 그때까지 존재하지도 않았던 브라질레이루라는 존재에 대한 욕구를 갖게 되었다.

브라질레이루들은 그러한 저항과 새로운 인종-문화적 공동체에 대한 전달자로서 자신의 이미지와 의식을 만들고자 하는 지속적인 노력을 통하여 점차 브라질인성(brasilianidade)을 획득하기 시작했다.

이러한 브라질인성은, 이미 노예제도라는 문화화에 의해 완전히 탈아프리카화된 아프리카 출신 후손의 상당한 공헌으로 현지 사회가 풍요로워졌을 때 고착화되었을 가능성이 있다. 그래서 이 혼혈인들은 원주민 인디오나 아프리카 흑인이나 브라질인디오와의 정체화가 이미 불가능해졌기 때문에, 브라질인이거나 아니면 그 어느 인종에도 속하지 못했던 것이다. 포르투갈어를 통용어로 전파하는 데 지원을 한 것 외에도 마멜루꾸를 포함한 이 혼혈인들은 자신의 의지와 상관없이 브라질 사람으로 보이게 되는 대부분의 국민을 형성했다. 사탕수수와 가축, 금 그리고 고무와 같은 이 지역 특산품이 현지의 차별화를 이끌어냈지만, 원래의 뚜삐-과라니 기본 공동체는 자신들의 종족적 특이성과 근간을 잃지 않고 지속적으로 유지되었다.

아프리카적인 요소가 아직 부재했거나 드물었을 때 형체가 갖춰진 그러한 문화적 초기원형은 그때부터 전체 브라질 지역에서 미래 브라질 사람들의 대중적 삶의 행태를 명명하는 공통적인 명명자로서 작용했다. 그 기본적인 유산은 수천 년간 열대 삼림에 적응해온 뚜삐족 인디오의 기술력으로 형성되었으며, 이것은 마멜루꾸의 문화적 유산에 통합되었다.

사실 새로운 핵(중심)은 너무도 어려운 조건과 또 유럽과는 너무도 다른 상황에서 만들어지고 성장할 수 있었는데, 이는 왜냐하면 유용한 약용식물이 식량에 적합한지 아니면 또 다른 목적에 적합한지를 구별하면서 모든 열대자연을 구분하고, 명명하고, 사용하는 법을 인디오에게서 배웠기 때문이다. 그들은 또한 다양한 재배 품목의 생육과 준비, 밀림에서의 사냥 그리고 호수나 강에서의 고기잡이와 관련하여 계절의 변화와 현지의 상황에 적합한 효율적인 기술을 인디오들에게서 배웠다. 인디오를 통하여 그들은 토기 도구를 만들고, 가정에서 사용하는 멍석이나 바구니를 짜고 그물침대와 어린애를 운반할 포대기 등을 엮는 법을 배웠다. 이외에도 그들은 인디오에게서 오두막집과 같이 현지에서 구할 수 있는 재료로 현지 기후에 적응할 수 있는 소박한 집을 짓는 법도 배웠으며 또한 나무껍질이나 나무에 불을 질러 파내 쪽배 만드는 법을 배웠다. 이러한 기본적 지식 위에 훗날 유럽인의 기술적 유산이 보태져 막 태동하는 브라질 사회를 더 현대화하면서 당대 사람들을 통합시키는 데 일조하게 된 것이다.

그리하여 열대지방에서의 생존에 필요한 요건을 갖추면서, 특이한 기후적인 조건 속에 유럽과 아프리카의 다양한 자연에 대한 생산적인 활동이 가능해졌다. 브라질 사람들의 생태적 순응을 통한 이러한 기술적-문화적 유산은 열대 삼림의 모든 농업부족의 그것과 근본적으로 같은 것이었지만, 그러나 뚜삐족을 기원으로 인정할 수 있는 다양한 특이성을 갖고 있었다. 즉, 당시 브라질인들이 말하는 언어였던 넹엥가뚜(*nheengatu*)는 다름 아닌 뚜삐어 계통의 변형이었고, 열대지방에서의 생존방식인 농업 활동의 특이한 생태적 양식 또한 뚜삐족이 기원이었으며, 유럽 백인인 부친과 인디오 모친 사이에 태어난 혼혈인인 마멜루꾸의 유전적 구성도 뚜삐의 것으로, 이 모든 것을 종합하면 브라질인에게는 뚜삐족의 외모가 뚜렷하게 드러난다는 점을 알 수 있다.

브라질 마멜루꾸들이 다른 인디오들을 유전학적으로 따뿌이아족으로 취급하고 그들을 저급한 인디오로 무시하면서 적대시한 것은, 그들이 자신들과 같은 언어를 사용하지 않고, 만지오까 가루를 먹지 않고,

인간다운 행동을 하지 않기 때문이었던 것으로 보인다. 브라질 인종학은 금세기에 들어서야 복잡한 종족 명칭으로 혼동되던 인종의 다양성을 구분하게 되었고 그들의 진정한 문화적 특징을 살펴볼 수 있게 되었다. 그래서 커트 니무엔다주(Curt Nimuendaju)의 연구 조사를 통해 제(Jê)족의 상대적으로 진보하고 특별한 특징을 간파할 수 있었다. 이러한 의미에서, 브라질은 포르투갈 백인이 오기 1~2세기 전 대서양 해안에 도착하여 수많은 변형과 변질의 과정을 겪어 오늘날 우리의 모습을 보여준 뚜삐족의 고통의 결실이었다.

앞에서처럼, 포르투갈 세계에 종속된 문명으로서 열대세계에 대한 인간의 적응이 놀라운 형태로 이루어졌지만 그러나 브라질은 포르투갈 세계와는 근본적으로 차이가 있다. 자신의 근원이 변형되면서 만들어진 대규모의 신 브라질인에게 브라질을 만드는 과업이 주어진 것이다.

브라질레이루, 즉 브라질 사람이라는 스스로의 정체성에 대한 추리는 나머지 다른 인종들처럼 복잡하고, 오래고 또 극적인 과정을 통해 살펴볼 수 있다. 마을에서 태어난 어떠한 인디오도 브라질 사람으로 바뀌지는 못했으며 그것이 바로 어쩔 수 없는 그들의 인종적 정체성인 것이다. 백인이든 흑인이든 낯선 사람에 의해 수태된 인디오 여자의 자식은 인디오도 아니요, 그렇다고 백인도 흑인도 아닌 자신의 실체에 의문을 가질 것이다. 그는 자신의 인종성(人種性) 부재로 만들어진 부정적인 의미의 원시 브라질인(protobrasileiro)일까? 흑인 노예는 아프리카 공동체에 동화되어 죽을 때까지 아무것도 아닌 존재가 아니라 집단적 정체성을 추구하면서 그 자신의 정체성을 만들어내도록 강요당했던 것이다. 브라질에 도착해서도 흑인들은 늘 우애를 돈독히 할 멀리 떨어진 공동체의 형제를 찾곤 했는데, 그 형제는 브라질에서 보는 모든 흑인노예와는 다른 아프리카의 자신의 종족 출신인 누군가였다.

브라질에 도착해 새로운 언어를 배우고 새로운 일과 관습을 배우며 거칠고 교양 없는 흑인에서 똑똑한 흑인으로 변모해가는 과정에서 모든 시련을 이기고 생존한 아프리카 흑인들은 완전히 새로운 인간으로 다시 만들어졌지만, 그러나 스스로의 존재가 인종과 노예화라는 측면에서 흑인으로서의 단순한 공통의 특질을 갖게 하지는 못했다. 이들 흑인의 자식으로서 브라질에서 출생한 혼혈인 끄리오울루(crioulo)는, 백인도 인디오도 그들의 혼혈도 또 순수한 흑인도 아니라는 것을 알고는 자신의 정체성을 아무것도 아닌 그저 그런 존재로만 느끼고 있었다. 이것은 아마 그 자신이 완전하지는 않지만 원시 브라질인이라고 인식한 것일지도 모른다.

아프리카-브라질인처럼 브라질인디오도 누구의 땅도 아닌 곳에 살고 있었으며, 그러한 근원적인 결핍상태에서 출발하여 인디오도 아니고, 유럽인도 아니고, 흑인도 아닌 아무도 아닌 그저 그런 존재에서 자유로워지기 위해 자신들의 인종적 정체성을 브라질인, 브라질레이루로 규정하고자 강요당할 수밖에 없었다.

새로운 땅과 동일시되고 있다 해도 포르투갈 백인은 포르투갈 본국 사람의 일원이 되는 것을 희망했으며 이것이야말로 자신들의 명백하고도 독특한 우월성을 나타나주는 것이었다. 그의 자식들 또한 확실하게 포르투갈 사람이 되는 것을 선호했다. 그래서 토착백인 마좀부(mazombo)가 포르투갈 사람으로 남아있지 않게 하려고 마멜루꾸와 인디오 그리고 혼혈 흑인이 집단적인 정체화로서 자신들의 본질을 갖게 되었던 것이다.

여기서 우리는 두 가지 경우를 볼 수 있다. 그 하나는, 스스로의 본성에 의해 어쩔 수 없이 한 인종 내에서 만들어진 경우로, 이것은 낯선 자들의 공동체와 이방인 그리고 스스로 혼자라는 사실을 알고 있는 곳에서 쫓겨나 살 수밖에 없는 추방자의 운명을 고통스럽게 하고 있다. 또 다른 하나는, 이 땅에서 만들어진 인종의 실체에는 포함되지 않으며 어린 동물 새끼처럼 길을 잃은 경우로 이방인으로 떠밀려 언제나 자신의 정체성을 찾으며 사는 것을 말한다. 이방인과도 같은 자신에게 열려 있는 것은 모호함의 공간뿐이다. 그들과 자신이 다르다는 사실을 알고 있는 그는 자신의 의식 속에서, 자신과 비슷한 운명의 존재들과 가깝게 지내며 그들과 함께 유효적절한 새로운 실체를 만들며 또 새로운 존재로 탈바꿈하기를 원하고 있었다. 다른 인종보다 훨씬 더 나은 새로운 인간 존재로 규정받는 것은 많은 노력을 요할 것이다. 그러나 이러한 힘든 노력을 통해서만 모든 사람의 눈에 아무것도 아닌 그저 그런 존재로서의 자신의 모습을 바꿀 수 있었던 것이다.

근본적으로 이것은 스스로의 구성원들이 표현할 수 있게 하기 위해 그리고 자신의 언어 단일성을 비롯한 또 다른 단일성을 이방인들로 하여금 이해하게 하기 위해 충분한 문화적, 사회적 항구성을 가진 새로운 인종적 실체로서 공동 참여한 표현이었다. 그리고 구성원들의 내적 다양성이 다른 인종과 관련한 그것보다 훨씬 크다 해도, 배제된 많은 사람의 피할 수 없는 증오심을 견디기 위해 그리고 구성원들을 하나의 단일한 실체로 통합시키기 위해 정서적인 측면에서 충분한 응집력이 동등하게 필요하다.

브라질에서는 언제부터 실질적이고 새로운 인종에 대해 말할 수 있었을까? 브라질에서는 언제부터 적어도 자신의 존재에 대해서 체념하지 않으며 스스로에 대해 자만하지 않은 자각을 한 브라질레이루가 나타난 것일까? 그것은, 수백만의 브라질레이루들이 단지 인디오 중 일부 종족이나 아프리카인, 그리고 이들보다는 그 숫자가 훨씬 적었던 식민지 본국의 포르투갈 백인 또는 토착백인에게서만 기원된 것이 아니라는 것을 알게 되면서, 그리고 새로운 인종적-민족적 정체성, 즉 브라질레이루로서의 정체성을 건설해야 한다는 도전을 받고 있음을 느끼게 되었을 때 이루어졌다.

그러나 사실은 그러한 정체화(正體化)의 집단적 표현은 개개인이 너무나도 그럴듯하게 동일시되어 공통의 특질을 받아들일 수밖에 없는 개개인의 외부에 존재했다.

이러한 기능은, 동일한 특질을 행하는 사람들은 동화시키고 연합하지만, 그러한 특질을 갖고 있지 않은 사람들을 차별하고 반대하는 특질 자체의 인식이라고 말할 수 있다. 우리가 흑인이라고 말할 때 그 비교의 기준은 피부색이며, 혼혈인이라고 말할 때는 부수적인 것이 지적되지만, 서로는 자신들의 특질을 초월하는 일반적인 성격을 지닌 브라질 사람이라는 것만은 사실이다.

다양한 사람을 포함하여 단일화할 수 있는 하나의 브라질 인종의 출현은, 인디오와 아프리카인 그리고 유럽인의 인종적 정체화 폐지뿐 아니라 물라뚜(mulato, 흑인과 백인의 혼혈)나 까보끌루(caboclo, 백인과 인디오의 혼혈), 꾸리보까(curiboca, 흑인과 인디오의 혼혈)처럼 다양한 혼혈화 형태 내에서도 차별화되어 진행되었다.

이러한 노정에 의해 모든 다양한 인종이 단 하나의 사람이 되었으며, 이들은 모든 다른 사람에 대한 차별을 무효화한 너무도 본질적인 동일성으로 인정받은 것이다. 이렇듯 새로운 집단화 속에서 각각의 구성원은 인간으로서 명백하게 유지되었지만 그러나 자신의 소속을 집합적인 정체성에 포함하기에 이르렀다.

존재와 의식

애석하게도 브라질 인종의 구성 과정은, 문학자들처럼 아주 이국적이고 모호한 집단을 기록할 때를 제외하고는 특기할만한 흔적이 남아 있지 않다. 이는 아주 드문 경우를 제외하고 두 가지 이유에서 포르투갈 식민자든 예수회 선교사에게서든 동일하게 나타난다.

이러한 의미에서 이미 언급한 것처럼 주엉 하말류(João Ramalho)에 관한 노브레가와 안쉬에따의 논평은 매우 귀중한 사료이다. 이보다 더 감정적인 표현은 브라질의 초기 지성인 중 한 명인 그레고리우 지 마뚜스(Gregório de Matos, 1633~1696)의 작품으로 그는 바이아라는 새롭고 이국적인 도시의 모든 사람을 재미있게 조롱하고 있다. 바이아의 귀족스러움에 대해서 그는 이렇게 노래한다.

사방의 위대한 충고자들이
우리의 오두막을 다스리길 원해 왔지만,
자신의 부엌을 다스리지도 못하면서
전 세계를 지배할 수 있다고 하네.

(마뚜스 게하, 1990: 33)

그리고 혼혈인에 대해서는,

뼛속 깊이 귀족이라고 믿고 있네,
자신의 조상을 먹어치운 그들의
최고의 영광이 그 안에 있다네.

(마뚜스 게하, 1990: 637)

바이아가 이미 흑인과 혼혈인으로 가득 찬 도시라고 말하면서 그레고리우 지 마뚜스는 그들이 백인의 눈에 어찌 비쳤는지를 다음과 같이 노래하고 있다.

나는 모르겠네, 이 오욕의 브라질 땅에서
다른 종족 없이
영광스러운 백인이
무엇 때문에 태어났는지를.
누구도 존중받지 못하는
이 척박하고 미개한 땅에서
혼혈인이 되어야 하는
방식을 보여주지 않는다면.

(마뚜스 게하, 1990: 1164)

바이아의 다인종 세계는 그레고리우의 시에서 다음의 모습으로 나타나고 있다.

백인은 당신을 흑인이라 조롱하고 저주하지요,
그러나 그 무엇도 당신을 해칠 수 없습니다.
당신의 매력 없음과 부족한 아름다움 때문에
당신은 광장의 웃음거리요, 사람들의 입방아 대상이지요.
아! 당신을 끌고 가는 팔은 총알과 같아
당신의 얼굴에 두 번씩이나 다가가지요.

(마뚜스 게하, 1946: 79)

그는 바이아 총독에 대해 언급하면서 마멜루꾸(mameluco)에 대해서 다음과 같은 표현을 남기고 있다.

그때 한 마리의 소쩍새가 태어났다,
사람이라고 할 수 없는 괴물처럼
입술은 뚜까노 새와 같지만
그의 피 속에는 마멜루꾸의 피가 흐르네(…)

귀족 나리의 보잘것없는 물건처럼
아무런 아픔 없이 그에게 다가왔네.
움푹 파인 입술을 가진
거리와 밀림의 전사(…)

걷기 시작하기도 전부터,
서있기도 전부터,
포르투갈어는 한 마디 못하면서
다만 자신의 욕심에 대해서만 말할 뿐(…)

매우 합리적인 백인들은
횡설수설하면서 값을 치렀네;
악으로 가득 찬 몸뚱어리의
마멜루꾸의 값을 곡식으로 치렀네(…)

(마뚜스 게하, 1946: 80~83)

바이아의 귀족에 대해서 그레고리우 지 마뚜스는 부드럽게 풍자했지만 그러나 다음과 같은 표현으로 말미암아 앙골라로 추방당하는 아픔을 또한 그리고 있다.

뻰도바 나무 색깔의 바지를 입은 게으름뱅이처럼,
우루꾸 나무 색깔의 셔츠를 입은 바보처럼,
불구의 몸으로 활과 칼을 가진 대신에

모자 대신 깃털 장식의 호사스러운 털모자를 쓰고
죽음을 두려워하지 않는 것처럼 입술을 삐죽였네.
신처럼 그를 보호해주는 아버지와
돌처럼 강인한 힘을 주는 어머니가
절대 멈추지 않는 피를 그에게 남겨주었네.
이성도 믿음도 없는 야만인은
지켜야 할 법 같은 것은 아랑곳하지 않았네.
잘못을 저지르면
신과 같은 존재에서 하찮은 인간으로 변할 뿐.
전장에서든 어디에서든 어찌 끝났는지도 모르지만
다만 내가 알고 있는 것은
귀족들이 이 땅에서 유래했다는 사실뿐.

(마뚜스 게하, 1946: 148)

당시를 증명하는 최고의 증언은 바이아 출신인 비센찌 두 살바도르(Vicente do Salvador) 수사(修士)에게서 찾을 수 있다. 그는 브라질 출신 첫 번째 지성인으로서 자신의 시선으로 브라질과 또 다른 세계를 바라보는 탁월한 능력이 있었으며, 브라질 민족에 대한 연대의식과 비평적 인식과 함께 약간의 자부심을 지니고 브라질 민족의 정체성을 믿어 의심치 않았던 인물이었다. 비센찌 수사 이후 심지어 오늘날까지 그 어떤 역사 기록자들에게서도 운명 앞에 처한 브라질 민족의 비전을 빛내줄 토착적인 지성, 즉 브라질과 그 땅에 대한 사랑의 특질을 보여준 위인은 없었다.

포르투갈 꼬임브라에서 수학한 프란체스코회 소속의 비센찌 수사는 히우 지 자네이루에 싼뚜 안또니우(Santo Antônio) 수도원을 건설하는 데 일조를 했으며, 훗날 살바도르 대교구장이 되는 등 다양한 공적을 쌓았다. 그는 1627년 자신의 저서 『브라질 역사』(História do Brasil)의 집필을 끝내면서 다음과 같은 글을 남겼다. “이제 내 나이 63세요, 이제부터는 타인이 아닌 내 삶을 돌볼 때가 되었노라”. 그는 자신의 저서가 출판되기를 희망하며 10년을 더 살았지만, 책의 초판은 1888년 까삐스뜨라누 지 아브레우(Capistrano de Abreu)에 의해 출간되었다. 그는 이 책에서 포르투갈을 절대 저버리지 않았으며, 브라질에 대해, 특히 브라질을 찬양하는 모든 표현에 대해서는 입을 닫았다.

비센찌 수사는 아주 익살스러운 사람이었으며 매우 풍자적으로 글을 쓴 사람임이 틀림없다. 그는 자신의 부친에 대해서 계모의 학대에서 도망쳐 브라질에 오면서 난파를 당해 살아남은 사람이라고 말하고 있다. 그는 원주민 인디오의 살육자요 고문자인 멩 지 싸(Mem de Sá) 총독에 대해서는 “자신의 승리를 기뻐하며 죽었다”고 말했으며, 유일하게 능력 있는 봉토주요 뻬르남부꾸 주를 건설한 두아르찌 꼬엘류(Duarte Coelho)에 대해서는 “포르투갈 본국에 돌아갔을 때 왕에게 환영 대신 멸시를 받아 비참하게 죽었다”라고 표현했다. 그는 또한, 또메 지 쏘우자(Tomé de Souza) 총독이 포르투갈 본국으로 돌아가기를 희망하며 수년 동안 기다리다가 본국 정부가 보낸 허가서를 받고서 기뻐하며 쓴 기록을 다음과 같이 말하고 있다. “진실로 나는 본국으로 돌아가기를 원했으며 그때 입에 침이 가득 고일 정도였다. 그러나 지금은 침이 말라 뱉고 싶어도 그럴 수가 없다는 것을 모를 정도이다”(Salvador, 1982: 18).

비센찌 수사는 한편 정의로운 인물이었다. 예를 들어, 용감한 마멜루꾸인 알부께르끼(Albuquerque)에 대해서, “그는 누구와도 견줄 수 없는 용감함을 지닌 인물이며 또한 당시에 보기 드문 청렴한 사람으로 오늘날까지도 우리의 존경을 받고 있다.”라고 말하고 있다.

그는 또한 포르투갈의 대 브라질 식민정책에 대해서도 쓴소리를 마다치 않았는데, 그가 보기에 “포르투갈 사람들은 자신들이 정복한 땅을 식민화하거나 이용하는 법을 몰랐으며, 브라질 땅에서의 사업에 대해 무척 배은망덕한 태도를 지녔다."라고 평했다. 그리고 그는 포르투갈 왕실이 브라질 민중에게 너무 무관심하며 심지어 브라질 땅의 크기조차 아프리카 기니(Guiné)보다 못하다고 폄하하는 데 불만을 터트렸다.

포르투갈 식민자에 대해서도 그는 "브라질 땅에 정착해 부자가 되어도 모든 것을 포르투갈 본국으로 가져가려는 사람뿐이고, 앵무새에게 말하는 것을 가르치듯이 그들이 소유한 농장과 재산이 만일 말을 할 줄 안다면, 그들에게 첫 번째로 가르쳐야 할 말은 '오직 포르투갈을 위한 진정한 앵무새'라는 것일 게다. 왜냐하면 그들은 모든 것을 본국 포르투갈로 가져가기를 원했으며, 대부분이 주인으로서가 아니라 수익권자처럼 다만 브라질 땅에서 이익만 취한 후 브라질을 방치해버렸기 때문이다"(Salvador, 1982: 57~58).

비센찌 수사의 역사 이야기는 대부분이 증거의 연대기라고 볼 수 있다. 왜냐하면 그 자신이 반세기 넘게 브라질 땅에 살면서 자신의 눈으로 주변에서 일어나는 모든 것을 직접 보았을 뿐 아니라, 수많은 노인의 입을 통해서 그들의 경험과 과거에 있었던 이야기를 들었기 때문이다.

그는 브라질의 자연과 강, 그리고 집의 울타리와 지붕, 그리고 한 번에 40명을 운반할 수 있는 커다란 쪽배를 만드는 데 쓰이는 거대한 나무를 비롯하여, 세디아 나무와 밀림 곳곳에 널려있는 풍부한 또 다른 나무들에 대한 기록을 남겼다.

또한 그는 밀림의 각종 나무에서 진귀한 송진과 약용 향유 등을 추출하여 보급했을 뿐만 아니라, 마싸란두바(Masaranduba)나 제니빠뽀(jenipapo) 열매 등에 큰 관심을 보였는데, 특히 이 열매의 즙은 원주민 인디오들이 몸을 채색하는 데 쓰였다. 그는 밤과 파인애플 등의 열대 과일을 좋아했을 뿐 아니라 검은 콩과 같은 식용작물에 대해서는 포르투갈 것과 비교할 수 없을 정도로 우수하다고 평했다. 그리고 미모사라는 식물에 대해서는 약간만 건드려도 움츠러드는 모양이 호기심을 자극했노라고 전했으며, 또 다른 식용작물인 만지오까와 아이삥(aipim)에 대해서도 찬사를 아끼지 않았다.

밀림의 다양한 동물에 대해서도 기록을 남긴 그는 산돼지와 물돼지, 맥, 개미핥기, 소를 잡아먹는 표범, 여우, 다양한 종류의 원숭이 그리고 뱀 등에 대해서도 자세하게 전했다. 특히 뱀에 대해서는 특별한 기록을 전했는데, 뻬르남부꾸의 한 부인이 임신했을 때인 어느 날 밤 뱀 한 마리가 그녀의 젖을 먹었는데 그녀는 실제로 아기가 젖을 먹은 것으로 착각했지만 실제로는 아닌 것으로 알고는 남편에게 고백하여 그다음 날 밤 남편이 기다렸다 그 뱀을 죽였다는 얘기를 상세하게 남기기도 했다.

땅에 사는 동물 외에도 이(蝨)나 빈대와 같은 벌레와 간혹 과장하기도 했지만 사람의 눈과 코를 뜯어먹는 식인벌레에 대해서도 기록을 남겼다. 이와 함께 그는 다양한 물고기와 조개류, 게, 특히 비가 올 때면 땅속 구멍에서 나오는 푸른 대게에 대해서 언급하기도 했다.

원주민 인디오에 대한 비센찌 수사의 기록은 요약적이긴 했지만, 그러나 "평화보다는 전쟁을 원하는 대장을 제외하고, 인디오들에게는 복종할 왕이 없었다"라고 말했다(Salvador, 1982: 78). 그는 또한 뚜삐족 인디오들이 자신들의 말을 할 줄 아는 포르투갈 사람들을 포함하여 친구가 방문할 때 눈물을 흘리며 맞이하는 인사법에 대해서 다음과 같이 소개하고 있다.

> (…) 인디오들은 울면서 우리를 맞이하며 자신들의 조상 중 포르투갈 사람들처럼 용감한 사람이 없었던 불운함을 한탄했다. 그들은

> 포르투갈 사람들이 도끼와 낫, 낚싯바늘, 칼, 가위, 거울, 빗과 옷 등 과거에는 없었지만 지금은 풍부하게 갖고 있는 아주 유용한 물건들을 자신들에게 전해준 은인이라고 생각하고 있었다. 포르투갈 사람들을 매우 존경한 이유는 그러한 물건이 없었던 시절 인디오들은 돌로 만든 쐐기로 밭을 갈거나 나무를 베었고, 가시로 고기를 잡았으며, 머리와 손톱은 뾰족한 돌로 다듬었으며, 진흙으로 만든 거울을 이용했지만, 이제는 포르투갈 사람들이 전해준 물건 덕택에 매우 편하게 경작을 하거나 생활에 이용했기 때문이다(Salvador, 1982: 79)

또 하나 중요한 사실은, 전쟁 중 사로잡힌 인디오 포로가 승리한 인디오들에게 먹힐 운명에 처했을 때 도끼나 낫 한 자루와 교환되어 포르투갈 사람들에게 넘겨졌다는 것이다. 이러한 물건이 인디오에게 필수불가결한 도구로 자리 잡게 된 상황을 볼 때 얼마나 많은 인디오가 사로잡혀 화형당하는 처지에서 구원되었는지 감히 짐작해볼 수 있다.

한편 비센찌 수사는 한 칼뱅주의자 프랑스인의 재판 과정에서 있었던 부끄러운 일화를 언급하며 안쉬에따 신부의 악담에 동감하는 표현을 쓰기도 했는데, 그는 "자신의 업무에 능력 없는 사형집행인이 죄인에게 사형을 언도하면서 고민에 빠져, 이미 죄인이 고백한 죄를 번복하는 잘못을 저질러, 오히려 죄인이 사형집행인을 꾸짖으며 자신의 일에 충실하라고 죄인에게 가르침을 받는 일이 벌어졌다"라고 말하면서 "그러한 일은 더 존중받을 만한 일 아니겠는가?"라고 사려 깊게 덧붙이고 있었다(Salvador, 1982: 167).

비센찌 수사는 몇 세기 앞서 브라질성(性)(brasilidade) 혹은 브라질적 특질에 대해서 언급하는 혜안을 보여주었는데, 이는 훗날 독립운동의 초석이 된 찌라덴찌스(Tiradentes)와 그의 동조자들이 주장한, '브라질인들이 드높이고자 하는 민중의 정치적 열망을 브라질 사람 스스로 이룩하자'는 소위 토착주의 운동(Nativismo)을 성숙시키는 데 일조를 했다.

인디아니즘(Indianismo)과 동일시되고 있는 토착주의 운동은 포르투갈에서 건너온 백인들보다도 자신들이 더 우월하다고 생각하는 브라질 땅에서 태어난 토착백인들의 태생적 상승의식이었다. 이에 대해 구체적이며 명백한 철학적이고 심리적인 측면에서 브라질의 정체성에 대한 많은 이야기가 있어왔는데, 그것은 적어도 다른 사람들에 대한 불신의 적대감이 아니라 새롭고 유일한 사람이라는 것을 충분히 인식하여 스스로에 의해 만들어진 브라질 사람이 출현한 데서부터 시작해야 한다.

03 씨앗과 자궁

탈 인디오화

현재도 마찬가지지만 과거에 대한 믿을만한 일련의 통계가 없는 탓에 본인은 여기서 소위 가정(假定)의 인구통계학이라고 명칭을 붙인 방법을 사용하고자 한다. 이것은 구체적이고 확실한 자료는 빈약하지만 진정으로 그러했을 것이라는 역사적 사료에 따른 방법이라고 말할 수 있다.

유럽인이 침략했을 때 브라질 전체 원주민 인디오는 500만 명에 이르거나 혹은 약간 넘어섰을 것으로 추산되는데, 이는 역사 인구통계학(Borah, 1962, 1964; Dobbyns e Thompson, 1966) 연구에서 밝혀진 수치보다는 훨씬 더 많을지도 모른다. 더 새로운 기준에 근거하여 유효한 기록과 분석에 기초한 이 연구들은 미주 지역 원래의 원주민 인디오보다 훨씬 더 많은 수가 존재했음을 보여준다.

과거 포르투갈이나 스페인 입장에서는 원래의 인디오 인구수를 훨씬 더 줄이려는 연구 경향이 있었다. 왜냐하면 이는 터무니없는 것이지만 실제로 인디오를 본 역사가들의 초기 기록에 과장이 있었음을 믿으려는 이유에서였거나, 또는 백인 정복자와 식민자들의 원주민 인디오 대량살육 충격의 여파를 숨기면서 그들의 품격을 높이고자 하는 경향이 오랜 시간 지속되어서였는데, 이 또한 너무나도 불합리한 것이었다.

오늘날에도 여전히 브라질 초기 영토와 파라과이 그리고 쁘라따(Prata) 강 지역에 살았던 인디오 인구를 재평가하기 위한 새로운 연구는 없다. 그러나 실제 그 당시 원주민 인디오는, 100만 명을 조금 웃돈다고 평가했던 줄리언 스튜어드(Julian Steward, 1949: 666)나 300만 명에 이른다고 생각했던 루곤(Lugon, 1968) 그리고 240만 명 정도라고 추측했던 헤밍(Hemming, 1978: 487~501)처럼 간접적인 조사 연구에 의한 수치보다는 확실히 많았을 것으로 생각된다.

따라서 전 지역에 걸쳐 약 500만 명에 달했을 것이라고 생각되는 인디오는, 새로운 역사 인구통계학 방법론에 따른 효율적인 기록에 근거한 직접적인 조사 연구에 기대되는 예상 수치로 보아야 하는데, 이는 브라질 발견인 1500년 당시 100만을 약간 웃돈 것으로 추산되는 식민 모국 포르투갈의 인구와 비교한 판단에 따른 것이다.

그러나 이러한 초기 브라질인디오 인구 예상은, 초기의 다양한 기록과 일치하며 또한 백인과의 접촉 이후 계속된 인디오 인구 하락 비율을 고려할 때 결코 과장된 것으로 볼 수 없다. 왜냐하면 접촉 이후(Ribeiro, 1970: 261) 인디오 인구 감소의 구체적인 연구 조사가 백인 1명당 인디오 25명의 비율을 보여주기 때문이다. 이러한 계산은 무엇보다도, 1519년부터 1605년 사이 멕시코의 원주민 인구가 스페인 정복 이후 253만 명에서 100만 명으로 크게 줄었다는 사실에 근거한다(Cook e Borah, 1957). 이것은 곧 20세기 초 약 10만 명에 달한 브라질인디오가 원래는 250만 명보다 약간 모자랐음을 의미한다. 그러나 한편으로 인구 과밀 지역이었던 파라과이와 우루과이 영토를 포함하고, 또 다른 한편 정복 이후 4세기 동안 무수히 많은 인디오 종족이 멸망했다는 사실을 고려해볼 때, 원래의 인디오 인구는 아마도 우리가 예상한 위의 수치보다는 두

배 정도 많았을 것이라고 가정해볼 수 있다.

이러한 추론에 따라 우리는 1500년 약 500만 명의 인디오가 1세기 후, 계속되는 전쟁과 그리고 백인들이 들여온 흑사병으로 내륙 인디오들이 전염됨과 동시에 대서양 해안지역 원주민도 전염병 때문에 상당수가 사망하여 그 수가 400만 명으로 줄었다고 가정할 수 있다. 그리고 다음 세기인 1600년부터 1700년까지 전쟁과 함께 전염병과 노예노동 때문에 원주민 인구의 지속적인 감소가 진행되어 인디오는 400만 명에서 200만 명으로 줄어들게 되었다.

이렇듯 특히 초기 식민화된 지역과 특히 싸웅 빠울루의 마멜루꾸들이 예수회 선교구의 과라니 인디오들을 대규모로 일소했던 남부지역에 거주한 인디오 종족들이 상당수 전멸했다. 당시 약 30만 명 이상의 인디오들이 노예가 되어 싸웅 빠울루로 끌려갔거나, 바이아와 뻬르남부꾸에서 노예로 팔린 것으로 예상되는데(Simonsen, 1937), 이러한 노예화는 오지개척단(bandeirantes)의 유혹에 빠진 포획 인디오들의 중재로 인해 이루어졌다. 오지개척단의 백인 대 인디오 비율은, 1574년 끄리스또바웅 지 바후스(Cristóvão de Barros)가 이끄는 오지개척단은 200명 대 700명, 안또니우 지아스 아도르누(Antônio Dias Adorno)는 150명 대 700명 그리고 이따띵스(Itatins) 지역의 하뽀주 따바리스(Raposo Tavares)는 (1648년) 200명 대 1,000명이었다. 그리고 1645년 나싸우(Nassau)가 300명의 네덜란드 군에 맞서 빨마리스(Palmares)에 보낸 탐험대는 700명의 인디오와 100명의 혼혈인으로 모두 그곳에서 죽었지만, 훗날 빨마리스는 삐아우이(Piauí)에서 1,300명의 인디오와 150명의 백인을 동원해 잔두이(Janduí) 인디오를 공격한 조르지 벨류(Jorge Velho)에게(1688, 1694) 멸망하고 말았다. 그리고 포르투갈인들이 과나바라 만과 마란냐웅에서 프랑스 군대에 대항했을 때 그리고 빠라이바에서 네덜란드 군대와 대항했을 때도 상당한 수의 인디오가 동원되었다.

식민역사 기록에 따르면, 1700년과 1800년 사이에는 주로 마란냐웅과 빠라 그리고 아마조나스 지역에서 약 100만 명의 인디오가 사라져 전체 원주민 인구는 200만에서 100만 명으로 줄어든 것으로 알려져 있다. 그러나 남은 100만 명의 인디오도 미나스 제라이스와 싸웅 빠울루, 빠라나와 싼따 까따리나 등 광대한 삼림지역에서의 지속적인 개발 그리고 중앙 및 아마존 지역으로의 침투활동이 계속되면서 점차 감소한 것으로 확인되었다.

매 세기 그리고 모든 지역에서, 백인들과의 접촉과 무관하고 전염병에서 해를 입지 않은 인디오 종족들은 계속해서 문명의 강요와 해악의 충격을 경험해야 했으며, 이 때문에 더 이상 회복할 수 없을 정도로 자신들의 종족 수가 줄어들 수밖에 없었다. 강제노동으로의 동원과 문화적 퇴보와 함께 알 수 없는 전염병으로 인한 대규모 살육은 대부분의 인디오 종족을 완전 전멸로 이끌었지만, 그러나 대부분의 경우에 통상적으로 25:1 비율에 해당하는 비율의 생존자는 살아남았으며, 이후 이러한 최소한의 생존자에서 출발하여 아주 완만하게 인구가 다시 늘기 시작했다.

앞서 살펴본 바와 같이 원래의 브라질 인구는 전쟁과 노예 노동력으로의 강제동원 그리고 새로운 전염병의 맹독성 때문에 일어난 대규모 대량살육 때문에 극심하게 감소했다. 이와 함께 선교사들의 교리교육에 따른 도덕적 부패, 인디오 자신들의 땅을 점거한 백인 농장주들의 압력 그리고 백인들 세상에서 인디오 자신의 자리와 역할을 찾으려는 노력의 실패 등을 통하여 인디오의 종족살육이 이어졌다. 인디오에 대한 대량살육이나 종족살육은 도씨(Doce) 강이나 이따자이(Itajaí) 계곡에 살던 인디오들처럼, 백인에게 적대적인 인디오에 대한 포르투갈 왕실의 근절전쟁 명령으로 대규모로 자신들의 터전을 잃거나 사라져버렸다. 그런데도 일부 인디오 종족은 농촌지역에서 용케도 살아남기도 했는데, 이들은 훗날 자신들의 종족을 이어가는 생존자로서 브라질 민족사회에 통합되는 하나의 구성원이 되었다.

우리는 앞서 이러한 통합이 인디오들을 브라질 인종의 무차별적인 구성원으로 변화시키는 동화와 일치하지 않는다고 보았다. 이러한 동화는, 특이한 종족과 문화를 가진 특정한 인디오의 상황에서 일반적인 인디오로의 변형을 통하여 허약한 삶의 양식을 고착화하는 의미뿐이다. 왜냐하면 점점 더 혼혈화되고 문화동화 된다 해도 이 원주민 인디오들은 우리에게 언제나 인디오로서만 보이고 취급받고 그렇게 고통을 받을 수밖에 없기 때문에 "브라질인"의 호각(互角) 자격으로 언제나 "인디오"로 존재할 뿐이다.

브라질 발견 이후 초기부터, 한편으로는 자치적으로 또 다른 한편으로는 종교적 선교구나 공식적인 보호 기구에 의해 운영되어 자신들의 촌락에 모여 사는 일반적인 인디오들에 관한 방대한 기록물이 있다. 이 가운데는 오랜 세월을 지내오는 동안에도 문명의 충격에 의한 대살육에서 생존하여 끝까지 동화되지 않은 채 언제나 인디오 그 자체로 살아남은 사람들도 있다. 따라서 문화동화 과정을 통하여 인디오들이 문명을 향해 성숙했다는 생각은 근거가 희박하다고 할 수 있다.

인디오의 촌락이 마을로 변해갔다는 식으로 문명을 향하여 인디오들이 발전과 성숙을 이루었다는 고전적인 역사관은 따라서 절대적으로 정확하다고 볼 수 없다. 그래서 브라질이 탁월한 문화동화에 의해 이루어진 나라라는 것을 보여주려는 열망에서 비롯된 UNESCO의 연구조사는 오히려 정반대의 결과를 나타냈다. 원주민 인디오는 집시나 유대인처럼 인종적인 정체성화에서 더도 덜도 없이 그 자체로만 인식되어야 한다. 인디오들에 대한 더 집요한 추적과 동화정책은 오히려 그들을 더욱 자신들에게만 함몰하게 할 뿐이며 스스로를 더욱 가둘 뿐이다. 그래서 일반적으로 선교사들에게 맡겨진 공식적인 보호 업무는 성과를 얻지 못했으며, 또한 선교사들 본연의 임무도 성과를 거두지 못했다. 이러한 예는 한 세기 반 이상을 선교사들의 교리교육을 받은 보로로족과 4세기 이상 선교사들과 접촉하고 지배를 받았던 과라니족에게서 볼 수 있는데, 선교사들의 활동으로 그들은 약간의 변화가 있었지만 여전히 보로로족과 과라니족으로 유지되어 살았던 것이다.

그러나 훗날 네그루(Negro) 강 인근 지역에서 선교활동을 한 살레시오 선교사들은 약간의 성과를 거두었는데, 그곳의 원주민 인디오를 문명화하고 교리교육을 펼친 그들은 서로 다른 종족의 어린이들을 같은 학교에 모아놓고, 양친에게서 자식에게로 이어지는 과거의 유산관계를 깨뜨리며 탈인디오를 위한 더 근본적인 조건들을 만들어나갔다. 그래서 얻어진 결과는, 인디오들이 원주민도 아니고 문명화된 인간도 아닌 비천하고도 경계적인 인간으로 슬픈 운명을 안고 살아갈 수밖에 없었다는 것이다.

원주민 인디오의 브라질 인구로의 편입은 생물학적 차원과 그리고 백인 남자와 인디오 여자의 자식으로 태어난 마멜루꾸 혼혈인들의 수태 과정에 의해 이루어졌다. 오랜 세월에 걸쳐 이러한 과정을 통하여 인디오 여자는 인종 수태의 역할을 통해 브라질인을 만들어왔다. 여자들이 특히 부족하던 사회에서는 노예로 유인된 인디오와 흑인은 자신들의 배우자를 얻는 일이 드물었다. 세인트 힐레어(Saint-Hilaire)는 히우그란지 두 술(Rio Grande do Sul) 지역을 언급하면서 "노예화된 인디오들은 자신들의 땅에서 결혼할 수 있는 여자를 만날 수 없었으므로 그곳을 식민화하는 데는 아무 쓸모가 없었다"라고 말하고 있다(Saint-Hilaire,

1939).

식민 초기 브라질인디오들은 극도로 긴장된 상황에 놓여있었다. 선교사들은 인디오들의 땅을 무단 점거했으며 또한 인디오들의 거센 반발에도 불구하고 그 땅에 집을 지었다. 외국, 특히 독일의 식민지배에 양도된 광대한 지역들은, 불편한 침략자들에게서 자신의 땅을 빼앗기 위해 식민자들이 계약한 인디오 사냥꾼들 때문에 혼란에 빠져있었다. 그래서 당시 빠울리스따 박물관(Museu Paulista) 관장이며 저명한 학자는, 정부로 하여금 야만성과 문명 둘 중 하나를 선택하라고 요구하며, 만일 정부의 목적이 문명화를 원하는 것이라면 그 문제를 해결하기 위해 정부군과 함께 전멸전쟁에 나서라고 주장했다.

이러한 상황에서 브라질의 주요한 인본주의자인 깡지두 혼동(Cândido Rondon, Marechal Rondon이라고도 알려짐, 1865~1958) 같은 인물이 돋보인다. 그는 당시 마뚜 그로쑤 주와 고이아스 주 등 브라질 중서부 지역의 전화선 확장사업에 전념하면서 인디오들과 마찰 없이 그들과의 관계를 돈독히 한 인물로, 정부에 원주민 인디오를 존중해줄 것을 요구했는데, 정부와 일부 군인들과 그리고 지식인들이 그의 요청에 동감하여 많은 원주민 인디오의 고귀한 생명을 보호하게 되었다.

콩트(Augusto Comte)의 실증주의에 근간을 둔 깡지두 혼동과 그의 동료들은 오랜 세월 정부의 공식적인 인디오 정책을 이끈 지휘강령을 만들었다. 그들은 그 목적이 인디오를 근절하거나 변화시키는 것이 아니라 그들에게 적절한 안내와 지도를 함으로써 더 나은 인디오를 만드는 데 있다고 주장했다. 그래서 이를 위해 근본적으로 수행되어야 할 것은, 외세의 공격에서 무사하고 평온하게 살 수 있고 또한 자신들의 삶과 관습, 전통 등을 재건할 수 있는 영토를 보장함으로써 각각의 인디오 종족에게 필수불가결한 최소한의 인디오로서의 권리를 보장하는 것이며, 인디오에 대한 더 주도면밀한 연구와 함께 새로운 식민화를 개막할 필요가 있다고 강조했다.

깡지두 혼동의 주요한 개혁은 그러나, 오늘날 국제적으로 잘 알려져 있는 차별에 대한 권리 원칙을 선구적으로 수립하는 것이었다. 모든 시민의 평등성을 과장되게 선포하는 대신에 그는, 평등하지 않으면 이러한 평등성은 단지 인디오를 그들의 추적자에게 양도하는 역할을 할 뿐이라고 말했다. 그래서 필요한 것은, 보상권의 규정을 정하는 것이었는데, 이러한 권리에 의해서 인디오들은 예를 들어 선거권을 갖거나 병역의무를 행하는 등의 브라질 시민으로서의 똑같은 권리를 가지는 것이며 그러나 이러한 권리는 그들에게 의무로서 부과될 수는 없었다.

브라질인디오에 대한 식견이 높은 인종학자 커트 니무엔다주(Curt Nimuendaju)는 문명화된 인디오에 대해 다음과 같은 글을 남겼다.

> (…) 내가 알고 있는 브라질 어떤 곳보다도 이싸나(Içana)와 우아우뻬스(Uaupés)에서 나는 인디오들과 문명인(백인들을 그곳에서는 이렇게 부른다)과의 관계는 회복할 수 없을 정도로 망가져있다는 것을 알게 되었다. 두 요소 간에는 양측 생활습관의 베일로 덮인 첫눈에 보기에는 겨우 이해만 할 수 있을 정도의 심연이 열려있지만 그러나 결코 바뀔 수 없는 심오함 속에서 인디오들의 확신을 얻고 그들의 영혼 내부로 침투하는 것이 가능해졌다. 대부분의 백인, 즉 문명인들은 그럴 필요성이나 이해가 없는 상황에서 생활 방식에 만족하며 자신들의 문명화 과정의 결과에 자만하면서도 그 심연의 이해에는 도달하지 못했다(네그루(Negro) 강으로의 여행, 1927년 9월 인디오 보호청 아마존 감시보고서, 니무엔다주, 1950: 173).

원주민 인디오의 권리를 규정하기 위해 내가 국제노동기구(ILO)에서 근무하던 1954년 무렵 깡지두 혼동의 사상은 그 당시 회의에 참석한 인도의 학자 두 사람에게 깊은 영향을 미쳤다. 나는 그때 그들에게 깡지두 혼동과 간디와는 아무 관계가 없지만 두 인물이 인간주의적인 면모를 갖고 있다는 점을 역설했는데, 그들 역시 인도의 억압받는 소수자의 권리 회복 등에 관심이 있으며 그들이 계속해서 이러한 명분을 위해 헌신하고 있음을 알게 되었다.

경이로운 발전

브라질의 가장 위대한 역사적 업적은 거대한 대륙 영토를 정복하고 1억5천만 명이 넘는 인구를 구축했다는 점이다. 그러나 그러한 것들은 어느 것 하나 거저 얻어진 것은 없었다. 천 년이 넘는 아주 오랜 세월 동안 스페인과 국경을 함께하며 혹시라도 스페인에 정복당할지 모른다는 위협의 강박관념을 갖고 살아온 포르투갈은 남미대륙에서 자신들의 소유 영토를 설정하고 확장하고자 했다. 그래서 국경선에 수많은 요새를 건설했으며 오랜 세월 전쟁을 통하여 싸끄라멘뚜 식민지(Colônia do Sacramento)와 같은 중요한 경계 요충지를 지켜왔다.

인구 정착은 신중히 고려한 의도적인 것은 아니었지만 수백만 노동자가 감소한 것만큼이나 또 다른 인력 충원의 결과를 부른 즉각적인 인구정책으로 이루어진 것이었다.

기원 측면에서 브라질 인구는 아주 잔인한 대량살육과 아주 놀라운 증가에 의해 동시적으로 이루어졌다. 노예화한 인디오 여성의 자궁이라는 무한한 이용성을 극대화한 혼혈인구의 증가는 거의 놀랍고도 폭발적인 것이었다.

1584년 주제 지 안쉬에따 신부는 브라질의 인구를, 인디오와의 혼혈을 포함하여 2,500명의 백인과 1,800명의 인디오 그리고 1,400명의 흑인 등 모두 5,700명 정도로 추산했는데, 오늘날 브라질에 의해 점령된 지역에 한정된 것이라고 생각할 때 그 수는 훨씬 더 많을 것이다. 그리고 무엇보다도 독자적으로 살고는 있지만 이미 식민지 사회와 교류를 하고 있는 인디오를 포함하면 그 수는 적어도 20만 명에 이를 것으로 보이는데, 안쉬에따 신부는 그러나 당시 1만5천 제곱킬로미터를 넘지 않는 식민지역에 편입한 인구만을 고려했을 뿐이다.

이들 인구는 염료로 쓰이는 빠우-브라질 나무 채취와 막 태동하기 시작한 사탕수수 농업을 주로 했던 북동부 지역에 거주했는데, 이들 지역의 전체 14개 마을(촌락, vila) 중에 올린다(Olinda)에는 700명, 바이아와 히우 지 자네이루에 500명 그리고 나머지 지역에 400명 정도가 거주하여 식민지 경영의 중요 도시 거점지역을 대변했다.

안쉬에따 신부의 추정과 또 다른 연대기에 근거해볼 때 1600년대 브라질의 인구는 20만 명으로 추산할 수 있다(Capistrano de Abreu, 1929: 123). 이는 백인 식민자와 평화적이며 직접적인 교류를 하는 약 12만 명에 달하는 인디오를 포함하여 식민지 경영에 직접적으로 통합된 인구를 말하는데, 이 중 대부분이 혼혈인인 백인은 5만 명 그리고 흑인 노예는 3만 명에 이른다. 그리고 안쉬에따 신부의 추정에 따르면, 마을의 증가와 3만 제곱킬로미터에 달하는 새로운 인구집중지역의 생성과 함께 도시 인구는 6천에서 8천 명에 달하는 것으로 나타났다.

쎌쑤 푸르따두(Celso Furtado, 1959)는 당시 브라질에는 120개의 사탕수수 농장과 680두의 소가 존재한 것으로 보고 있으며, 설탕의 연간 생산량은 2백만 아호바(arroba, 역자 주: 옛날 무게 단위로 1아호바는 약 15kg)로 이를 당시의 가격으로 환산하면 250만 파운드에 달하는 것으로 보고 있다. 이러한 상황을 고려해볼 때 엄청난 수익은 포르투갈이 당시에 가장 번성한 식민지 경영의 모범으로 보이게 했으며, 이 때문에 네덜란드와 프랑스도 사탕수수 산업에 경쟁적으로 뛰어들게 되었다.

식민지 초기 한 세기의 인구 통계는 무엇보다도 인디오 1백만 명 정도가 대량 사망한 것으로 나타나고 있는데, 그 원인은 해안지역에서 창궐하여 훗날 내륙으로 확대되고 또한 선교구와 전쟁에서 급속도로 퍼진 전염병이었다. 하지만 이와 동시에 인디오 혼혈인은 크게 늘어난 것으로 파악되고 있다.

1700년 브라질의 인구는 50만 명에 달했는데, 그중 20만 명은 식민 시스템에 통합된 인디오였으며 이들에 의해 점령된 지역은 그 전에 비해 배로 늘어났다. 흑인은 15만 명으로 추산할 수 있는데, 이들은 주로 사탕수수 농장에 모여 있었지만 일부는 광산지역에도 존재했다. 또 그중 일부는 힘든 노동에서 도망쳐 낄롬부(quilombo)를 형성했는데 가장 대표적인 빨마리스(Palmares) 낄롬부는 한때 3만 명의 흑인이 모여 있었던 것으로 알려져 있다. 유럽 백인 부친과 인디오 모친의 혼혈인을 포함해 15만 명 정도로 추정되는 백인은 주로 모국어인 넹엥가뚜(*nheengatu*)를 사용했다. 이들과 비교되는 또 다른 혼혈인은, 인종 간 다양한 교접에 따라 반다-포하(Banda-Forra, 역자 주: 백인과 흑인의 혼혈), 살따-아뜨라스(salta-atrás, 역자 주: 마멜루꾸와 흑인의 혼혈) 그리고 떼르세이라웅(terceirão, 역자 주: 백인과 물라뚜의 혼혈)으로 불렸는데, 이들은 포르투갈어를 사용하는 비교적 동화된 혼혈인들로 식민자를 도와 마멜루꾸들을 문화적으로 동화시키는 데 도움을 준 것으로 알려져 있다.

당시 경제는, 근본적으로 수출을 주도한 사탕수수 생산과 가죽 수출의 중요성으로 인한 소 150만 두 사육 그리고 아프리카 흑인 노예를 수입할 비용을 충당하기 위해 수출한 담배 경작에 집중되어 있었다. 그리고 당시 막 발견된 광산의 금 생산 또한 활기를 띠면서 다음 세기에 가장 활력 있는 경제 활성화의 한 부문으로 주목을 받기 시작했는데, 광업 활성화는 백인뿐 아니라 사탕수수 농장과 아프리카의 흑인 노예가 브라질의 주요 광산지역으로 몰려드는 주요 요인이 되었다.

〈표 1〉 1500~1800년 브라질 식민지 경영에 통합된 인구 증가와 인종별 인구의 감소

	1500	1600	1700	1800
백인	-	50,000	150,000	2,000,000
노예	-	30,000	150,000	1,500,000
통합된 인디오	-	120,000	200,000	500,000
격리된 인디오	5,000,000	4,000,000	2,000,000	1,000,000
전체	5,000,000	4,200,000	2,500,000	5,000,000

금광 활성화(1701~1780)와 뒤이어 다이아몬드 생산 활성화(1740~1828)는 식민지 초기 굴절되었던 농촌의 면모를 실질적으로 변화시키는 데 일조했다. 특히 광업의 번성은 초기 60년간 30만 명의 인구를 과거에 개발되지 않았던 미나스 제라이스와 고이아스, 마뚜 그로쑤 등의 내륙지역으로 끌어들여 식민경제 발전에 크게 기여했다.

광업 활동의 중요성은, 미주 지역 귀금속 수출의 절반 이상을 차지하고 대략 2억 파운드 가치에 달하는 약 천 톤의 금과 3백만 캐럿의 다이아몬드 채굴이 이루어졌다는 점으로 미루어 짐작할 수 있다.

광업 활동 지역은 땅을 차지하려는 경쟁이 당시 브라질 내에서 가장 심한 지역으로 대두했는데, 특히 싸웅 빠울루 지역 사람들은 금광지대를 발견하고 채굴 특권을 요구했으며, 자신들의 가축을 몰고 광산지역에 먼저 도착한 바이아 지역 사람들은 이 지역에 대해 소유권을 등록하는 민첩함을 보였으며 이와 함께 바이아에서 미나스 제라이스까지 이르는 광대한 지역을 자신들의 대농장으로 등록하기도 했다. 광산지역

을 차지하기 위한 전쟁 또한 빈번하게 발생해 폭력과 음모, 강도 및 절도 등의 사건이 줄을 이었는데, 아버지가 아들을 살해하거나 아들이 아버지를 관에 넣어 바다에 던져버리는 사건도 발생하기에 이르렀다.

광업의 융성은 그러나 다른 한편 엄청난 결과를 가져왔는데, 히우 지 자네이루는 광물 수출 항구로 주목받았으며, 히우 그란지 두 술에서 아르헨티나에 이르는 지역은 미나스 제라이스에서 채굴되는 광물을 운반할 노새를 공급하는 사람뿐만 아니라 북동부 지역의 노예 공급자들로 북적거리기 시작했다. 이 모든 것은 미나스 제라이스 지역을 브라질로 하여금 단 하나의 생산품을 생산, 수출하게 하는 중요한 고리로 만들었던 것이다.

광산지역에는 금이 넘쳐났으며 이를 차지하려는 사람들의 욕심은 끝이 없어 농장주들은 금과 교환해 자신들의 노예를 팔기도 했고 풀려난 노예들은 금 생산에 뛰어들었다. 이리하여 흑인 중에는 졸지에 부자가 된 사람도 있었지만 반면에 금과 닭을 교환하는 등의 일이 발생할 정도로 극심한 기근이 나타나기도 했다.

식민정부가 고소와 고발, 뇌물 등의 교활한 정책을 펴는 동안 광업은 미개한 미나스 제라이스 지역민을 달래주었다. 미국의 독립운동을 본따 반역 의도가 있는 시인과 판사, 군인 그리고 신부 등이 시도한 미나스 제라이스 주민의 반역 시도에서도 포르투갈은 어쩌면 모든 것을 잃어버릴 수도 있었지만, 반역 음모는 평정되어 국민들에게 경각심을 주기 위해 반역 주동자들은 사지를 절단하고 다른 참여자들은 아프리카 등지로 유배를 보냈다.

오우루 쁘레뚜와 인근 지역에서는 금 생산이 과거처럼 풍족하지 않게 되면서 비로소 문명의 결실이 꽃피게 되어 미술가 알레이자딩유(Aleihadinho)를 비롯한 시인 곤자가(Gonzaga), 끌라우지오 마노엘 다 꼬스따(Cláudio Manoel da Costa)와 같은 예술가가 다수 배출되었다. 나 역시 미나스 제라이스의 과거와 향수에 관한 자작 소설, "Migo"의 한 장(章)인 "석회"(Cal)를 통해 당시의 반란 활동과 관련된 사회상을 보고자 했다.

> 너무나도 불행한 미나스 제라이스를 바라보면서 그 누가 우리는 벌 받은 운명을 안고 살아가는 민족이라 말할 수 있는가? 그것은 사려 깊지 못한 말이다. 우리는 뛰어난 영웅들에게서 나온 무기력한 민족이다. 영웅들은 오랜 세월 자유에 대한 사랑을 우리에게 가르쳐 주었다. 필리뻬(Filipe)가 외치고 주어낑 주제(Joaquim José)가 답한다.
>
> 그대에게 또한 자유를!
> – 여기, 지금. 그리고 이미 와있는 자유여!
>
> 사지가 절단된 필리뻬, 누가 그를 그렇게 끝냈던가? 브라질에서 가장 힘센 말들이 돌이 깔린 광장에서 재갈을 물고, 거품을 뿜어내며, 뒷발질하면서 그곳에 있었다. 네 마리였다. 한 마리는 그의 왼쪽 팔에, 다른 한 마리는 오른쪽 다리에, 세 번째 말은 오른쪽 팔에 그리고 마지막 말은 왼쪽 다리에 묶여 있었으며, 말에는 각각 갑옷을 입은 기수가 앉아있었다.
>
> 그들이 박차를 가하고 채찍질을 하자 말들은 각기 다른 방향으로 뛰쳐나갔다. 그러나 말들은 필리뻬의 딱딱한 몸뚱이를 묶은 채 돌바닥에 편자가 부딪쳐 불꽃을 일으키며 그 자리에 섰다. 산산이 찢겨 흥건한 피로 범벅이 된 필리뻬의 몸뚱이를 끌며 오른쪽 팔에 묶인 말은 그의 팔과 함께 가슴 부분까지 도려낸 채 한쪽 방향으로 자유롭게 떨어져 나갔다. 또 다른 세 마리의 말들도 필리뻬의 몸뚱이를 각각 조각내며 재빠르게 각자의 방향으로 뛰쳐나갔다.
>
> 땀에 젖어 거친 숨을 몰아쉬고 누군가의 소름 끼치는 명령을 이행하며 그곳에 멈춰선 말들은 도대체 무슨 짓을 한 것일까? 말들은

자신들에게 묶여있던 1/4의 몸뚱이를 돌바닥에 끌며 그 옛날 자갈로 만든 쓰레기 처리장으로 이끌었다. 그곳의 검은 구덩이는 이미 석회로 반쯤 채워져 있었는데 말들이 끌고 온 영웅들의 뼈와 시신덩이가 그곳에 던져지자 사람들은 그 위에 석회를 더 던져놓았다. 필리뻬는 자신의 소박한 몸뚱이로 유혈이 낭자한 죽음을 승화시킨 것이다. 그의 육신은 영원한 죽음을 당했지만 그는 영원히 기억될 것이다.

민중은 그렇게 또 다른 영웅이 나타날 때까지 몸을 웅크린 채 오랫동안 기다렸다. 운명은 또다시, 로우까 여왕(Rainha Louca)에게 교수형을 선고받고 민중에게 경각심을 주기 위해 사지가 절단되었던 주어낑 주제(Joaquim José)에게 영웅의 관을 씌웠다. 그의 토막 난 몸뚱이는 도나 마리아(Dona Maria)가 원한대로 시간이 흘러 썩어 부패할 때까지 민중의 눈앞에 방치되어 오랫동안 악취를 뿜어냈다. 길게 자란 머리카락과 수염이 그대로 있는 그의 머리는 오우루 쁘레뚜(Ouro Preto)에서 높은 막대에 걸려 날카로운 주둥이와 철갑의 날개를 지닌 독수리들의 배고픔을 달래주며 한동안 그렇게 있었다. 독수리들은 바로 그의 무덤을 파는 존재들이었다. 이렇게 생을 마치며 순수한 석회의 자비심마저 시신 위에 뿌려 받지 못한 찌라덴찌스(Tirandentes)는 그러나 그렇게 끝나버린 것은 아니었다. 그는 우리 몸 안에 언제나 두근거리며 존재한다. 오랜 세월 그는 우리 손자의 또 그 손자의 육체 안에서 자유에 대한 사랑을 외치며 위엄 있는 자세로 영원히 존재할 것이다.

수염들, 수염들, 그 수염들은
또 다른 고귀함과 부끄러움을 기다리며
이 자리에 영원히 존재할지니.

이들은 우리의 고귀한 영웅들이며 또한 가장 위대한 심연의 상징들이다. 그러나 나는 우리의 영웅들을 다른 사람에게서 찾고 싶다.

그 두 명의 영웅보다 더 위대한 영웅은 바로 민중이라고 말하고 싶다.

-내가 부르는 당신들, 모두 오십시오. 이곳에 와 말라버린 근육의 피로와 토막 난 신경의 고통을 말하십시오. 슬픈 얼굴과 시든 환상으로 찌든 당신들, 오십시오. 옷을 입든 아님 벌거벗든 그렇게 땅에 묻혀 세상을 떠난 당신들, 오십시오. 이곳에 와서 영광스럽지 못하고 별 볼 일 없는 죽음을 다시금 맛보십시오.

찌라덴찌스의 두개골을 훔쳐 그의 영혼을 위해 기도하며 그를 묻어준 익명의 당신이 먼저 오세요. 하지만 모두 오십시오!

당신은 그들을 보았습니까? 그들은 고통과 죽음의 육신을 걸친 채 이곳 미나스 제라이스에서 사라져간 수백만의 영혼들이었습니다. 그들을 다시 잘 보십시오. 그들은 이 땅에서 태어난 원주민 인디오 그리고 몇몇 혼혈인이었으며 훗날 저 멀리 아프리카에서 온 흑인들이었습니다. 그리고 그들에게서 유래한 혼혈인들이었습니다.

이 수백만의 사람들은 자갈길을 깔고 물건을 운반한 노새와 같은 존재였습니다. 지금 당신은 잔뜩 겁먹은 채로 눈을 낮추어 우리에게 다음과 같은 무언의 질문을 하고 있습니다.

-우리는 과연 누구입니까? 우리는 무엇을 위해 그리고 왜 존재하는 것입니까?

우리는 그 뛰어난 영웅들과 같은 민족이지만 또한 이 땅에서 효용가치를 다해 버림받은 그 수많은 민중의 후예들입니다. 당신은 육신과 영혼의 죄를 안고 있는 우리를 보고 있습니다. 우리는 누군가에 의해 보호를 받아야 하고 또한 우리는 그 무엇인가를 기다리고 있습니다.

드넓은 평야에 별이 빛나는 미나스 제라이스 이 땅은 금과 은 그리고 유황의 찬란한 광채의 어머니와 같은 곳입니다. 그 빛나는 별로 둘러싸인 이곳은 바다 저편 포르투갈이라는 식민 모국이 그리워하는 모든 광물자원의 땅입니다.

그 옛날 고통과 번뇌의 땅이었던 미나스 제라이스에게 내가 감히 요청하건대, 이제 그 번뇌의 종지부를 찍고 일어나 다시 빛을 발하라. 이제 빛을 비추고 죽음을 요청하라. 죽어라! 죽어야 다시 태어나는 것이리라. 굳어진 바다에서 융기한 바위를 굴려라. 민족과 세월을 노예화하고 죽이고 굶기며 포로로 만들었던 화강암의 지하 벽을 파괴하여라.

드높은 나무가 울창한 미나스 제라이스. 피와 눈물과 콜레라의 미나스 제라이스. 인간의 어머니와 같은 미나스 제라이스. 정액과 곡식과 꽃잎과 다이아몬드의 미나스 제라이스. 꽃과 씨앗이 육화된 미나스 제라이스. 고통과 수치의 어머니인 미나스 제라이스. 그리고 우리의 황혼의 어머니인 미나스 제라이스.

우리는 이제 이 땅을 새롭게 만들어야 한다. 세상은 새로운 날의 시작으로 다시금 빛날 것이다(Ribeiro, 1988: 376~378).

민족으로서 우리의 가장 커다란 영광은 그 위대한 영웅들이 존재해왔다는 사실이며 그리고 아주 고귀한 조각, 음악, 시와 저서들의 형태로 표현된 그들의 업적은 바로 우리의 자부심인 것이다.

이러한 풍성한 예술 업적은 다양하고 복합적인 결과를 낳았다. 그중에서도 과거 반데이란찌(bandeirantes) 오지개척단의 침입 전까지, 비센찌 두 쌀바도르(Vicente do Salvador) 수사의 말처럼 당시 "게처럼 해안지역에 걸쳐서 영토 확장에 만족"하면서 해안지역에 한정되어 있던 식민자들의 노력이 내륙으로 더욱 확대되었다는 것이다. 이와 함께 전국에 흩어져있던 브라질의 식민 중심지를 한곳으로 모이게 하는 통일성을 보여주었다.

그 당시 브라질은 국내 각 지역이 각자 수천 킬로미터 떨어진 섬처럼 식민지 군도에 불과했지만, 내륙지역으로 확대되면서 미래에 중요한 국가 단일 경제의 토대가 되는 상업교역망이 만들어졌다.

금광업 전성기는 브라질에서 부유하고 아름다운 도시를 만들면서 광업지대에 급속하게 광범위한 도시망을 건설하는 대규모 자원을 내륙지역에 묶어놓는 결과를 낳기도 했는데, 이들 도시와 과거의 항구지역에는 공예가와 예술가들의 전문적인 수공예에 의한 건축물과 장식물 등이 성당과 궁전 등에 호화롭게 만들어져 금의 문명이 개화되는 모습을 나타내기도 했다. 이로써 브라질 부자들은 식민 초기 시대 싸웅 빠울루의 저속함과 뻬르남부꾸와 바이아의 평범함에서 벗어나 더욱더 부자가 되고 더욱더 사치스러움을 즐기게 되었다.

금광맥 고갈과 함께 또 다른 이민이 브라질에 쇄도했다. 더 문명화된 흑인과 물라뚜 그리고 메스티소(mestiço)들이 미나스 제라이스의 미개간지로 흩어져 살기 시작하면서 그들만의 독특한 생활방식인 미네이리다지(mineiridade, 역자 주: 미나스 제라이스 사람의 특징)를 가꾸어 나갔다.

또 다른 특기할만한 브라질로의 이민은 나폴레옹의 포르투갈 2차 침략의 영향이었는데, 당시 2만여 명의 포르투갈 사람이 하루 만에 나폴레옹 군대를 피해 바이아와 히우 지 자네이루로 몰려들었다. 당시 현명했던 포르투갈 왕은, 자신에게 쓸모 있는 왕국이 브라질이라는 것을 직시하고 많은 수의 포르투갈인을 브라질로 이주시켰는데, 이들은 포르투갈의 관료주의 또한 함께 갖고 왔다. 수천 명의 포르투갈 사람이 이주 작전에 동원된 영국 함대에 나눠 타고 브라질로 도망친 이 사건은 실로 엄청난 해군 작전이었다.

고등교육기관인 대학조차 없었던 브라질은 갑작스럽게 포르투갈의 능력 있는 지도자 계층을 받아들이게 되었으며, 이들은 자연스럽게 브라질에서 보다 나은 교육과 통치 기능을 담당하기 시작했다.

스페인령 아메리카 식민지가 항구를 중심으로 분열되는 동안, 브라질에서는 포르투갈 식민지가 지역적으로 광대함에도 단일함을 유지했으며, 일련의 반란과 소요 사태도 한 손에는 총을, 다른 한 손에는 사면령을 쥔 왕의 충성스러운 군대에 의해 진압되었다. 이러한 반란 사건 와중에 당시의 지식인 반란자들이었던 상당수 신부 등의 성직자에게도 발포가 이루어지는 등 끔찍한 상황이 이어졌지만, 곧 마무리되어 화해가 이루어지기도 했다.

1800년에 브라질 전체 인구는 원래의 약 5백만 명을 회복했지만, 그 인종 구성은 과거와 달리 절반에 가까운 수가 포르투갈어를 모국어로 사용하며 신 브라질 문화에 완전히 통합된 흑백혼혈인 메스티소와 물라뚜의 "백인"들로 구성되어 있었다. 흑인들은 150만 명에 이르렀는데 그중 1/3은 브라질에서 태어난 "끄리오울루"로 구성되어 있었으며, 선교구와 인디오 통치기구를 통하여 체제에 직접적으로 복속되거나 통치되어 노예 노동력으로 사회에 통합된 인디오는 약 50만 명에 이르렀다. 그리고 노예 노동력으로의 편입과 굴복에 저항하거나 도망쳐 문명의 경계 밖에 있던 인디오는 약 1백만 명으로, 이들은 주로 아마존 지역에 살고 있었지만 일부는 미개척지인 밀림 오지로 흩어져 살고 있었다.

1800년은 브라질 역사에 있어 전환점의 시기였다. 수출 위주의 경제가 침체기를 벗어나게 되었으며 이는 곧 국민에 대한 부담 완화로 작용했다. 즉 사탕수수 생산이 하락세로 접어든 반면 금과 다이아몬드 광업이 융성함에 따라 상당수 노동자가 자치적인 생존 형태를 좇아 각지로 흩어지게 되었다. 안틸랴스(Antilhas) 제도가 새로운 생산의 중심지로 탈바꿈하면서 위기를 맞은 브라질 사탕수수 산업은, 수출 총액 절반에 그쳐 과거보다 현저하게 줄어들었다. 반면 목축업은 오지 지역뿐 아니라 남부의 초원지대에서 광범위하게 융성했으며, 쌀 재배와 특히 마란냐웅(Maranhão) 지역의 면화 재배는 북미와 경쟁하던 영국 제조업자들이 새로운 구매자로 등장하면서 호황기를 맞이했다.

식민화 초기 3세기 그리고 브라질 경제의 연속적인 붐(Boom) 경제 실행의 근본적인 결과는 무엇보다도 당시 미주 지역에서는 가장 많은 수인 5백만 명에 이르는 인구 구성과 동시에 다양한 인종적 변형과 결합이었는데, 1850년까지는 당시 인구가 720만 명이었던 브라질보다 인구 수에서 앞선 나라는 인구가 770만 명인 멕시코뿐이었다. 식민화 과정의 실질적인 산물은 브라질 민족의 형성과 그들의 경제적 통합 그리고 인종적인 민족성으로의 편입이었다. 특히 이러한 편입은 그보다 훨씬 이전, 즉 브라질 거의 모든 요소가 이미 내부의 교역망에 통합되고 이들 교역 체계가 외부 시장보다도 훨씬 중요하게 되었을 때 이루어진 것으로 보인다. 수출을 위한 다양한 지역 경제 순환과 대토지소유제, 즉 라티푼디오와 단일작물 재배(모노컬쳐 시스템)의 결과적인 하락세는 당시 브라질 사람들로 하여금 스스로를 위해 존재하는 민족으로서 구체화될 기회를 열어준 것으로 보인다. 이는 어쩌면 모든 노동력을 세계시장과 외부적 프롤레타리아 경제 상황으로 통합하는, 브라질의 재편입이라는 새로운 방식으로 다시 연결지어줄 커피라는 새로운 수출 작물이 나타나지 않았다면 일어나지 못했을지도 모른다.

그러나 커피농업의 절정이 없었더라도 브라질 사람들이 스스로의 존재에 대한 사고로 되돌아가는 일은 일어나지 않을 수도 있었다. 이를 위한 필수불가결한 결정, 즉 노예해방, 농지개혁, 자발적인 산업화 등은 유럽산 제조업 제품 수입과 열대작물 수출이 지배계층에게 경제적으로 이익을 계속 보장했기 때문에 기존의 사회적 부문의 능력을 넘어섰던 것이다. 게다가 사회의 계획적 재건 모델이 없었으므로 순수하게 자치적인 복원은 봉건적 절대 군주제라는 결과를 불러왔다. 봉건화의 모든 경우에서 그렇듯, 이는 중상주의 체제의 붕괴를 보여주는 것이며,

이로써 새로운 노예를 확보하는 것이 어렵고 또한 이 노예들이 효율적인 기능에 쓸모없기에 노예제도를 실행 불가능하게 만들었다. 그러나 이는 막 태어난 사회로 하여금 어쩌면 차지하고 있던 영토의 소유권을 스스로 지킬 수 없고, 새로이 부상하는 산업 강대국들에게 직접적으로 식민지배 당할 위협을 피할 수 없게 만드는 역사적 후퇴를 선고할 수도 있다.

원하든 그렇지 않든 브라질은 주변적인 위치에서 산업화로 나아가는 농업-중상주의 문명에 의존적이었다. 그러한 문명의 어떠한 형태 내에서도 수출주도형 경제의 실패는 또 다른 수출품목의 발굴을 부추길 뿐이며, 이로써 그를 대치하여 식민경제를 활성화하는 것이고, 결과적으로 외부 의존도와 내부의 과두지배체제 질서를 강화하게 된다.

흑인의 축적

"백인" 식민자와 그의 후손들은 새로운 유럽인종 유입 방식으로가 아니라 주로 혼혈인 메스티소와 물라뚜가 증가하여 오랜 세월에 걸쳐 그 수가 크게 늘어왔다. 이에 반해 흑인들은 백인들과 함께 그 수가 점차로 늘어났지만, 그러나 백인들과는 반대로, 노동력 고갈을 보충하거나 새로운 경제 활동에 부응할 인력을 충당한다는 목적에서 노예로 꾸준히 유입되어 증가했기 때문이었다.

여기서 우리는 브라질 사회와 문화로의 편입과 문화접변과 동시적인 위치에 놓여있는 흑인의 소비와 물라뚜의 지속적인 증가라는 생태적 과정을 재구성해보고자 한다.

최초의 아프리카 흑인들은 16세기 초 즉 1538년경부터 브라질에 유입되었다. 당시의 정확한 기록이나 통계가 충분치 못하기에 그 수는 아주 미미했던 것으로 추정되지만 이후 사탕수수 농업이 활성화되기 시작하면서 점차 대규모로 들어오게 되었다. 아프리카에서 사냥되어 대양을 건너 브라질에 들어온 이들 흑인 노예 매매는 유럽인들의 최대 사업으로 주목받아 상당한 투자가 이루어졌으며 노예무역은 브라질 전체 무역에서 사탕수수와 금 무역에 비해 최소 절반의 비중을 차지하게 되었다.

포르투갈 왕실은 각각의 농장주에게 120명까지 흑인 노예 수입을 허용했지만, 노예시장에 들어온 흑인들을 살 권리에는 제한을 두지 않았다. 이러한 합법성에 근거하여 흑인 노예 매매업은 실질적으로 3세기 동안 식민지에서 가장 견실한 업종 중 하나가 되었으며, 이를 담당했던 공식 허가자는 수백만 명의 아프리카인을 브라질로 이주시키면서 그 대가로 사탕수수, 금, 면화, 담배, 카카오 그리고 커피생산 수익의 상당 부분을 취하게 되었다. 이를 토대로 약 300년간 노예무역을 통해 아프리카 노예를 들여오는 데 브라질 경제가 지불한 액수는 약 1억6천만 파운드의 금값에 해당하는 것으로 볼 수 있다.

막대한 노예 거래는 때로는 드물게 노동력 재고를 축적하려는 목적 때문이기도 했지만, 그 반대로 흑인을 미개함에서 자유롭게 하고 심지어는 백인의 신에게 이끄는 신앙심 깊은 행동으로 여겨져 반항하는 흑인을 살해하면서 인간사냥을 실현하는 공적 있는 일로 여겼다.

식민 초기 3세기에 걸쳐 브라질에 유입된 흑인 인구수에 대한 역사가들의 추정은 사뭇 달랐다. 1,350만 명으로 추산한 깔로제라스(Calógeras, 1927)와 1,500만 명에 이른다는 호샤 뽐부(Rocha Pombo, 1905)부터 460만 명 정도였을 것이라는 따우나이(Taunay, 1941)와 330만 명이었다는 시몬센(Simonsen, 1937)에 이르기까지 브라질에 들어온 흑인 인구수에 대한 기록은 다양했다.

역사가들의 주도면밀한 조사에 따르지 않은 이러한 추정을 대치할만한 보다 정확한 인구통계가 현재는 애석하게도 없다. 그러나 바이아 주의 공식 기록문서에 근거하여 커틴(P. Curtin, 1969)은 자신의 한 연구조사에서 1701~1760년에 959,600명, 1761~1810년에 931,800명 그리고 1811~1860년에 1,145,400명, 총 3,036,800명의 흑인 노예가 위탁 판매되었다고 밝히고 있어, 그 이전에 브라질에 들어왔으리라 추산되는 18만 명을 더하면 모두 3,216,800명의 흑인 노예가 수입된 것으로 볼 수 있다. 그러나 세무 조사와 통계를 고려해볼 때 이는 실제보다 훨씬 낮은 수일 것으로 보이며, 흑인을 수입한 데 따른 세금 납부를 피하려는 밀수나 고의적 누락 등을 고려한다면 실제 흑인 노예 수는 기록된 것보다 두 배 정도 될 것으로 상상할 수 있다.

이와 관련하여 부에스꾸(M. Buescu, 1968)는 실제로 브라질에 유입된 아프리카 흑인 노예 수를 다음과 같은 근거에 따라 추정하고자 했으며 이는 현실적으로 가장 타당한 연구조사로 받아들여지고 있다. 그는 매세기 기초적인 근거에 따른 흑인 노예의 전체 인구에서 출발해 인구 총수를 유지하는 데 필요하다고 여겨지는 충원 비율을 도입하여 대규모 노예를 증가시킨 시대에는 비율을 추가했다. 그러한 계산 결과 16세기 5%에서 19세기 2%에 이르는 연간 충원 감소율을 고려하여 16세기에는 75,000명, 17세기에는 452,000명, 18세기에는 3,621,000명 그리고 19세기에는 2,204,000명이 유입되어 1540년부터 1860년까지 총 6,352,000명의 흑인 노예가 수입되었다고 그는 밝히고 있다. 하지만 가설적인 통계에 따른 이러한 수는 일반적으로 알려진 수와는 약간의 차이가 있다.

성별과 연령별 노예 인구의 구성 또한 가늠하기가 힘들지만, 무엇보다도 미나스 제라이스 지역 흑인 인구 예상치를 그 수로 짐작할 수 있을 뿐이며 나머지 전체 지역과 시대별 흑인 노예의 성별과 연령별 인구는 다만 이를 토대로 추정할 수밖에 없다.

일반적으로 수입된 남성과 여성 흑인 노예의 비율은 대략 4:1로 추정되고 있다. 일부 역사가는 아프리카 노예들의 혈통을 분석하여 뻬르남부꾸 지역에서는 여성보다 남성이 162%에서 138% 정도 더 많았던 것으로 분석하고 있다. 그러나 히우 지 자네이루에서는 남성과 여성 노예 수가 동등한 것으로 분석하고 있다.

흑인 노예들이 유입된 항구에서의 정확한 통계 기록도 없는 많은 흑인 여성 노예가 어떻게 브라질에 도착한 것일까? 이들 중에는 훔쳐온 어린 흑인 여자도 있었는데 질베르뚜 프레이리(Gilberto Freyre)가 기술한 바에 따르면, 이들은 용모가 예쁘면 혼혈아보다도 두 배나 되는 가격으로 농장주나 감독관에게 팔려가 농장주의 대저택에서 하녀나 유모 등으로 일을 해 일반 노예들과는 다른 비교적 편안한 생활을 한 것으로 전해지고 있다.

일부 흑인 여성은, 농장주 마음에 들어 때로 농장주 부인의 질투심을 유발하기도 했는데 이 때문에 부인들이 흑인 여성의 이를 모두 뽑거나 남자 노예와 똑같이 사탕수수 농장과 광산 강제노동에 처하기도 했다. 이들 흑인 여성은 나이가 들어서야 흑인 남성 노예의 차지가 되어 흑인 혼혈아인 끄리오울루(crioulos)를 수태할 수 있었다.

노예수입업자들의 부담을 덜어주기 위해 흑인들을 양성할 농장을 만들고자 하는 욕망은 지나친 유혹이었지만 그 일은 성사되지 못했다. 농장에서 태어나 자란 영리한 어린 흑인들은 노예해방을 주장하면서 나름대로 세상을 살아가는 방법을 익혔다. 게다가 새로이 만들어진 사탕수수 농장에서 힘든 노동을 겪지 않았던 어린 흑인들은 사탕수수 농장의 힘든 일에 더 이상 적응하지 못했다.

III

사회 · 문화적 과정

01 모험과 일상

브라질에서의 전쟁

때로 브라질의 근본적인 특징은 브라질인들을 지극히 친절하고 평화적으로 만든 온정과 정중함이라고 말한다. 정말로 그럴까? 하지만 내면의 추악한 진실은, 모든 차원의 충돌이 종족적이고 사회적이며 경제적이고 종교적인 그리고 인종적인 브라질의 역사를 토막 내고 찢어 놓았다는 것이다. 그리고 가장 명백한 사실은 그러한 투쟁들이 단선적인 것이 아니라 전혀 다른 여러 가지 복선적인 모습으로 이루어졌다는 것이다.

여기서 중요한 것은 각각의 구체적인 투쟁은 이를 구별하는 특징이 드러난다는 것이다. 까바누스(Cabanos) 투쟁은, 인종 간(백인 대 까보끌루)의 긴장이나 계급 간(주인 대 노예)의 긴장을 포함하지만, 근본적으로는 자신의 종족적 이미지를 사회에 표출하고자 한 종족이 헤게모니를 가지려 한 종족 간의 투쟁이었다. 종종 계급적 긴장 국면으로 비친 빨마리스 낄롬부(Quilombo dos Palmares)도 마찬가지로 실제로는 인종적인 대치 상황으로 보아야 한다. 또한 모든 낄롬부는 흑인 노예 자신들이 도망쳐온 곳의 삶과는 다른 새로운 사회적 삶의 형태를 만들고자 했다. 낄롬부가 권력을 장악하고 사회를 운영할 정도의 대안으로까지는 성숙하지 못했지만 기존 사회의 삶의 형태를 위협할만한 수준은 되었다.

그리고 까누두스(Canudos)의 난(亂) 또한 세 가지 투쟁의 면모를 보여준다. 안또니우 꽁셀레이루(Antônio Conselheiro)가 주도하여 폭동을 일으킨 오지인들은 실제로, 자신들을 농장의 세상에 강제로 살게 하고 자신을 위한 일을 하지 못하게 하면서 오로지 농장주나 다른 사람을 위해 봉사하도록 강요하는 농장의 질서에 항거한 계급적인 투쟁이었다. 그 결과 오지인들은 자신의 필요에 부응하는 노동을 할 어떠한 가능성도 얻지 못했지만, 그 안에는 인종적이고 종교적인 긴장 또한 진동하고 있었다.

인디오와 흑인 그리고 백인이라는 인적 요소가 충돌해 이루어진 브라질 민족 형성과정은 결과적으로 극도의 투쟁의 연속이었으며, 이러한 과정에서 모든 인종은 때때로 그리고 빈번하게 피비린내 나는 잔인한 전쟁으로 변한 잠재적인 전쟁 상태를 겪어온 것이다.

인디오 종족 간 갈등과 충돌은 이들 부족 각자가 서로 싸우면서 항상 존재해 왔다. 그러나 이는 최종적 결과를 가져오지 못했는데, 그것은 그중 어떤 종족도 다른 종족을 자신의 지배하에 놓아둘 가능성이 없었기 때문이었다. 이러한 종족 간 투쟁에 타협할 수 없는 다른 새로운 논쟁적 형태, 즉 확장적인 거대 인종으로서 모양을 갖추고 억누르는 유럽 지배자와 또 다른 인종 집단이 끼어들 때 상황은 급변했다.

1500년부터 현재에 이르기까지 이러한 대치 상태는, 자신들 존재의 실체적 근간인 영토를 냉혹하게 확장하는 데서 민족사회와 대항하는 각각의 종족과의 무력투쟁을 통해 풀려나갔다. 야노마미(Yanomami)족과 그들을 보호한 종족들과 그들을 없애고자 하는 종족 사이에서 인디오들이 만들어낸 불일치의 감정은 다만 이 수세기에 걸친 전쟁의 마지막 에피소드일 뿐이다.

종족 간 투쟁은 영토의 원래 인구와 새로운 형태의 경제와 사회를 고착화하려는 목적으로 채찍질을 가한 침략자 사이의 생태 계승 과정에서 진행되었다. 그래서 이러한 투쟁은 전멸전이 되고 있으며, 인디오들이 자신의 것이 아닌 또 다른 형태의 존재 방식으로 살게 될 새로운 사회에 개인적으로 편입되는 것을 거부하고 있기에, 자신들에게 기대되는 것에 동의할 수 없기 때문에, 어떠한 평화도 또 임시 휴전도 있을 수 없게 된다. 인디오들과 호각을 이루는 브라질인들도 유럽인과 흑인 그리고 아시아인들이 맡아온 또 다른 종족적 정체성을 이 땅에서 수용하지 않으려는 모습을 보이고 있다.

이러한 투쟁은 자연히 개개의 종족이 다른 종족에 대한 반대의식을 보여주는 논쟁으로서만 비치지는 않았다. 인디오를 노예로서 사용하려고 이들을 포획하는 브라질인은 그들을 멋대로 살게 내버려두는 것이 효용 가치가 없다고 생각하기에 그렇게 해왔다. 반면에 원주민 인디오는 자신을 물질화하는 노예화를 거부하며 복종 대신 죽음을 선택하길 원했다. 이들의 그러한 행동은 영웅주의에 의한 것이 아니라 종족적 명령에 의해 그렇게 한 것이다.

이러한 투쟁에서 맞닥뜨리는 힘은 더 냉혹하게 불평등해질 수밖에 없었다. 한편으로 종족사회는 혈연관계에 의해 구체화되고, 또 다른 형태의 사회는 근본적으로 연대된 삶의 형태에 의해 동일화된 종족적 정체성을 갖추게 된다. 반대로 영토의 정복과 지배에 근거한 공공구조는 그 주민들이 출신이 무엇이든 계급으로 연결된 사회를 구성하는데, 이는 사회적으로 무책임한 경제목표를 이행하기 위해 강제적으로 통일화되어 있다. 그 첫 번째 목표는 영토 지배인 것이다. 낯선 인종구성 요소가 그 영토 안에서 전통적인 생활양식을 유지하려고 노력하거나 스스로를 위해 자율적인 존재 형태를 만들기를 원하는 어디에서든 피비린내 나는 투쟁이 벌어지게 된다.

그러나 침략자들 간에도 지독한 투쟁이 또한 있었다. 그중 가장 복합적인 것은, 투쟁 동기가 계급적이며 인종적이며 그리고 종족적인 구성 요인에 의한 것으로 예수회 선교사들에 대한 식민자의 오랜 시간에 걸친 전쟁이라고 말할 수 있다. 태생적인 인디오 집단에 대한 선교사들의 공동체 계획과 경제적 목적에서 노동력을 조달하려는 포르투갈 백인들의 식민과정 사이에는 일찍부터 이해가 상충했다.

거의 2세기 반 동안 진행된 투쟁은 정치적 차원에서 계속되어 급기야는 싸웅 빠울루와 뒤이어 마란냐웅과 그랑-빠라(Grão-Pará)에서는 백인 식민자에 의해 그리고 그 후에는 포르투갈 본국 왕실의 명령에 의해 선교사들이 추방당하기에 이르렀다. 더 심각했던 것은 선교사들과 백인 식민자 사이에 벌어진 무력충돌이었는데, 이때 일부 선교사는 더 이상 무력에 호소하지 않고 정신적 정복을 실현하고자 약속한 사실을 지키지 못한 채 피신하고 말았다.

식민화 초기 이후 예수회 선교사들의 계획은, 스페인과 포르투갈 식민지역에서 있었던 것과는 다른 형태의 사회에 자리를 물려주려는 종족적 대안의 계획이었다.

인디오 집단의 연대 전통에서 근간이 구체화된 그리고 원시 사회적 특징을 지닌 공동체 조직이라는 선교사들의 실험은 백인 식민자들이 설정한 모델과는 판이하게 비교되었다. 그러한 차이는 상당한 번영과 자율성을 획득했던 파라과이 선교구에서는 더할 나위 없이 완전하게 다른 것이었다. 그러나 브라질에서도 특히 아마존 남부와 같이 선교구가 성공적으로 설립된 지역에서는 그 차이가 명백하게 드러났다. 인디오를 문명화하고 또한 그들의 조직을 재구성하기 위한 선교구에서 예수회 선교사들에 의해 사용된 언어가 포르투갈어도 스페인어도 아닌 넹엥가뚜(*nheengatu*)였다는 사실은 더 위협적인 것이었다.

그러나 더 중요한 동기는 선교구 일부가 갖고 있는 막대한 부에 대한 식민자들의 욕심이었다. 인디오의 땅과 노동력을 착취하면서 선교사들은, 상당한 수의 인디오 공예가들 덕분에 생산품이 풍부하고 또 거의 모든 물품을 공급받으며, 작물 재배와 또 다른 물품의 생산과 함께 야생의 약초를 재배하며 인디오로 하여금 초기 식민시장의 주요한 경제력을 담당하게 함으로써 선교구를 풍요로운 중심지로 만들어나갔다.

또 다른 풍요의 원천은, 백인 식민자들의 영혼 구원을 빌어주는 대가로 받는 넘쳐나는 기부였다. 이러한 기부 중에는, 예수회가 가르시아 다빌라(Garcia D'Ávila, 역자 주: 초대 총독이었던 또메 지 쏘우자의 아들)의 영혼 구원을 위해 세상 끝날 때까지 매일 5차례의 미사와 주중 한 차례의 대미사를 봉헌하겠다고 약속한 것도 있었다.

당시 예수회의 재산은 막대하여 1760년 포르투갈 왕실에 의해 예수회 재산이 공식 확인되었던 것처럼 예수회는 브라질 전 지역에 걸쳐 포르투갈 왕실에 의해 양도된 지역에 50여 개 선교구를 설치하여 이곳에서만 17개의 사탕수수 농장과 15만 마리의 양을 비롯하여 수백 마리의 가축과 제재소 및 또 다른 부동산을 소유하고 있었다.

예수회는 또한 649명의 신부와 평신도들이 다스리는 예수회학교와 신학교, 병원, 수도회 및 피정소가 있는 상당수 도시지역에서도 막대한 재산을 소유하고 있었다. 바이아 주에만 186개의 건물이 있었으며 히우 지 자네이루에 7개, 싸웅 빠울루에 6개, 그 외 마란냐웅과 헤시페, 벨렝 등 전국에 걸쳐 수많은 건물을 가지고 있어 이곳에서 막대한 임대수익을 올렸다.

그러한 재산에 대한 탐욕은 적어도, 그들 자신이 그 많은 부를 소유하고자 하는 염원에서 소유권 몰수를 요구하는 사람들을 점점 더 늘어나게 하는 것과 비례했다. 그러한 몰수의 필요성은 1/10의 세금조차

내지 않는 세수 특권에 대항한 관료들에 의해 옹호되었다. 관료들과 백인 식민자의 꿈은 이루어졌으며 그중 일부는 선교사들과 인디오 소유의 재산으로 부자가 되었던 것이다.

백인 식민자들에 의해 인디오 마을에서 선교사들이 축출되어 황급히 빠져나가는 모습을 루씨우 지 아제베두(Lúcio de Azevedo)는 다음과 같이 서술했다.

> 선교사들은 공동체에 빼앗기고 싶지 않은 농작물과 상업 물품 사이에 가구와 그림, 장식품 등 모든 것을 볼품없는 모양으로 숨겨서 배에 실었으며 가축과 쪽배는 물품들과 함께 교환하여 팔았다. 배들이 미끄러지면서 여기저기서 짐 무게 때문에 강물이 튀어 올랐는데 그것은 마치 복음 전파에만 전념하는 교리문답자들이 수도원으로 돌아가는 길이라기보다는 약탈의 침략행위를 마치고 귀가하는 모습과 다름없었다. (…) 그리고 재배작물뿐 아니라 노예 신분으로 노동에 전념한 인디오들은 이제 자유로운 처지에 놓이게 된 것 같았다. 눈물을 흘리며 포르투갈 왕실에 탄원한 선교사들은 마지막 생존의 순간에 인디오를 노예 상태에서 자유롭게 할 것이라는 멘돈싸(Mendonça) 총독의 위협에 호소하고 나섰다(Azevedo, 1930: 325~326).

까보끌루(Caboclo, 역자 주: 백인과 인디오의 혼혈인)들을 학살할 목적으로 대량 살육 형태를 띤 까바누스(Cabanos, 역자 주: 혼혈인과 인디오가 대부분인 이들은 당시 그랑-빠라(Grão-Para, 오늘날의 빠라 주 해안지역) 오두막집에 살며 가난과 냉대 속에 살고 있었다) 전쟁(1835~1840)은 종족 간 대항의 전형적인 예이다. 격렬한 싸움을 벌였던 이 전쟁에서 신 브라질인(neobrasileira)으로 특징지어지는 아마존의 옛 부족은 더 이상 인디오가 아니라 자발적으로 살기를 희망한 사람들로 그들은 다른 지역에 생존하고자 자신들의 계획을 구체화하면서 지배계층과 결탁하여 중앙정부에 대항했다. 이에 중앙정부는 외부세력의 지원에 힘입어 까바누스들을 격퇴하여 이들의 은거지에 공격을 감행했다. 처음에 까바누스들은 전쟁에서 승리하여 벨렝과 마나우스 그리고 일부 도시를 점령하며 이 지역에 독자세력을 형성했지만, 결국 중앙정부에 의해 진압되어 3만여 명이 무참히 살육되고 말았다.

또 다른 중요한 투쟁 형태는 주로 인종 대치로, 여기서 우리는 세 개 인종의 사회 구성원 각각이 서로 다른 인종에 대하여 선입관을 가지고 대치하고 있음을 보게 된다. 이러한 적대주의는, 자신들의 자유를 위한 투쟁을 할 수밖에 없고 또 노예해방 이후에도 여전히 다양한 형태의 무시나 배제뿐 아니라 수치스러운 차별에 항거해 투쟁할 수밖에 없는 흑인노예들의 대치에서 보다 잔혹한 특징을 보이고 있다. 투쟁은 단지 힘과 무력에 의한 강요만이 노예 상태를 유지하게 하기 때문에 피할 수 없이 참혹하고 또 피비린내 나는 것이었다. 첫 번째 흑인이 도착한 이후 오늘날까지 흑인들은, 일반 노동자 또는 같은 권리를 가진 시민 조건의 통합을 극단적으로 어렵게 만들면서 근원적으로 자신들에게 부과된 모든 억압을 통해 유지되어온 열등함에서 탈피하는 투쟁에 놓여있다.

빨마리스는 인종 대 인종 대치의 전형적인 예이다. 사탕수수 농장이나 마을에서 도망친 흑인 노예들은 그곳에서 독립 경제와 평등사회 형태로 스스로를 위해 조직화했다. 이전의 아프리카의 삶의 형태로 돌아가는 것은 이제는 완전히 불가능했지만, 그들은 평등하면서 사회주의적인 형태로 새롭게 회귀한 것이다. 그런데 도망친 노예를 되찾기 위해서나 흑인노예들의 새로운 탈출을 예방하기 위해서나 노예제도 사회를 유지하기 위해 낄롬부를 파괴하려는 조치는 흑인들의 반발과 투쟁을 더욱 빈번하게 만들 뿐이었다. 하지만 그것은 외세의 침략보다도 더 최악의 위협이 될 수 있는 흑인들의 폭동 위협에 조심하려는 이유가 더 컸었다.

브라질 민중을 둘러싼 세 번째 투쟁 형태는 근본적으로 계급적인 특징을 갖고 있다. 여기에서는 한편으로 주로 백인들로 구성되는 생산재화나 토지를 소유한 특권층과 다른 한편으로 혼혈인이나 흑인이 대부분인 대규모 노동자들이 서로 대치하고 있다.

또 다른 두 개의 투쟁 형태에서는 언제나 계급적인 구성요인과 마주친다 해도, 모든 투쟁 형태에서는 상업생산에 필요한 노동력을 충원해야 한다는 우려가 존재하기에 어떤 상황에서는 투쟁 형태 모두 계급 간 투쟁과 유사한 특징을 지니고 있다. 이것은 대치하고 있는 인종 또는 종족으로 차별화된 일이나 사건이 아니라, 지배계급의 의도와 타협할 수 없는 사회경제적 구조의 새로운 형태를 만들 수 있는 다인종적이며 다종족적인 사회계층 또는 그와 유사한 인간적 집단이 있을 때 발생하는 것이다.

까누두스는 투쟁의 대폭발과 같이 계급 간 대치의 전형적인 예이다. 거기서, 심지어 자신들의 적대자의 가치에 반대한다는 공통점뿐인, 서로 다른 가치에 따른 이해에 얽매여 있지만 그러나 현행 사회질서에 대처하려 하기에 냉철하게 반역적인 오지인들은 토지 재산과 주인의 권력에 근거한 사회와 대치하고 있었다. 처음부터 안또니우 꽁셀레이루(Antonio Conselheiro)의 추종자들은 농장에서 나와 그들 스스로 조직화하여 주인도 시장도 없는 소작인들의 점증하는 집단으로 비쳤다.

투쟁 상황이 완전히 성숙했을 때 이러한 인적 요소들은 처음에는 자군쑤(jagunço) 그리고 이후에는 주정부군을 그리고 나중에는 연방정부에 의해 무장된 군대를 유인하면서 지역 행정당국과 농장주에 대치하고 또 승리할 능력이 있었다. 그들은 전면 패배에 이르기까지 언제나 승리를 거두었는데 이는 가장 성스러운 가치의 이름으로 세상을 다시 만들기 위해 투쟁하는 사람들과 전체 사회의 모든 세력을 위한 약속에 힘입은 그러한 세상을 유지하려는 자신의 역할을 하는 무장세력 사이에 어떠한 평화도 가능하지 않았기 때문이다.

소설가 에우끌리데스 다 꿍냐(Euclides da Cunha)는 그러한 있음 직하지 않은 대치의 아주 치열한 풍경을 우리에게 보여주는데 이미 투쟁 막바지에 이른 소수의 생존자에 대해 다음과 같이 기록하고 있다.

> (…) 강인한 얼굴도 아니고, 무기를 들 만큼의 힘도 없는 팔과 진정된 챔피언의 숨 가쁜 열정이 없는 사람은 볼 수도 없었다. 셀 수 없이 많은 유령 같은 모습의 여성들, 늙은 모습의 소녀들, 더럽고 피골이 상접한 노파들이 있었다. (…) 까누두스는 항복하지 않았다. 역사상 처음으로 그들은 끝까지 저항했다. 조금씩 공략당하기 시작한 그들은 5일 오후 무렵 마지막 방어자들이 모두 사망하자 이윽고 전멸하고 말았다. 노인 한 명과 두 명의 남자 그리고 어린아이 한 명만이 살아남자 그들 앞에서 5천여 명의 정부군이 성난 듯 포효했다(Cunha, 1945: 606, 611)

이후 계속된 투쟁의 모습들이 에우끌리데스 다 꿍냐의 작품에서 반복해서 그려지는데, 그 안에서 공통적으로 그리고 탁월하게 나타나는 모습은 그들이 처한 운명에서 탈출하고자 투쟁을 계속하는 억압받는 자들의 고집스러운 저항의 모습이었으며, 또 다른 한편으로는 대토지 농장제에 근거한 제도를 유지하려고 노예사회를 통제하고 이끌려는 지배계층의 만장일치된 모습이었다. 이 모든 것이 과거에는 밀림의 대장으로서 노예추적자 역할에 헌신했고 오늘날에는 모든 브라질 사람에게 반대하며 소수의 아부세력으로 기능하는 군부집단 세력의 즉각적인 억압 행위에 의해 보장받은 결과였던 것이다.

브라질이라는 거대 기업

경제적 관점 측면에서, 브라질은 기업가 활동, 독특한 기능의 차이, 다양한 노동력의 충원방식과 차별적 수익성이라는 4가지 기업 행위 질서의 상호작용의 산물이었다. 그중 가장 중요한 것은, 높은 효율성을 나타낸 것으로, 아프리카에서 수입된 노동력에 근거하여 사탕수수 생산이나 금광업 활동에 전념한 노예기업이었다. 두 번째로 역시 유사한 효과를 거둔 것은, 원주민 인디오의 노예 노동력에 기초한 예수회 공동체 기업으로, 위의 첫 번째보다는 경쟁력이 다소 떨어지며 또한 식민지 체제와의 투쟁과 관련되어 있었지만, 아주 중요한 위상과 풍요를 얻었다. 세 번째는 수익성은 작고 의미 없지만, 사회적인 잠재력은 큰 것으로 동업자 형태를 가장하여 미성숙한 인디오를 노예화하는 다양한 노동력 유인 형태에 기초한 식료품 생산과 가축사육의 복합적 소기업이다.

노예와 대토지농장제 그리고 단일작물 재배 기업은 고도로 전문적이며 특히 상업적이다. 예수회는, 그 자체가 순수하고 신앙심 깊고 성스럽기를 원하는 서로 다른 사회 형태에서 원래 인구의 통합과 분리에 의해 식민화의 대안 형태보다 더 크게 광대한 지역을 점유하며 현지와 해외 무역을 위한 물품을 생산했다. 식료품을 생산하는 소기업은 사실, 수출과 광물 대기업의 보조자로서 기능했으며, 그 덕택에 대기업들은 근본적인 목적에 모든 노동력을 집중해야만 할 때 국민과 광대한 경제 풍요 지역을 먹일 양식을 생산하는 일에서 책임을 면한 것이다. 복합적인 사회 구조를 빠르게 태동시키면서 사실 브라질-국민(Brasil-povo)을 잉태한 것은 이 소기업들이었다. 그것은, 선교구는 신정 사회를 만들어낼지도 모른다는 것, 그리고 선교구는 현지 민중의 지원을 제공받아야 가능하므로 선교구에만 맡겼다가는 이들 지원이 없이는 농산물재배산업이 결코 살아남지 못할 수도 있다는 것 때문이었다.

실제로 이 세 개의 기업 형태는 브라질에서 그 자체의 특별한 기능을 수행하는 데 있어 포르투갈 식민 사업의 생존과 효과를 보장하기 위해 나름대로 연합 또는 경쟁하는 체제였다. 즉, 노예기업들은 막 태동한 브라질을 세계경제에 통합시켰으며 그리고 브라질을 비중 있는 교역국으로 만들면서 백 년간의 부국의 풍요를 확보해주었다. 예수회 선교구들은 인디오들을 선교구에 집단 거주시키고 결국에는 이들을 식민개발자들에게 무방비로 인도하여 기업 청산에 결정적으로 기여하면서 인디오들의 저항을 내면에 감추어두었다. 이러한 기업 형태들은, 모든 사람이 생존할 수 있게 했으며 또한 브라질 국민 대다수의 모습을 구체화하면서 인디오와 흑인과 함께 혼혈인들을 이 기업 조직에 편입시켰는데 이들이 바로 브라질 국민의 원형이 된 것이다.

확실히 볼품없는 브라질의 몸체 그리고 그 육체와 피, 뼈와 피부 등의 구성인자는, 다양한 환경 · 지역적 구성요인에서 그 형체가 수립된 소기업들에서 구체화되었다. 이러한 몸체 위에서 그 본체의 흡인 메커니즘으로서 그러나 또한 그들의 상업적 목적을 위해 사용할 수 있는 인적 자원의 배출 메커니즘으로서 악성종양처럼 농산품수출업자와 광산업자들이 나타나게 된 것이다.

이러한 세 가지 생산 기업의 국면 위에 은행가와 수출입 선주 그리고 상인들로 구성된 네 번째 지배 형태가 득세하게 되었다. 이 부문은 사실상 식민경제의 주된 구성요인이었으며 가장 수익성 높은 기업 형태였다. 이들은 생산에 필요한 노동력을 충원할 목적으로 아프리카에서 포획된 노예들과 브라질에서 생산된 사탕수수와 금의 절반 이상을 교역하는 근본적 기능을 수행하기 위해 해양교역과 환율, 상품의 구매와 판매에 있어서 브라질과 유럽 그리고 아프리카를 잇는 다양한 중개역할을 담당했다.

이러한 중개역할은 수세기에 걸쳐 서구문명의 가장 강력한 추진체였으며, 수많은 사람에 의해 실행되면서 인간 존재의 운명에 커다란 영향을 미쳤다. 또한 그 역할은 문명화와 복음화의 영웅과도 같은 존재로 백인으로서 위대한 임무와 위엄을 갖추고 교역을 책임지고 있다는 보편적이고 신성한 의무감에 의해 행사되었다.

지금까지 우리는 기업 상층부에 대해 이야기했지만 그러나 그들의 상대자, 즉 관료적 귀족사회가 없었다면 이를 설명할 수 없을 것이다. 식민지의 모든 생활은 정부와 세금 관련 공무원들의 민간 관료주의와, 국방과 억압 기능을 갖춘 군부에 의해 운용되고 통제되었다. 그들 곁에는 또 연대적인 형태를 유지하는 하느님의 봉사자로서 교회 관료주의가 있었는데, 이들은 토지 경작에 전념하는 사람들을 신성시하고 무엇보다도 땅에서 얻는 자원을 취득하면서 그들과 함께 교회에서 하느님의 위대함을 드높이고 있었다. 식민 본국에서 온 대부분의 엘리트인 이 귀족 계층은 서로의 이익이 심각하게 상충했음에도 불구하고 기업과 상업의 상층부와 함께 브라질 사회의 또 다른 계층 앞에서 연대적인 식민지 지배계층을 형성했다.

기업가-관료-교회라는 이 지배계층은 풍요함의 대리인으로 또한 부차적으로는 브라질 국민 형성과정의 주된 주인공으로 활약했다. 이들 지배계층의 문화와 그들의 이익에 부합하여 브라질 국민의 형체가 만들어졌으며 또한 브라질 국민을 노예 노동력을 제공하는 구성인자로 폄훼시켜버렸다.

수백만에 이르는 사람들을 충원하고 재구성하기 위한 지배계층의 능력은 가히 놀라웠다. 이는 당시 가장 풍요로운 경제적 시기가 진행되는 동안 실현된 것이었으며, 그 목적은 더 이상 자발적인 민중을 만들어내는 것이 아니라 인디오의 탈인디오, 흑인의 탈아프리카 그리고 백인의 탈유럽을 통하여 새로운 국민을 종족적 실체와 문화적 형체로서 드러나게 하려는 것이었다.

인종적으로는 혼합을 통해서 그리고 문화적으로는 그들 자신을 완전히 변질시키기 위해 본래의 원형에서 벗어나게 하면서 실제로 행해진 것은 근본적으로 브라질인이라는 새로운 인종을 잉태시키는 것이었다. 문명화에서 벗어나지 않지만 다만 경계인으로서 생산을 위한 노예처럼 취급받는 대다수 민중 위에, 사회적으로 무책임한 지배-대리인의 특징을 갖는 지배계층이 존재한 것이다.

이러한 협소한 상층부와 광범위한 하부계층 사이에서 가난과 무지에서 벗어났던 사람들, 최소한 식민지 아래의 브라질 사회에서 문명화되고 글을 아는 식자들, 즉 초기에 주로 신부와 군인들로 구성된 이들은 브라질을 새로운 모습으로 만들기 위해 제도적인 틈새를 노렸다.

평가

바이아 예수회학교 교장이었던 까르딩(Cardim) 신부는 자신이 본 세계를 즐겨 서술했다. 내가 보기에 그는 초기에 몇 안 되는 브라질 지성인 중 한 사람이었던 것이 분명하다. 그는 브라질과 브라질 사람들에 대해서 남다른 시각을 갖고 브라질의 매력적인 숲과 땅, 바다를 아주 생생하고 흥미 있게 그려놓았다(Cardim, 브라질의 땅과 사람에 관한 논집, 1584).

예수회 선교사의 치적과 한편으로는 백인 식민자 다른 한편으로 피지배자의 업적에 대한 그의 서술만큼 어느 한쪽에 치우치지 않고 비평적 시각으로 서술된 것은 없다. 그는 어느 한쪽에 대해 얘기할 때도 놀라운 객관성을 유지하고 있어 둘 사이의 비교는 아주 생생할 정도이다. 끄리스또바웅 지 고우베이아(Cristóvão de Gouveia) 신부와 함께 1583년에서 1590년 사이 여러 곳의 선교구를 방문하면서 까르딩 신부는 각각의 선교구에 사는 소수의 인디오에 대해서 얘기하고 있는데, 그에 따르면, 인디오들은 극심한 빈곤 속에서 가톨릭으로의 개종을 가장한 채 선교사들 앞에서는 감언이설이나 심지어는 아첨으로 가득 차 살고 있었다.

그의 기록은, 포르투갈인들이 도착했던 해안지역에서 내륙 오지 지역에 이르기까지 그 지역에 사는 인디오들에 대한 전반적인 내용을 담고 있는데, 특히 그는 뚜삐족과 따뿌이아(tapuias)족에 대해 언급했다. 그에 따르면 뚜삐족은, 뻬르남부꾸에서 싸웅 비센찌에 이르는 지역에 걸쳐 10개의 주요 종족으로 나뉘어 살고 있으며, 유일하게 포르투갈 사람들이 이해하는 한 가지 언어를 말하는데, 그들의 언어는 쉽고 우아하며 부드럽고 또 어휘가 풍부하지만 다만 어려운 점이 있다면 합성어가 많다는 것이다. 까르딩 신부는 또한, 브라질에 사는 거의 모든 포르투갈 사람은 "이른 시일 안에 그 언어를 이해하게 되었으며 그리고 언어를 통해 원주민 인디오들을 더 잘 알게 되었다"고 덧붙이고 있다(Cardim, 1980: 101).

까르딩 신부의 기록에 있어 가장 흥미 있는 사실은 그 자신도 놀라워했던 인디오 사망률에 관한 기록이다. "많은 원주민 종족이 소멸하는 것은 불가능해 보이지만, 그러나 포르투갈 사람들은 그들을 거의 모두 죽이겠다고 압력을 가했고 또한 그들에게 겁을 줘 많은 인디오가 해안

지역에서 퇴거해 300~400레구아(1레구아는 약 5km) 떨어진 오지로 도망쳐야 했다"(Cardim, 1980: 101).

그는 또한 또 다른 인디오 종족들에 대해서 언급하면서, 점진적인 몰살에 관해 다음과 같이 언급했다. "빠라이바 주의 비아땅(Viatã)에는 많은 인디오가 있었는데, 그들이 뽀띠과라(Potiguara)의 친구와 친척들이기에 포르투갈 사람들은 그들을 서로 적으로 만들어 먹을 것을 갖고 전쟁을 하게 만들어 결국에는 기아에 시달려 상당수 인디오가 죽었으며, 포르투갈 사람들은 그들을 구조하는 대신에 오히려 그들을 포로로 만들어 배에 가득 실어 다른 까삐따니아(봉토)로 팔아넘기는 일이 발생했다. 그래서 비아땅 종족은 전멸해 포르투갈인들은 뽀띠과라족 인디오의 위협에서 지켜줄 인디오 없이 살게 되었다"(Cardim, 1980: 102). 일레우스와 뽀르뚜 쎄구루 그리고 이스삐리뚜 싼뚜 주에 이르는 해안지역에 거주했던 뚜삐나낑스(Tupinaquins)족 인디오에 대해서도 그는, "뻬르남부꾸 주에서 유래한 이 종족은 오지 깊숙한 지역에 걸쳐 상당수가 퍼져 있었는데, 그러나 이제는 소수만이 남아 있을 뿐이다."라고 말했다(Cardim, 1980: 102). 그리고 뚜삐나낑스족의 친척이며 싸웅 비센찌 주에서 뻬르남부꾸 주 오지 지역에 살던 뚜삐과에(Tupiguae)족 인디오에 대해서도 "포르투갈 사람들이 노예로 일을 시키기 위해 그들을 추적했지만, 이들은 이를 피해 더 깊은 오지로 숨어 들어가 그 수가 남아 있지 않았다"고 덧붙였다(Cardim, 1980: 102). 또한 "떼메미노(Tememinó)족 인디오들도 거의 소멸하다시피 되었으며, 히우 지 자네이루 주의 따무야(Tamuya)족도 이곳을 점령한 포르투갈인들에게 극심하게 저항했지만 상당수가 전멸했다"라고 언급했다(Cardim, 1980: 103).

다른 어떠한 기록도 까르딩 신부의 이러한 역사적 서술만큼 크게 감명을 주는 것은 없었다. 그는 어쩌면 백만 명에 이르렀던 브라질 해안

지역 원주민 인디오들이 고작 수백 명 정도만 생존할 수밖에 없었던 생태 환경의 과정이 하느님의 뜻이라고 위안했는지도 모른다.

포르투갈 백인 침략자들과 처음 접촉한 원주민 인디오들의 몰살을 보고 나서 까르딩 신부는, 뚜삐나낑스족 인디오와는 반대로 싸웅 비쎈찌에서 80레구아 떨어진 지역에 살던 까리조(Carijó)족 인디오들이 미래에 희생당할 것에 대해서도 충분히 예상을 한 것 같다. 그중 상당수는 해안지역을 거쳐 스페인 사람들이 살던 파라과이 오지 지역까지 도망쳤는데(Cardim, 1980: 103), 이미 그 당시에 이들 까리조족 또는 과라니(Guarani)족은 예수회 선교사들의 탈종족적 개종의 주요 목표인 노예사냥의 희생자가 되기 시작했다.

게다가 더 흥미 있는 사실은 까르딩 신부가, 브라질 밀림지역에서 3세기에 걸쳐 가톨릭 전파가 이루어졌다는 구체적인 결과를 서술했다는 것이다. 그는 예수회의 주요 선교사들과 함께 선교구가 남아있던 마을을 일일이 방문하며 가톨릭 전파의 흔적을 자세히 언급했다.

> 바이아에서 7레구아 떨어진 이스삐리뚜 싼뚜 마을은 30여 명의 인디오가 살고 있었는데 그들은 신부를 호위하기 위해 활과 화살로 무장한 채 두 명씩 번갈아가며 신부를 태운 가마를 짊어졌다. (…) 우리는 오후에 그 마을에 도착했는데 마을 입구에서 족히 1/4레구아 되는 곳에서부터 인디오들은 크고 푸른 나무가 우거진 길까지 나와 어떤 이들은 자신들의 악기를 연주하며 노래를 부르거나 또 다른 인디오들은 큰소리를 지르며 우리를 공포에 떨게 할 정도로 소란스러운 축제를 벌였다. 많은 화살 다발을 머리에 진 인디오 어린이들도 마치 전쟁에 참여한 것처럼 소리를 질렀으며, 벌거벗은 몸 위에 여러 가지 색으로 치장한 채 손을 들어 올리고 신부의 축복을 받기 위해 포르투갈어로 '예수 그리스도를 찬양!'이라는 말을 하고 있었다. 또 다른 인디오들은 기타와 작은 북, 탬버린과 플루트

> 와 같은 악기를 연주하며 빙 둘러서서 포르투갈 민속춤을 추고 노래를 읊조리고 있었다. 그 모든 것은 이 낯선 땅에서 야만적인 사람들의 축제에서 전혀 기대하지 못했던 신앙에의 헌신 같은 것을 대변하고 있었다(Cardim, 1989: 145).

까르딩 신부는 또한, 인디오 생존자들이 남긴 풍자화된 일련의 풍습에 대해서도 언급했는데, 그중 하나는 증오의 상징인 안냥가(Anhangá)에 대한 공포심으로, 인디오를 공포에 떨게 하려고 밀림에서 나와 부활하여 포르투갈 신부로 화신한 것이고, 또 다른 하나는 뚜삐족 인디오들이 친한 방문자를 맞아들이는 눈물의 인사인 이레이우뻬(Ereiupe) 예식으로, 방문객을 맞는 인디오 족장의 형상에서 화신하여 가톨릭 신부들이 건네는 '축복을 위해 손에 입을 맞추는 인사'로, 이때 인디오 여자들은 벌거벗은 채 하늘로 손을 들어 올리며 포르투갈어로 "예수 그리스도 찬양!"이라고 말했다.

까르딩 신부는 또한, 뚜삐남바(Tupinambá)족 족장의 중요한 직권인 권고의 경건한 풍습에 대해서도 다음과 같이 언급했다.

> 그날 밤, 커다란 입술을 가진 우두머리 인디오들이 자신들의 관습대로 가톨릭 신부의 생활에 대해 설교했다. 그들은 30분 정도 그물 침대에 누워 설교를 하기 시작했으며, 일어나서는 온 마을을 아주 천천히 걸어 다니며 때로는 쉬었다가, 조급하기도 했다가 그리곤 천천히 설교를 했다. 그들은 아주 진지하게 반복해서 설교를 했으며, 아주 먼 곳에서 폭풍우 등의 험한 경로를 거쳐 자신들을 방문하여 위로하는 가톨릭 신부의 고통과 죽음의 위협을 말했으며, 이와 함께 하느님의 자비를 찬양하라고 인디오들을 선동했고 그리고 나서 신부에게 선물을 주기도 했다(Cardim, 1980: 146).

까르딩 신부 일행이 뽀르뚜 쎄구루(Porto Seguro)의 싸웅 마떼우스(São Mateus) 마을을 방문했을 때 놀라운 일이 그들을 기다리고 있었다. 일행이 조용히 마을 인근 해안에 도착했을 때, "한 명의 인디오 여자가 평상시 차림으로 언덕에서 내려왔는데, 그녀는 설탕으로 만든 과자가 가득 찬 항아리와 찬물이 들어있는 큰 물병을 들고 와 자신들의 족장이 그 지역 신부인 조셉(Joseph)에게 갖다 드리라고 시켰다고 했다". 이 조셉이라는 신부는 다름 아닌 브라질에서 오랜 세월 가톨릭 전파와 사목활동을 하면서 늙은 안쉬에따(Anchieta) 신부로, 그는 맨발로 몹시 피곤한 채 까르딩 신부 일행의 뒤를 따라온 것이다.

일행은 언제나 인디오들이 짊어진 가마에 실려 이동하며 그 마을뿐 아니라 또 다른 방문지에서 생존한 얼마 되지 않는 인디오들의 편안하고 열렬한 환영을 받았다. 그곳에서 까르딩 신부는, 통역을 통해 인디오들에게 고백성사를 주면서 "이들이 포르투갈 백인들보다도 훨씬 죄를 짓지 않고 마치 어린아이와 같은 순수함을 갖고 있는 것을 보고는 놀라움을 감출 수 없었다"고 언급했으며, "우리는, 늘 그렇듯이 벌거벗은 60여 명의 인디오 어린이와 함께 움직였는데 가는 도중에 이 아이들은 신부를 위해 둘러서서 큰 축제를 열거나, 아주 자연스럽게 새들의 흉내를 내곤 했다. 이 아이들은 강에서는 또 아주 재미있는 놀이를 즐기기도 했는데 그것은 마치 강물 속에 아이들이 행하는 모든 것이 다 들어있는 듯했다."고 적고 있다(Cardim, 1980: 155).

까르딩 신부는 또한, 가장 나이 많은 아이가 8살 정도 되는 인디오 어린이들의 춤에 크게 감명을 받았는데, "아이들은 모두 온몸에 다양한 색칠을 하고 벌거벗은 채 다리와 팔, 발과 허리에는 방울을 달고 머리에는 다양하고 화려한 깃털 화관을 쓰고 목걸이와 팔찌를 차고 있었다" 라고 기록하고 있다(Cardim, 1980: 169).

예수회 선교구의 일상에 대해 까르딩 신부는 다음과 같이 적고 있다.

> 크든 작든 모든 마을에서 인디오들은 일하러 가기 전 아침 일찍 미사를 행하고, 미사 전과 후에는 포르투갈어와 인디오 언어로 기도문을 배우며, 오후엔 복음과 참회식 그리고 성찬식을 교육받았다. 일부 신앙심 깊은 사람들은 성모 마리아의 묵주기도를 바쳤으며, 아주 사소한 일까지도 고백을 했으며 성찬식에 참여하는 것에 너무 감격해했다. 그래서 때로는 성찬식 때 마시는 포도주조차 부정한 행동이나 죄악을 막아주는 것으로 생각하기도 했다. 인디오들은 선한 삶과 겸손 그리고 복음의 지속이 성찬식을 행하는 가운데서 이루어진다고 믿고 있었으며, 신부들에게는 특별한 사랑과 존경 그리고 신뢰를 갖고 있어서 신부들의 충고 없이는 어떠한 것도 행하지 않으며 또한 아무리 초보 신부나 선교사라 해도 무슨 일이든 충고를 구하곤 했다(Cardim, 1980: 156).

까르딩 신부는 또한 인디오들의 주요 여가활동이 종교축제라고 기록하고 있다.

> 첫 번째 축제는 성 요한의 횃불 놀이로, 이날 온 마을은 횃불을 밝히는데 인디오들이 옷을 입지 않았기 때문에 때로 인디오들의 피부가 횃불에 그을리기도 했다. 두 번째 축제는 성지(聖枝) 축일로, 인디오들은 성지에 적신 성수(聖水)를 뿌릴 때 이를 받기 위해 꽃과 실국화 등을 손에 들고 축제를 행했다. 세 번째는 재의 수요일 축제로 이날 인디오들은 세상의 끝이 재로 화한다는 의미로 그들의 이마에 커다란 십자가를 그으며 위로를 하는 의식을 행했다(Cardim, 1980: 156).

인디오 마을의 일상생활에 대해서도 까르딩 신부는 다음과 같은 기록을 남겼다.

> (…) 마을에는 글을 배우는 학교가 있었으며 이곳에서 신부들이 인디오 어린이들을 가르쳤고, 특별한 재능이 있는 신부들은 노래나 악기 연주를 가르쳤는데 어린이들은 모두 잘 따르며 익히고 배워 많은 아이가 그들의 부모가 놀라워할 정도로 피리나 바이올린 등의 악기를 연주하는 법을 배웠으며, 또한 미사 중에 성가를 연주하기도 했다. 이 인디오 어린이들은 포르투갈어를 배워 밤에는 집 밖에서 복음을 말하거나 자신들의 영혼 구원을 비는 교리를 포르투갈어로 외우곤 했다.
>
> 이들 마을에는 또한 여러 개의 신앙 활동을 위한 친교 소모임이 있었는데 이 모임의 집사는 인디오 중 연장자이거나 가장 덕이 많은 사람으로, 그들은 교회 내에 자신들의 탁자가 따로 있었으며 또 붉은색과 흰색, 파란색의 거친 옷감으로 만든 의복을 착용했고, 병자를 방문하거나 사망자를 매장하는 것을 도와주거나 미사에 봉사하는 임무를 맡고 있었다(Cardim, 1980: 155~156).

까르딩 신부의 눈에 비친 또 다른 식민지 상황의 가장 인상적인 모습은, 이 인디오 종족의 비참함, 가난함과 풍요의 부유함을 획득한 농장의 영광, 사치스러움과의 대조였다. 그는 어쩌면 네덜란드의 침략과 국내 전쟁 그리고 국제적인 경쟁에 앞서 브라질 역사상 가장 화려하고 풍요로운 순간을 그 시절, 그 땅에서 보았는지도 모른다. 확실한 것은, 브라질은 당시, 끝이 없을 것 같은 엄청난 부의 광맥을 발견했다는 것이고, 또한 지구상에서 가장 풍요롭고 비전 있는 경제적 위치를 차지했다는 사실이다.

까르딩 신부는 바이아 주를 다음과 같이 기술하고 있다.

> (바이아 이곳은) 식량과 소고기, 돼지고기, 닭고기, 양고기 등으로 넘쳐난 땅이다. 이곳에는 36개의 사탕수수 농장이 있는데 그곳에서는 인근 지역에서 가장 최상인 설탕을 생산하고 있다. 또한 최고 가격을 받는 다양한 색깔의 향기 나는 나무가 산재해 있으며, 3천여 명의 포르투갈 사람과 8천여 명의 가톨릭화된 인디오, 3, 4천여 명의 흑인 노예가 왕래하는 도시가 들어설 예정이다. 그리고 이곳에는, 일부 부유한 농장주가 자신의 농장에 있는 많은 교회와 소교회당(기도실)을 말하지 않더라도 수도사들과 부사제, 사제 등의 교구가 있었다(Cardim, 1980: 144).

또한 까르딩 신부가 바이아 예수회학교(Colégio da Bahia)에 대해서 언급한 데서 알 수 있듯이 예수회가 크게 성장했음을 알 수 있었다.

> 사제들은 이곳에서 새로운 학교를 막 건설했는데 그 규모로는 훌륭한 소교회당과 30여 개의 교실 그리고 도서관 등의 시설을 갖추었으며 대부분 바다로 향한 창문이 있었다. 건물은 모두 돌과 석회로 만들어졌으며 포르투갈의 돌과 비교해 손색이 없었다. 교실은 크고, 돌로 된 문과 안젤리카 나무 그리고 세디아 나무로 만든 문이 있었으며 창문으로는 바이아의 대부분과 바다를 볼 수 있었다. 그래서 우리는 창문을 통해 바다에서 헤엄치는 물고기 떼와 고래를 보았으며 배들은 아주 가까이 정박하고 있었다. 교회는 금색의 장막이 내려져 있고 녹색과 진홍색의 비로드 천과 흰색과 자주색 비단 장식과 은 십자가와 향로, 예수 그리스도와 12사도의 삶을 기리는 많은 초상화 등으로 가득 차 있었다. 교회 안에는 진홍색 카펫이 깔린 3개의 제단이 있었으며, 그 위에는 황금색 십자가가 빛나고 있었고 성인들의 유적 그리고 신심 깊었던 성 루까의 성모 마리아의 초상화가 걸려있었다(Cardim, 1980: 144).

까르딩 신부를 감격하게 한 것은 또한 사탕수수 농장의 풍요로움이었다.

> 이 여행에서 나를 진정 감동하게 한 것은 낮이고 밤이고 언제 어느 때라도 손님을 숙박시킬 공간이 있다는 것이었고, 또한 예수회 소속의 우리에게 농장에서 기르는 소와 닭, 거위, 오리, 새끼돼지와 염소 등의 다양한 고기를 무한정 제공했다는 점이다. 그리고 우리는 농장에 가득한 모든 종류의 생선과 해산물을 맛보았는데, 그곳에는 이를 위해 몇몇 노예를 전문적인 어부로 두고 있었다. 농장에는 그야말로 없는 것이 없을 정도로 꽉 차 있어 그 풍요로운 삶을 볼 때 그들은 마치 백작과도 같은 생활을 영위하고 있었다(Cardim, 1980: 157~158).

바이아 주의 항구지역은 그야말로 풍족한 사탕수수 때문에 모든 것이 넘쳐난 데 반해, 인근 오지 지역은 외부 침략자들과의 계속된 전쟁 속에서 따뿌이아족과 까리리족만이 살아남은 황폐한 지역이었다. 바이아 이곳에서 이렇게 문명은, 흑인과 인디오의 노동을 바탕으로 화려하고 풍부하게 뿌리박게 되었다. 까르딩 신부의 기록은 계속된다.

> 우리가 방문한 그곳에서는 모든 이가 말과 행동에서 모두 존경심 가득하고 극진하고 사랑에 넘쳐 우리를 맞아주고 대접해 주었으며 숙소 또한 정성스럽게 꾸며져 있었다. 그들은 또한 우리에게 맛있는 음식을 아낌없이 제공해주었으며, (우리가 평상시 선교활동을 할 때 땅바닥에서 침대 대용으로 쓰던 그물침대를 지니고 있어 받지 않겠다고 한) 깨끗하고 고급스러운 침대와 봉사까지 아낌없이 제공해주었다(Cardim, 1980: 157).

그들의 신부 일행에 대한 환영의 기록은 계속된다.

> (…) 그날 밤, 우리는 그곳을 방문한 우리 일행을 기다리던 한 부자 농장주의 집에 들렀다. 그 집은 바닷가로 7~8레구아 되는 광대한 땅을 가진 바이아에서 두 번째로 큰 농장으로 그곳에서 생산하는 호박은 그 지역에서 가장 최상품으로 알려져 있으며 그것만으로 농장주는 드는 비용 없이 1년에 무려 8천 끄루자두(cruzado)를 벌어들인다고 했다. 또한 그 농장에는 셀 수 없이 많은 엄청난 수의 가축이 있었으며, 초원에 방목하고 잃어버린 가축만으로도 왕의 군대를 먹여 살리고 있다고 했다. 농장주는 우리를 화려하게 장식한 침대가 있는 방에 머물게 했으며 매번 각종 날고기와 육고기 등을 제공해주었다. 농장주 역시 모자를 벗고 정중하게 우리 식사를 도와주었으며 자신의 교회당에서 드리는 미사를 도와주었다. 그 교회당 안의 특히 벽돌과 타일, 문틀 등은 브라질에서 생산된 각종 고급 재료로 만들어졌으며, 문과 천정은 육각형의 둥근 돔 형태로 화려한 장식이 돋보였다. 이 교회당뿐 아니라 이 지역의 다른 교회에서 나는 하느님의 큰 은총을 느끼기에 충분했다(Cardim, 1980: 154).

빼르남부꾸 주 지역 마을을 방문한 신부 일행은 그곳에서 받은 더없는 환대에 만족과 유쾌함을 느끼며 다음과 같이 기록하고 있다.

> 우리 일행은 그곳의 주교와 사법총관 그리고 그 지역 유력인사들의 환영을 받았는데 그들은 우리에게 어린 암송아지와 돼지, 거위, 닭 등의 진귀한 고기를 대접해주었다. 처음에 그들은 우리가 갖고 간 포르투갈산 고기와 밀가루 그리고 포도주에 50끄루자두의 돈을 내려 했다. 게다가 그들은 바이아의 농장보다 더 크고 사치스러운 자신들의 농장으로 데려가 돈으로 셀 수 없을 정도의 음식과 숙박의 환대를 베풀었다. 그들은 잔치를 벌여 맛난 각종 산해진미 음식을

제공했으며 또한 인도산 화려한 침대보에 금 장식이 있는 진홍색 비단 침대에 우리의 잠자리를 마련했다(그러나 신부는 평상시 쓰던 그물침대를 사용했다.) (Cardim, 1980: 161).

까르딩 신부는 올린다(Olinda) 교구에서의 엄숙한 미사에 대해 다음과 같은 기록을 남겼다.

(…) 이 지역 주요 유력인사인 집사들과 40여 개 농장주 중 일부의 요청에 따라 미사가 거행되었다. 그중 6명은 각양각색의 비단과 비로드 옷을 입고 제단까지 나를 따랐는데, 뻬르남부꾸 주에서 이러한 거창한 호위행렬은 지금껏 볼 수 없었던 것이다(Cardim, 1980: 162).

이곳 사람들은 화려한 차림에 신심 또한 돈독했다. 그들의 재산은 상당히 많은 것으로 보였는데, 그중 일부는 기니에서 들여온 노예들이 사망하는 탓에 손해가 막대한 것으로 알려졌다. 농장의 귀부인과 자식들 또한 비로드와 비단으로 만든 화려한 옷을 입고 있었지만 약간의 과장이 엿보였으며, 귀부인 중 상당수는 신앙심이 약해 미사나 설교, 그리고 고백성사 등에 참여하지 않았다. 남자들은 허세가 심하여 200에서 300끄루자두 나가는 좋은 말들을 사곤 했는데, 그중 몇몇은 3~4마리의 훌륭한 말을 소유하고 있었다.

그들은 각종 파티에 많은 신경을 썼다. 그 지역 유력인사인 포르투갈 남자와 여자가 결혼을 할 때면 부모와 친척, 친구들은 진홍색이나 초록색 비로드 옷과 다양한 색깔의 비단옷으로 치장을 하고 말의 안장과 장식 또한 같은 색의 비단으로 장식했다. 그날엔 투우대회도 열렸으며 다양한 놀이를 벌이기도 했는데, 사람들은 그곳을 방문한 신부들에게도 보여주기 위해 예수회학교까지 왔다. 사람들이 여는 파티는 일상적이고 평상적인 것처럼 보였는데 특히, 잔치에서는 10~12명의 농장주가 교대로 번갈아 가며 상당한 액수의 비용을 내서 온종일 먹고 마시곤 했다. 이들이 연간 마시는 포르투갈

> 산 포도주는 통상 5만 끄루자두가 들었는데, 어떤 해에는 8만 끄루자두로 기록이 되어 있었다. 이런 것을 볼 때 이곳 뻬르남부꾸 주에서는 포르투갈의 수도 리스본보다도 훨씬 더 허영이 넘쳐나고 있는 것으로 보였다(Cardim, 1980: 164).

까르딩 신부와 일행은 드디어 브라질 땅의 매력과 감동이 최고에 달했던 히우 지 자네이루에 도착했는데 그곳에 대해 신부는 다음과 같은 기록을 남겼다.

> 이 도시는 바다를 향해 그야말로 장관이 펼쳐진 언덕에 있었으며, 항구 입구 안쪽에는 하느님이 만든 세상에서 가장 뛰어난 미술가와 건축가가 그린 것과 비슷한 만(灣)이 있었는데, 이곳이야말로 포르투갈의 몬데구(Mondego)나 떼주(Tejo) 강에서 바라보는 광경이 무색할 정도로 브라질 전체에서 가장 아름다운 풍광을 지니고 있었다. 이곳에서 20레구아 떨어진 곳에는 커다랗고 울창한 나무로 가득 찬 많은 바위섬이 있었으며 그곳에서 바라보는 풍광은 진정 아름다움 그 자체였다. 항구는 시내에서 0.5레구아 떨어진 곳에 있었는데, 항구 가운데에는 길이 150미터 정도 되는 돌로 만든 접안 시설이 있어 그 가운데로 인도의 범선도 드나들 수 있는 넓은 수로가 나있었다. 포르투갈 왕이 이곳에 요새를 만들라고 명령했는데, 이것이 만들어지면 아마도 배 한 척도 숨길 수 없을 정도로 난공불락의 시설이 될 것이다. 이 도시와 인근 지역에는 대리 신부와 함께 150여 명의 주민과 많은 노예가 살고 있었다(Cardim, 1980: 170).

히우 지 자네이루에서의 활동 결과는 특이하면서도 놀라웠다. 탈인디오화된 사람들, 특히 여성들은 스스로 새로운 정체성을 찾아가면서 열광적으로 동 세바스찌아웅(D. Sebastião)의 형상을 따랐다. 동 세바스찌아웅은 포르투갈 왕국의 과거 영광을 재현하기 위해 이교도와의 전쟁 중 1578년 알까세르-끼비르전투(Batalha de Alcácer-Quibir)에서 행방불명되어 사망한 것으로 추정되는 포르투갈 왕이지만, 또한 돌에 맞아 죽은 로마 성인(聖人)으로서 나신의 동상으로 남아있는 것이기도 했다.

> 가톨릭 신부들은 이곳 히우 지 자네이루에서 가장 좋은 곳에 사원을 갖고 있었다. 그곳은 창문을 통해 강의 모든 전망을 볼 수 있으며, 새로이 세워진 건물에는 포르투갈의 꼬임브라 사원에 견줄만한 돌과 석회로 만든 13개의 방이 있었는데 그 방들은 세디아 나무로 덧입혀 있었다. 붉은 벽돌로 만들어진 교회는 작았지만 돌과 석회로 새로운 교회가 만들어지고 있었다. 교회 안에는 재앙을 물리치고자 수많은 성인상과 세바스찌아웅의 팔 그리고 성 루까의 성모상 등이 빛나는 은으로 장식되어 있었다(Cardim, 1980: 171).

하지만 까르딩 신부는 싸웅 빠울루와 싸웅 빠울루에 속하는 4개의 가난한 마을을 방문하고 서로 다른 묘사로 그 방문기를 전하고 있는데 먼저 싸웅 비센찌(São Vicente)를 보면,

> (…) 이곳은 길이 약 2레구아 정도의 섬에 있는 낮고 음산한 지역에 있었는데 포르투갈 사람들이 브라질에서 첫 번째로 세운 마을로서 예전에는 아주 부유한 곳이었지만 지금은 예전에 마르띵 아퐁쑤 지 쏘우자(Martim Afonso de Sousa)의 함대가 드나들던 바다와 항구가 폐쇄되어 가난한 곳으로 변해버렸고, 쓸모없어진 땅과 그 땅을 경작할 노예 인디오가 부족해 사람들도 점차 떠나가고 있었다. 이곳에서 신부들은 통상 6명의 예수회 선교사가 사는 집 한 채를 갖고 있었는데 그곳은 햇빛도 들지 않고 전망도 없는 그런 장소였다(Cardim, 1980: 174).

그리고 산뚜스(Santos)에 대해서는,

> (…) 해안지방에서 3번째로 많은 주민과 교구 사제가 있는 이딴야엠(Itanhaém)은 80명의 주민이 있지만 대리 신부가 없으면 50여 명의 주민으로 줄어들게 될 것이다. 그래서 신부들은 이 지역을 방문하여 세례식을 행하거나 사목활동을 펼치고 있었다(Cardim, 1980: 174).
>
> 삐라띠닝가(Piratininga)는 해안에서 오지로 12레구아 떨어진 곳에 있는 아주 비옥한 마을로, 매우 쌀쌀하고 이슬이 내리는 지역으로 이곳에 사는 사람들은 나이가 무척 많았는데, 왜냐하면 100세가 넘는 노인, 즉 살아있는 4명의 나이를 합하면 500세로 생각되기 때문이다. 이곳 사람들은 언제나 갈색과 푸른색의 조끼와 외투를 입고 긴 장화를 신었는데 일요일에는 큰 옷이나 망토 등을 두른 채 교회에 오곤 했다. 그 마을은 물이 넘치는 강 옆에 있었으며, 많은 노예와 함께 사는 120여 명의 주민은 예수회 외에 또 다른 신앙의 대상을 갖고 있질 않아 언제나 예수회 신부들에게 사랑과 존경을 표하곤 했다(Cardim, 1980: 173).

가톨릭 선교와 식민화의 실제적 업적에 관한 까르딩 신부의 기록만큼 당시 사회에 대해 놀라운 관찰력을 갖고 바라본 것은 없다. 새로운 사회를 건설하기 위해 자신의 피와 활력을 쏟아 부었던 선교와 식민화의 업적은, 이후의 역사에서 브라질인의 형상을 반복적으로 다시 규정하게 될 기원적 유산으로서 브라질인디오의 육체 속에 그대로 존재하게 되었다. 즉 식민화라는 것이야말로 바다 저편 미지의 땅에 펼친 유럽의 가장 성공적인 업적이라고 말할 수 있다. 포르투갈은 브라질이라는 이 땅에서 교회와 학교를 세우는 찬란한 업적, 다른 어느 곳에서도 이루지 못한 업적을 실현했으며, 그리하여 세계시장의 극심한 부침에 좌우되는 외부적 프롤레타리아의 삶을 이곳 브라질에서 영위해왔으며 또한 지금도 영위하고 있다.

어쩌면 실패할 수밖에 없는 운명을 품고 있었던 지극히 조숙하고 실행 불가능한 사회주의를 시도했던 예수회 선교사들의 사회주의야말로 가장 실패작이었는지도 모른다. 오히려 최대의 성공은 그들이 상대하던 수혜자 원주민 인디오들의 몫이었는지도 모른다. 그러나 이들도 어쩌면 그토록 추구했던 자신들의 풍요를 영원히 획득하지 못하고 언제나 다른 국민과 다른 민족을 위해 존재할 수밖에 없었던 실패자였을지도 모른다.

02 무질서한 혼돈의 도시화

도시와 촌락

비록 역사적 현대화의 점진적인 노정에 의해 드러났지만 브라질은 이미 하나의 도시 문명으로 태동했으며, 그 문명은, 서로 다르지만 그러나 보조적인 기능을 가진 농촌과 도시의 내용으로 구분되어 도시의 지식인 집단에 의해 지배되었다고 말하는 것이 옳다. 그 최초의 예가 포르투갈의 리스본이었지만 여기서는 언급을 하지 않겠다. 식민화 초기 브라질의 첫 번째 도시는 바이아(Bahia)였으며, 그때 히우 지 자네이루(Rio de Janeiro)와 주엉 뻬쏘아(João Pessoa)도 함께 태어났다. 그다음 세기에 4개의 도시, 싸웅 루이스(São Luís)와 까부 프리우(Cabo Frio), 벨렝(Belém) 그리고 올린다(Olinda)가 태동했고, 그다음 세기에는 내륙으로 진출하여 싸웅 빠울루(São Paulo)와 미나스 제라이스(Minas Gerais) 주의 마리아나(Mariana) 그리고 삐아우이(Piauí) 주의 오에이라스(Oeiras)가, 그리고 그다음 세기엔 브라질 전 지역에 걸쳐 도시망이 확대되었다.

이렇듯 여러 세기를 거치는 동안 도시들은 날로 성장했고, 멕시코의 대도시 중심지에 비교될 만큼 도시 생활의 놀라운 중심지로 모양을 갖춰가고 있었다. 네덜란드인들은 헤시페(Recife)를 풍요롭게 만들었다. 미나스 제라이스 광산의 풍요는 오우루 쁘레뚜(Ouro Preto)와 또 다른 금의 도시에서 찬란한 모습을 드러냈고, 뒤이어 바이아와 히우 지 자네이루를 화려하게 바꿔놓았다. 사탕수수 산업의 활기는 농장주들을 헤시페와 바이아로 옮겨놓았고, 그곳에서 그들은 집을 짓고 질베르뚜 프레이리(Gilberto Freyre)가 쓴 책(*Casa Grande & Senzala*, 1935)에서처럼 호화로운 생활을 영위했다. 독립은 영국 기업들의 대리인으로 활동하기 시작한 수많은 포르투갈인을 브라질 전국에서 상업에 몰두하게 만들었다. 미국의 남북전쟁(1861~1865)은 싸웅 루이스(São Luís)를 성장하게 했는데, 1872년 통계에서 이곳은 싸웅 빠울루보다 더 부유하고 인구도 더 많은 것으로 알려졌다. 그리고 노예해방과 더불어 자유와 함께 이동이 가능해진 흑인들은 히우와 바이아로 몰려들어, 이곳을 흑인의 새로운 중심지로 만들면서 동시에 현재의 빈민촌, 파벨라(favea)가 이곳에서 우후죽순처럼 생겨나게 했다.

〈표 2〉 브라질 – 식민지 도시망

	16세기 말	17세기 말	18세기 말
도시 (cidade) 수	3	7	10
마을 (vila) 수	14	51	60
주요 도시와 마을의 인구	살바도르 15,000 헤시페/올린다 5,000 싸웅 빠울루 1,500 히우 지 자네이루 1,000	살바도르 30,000 헤시페 20,000 히우 지 자네이루 4,000 싸웅 빠울루 3,000	살바도르 40,000 헤시페 25,000 히우 지 자네이루 43,000 오우루 쁘레뚜 30,000 싸웅 루이스 20,000 싸웅 빠울루 15,000
브라질 전체 인구	60,000	300,000	3,000,000

(출처: 당시 연대기에 의한 추정)

19세기 들어 유럽의 경제와 실업의 위기는 브라질로의 이민을 가속화하여 700만 명에 달하는 유럽인이 브라질로 이주했다. 그중 450만 명은 브라질에 특히 싸웅 빠울루에 밀집해 거주하며 이곳에서 상업 활동에 주력했는데, 이들은 브라질에서 1차 산업화를 북돋았으며 이것은 훗날 수입대체 산업화로 확대되게 된다.

브라질의 전체 인구가 1920년 3,060만 명에서 1960년 7,090만 명으로 두 배 이상이나 증가했을 때 전체 도시 수는 무려 10배로 늘어났으며, 같은 기간 인구 10만 명 이상의 대도시는 6개에서 31개로 늘어났다. 그러나 1960년 대도시 중심지와 연결되어 위성도시 형태로 브라질 전역에서 도시망을 구성한 중소도시 수는 훨씬 더 늘어났다.

농업문명화에 상응하는 식민지 도시와 마을은 근본적으로, 살바도르와 히우 지 자네이루, 싸웅 루이스, 벨렝 그리고 플로리아누뽈리스와 같이 해안 경비를 위해 포르투갈 왕실의 포고령에 의해 만들어진 식민지배의 중심지였다. 이 도시들은 수입과 밀매를 통한 상업과 세금 징수와 토지 양도, 유산이나 매매 시 재산 양도의 합법화 그리고 분쟁 시 판결의 왕실 대리인 자격으로 생산 부문에 대한 서비스 공급을 주기능으로 삼고 있었다. 이러한 기능 외에도 초등 교육과 성직자 초보교육과 연계된 종교적 지원을 담당하고 있었으며, 또한 전통 가정상비약에 의존하는 난치병환자를 위한 의료지원에도 전념하고 있었다. 이 도시들의 2차적인 기능은 또한 노예 수입의 중심지로서 그리고 사탕수수 수출과 제조, 훗날에는 금을 비롯한 귀금속, 기타 특산품의 수출 중심지로서의 역할이었다.

이들 도시의 주요 건축물은 매력적인 관광지로도 알려져 있는 교회와 수도원, 요새 등이었는데, 가톨릭 축제 때에는 농촌 귀족들이 자신들의 농장에서 나와 이곳에 잠시 머물며 도시의 축제를 즐기곤 했다.

주말 시장이나 미사, 그리고 항구에 배가 들어올 때를 제외하고 이런 기회가 아니면 도심지 건물들은 늘 평온한 일상에 젖어 지냈다. 그리고 내륙지방에서 온 노새나 말 떼의 시끄러운 소리나 시골 농장에서 식료품과 땔감 등을 싣고 온 우마차의 소란스러운 소동이 있을 때만 도심지가 북적일 뿐이었다.

도시의 상류층은 지역의 유일한 교육자이기도 한 관리나 서기, 법정 집달관, 군인 그리고 성직자와 상인들로 구성되어 있었다. 민간과 성직의 고위 계급을 제외하고 이들은, 토지를 소유하고 있다는 자부심과 자신의 사회적 우월성을 자신하는 농촌 귀족과 관련해 제2의 계급으로 인식되었다. 백인들과 가난한 자유 혼혈인들 사이에 있는 이 계층은 부유층 또는 재산 있는 사람들의 그늘에서 생존하려고 애쓰고 있었다.

각각의 농장주와 상인들은 때때로 주어지는 생활에 대한 호의의 대가로 어떠한 임금도 없이 자신들에게 헌신하는 집합계층을 소유, 유지하고 있었는데, 이들은 가정 모든 대소사를 담당하며 옷감을 짜거나 바느질하고, 비누나 소시지 등을 제조하는 사람들이었다. 일부 자립 기술자들은 안장과 마구, 가죽 구두, 철물 그리고 건축과 관련된 일을 담당했으며, 그 아래에는 갓난아기에게 젖을 주고 돌보는 유모 일을 하거나 부유층의 모든 허드렛일을 담당하는 하인 계층이 있었다.

도심의 성장은, 민간 및 성직 고위관료 계층과 거의 전적으로 왕령에 통합된 자립적이고 부유한 상인계층에게 더 많은 자리를 제공했다. 이들은 또한 토지소유자와 농장주가 되었을 때 명망 있는 사회범주를 획득하고 지배계층에 통합되었다. 다만 광업지역에서만 도시적인 생활양식을 갖춘 중간계층을 기대하면서 농업 생산과는 독립적인 진정한 도시망이 설치되었다.

인구가 증가하고 집중화되면서 특별한 기능을 수행하는 소수의 집단촌이 각각의 생산 지역 내부에서 생겨났다. 그곳은, 내륙 중심지에서 긴 여행의 숙박지로 사용되거나 화물을 강으로 옮기거나 강을 횡단할 필요에 의해 나타난 작은 촌락이었다. 이곳들은 또한 강기슭 내륙의 가축시장 구실을 했는데, 이 중 크게 성장한 곳은 깜삐나 그란지(Campina Grande), 쏘로까바(Sorocaba), 페이라 지 싼따나(Feira de Santana), 깜뿌 그란지(Campo Grande) 등의 지역이며, 면화 시장으로 유명해진 이따삐꾸루-미링(Itapicuru-mirim)과 까시아스(Caxias), 오에이라스(Oeiras) 그리고 끄라뚜(Crato) 등도 있었다.

채취경제 또한 아마존과 주변의 위성 도시와 촌락에 고무 수출 항구를 탄생시켰다. 그리고 마지막으로, 커피농업의 성공적인 노정에 따라 생겨났던 도시망은 훗날 대부분 쇠퇴하기 시작하면서 죽은 도시로 변해버리게 되었다.

이들 크고 작은 도시들과 촌락들은 농-상업 문명화의 대리인으로 활약했는데, 그 기본 역할은, 산업화 전 단계 유럽의 종교적이며 시민적인 전통 구조에 브라질 사회를 통합하면서 그리고 브라질 사회로 하여금 포르투갈 왕실이 이익을 거두게 하면서 브라질 사회의 식민지 질서를 관리, 경영하는 것이었다. 이처럼 이들 도시와 촌락은 낡은 서구 전통을 방어하고 동시에 공식적인 신념과 사상을 정착시킨 중심지였다.

유럽과 브라질의 사회문화적 형성 간의 거대한 차이에도 불구하고 그 두 가지는 동일한 문명 운동의 결실이었다. 산업화와 함께 위성 도시망은 근본적인 면에서, 특히 생산기술의 변화로 말미암아 모든 존재와 사고, 행동 양식을 변하게 하면서 이처럼 변화해 갔다. 또한 이것은 스스로의 문명화 특징을 바꾸어놓았던 기술적인 만큼이나 이념적인 성격의 의존적 사회에 반영된 변화의 연속을 불러왔는지도 모른다.

산업화와 도시화

산업화와 도시화는 서로 연관되어 진행될 수밖에 없는 상호보족적인 과정이다. 즉 산업화는 농촌 인구에 도시의 일자리를 제공하고, 이 농촌 인구는 새로운 삶의 기회를 얻고자 도시로 대이동을 하게 되는 것이다. 하지만 언제나 그렇지만은 않다. 왜냐하면 일반적으로 외부적 요인이 단선적인 해석을 거부하면서 이 두 가지 과정에 영향을 미치는데 16세기 영국의 면양산업이 농촌 인구를 몰아낸 것이 바로 그 예이다.

브라질에서는 특히 토지 독점과 단일작물 재배(monocultura)와 같이 앞에서 언급한 다양한 과정이 농촌 인구 축출을 촉진했는데, 이러한 이동을 강요당한 인구의 막대한 수와 규모에 비춰 그 규모는 실로 놀라웠다. 도시 인구가 1940년 1,280만 명에서 1980년 8,050만 명으로 크게 늘어난 것에 반해, 농촌 인구는 같은 기간에 2,830만 명에서 3,860만 명으로 늘어났지만 현재는 3,580만 명으로 오히려 줄어들었기 때문이다. 이는 비율 면에서 보면 68.7%에서 32.4%로 그리고 24.4%로 줄어든 것으로 나타났다.

이처럼 우리는 농촌 인구의 극심한 대이동 시대를 겪고 있는데 이는 브라질의 어떠한 도시도 이러한 거대한 이동 인구를 수용할 조건이 되지 않기에 그만큼 심각한 것인지도 모른다. 그 결과는 결국 도시 인구의 빈민화를 가속시킬 뿐 아니라 고용시장에서의 심각한 경쟁 압력을 가중할 수밖에 없는 것으로 나타나고 있다.

지역적 다양성이 존재하고 또 싸웅 빠울루가 이러한 인구이동에서 막대한 비율을 나타내고 있다 해도 그 현상은 전국적으로 파급될 수밖에 없는 것이고 그럼으로써 도시는 비대해지고, 기계화된 영농방식으로 대량생산되는 농업 생산에 대해 손해는 끼치지 않았지만 농촌에 사

<표 3> 1872~1991년 사이 인구 10만 명 이상의 도시망의 발전 (출처: 1993년 브라질 통계연감, IBGE)

인구 수	1872		1900		1950		1991	
10만 ~50만 명	헤시페 히우 지 자네이루 살바도르	117 275 129	싸웅 빠울루 살바도르 헤시페	240 206 113	나딸 주엉 뻬쏘아 싸웅 루이스 마쎄이오 마나우스 꾸리찌바 벨렝 포르딸레자 벨루 오리존찌 뽀르뚜 알레그리 살바도르	103 119 120 121 140 181 255 270 353 394 417	보아 비스따 마까빠 히우 브랑꾸 플로리아누뽈리스 비또리아 뽀르뚜 벨류 꾸이아바 아라까주 주엉 뻬쏘아	143 179 197 255 258 286 401 402 497
50만 ~1백만 명			히우 지 자네이루	811	헤시페	525	깜뿌 그란지 떼레지나 나딸 마쎄이오 싸웅 루이스 고이아니아	525 598 607 629 695 921
1백만 명 이상					싸웅 빠울루 히우 지 자네이루	2,198 2,377	마나우스 벨렝 뽀르뚜 알레그리 헤시페 꾸리찌바 브라질리아 포르딸레자 벨루 오리존찌 살바도르 히우 지 자네이루 싸웅 빠울루	1,011 1,245 1,263 1,297 1,313 1,598 1,766 2,017 2,072 5,474 9,627
브라질 총인구	9,930,478		17,438,434		51,944,397		146,917,459	

람이 살지 못하게 만들어갔다. 우리의 계획이 수출 작물을 생산하는 것뿐이라면 이러한 점은 용인될 수 있다. 그러나 역사가 우리에게 던져주는 문제가 모든 사람이 일하고 먹게끔 하는 모든 경제를 조직화하는 것처럼 80% 선에 육박하는 이러한 천문학적인 인구이동은 실로 심각한 문제가 아닐 수 없다.

금세기에 들어와 혼돈의 도시화는 도시의 매혹 때문이라기보다는 농촌 인구 탈출 때문에 더 야기되었으며, 이리하여 파리나 로마의 두 배 인구를 지니게 된 싸웅 빠울루와 히우 지 자네이루와 같은 대규모 도시를 만들었지만, 그러나 도시의 서비스와 노동의 기회는 파리나 로마보다 10배가 더 적었다. 이러한 측면에서 헤시페나 바이아의 수많은 주민이 지금까지 어떻게 살아왔는지 그리고 최근 들어와 싸웅 빠울루와 히우 지 자네이루의 주민들이 일자리도 없이 어찌 생존하고 있는지는 참으로 설명할 길이 없다.

이들 도시 가운데 특히 옛 바이아 주, 아마존 입구를 폐쇄하기 위해 세워진 빠라 주의 벨렝 그리고 브라질의 남부 국경을 정하기 위해 1세기 동안 포르투갈인에 의한 전쟁을 계속해온 남부의 싸끄라멘뚜(Sacramento)에서 있었듯이 많은 도시가 강제적 법령에 따라 만들어졌다. 이러한 도시에는 대표적으로 고이아니아(Goiânia)와 벨루 오리존찌(Belo Horizonte)가 있으며 특히 현재의 수도 브라질리아(Brasília)는 브라질 정부의 중심축으로 활약하게 하도록 놀라운 도시공학 기술력을 근거로 국토 중앙에 만들어졌다.

도시의 이러한 폭발적인 증가는 당시 국가발전을 변형시킨 사회적 압박의 힘 하에서 경제적으로 성장을 따라가는 것이 불가능하다고 예견되면서 1982년 위기에 봉착하게 되었다. 그 첫 번째는 대농장제 라티푼디오에 의해 지배되는 농업구조로서, 이는 인구 증가 비율에 상응하는 수준으로 농업 생산을 증대시키는 것이 불가능하고, 농촌 인구에 노동력에 대한 적절한 대가를 치를 수 없어 결국 상당한 수의 농촌 인구가 도시로 탈출하게 하여 그중 대다수 인구를 도시의 하층 경계인으로 전락시키고 말았다. 두 번째는 정부 정책의 강력한 지원을 받은 외국 기업과 자본의 강탈로서, 이들은 산업 확대를 위한 동업자가 되어 모든 생산요소를 흡입하여 국가경제를 지배, 유린했다.

이처럼 브라질은 대도시의 새로운 존재 방식을 개막하면서 놀라운 도시적인 생활을 획득했는데, 그 안에서는 절망과 포기로 내몰린 인구가 자신의 낡은 문화를 유지했지만 그러나 매우 통합적이며 창조적인 문화를 지속해오고 있기에 가공할 위협 요소들이 생겨나고 있었다. 그럼에도 어떠한 정부도 국민의 교육과 위생 및 건강 등에 효율적으로 대처하지 않았으므로 진정한 현대화는 불가능했다.

현대에 들어와 브라질의 가장 주된 문제는, 과거 유럽에서 그랬듯이 해외로의 이주가 아니라 브라질 땅에 안주시켜야 하는 이러한 거대한 도시 대중의 욕구에 부응하는 것이다. 그리하여 국민을 기아에 죽게 만들며 폭력에 방치하고, 아동을 범죄와 비행 그리고 매춘으로 내몰지 말아야 한다는 공감대가 형성되어야 한다. 우리가 일반적으로 인지하는 것은, 우리 사회가 아동과 노인들에 대해 책임을 질 필요가 있다는 사실이며 그것은, 생산적인 노동의 기회를 배가시킬 수 있는 농촌과 농지의 개혁을 포함하여 폭넓은 고용의 기회를 통해서만 이루어질 수 있을 것이다.

그러나 이러한 점이 실현될 그 어떤 징후도 엿보이지 않고 있다. 비생산적인 토지를 소유, 유지하는 암묵적인 권리와 라티푼디오에 기반한 브라질 사회구조가 실행 불가능한 정부 제도와 정치계급에 의해 너무나도 강렬하게 지지되고 있기 때문이다. 어쩌면 의회에서 라티푼디오를 대변하는 민주농촌연맹(União Democrática Ruralista, UDR)은 의회 내에서 가장 강력한 조직인지도 모른다. 그래서 그 누구도 식민화 프로그램을 위해 비생산적인 토지의 소유권을 강제적으로 유지할 수 없다는 원칙을 UDR로 하여금 용인하게 하는 것은 생각할 수조차 없다.

산업의 경우에도, 새로운 고용은 높은 투자를 요구하고 있음에도 노동력을 절감하는 생산체제로 점점 더 나아가고 있다. 이러한 일은 전 세계적으로 일어나고 있지만 실업자 수와 사회에 미치는 실업의 손실 효과 때문에 브라질에서는 더욱 극심한 형태로 나타난다.

브라질의 현대 산업화는 제2차 세계대전을 통해 초기의 추진력을 갖게 되었다. 당시 제뚤리우 바르가스(Getulio Vargas, 1930~1945, 1951~ 1954) 대통령은 연합군에게 브라질의 군대 및 원자재를 지원하는 조건으로 히우지 자네이루 주 볼따 헤돈다(Volta Redonda)에 국영제철회사(Companhia Siderúrgica Nacional)를 건설하고 미나스 제라이스 철광산을 반환할 것을 요구했다. 이로써 전쟁 후 브라질에서 현대화 발전의 두 개의 큰 축이 생겨나게 되었다. 볼따 헤돈다는 조선과 자동차 산업 그리고 모든 기계 산업의 본산이었으며, 발리 두 히우(Vale do Rio)는 브라질 소유의 광물자원이 되어 전 세계에 철강을 제공하면서 동종(同種) 업계 중 세계 최대 기업 중 하나로 성장했다. 이들 기업 외에도 브라질 정부는 산업 현대화 일환으로 위의 두 개보다는 규모가 작은 국영자동차공장(Fábrica Nacional de Motores)과 국영알칼리회사(Companhia Nacional de Alcalis)와 같은 또 다른 기업들도 만들었다.

이러한 국가 자본주의 및 기간 산업화 정책은 언제나 민간 기업과 외국 기업의 이익을 대변하는 사람들의 극심한 반발을 불러일으켰다. 그래서 제뚤리우 바르가스 대통령이 국영석유회사(Petrobás)와 국영전력회사(Eletrobrás)를 창설하려 할 때, 모든 언론이 한목소리로 캠페인을 벌여 바르가스 정부의 비도덕성에 비난을 퍼부었으며, 이에 바르가스 대통령은 자리에서 물러나야 하는 긴박한 상황에 처하고 말았다. 결국 바르가스는 보이지 않는 적의 이익 앞에서 자살을 택하고 말았다.

그 결과 우파 지도자들은 정권을 잡지 못했고, 중도 좌파인 주셀리누 쿠비체크(Juscelino Kubitschek, 1956~1961)가 대통령에 당선되어 수입대체산업화의 고리를 끊게 된다. 가스빠르 두뜨라(Gaspar Dutra, 1946~1951) 대통령이나 제뚤리우 바르가스 대통령이 어떠한 해외 투자도 끌어오지 못한 반면, 쿠비체크 대통령은 국가 자본주의 정책을 포기하며 자동차 및 조선, 화학, 기계 산업 분야에 해외 투자를 유인, 브라질에 많은 다국적 기업을 유치했다. 이를 위해 쿠비체크 정부는 해외 기업의 투자에 토지 및 세금 감면, 대부 및 보증 등의 모든 지원책을 제공했으며, 이로써 외국 기업들은 실질 투자의 20%도 안 되는 비용으로 브라질에서 기업 활동을 하게 되었다(Tavares, 1964).

라틴아메리카 경제위원회(CEPAL)가 만든 그 정책의 근간은, 외국 기업에 대해 국내시장을 보호하기 위해 관세장벽을 높이면서 다른 나라들에서 이루어진 것과 똑같은 산업혁명을 북돋우려는 것이었다. 그 결과 한편으로는, 모든 국내 경제가 활기를 띠게 되면서 수입대체산업화 정책이 추진한 것보다도 훨씬 효과적인 현대화를 이룩했으며, 다른 한편으로는 싸웅 빠울루 주를 산업화의 중심축이 되게 하면서 이곳을 과도하게 성장시킨 반면 다른 주의 경제 발전은 낙후되게 만들었다. 이러한 과정과 함께 동시에, 브라질의 대도시들은 대량으로 농촌 인구를 흡수할 수밖에 없었으며, 이들 중 생산체제 내에서 자리를 잡지 못한 사람들은 대량 실업으로 내몰리게 되었고 이로써 전례 없이 도시 폭력의 위기가 가속화되는 역효과도 발생했다.

브라질 정부는 예상할 수 있는 기간 내에 이들 주변 민중에게 전반적인 고용을 보장할 어떠한 경제재건계획도 없는 것일까? 그렇다면 무엇을 할 수 있을까? 누구의 땅도 아닌 아마존에서 자신의 터전을 찾으려 했던 포르투갈 선구자들의 대량살육을 계속할 것인가? 누구를 위한 것인지도 모른 채 브라질을 지키기 위해 고이아스(Goiás) 여인들의 거세를 계속할 것인가? 부자들은 더욱 부유하게 만들고 가난한 자들은 더욱 가난에 내몰리게 하면서 1964년 이후 브라질 경제를 이끌었던 그 미친 자유주의를 고집할 것인가? 브라질을 위한 최선의 방책은 우리의 문제를 해결해줄 은행가들의 영리주의가 이끌어온 임의성이라는 환상에 계속 빠져있을 것인가? 언제까지 이 브라질이라는 나라는 스스로 자발적이며 지속 가능한 발전 계획 없이 살아갈 것인가?

작금의 브라질 정부 관료들은, 브라질 경제의 탈출구는 크나큰 희생을 치르고 과거에 만들어진 산업을 어떠한 희생을 치르더라도 해외에 매각하여 브라질 산업을 세계경제에 편입시키는 것이라고 생각하고 있으며, 이로써 노동자들뿐 아니라 적어도 경제체제 내에 관련된 모든 사람에게 번영과 풍요를 가져다줄 것이라는 자신감을 보이고 있다.

브라질이 아주 작은 나라였다면 거대한 세계경제로의 편입은 숙명이었을지도 모른다. 그래서 우리 스스로의 자발적인 경제성장을 지키면서 세계경제의 맥락에 편입되는 계획을 구체화하는 것을 미룰 수 없었을 것이다. 오늘날 브라질에 결여된 것은 분노와 적개심, 즉 경제 정책의 전략적 전환을 통해 완벽하게 개선 가능한 실업과 기아, 불필요한 폭력 앞에서 느끼는 보편적인 분노와 적개심이다. 그리고 브라질의 무한한 잠재력을 실현할 수 있는 정치적 능력 또한 부족하다.

거대하고 풍요로운 영토와 현대화와 진보를 꿈꿔온 자유 영혼의 소유자인 브라질인들을 수호해온 우리 선조들의 노력이 있었으므로 세계경제의 임의성에 우리 스스로를 양도할 수 없다고 역사는 가르쳐왔다.

새로운 브라질인 세대의 과업은 정녕 브라질을 지구상에서 가장 진보적이며, 가장 발전적이고, 가장 정의롭고 또 가장 풍요로운 나라 중 하나로 만들기 위해 자신들의 손으로 이 나라를 맡아야 한다는 것이다.

도시의 악화

자신의 운명에 내던져진 도시 사람들은 자신들의 최대의 난제에 스스로 해결책을 찾고 있다. 그 해결책이라는 것이 낯설고 이상한 것은 사실이지만, 자신들의 능력 내에 있는 유일무이한 것들인지도 모르겠다. 그들은 도시계획 규정을 어기며 아주 가파른 언덕에 파벨라(favela, 빈민촌)를 만들어 자신들의 일자리를 근처에서 구하고, 정상적인 인간 공동체로서 동거하며 나름의 사회생활을 구축했다. 언덕이 없는 싸웅빠울루에서는 파벨라가 타인 명의의 평평한 토지에 무허가로 자리를 잡고 있어, 파벨라를 퇴거시키고 근절하려는 법적 시도에 저항하고 있다. 집 1백만 채를 제공할 사람이 아니고는 파벨라 근절을 그 누가 말할 권리가 있을까?

파벨라에 사는 사람들의 또 다른 생활상의 표현은 마약을 이용하는 것이다. 너무나 무절제하고 불법적이긴 하지만 이러한 '해결책'은, 수백만 명의 마약 상습 복용자가 수십억 달러의 마약을 생산하는 미국 사회의 위기를 반영하는 것처럼, 그렇게 마약을 근간으로 파벨라 자체에 대규모 일자리를 제공함으로써 범죄조직을 이끄는 사람들을 영웅 심리의 차원에서 또한 청소년들에게 동경의 대상이 되게 하여 근절되지 않는 지속적인 조직범죄가 자행되게 하는 것이다. 예전에는 조직범죄가 법적 존재의 조건을 제공하면서 전과자나 사회에서 격리된 주변인들을 고용했던 사설복권에만 해당했지만, 요즘에는 1백만 명이 넘는 마약중독자를 만족시키는 일을 수행하는 대규모 사업으로서 이루어지고 있다. 조직범죄를 근절하고자 하는 사람은 수백만 명이 넘는 마약중독자에 대한 지원을 아끼지 말아야 한다.

지금까지 도시의 문제를 스스로 해결하려는 우리의 조치는 단기간에 걸친 보잘것없는 것이었으며 또 그만큼 무능한 것이었다. 도시개혁은 농지개혁만큼이나 시급한 일임이 틀림없으며, 광범위한 고용 경제를 실현하는 문제도 생각해봄 직하다. 그러나 그 누구도 이러한 의미에서 실행에 옮길 구체적인 계획은 없다.

브라질에서 도시 인구 때문에 일어나는 또 다른 극적인 과정은 탈문화(deculturação, 역자 주: 문화적 동질성의 상실, 문화의 상실)인데, 이것의 심각성은 브라질 역사 초기 겪었던 원주민 인디오들의 탈인디오와 아프리카 흑인들의 탈아프리카 그리고 유럽인들의 탈유럽과 거의 동일하다고 말할 수 있다. 당시의 탈문화는 실제적인 지식이 부모에게서 자식에게로 옮겨지고 모든 사람이 도덕적인 범주 내에서 가톨릭교회에 의해 지배되는 시민사회에 살고 있는 매우 구태의연한 문화의 사람들을 양산했다.

그러나 오늘날에는 그러한 문제가 더욱 심각하며 도시 대중 내에서의 투쟁은 아주 극심해졌다. 하지만 카니발과 깐돔블레 의식과 같은 축제에서 그리고 스포츠 경기에서는 대립보다는 서로 동종의 의식을 느끼고 있다. 그러나 여기에서 배제된 주변인들이 대도시 빈민촌 파벨라에 사는 저속한 사람들과 혼동되어서는 안 된다.

주변인들에게서 나타나는 전형적인 모습은, 누구의 것이든 모든 사람이 상대방 것을 빼앗으려 하는 공격성이다. 그래서 그들에게는 가족도 없고 사소한 교미만 있을 뿐이다. 삶은, 여러 남성의 자식을 낳는 여성들의 모계 중심적 단위체에 안주하게 된다. 모든 가난에도 불구하고 이들 영웅적인 모성은 자신의 자식을 보호하고 자신은 굶주려도 자식의 입에는 먹을 것을 마련해준다. 먹을 것을 마련하지 못하면 쓰레기통을 뒤지거나 도시의 거리에서 구걸행위를 하게 된다. 가톨릭 가정의 사랑과 평화에 대해 언급하길 너무도 좋아하는 브라질 사람들이 이러한 가난과 빈곤에 처한 놀라운 여인들을 바라보고 감동하지 않는 것은 실로 놀라운 일이 아닐 수 없다.

법의 부재는 종종 많은 대중을 낙담과 알코올 중독이라는 폐해에 빠져들게 하며 많은 경우 통제할 수 없는 폭동과 무정부 상태로 타락하게 만든다. 움반다나 깐돔블레와 같은 아프로-브라질 종교의 숭배나 축구 그리고 카니발과 같이 공동 참여의식의 가치를 느낄 수 있는 것만이 그들의 열정을 일깨울 뿐이다. 그러한 상황에서는, 때때로 마치 약탈품을 분배할 때 나타나는 강력한 리더십을 가진 인물이 나타나게 마련이다. 그리고 그러한 상황은 가난한 사람들을 착취하며 사는 룸펜 부르조아들에 의해 더욱 악화되고, 감옥에서 탈출한 사람들과 전직 경찰 중에서 동원한 직업 살인청부업자를 통해서 통제되고 있다.

더 비통한 것은 이러한 악질적인 인간들이 파벨라 거주민이나 도시 주변 지역 사람들 사이에 자리를 잡고 자신들의 지배에서 도망치지 못하도록 무서운 압력을 행사한다는 것이다. 이것은 어쩌면 보통 가난하고 허물어진 가정이 바라는 것인지도 모른다. 역설적으로 그들은 조직범죄가 가장 무책임하고 폭력적인 소수의 범죄자들로부터 파벨라를 깨끗하게 하고 직업 살인청부업자에 의한 아동 사냥을 끝낸다고 믿고 있다. 그래서 어쩌면 알코올 중독에서 사람들을 구원하고, 주정뱅이 남편의 폭력에서 여성들을 보호하고, 폭력과 근친상간에서 아동을 보호하려는 개신교에 대한 믿음을 더욱 맹신하는지도 모른다. 가톨릭 신앙은 이 지역에서 드물다. 그리고 개신교보다 더 경쟁적인 입장에 있는 것은 엄격한 계급제도와 정결한 의식을 지니고 종교 행사 및 삶의 진보에 지평을 연다고 주장하는 아프로-브라질 종교들이다.

최근 들어 전통적인 제도들이 자신들의 통제와 교리를 점차 잃어가기 때문에 상황은 더 복잡해졌다. 학교는 가르치지 않고, 가톨릭교회는 교리를 전파하지 않고, 또 정당은 좋은 정치를 펴지 못하고 있다. 작금의 세상에 통용되는 것은 거대한 공룡과도 같은 매스미디어일 뿐이다. 그것은 사람들로 하여금 폭력과 위협의 주변으로 더욱 내몰리게 하면서 끊임없는 소비와 획득 불가능한 욕망을 강요할 뿐이다. 이제는 정신적이고 도덕적으로 야기되는 혼란에 대한 염려도 없이 청량음료나 비누 등을 무조건 많이 파는 것만이 제일이라는, 사회적으로 그리고 도덕적으로 무책임한 대중매체의 무차별적인 공세에 내던져진 그런 사람들 앞에 놓여있는 거리의 무차별적인 폭력을 올바르게 바라볼 필요가 있다.

03 계급과 피부색 그리고 편견

계급과 권력

브라질 계급구조를 보면, 최상층부 지배계층에 2개의 대립적이지만 상호보조적인 집단이 존재하는데, 그 하나는 권력이 경제 착취에서 나오는 기업 소유자(또는 후원자)이고, 다른 하나는 사회지도층(귀족계급)으로 군부의 장성이나, 국회의원, 가톨릭 주교 그리고 노조지도자와 그에 상응하는 사람들과 같이 일정 직책을 수행하여 권력이 나오는 계층이다. 그래서 부유해진 각 귀족계급은 자연히 기업 소유자가 되기를 원하며 또 기업 소유자들은 부(富)외에도 타인의 운명을 결정지을 권력을 갖는 직책을 희망한다.

그런데 최근 수십 년 사이, 이들 최상층부에 낯선 집단이 나타나 그 세력을 확대하고 있는데, 그것은 다름 아닌 다국적 외국 기업의 경영집단으로, 이들은 지배계급의 주된 부문을 구성하기에 이르렀다. 이들은 더 경쟁력 있는 관료들을 고용하고, 매스미디어를 통제하여 여론을 유리하게 형성하고 있으며, 국회의원과 정부지도자를 선출하고 급기야는 사회 전반에 걸쳐 염치없이 자신들의 세력을 행사하고 있다.

이들 상층부 아래에는 중간 관리자와 자유직업인, 경찰, 교사, 신부 등과 같은 사람들로 이루어진 중간계급이 있으며, 이들 모두는 나름대로 어떤 이익을 취하면서 상층부 지배계층에 충성을 맹세하는 경향이 있다. 이들 계급 내에 있는 성직자와 일부 지식인 사이에서는 당대의 정치 질서에 대한 강한 반발이 드러나는데, 그러한 반발은 그들보다 더 낮은 계층의 사람들에 의해 구체화된 것이다. 그래서 성직자들이 다른 어떤 범주의 계급보다도 정치적 박해를 많이 받은 것으로 알려져 있다.

이들 계급 다음으로는 하위계층(역자 주: 서발턴(Subaltern) 계층)으로 여기에는 안정적인 직업이 있으며 특히 전문적인 노동자와 같은 노동귀족계급과 소규모자산가, 소작인, 지배인 등이 속한다. 그리고 마지막으로 브라질 사회계급의 가장 넓은 하부계층을 구성하며 위의 하위계층보다 더 아래에 위치한 계층은, 소위 주변인 특히 흑인과 혼혈인 그리고 도시 변두리와 빈민촌인 파벨라 거주민 등으로 구성되는 피지배계급이 있다. 여기에는 건설공사 일용노동자, 농촌일용노동자, 청소부, 하녀, 매춘부 그리고 모든 문맹자와 보상받을 수 있도록 조직화되지 못한 사람 등이 속한다. 역사적으로 이들은 체제 내에 편입되고자 부단히 노력했지만, 그것은 이루어질 수 없는 일이었으며 그들의 투쟁은 그래서 사회를 파괴하는 것이야말로 사회를 재건하는 것이라는 믿음 아래 계급구조 타파에 집중되었다.

이러한 계급구조는 현행 사회질서의 영속적인 체제로 작동하면서 모든 사람을 조직화하고 통합한다. 자연적으로 그 지휘부는 지배계층이고, 가장 동적인 부문은 중간계층, 가장 투쟁적인 부문은 하위계층 그리고 대다수 부문은 혁명에 대해 간접적인 표현을 통해 대리만족을 느끼는 피지배 계층이 존재하는데, 이들은 일반적으로 자신들이 겪고 있는 비참함과 기득권에 대항할 수 없는 무능력함 때문에 자신의 운명을 포기하고 있다.

아래 도표는 위에서 본 바와 같이 브라질의 사회적 계층화를 보여준다.

〈그림 1〉 브라질의 사회계층화

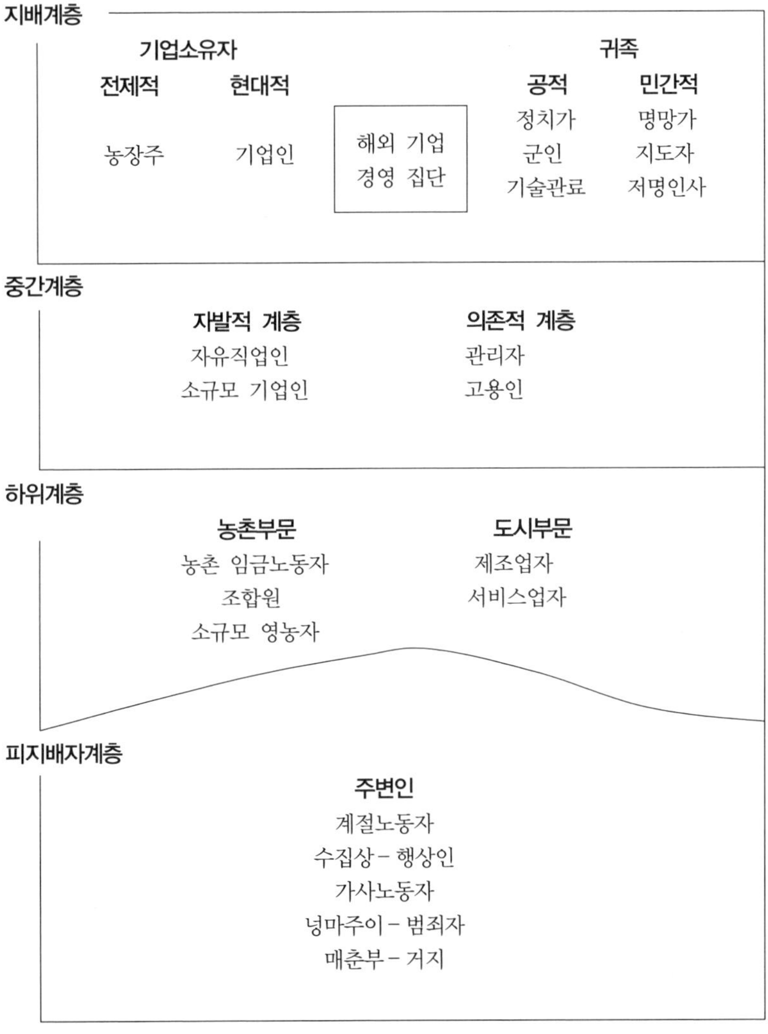

이처럼 지배, 중간, 하위 그리고 피지배자 계급의 상이한 4개 계층이 있는데, 이 중 지배계급은 수는 미미하지만 다른 계급들의 지원 덕택에 모든 사회에 대해 효율적이고 실질적인 권력을 갖고 있다. 중간계급은 사회적 긴장을 완화하거나 약화하는 사람들로 변혁의 직접 행위자로서보다는 질서 유지자로서의 역할에 전념하는 그룹이다.

하위계급은 사회적 삶과 생산체제 그리고 노조화된 소비자 집단에 정상적으로 통합되어 있는 사람들로 구성되는데, 이들은 사회를 변화시키기보다는 더 많이 소유하려 하고 이미 갖고 있는 것을 잘 지키려는 경향을 보인다. 네 번째인 피지배계급은 사회적 삶에서 배제된 자들로서 생산체제와 시장으로 진입하기 위해 부단히 투쟁하고 있다. 사실 이들 계급은 비조직적인 성격과 적개심으로 가득 차 있음에도 불구하고, 다른 모든 착취자와 압제자에 대항해 싸우는 투사로서 사회의 개혁적인 역할에 포함될 수 있는 사람들이다. 왜냐하면 이들은 모든 계급구조를 파괴하면서 사회적 삶을 통합할 가능성을 충분히 갖고 있기 때문이다. 적대적이긴 하지만 상호의존적인 이러한 모습은, 사회적 폭동이 일어날지도 모른다는 공포감 때문에 피지배계급 – 과거에는 노예였지만 오늘날에는 저임금노동자 – 에 반대하기 위해 모든 사람이 조직화되어가는 모습이다.

사회적 거리감

확실히 브라질에서 부자계층과 가난한 계층은 너무도 크고 상이한 문화적이며 사회적인 차이에 따라 구분되어 있다. 즉 부자계층의 당연히 풍요로운 모습인 육체적인 활력, 장수' 그리고 아름다움은, 극빈 상태에서 사는 가난한 계층의 모습인 허약함과 질병, 조로(早老) 그리고 추함과 서로 대척점에 있다. 이는 지배계층의 우아한 용모, 교육의 효과인 지성 그리고 귀족적 습관이 피지배계층의 거친 용모와 천박한 지식, 무지와 진부한 습관과 서로 대치되는 것과 동일하다.

한 개인이 상부 계층으로 진입하고 그 안에 머물기 위해 계급의 장벽을 넘어서려 할 때, 자신의 후손이 신장이 증가하고, 아름다움, 우아함 그리고 교양이 풍부해지려면 적어도 한두 세대가 지나야 한다는 것을 알 수 있다. 하나 혹은 또 다른 계층에 우위를 갖고 있는 브라질의 일반 대중을 관찰해보면, 얼마나 비교가 되는지를 명백하게 알 수 있다. 꼬빠까바나(Copacaba) 해변의 군중과 히우 지 자네이루 빈민촌 파벨라나 변두리 주민, 또는 나딸(Natal)이나 깜삐나스(Campinas)의 민중 역시 대립되는 계층을 대변하는 것처럼 무심한 관찰자에게라도 서로 다른 인간 군으로 보이는 것이다.

역사적으로 사회적 계층화 역시, 상위계층을 삶의 주인으로 만들면서 특권화시키고 귀족적으로 상승시키고, 나머지 사람들을 타인의 풍요의 대상으로서 지배하는, 사업으로 조성된 합리성을 특징으로 갖는다. 이러한 시도의 의도적인 특징은, 생존과 번영의 조건을 충족하기 위해 사람들을 구조화한 것이 아니라, 외부적 요구에 부응하기 위해 지주계층을 부유하게 만들었기 때문에 여전히 오늘날에도 브라질에 유효한 것이다.

서로 다른 계층과 형성과정의 의도적 특징 사이의 이 두 가지 깊은 거리감은, 지주계층으로 하여금, 민중을 생산적 에너지를 재생산하기 위해 일하는 동안 먹을 것을 주고 소모된 노동력을 충당하기 위해 재생산되는 생산에 필요한 단순한 소모성 노동력으로만 여기게 한 것에서 기인했다.

노예들을 단순히 금전적 대상의 상품으로, 그래서 그들 각각에서 최대한의 이득을 빼내려고 애쓰면서 노예를 부리는 소유주 입장에서 다른 방법은 있을 수 없었다. 뒤이어 노예들을 동업자 형태로 조직해 만들어진 계층인 농촌 임금노동자가 나타났을 때, 이 임금노동자들은 노동에 대한 비인간화로 표현된 이전의 노예들과 같은 가치로 여전히 이해되었다.

결과적으로 농장 인근 마을에는 노동력으로는 쓸모가 없는 늙은이들과 그들 손에 맡겨진 어린이들이라는 별 볼 일 없는 인구만 집중되었고, 생산 활동 연령인 인구는 대부분 일용노동자나 가사노동자, 매춘부 등의 농촌 바깥으로 나가 하층의 삶으로 전락해버렸다.

대도시에서 이러한 상황은 더욱 심각해졌다. 가장 빈곤한 계층에서 일부는 신분 상승을 위해 노력한 반면 또 다른 일부는 가난과 범죄 등에 더욱더 묻히는 차이를 볼 수 있다.

브라질 사회계급은 상, 중, 하로 나뉘는 삼각형 모양으로 나타날 수 없다. 즉 브라질에서 사회계급은 아래 그림에서 보듯이 소득수준에 따라, 그 정점에 소수의 사람으로 이루어진 가느다란 모양, 그 바로 아래에는 경제체제에서 정규노동자와 소비자, 그리고 그 아래에 대부분의 빈곤한 계층으로 구성되는 다소 넓은 모양의 마름모꼴을 나타낸다. 경제와 사회에서 내몰려 정규직장과 최저임금도 얻을 수 없는 이들 빈곤계층에는 대부분의 사람이 몰려있어 깔때기를 거꾸로 놓은 모양과 흡사하다.

지역 상황과 빈부의 다양성에 비추어 한 지역에서 다른 지역으로의 노동자의 단순 이동은 이들이 더 나은 계층으로 편입될 수 있다면 실질적인 계층 상승으로 나타날 수 있다.

〈그림 2〉 소득수준에 따른 사회계층의 구분

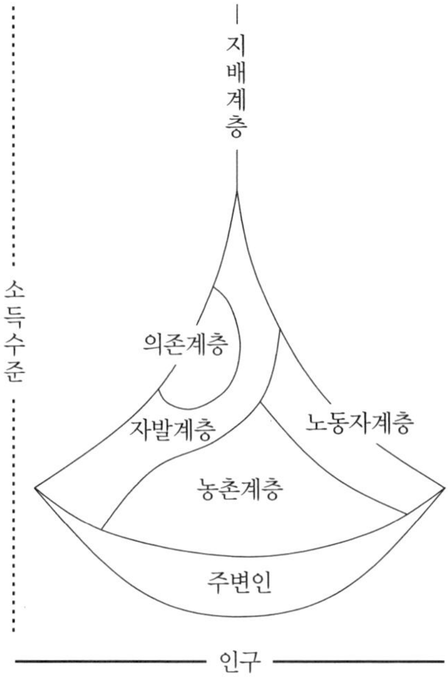

브라질의 다양한 지역 중 농촌과 도시계층의 삶의 조건에 관해 시행한 조사에 따르면, 객관적으로 소유한 재산에 따른 가정의 만족도라는 지표에 따르면 각 지역 주민의 삶의 조건은 서로 분명히 다른 모양을 보여준다. 요리용 삼발이, 항아리, 접시 그리고 수저는 40점으로 하고 TV와 냉장고, 전화 그리고 자동차는 2,800점까지 환산하여, 14개 지역 농촌과 도시 가정의 표본에 따른 가정의 만족도 지표는 아래 그림 3에서 보는 바와 같다(Ribeiro, 1959; Albershime, 1962).

이에 따르면, 주민 상당수가 가장 빈곤한 수준에 놓여있는 추출(채굴) 지역인 빠라(Pará) 주 싼따렝(Satarém) 시에서는 만족도가 가장 낮은 것으로 나타났다. 미개간된 대토지 전원지역인 고이아스(Goiás) 주 까딸라웅(Catalão) 시보다 잘 개간된 농장지역인 히우 그란지 두 술(Rio Grande

〈그림 3〉 6개 농촌 및 도시 가정의 만족도

농촌 ———— 도시 - - - -

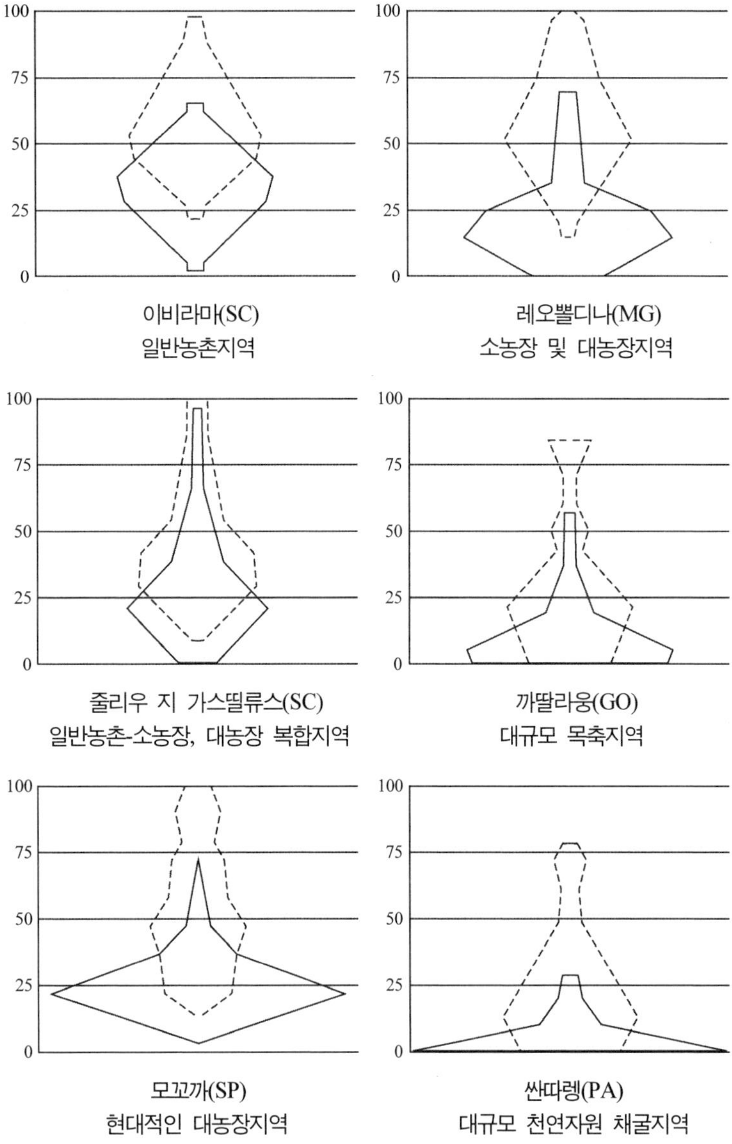

do Sul) 주의 줄리우 지 까스띨류스(Júlio de Castilhos) 시는 삶의 만족도가 훨씬 큰 것으로 나타났다.

싼따 까따리나(Santa Catarina) 주의 농업지역인 이비라마(Ibirama) 시에서는 독일계 이민 후손이 대부분인 지역 주민이 모두 생산 활동에 참여하고 있어 높은 만족도를 보여준다. 이는 유럽이민을 유치하려고 정부 차원에서 그들에게 토지 양도나 경제적 지원을 아끼지 않았던 과거 정책의 결과로 보인다.

〈그림 4〉

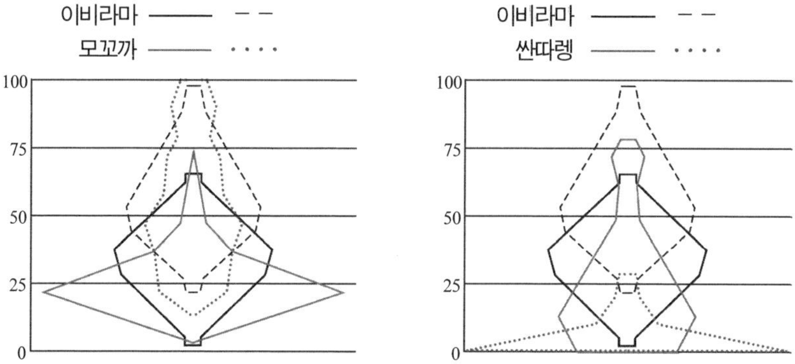

이비라마와 모꼬까(Mococa)에서는 그림에서 보는 것처럼 도시와 농촌 지역의 중첩 부문은 공간적 다양성이 주민의 삶의 조건에 얼마나 영향을 미치는지 그리고 브라질 사람들이 한 지역에서 다른 지역으로 끊임없이 이주하는 이유가 무엇인지 잘 대변해준다.

이러한 사회적 차이는 지배계급이 자신들에게 필요한 노동력 계층인 누적된 빈곤층을 바라보는 냉철하고 무관심한 태도에 의해 결정된다. 그래서 인간으로서의 운명에 아랑곳하지 않고, 당연히 가져야 할 인간적 희망도 모르는 채 그리고 인간의 존엄성 자체에도 무관심하게 농장 주인이나 감독관이 노예들을 다루는 그 차이를 느끼려면 사탕수수나 고무나무 농장에서 살아볼 필요도 있다.

피고용인에게 무례하다고 여겨질 수 있는 행동에 대한 농장 주인의 민감함은 그래서 그를 다루는 아주 야비한 태도와 대비된다. 이 단적인 예가, 지주계급이나 일반인에 대한 공격이나 손해가 있으면 이것이 경찰이나 판사의 판단 기준에 차이를 두는 데 중요하게 작용하는 것이다.

그래서 특히 농촌지역에, 또한 도시지역에도 남아있는 수많은 이러한 징후가 브라질 지배계층의 크나큰 타락의 모습을 잘 보여준다. 이들은 불평등이라는 병에 걸려있는 것이나 마찬가지다. 노예나 과거 노예들이 자유를 위해 투쟁하는 이로서의 품격에 얽매여 있다면, 농장주나 그들의 후손은 그 반대로 불평등과 억압을 유지하려 투쟁하는 이로서의 불명예에 얽매여 있는 것이다.

지배계급의 상대방에 대한 행동은 두 개의 상반된 스타일로 나누어 볼 수 있는데, 그 하나는 더 정중한 태도요 또 다른 하나는 그들이 사회적으로 낮은 위치에 있다고 보고 그들을 무관심하게 다룬다는 것이다. 이러한 점은 동일한 인물일지라도 두 가지 역할, 즉 숙박업자라면 방문객 앞에서 친절하고 관대한 태도를 보이는 반면, 자신보다 아래에 있다고 생각하는 사람 앞에서는 귀족적인 주인 역할을 한다는 점에서 알 수 있는데, 이것은 다름 아니라 인간성의 양면적인 모습으로 설명될 수 있다.

지배계층의 이러한 부정적인 성격은 불공평한 대우를 받고 비굴한 태도를 보일 경향이 있으며 그리고 녹초가 될 때까지 노동에 착취당해야 하는 가장 천한 계층의 인간적 존엄성의 타락과 상통한다. 그래서 그들의 사회적 상황의 불변성 때문에 그것은 계급이라기보다는 카스트(Casta)와 같이 세속적이고 운명적인 계급인 것이다.

이런 상황에서 인간적 존엄성은 다만 어떠한 몰이해든 예방하려는 극도로 조심스러운 태도를 통해 보존되고 있다. 이것은 관계가 한 번

틀어지면 그에게는 '다만 권리를 요구할 가능성도 없이 도망치는 것만 남아있다'라는 의식의 산물인 농장주 계급 앞에서 농민의 불신에 대한 설명이 되는 것이다. 이러한 태도를 받아들이지 못하는 사람은 적응을 못 하게 되며, 범죄나 도적질에 빠지지 않는다면 이 농장에서 저 농장으로 떠돌거나 도시의 변두리를 방황하게 된다. 그러나 대부분에 있어서 사회문화적 맥락은 그들로 하여금 농장에 계속 머무르게 할 퍼스낼리티를 주입하면서 고용 기회를 제공해야 한다는 것이다.

이러한 체제의 가장 특징적인 부산물은 오늘날 관리인(gerente)과 떠돌이 노동자(bóia-fria)로 대치되는, 사회적으로 아주 양극적인 타입으로 만들어진 농장주(colonel)와 혼혈노예(cabra)이다. 관리인(gerente)은 대도시에 살면서 그곳에서 생산품을 거래하고 그곳에서 자식을 교육하는데, 그는 사회와 조국에 필요한 구성원으로 모든 사회적 표현을 자유롭게 하는 사람이다. 그러나 농장 울타리 안에서 태어나 사는 혼혈노예(cabra)는, 그가 손수 지은 집에서 다만 그가 또 손수 만든 그물침대를 소유하고, 온종일 뙤약볕 아래에서 주인의 농장을 돌보며 문맹과 무지 속에서 사는 사람일 뿐이다. 그는 농장이 자신의 유일하고 진정한 고향과 같은 곳이기에 시민권 행사의 최소한의 조건도 갖지 못한다. 농장에서 학대받는 그는 어쩌면 불가촉천민과 같이 주인의 매질과 형벌에서 도망쳐 밀림으로 들어가거나 아니면 또 다른 농장주의 보호를 받기 위해 안간힘을 쓰는지도 모른다.

관리인이나 떠돌이 노동자 이 모두는, 농장주에게서 빛나는 사회구조와 오로지 제당공장과 목장에서 감독자로 신분 상승을 꿈꾸며 땅을 일구는 일군이 되기 위해 사회적으로 만들어낸 배설물처럼, 소작인으로 퇴보해버린 사회질서에 필요한 자연적인 인간적 산물을 대변한다.

이러한 사회적 맥락 내에서는 현지의 자치정치 형태에 기반을 둔 민주제도는 더 이상 발전할 수 없었다. 지배계급에 의한 새로운 권력 행사 형태를 정당화하기 위해 브라질에서 공식적으로 채택된 공화정체제는 언제나 민중의 곁에 소유자계층을 대리인으로 지니고 있었다. 농촌사회에서 제도의 변화는, 자신의 뜻대로 경찰 및 사법적 억압을 행사하고 식민지와 제국주의 그리고 공화국에서 지배체제를 이끌어오면서 헤게모니적 권력을 행사해온 농장주에게 더 이상 영향을 끼치지 않았다.

그 결과, 사회는 어쩔 수 없는 모순을 지닐 수밖에 없었다. 그러한 모순 가운데는, 대부분의 국민을 위한 최소한의 만족할만한 삶의 수준을 보장할 수 없는 무능력과 자유 시민을 만들어내지 못하는 무능함 그리고 그 결과 민주적 삶을 제도화할 수 없는 실행 불가능성 등이 있었다. 이러한 상황에서 선거는, 대다수 유권자가 자신의 적이 될지도 모르는 입후보자를 위해 자신의 한 표를 파는 코미디 같은 일이 되고 말았다. 이 모든 것 때문에 선거라는 것은 대다수에게 후퇴와 빈곤을 강요하는 다수권력의 횡포에 의해 교활하고 또 억압적으로 유지될 수 있는 소수과두지배정치의 수순으로 자리 잡고 말았다.

대농장제 사회질서가 영향을 받지 않고 국민들이 알지도 못한 채 브라질이 식민지에서 독립국가로 그리고 군주정치와 공화국으로 바뀐 것은 우연이 아니다. 브라질의 모든 정치체제는 농장주의 후원 권력이라는, 감히 손댈 수 없이 유지되어온 실제적이고 초월적인 권력이 만들어낸 것이다.

이러한 영속적인 억압 구조에서의 가능하고 유일한 탈출구는, 노동운동의 출현과 확대일 것이다. 농촌지역과는 대조적으로 이미 도시지역에서는 노조화된 노동자들이 자유를 위해 투쟁하는 사람으로서 활약하고 있으며 그럼으로써 강경하게 자신들의 요구 조건을 표현하고 있다. 이러한 과정에 의해 정치 제도는 공화국 제도를 기능적으로 현실화하면서 더욱 개선하고 완성할 수 있게 되는 것이다.

계급과 인종

브라질에서 가장 놀라운 것은 가난한 사람들과 부자들을 서로 구분짓고 적대시하게 한다는 것이며, 흑백혼혈인 물라뚜와 원주민 인디오, 특히 흑인에 대한 차별이 무척 심각하다는 것이다.

그렇지만 흑인의 반란이나 저항이 당연히 핍박의 강도만큼 응당 강했어야 하는데 실제로 흑인들의 공격적인 봉기는 그 핍박보다 훨씬 더 작거나 덜 공격적이다. 과거에는 그렇지 않았다. 지금까지 브라질에서 있었던 가장 오래되고 또 가장 잔인했던 투쟁은 식민화 초기 이후 계속된 인디오들의 저항과 노예제도에 대항한 흑인들의 싸움으로, 이는 노예제도가 있어온 세월 내내 계속되어왔으며 노예해방과 함께 끝을 맺었다.

그들의 저항 형태는 무엇보다도 탈출이었으며, 탈출과 함께 흑인들은 브라질 전역에 생겨난 낄롬부(quilombo)라는 그들만의 독립된 공동체 마을에서 자유를 누리며 평화로운 삶의 재건에 주력했다. 이곳으로 도망쳐 온 흑인들이 만든 낄롬부는 초기 브라질의 집단이 형성된 것이라고 볼 수 있는데, 이는 흑인들은 이미 문화적으로 브라질화되었으며 아프리카식 삶의 형태를 영위하는 것은 불가능했기 때문이었다. 그들의 드라마는 전쟁에서 승리 없이 그러나 아무것도 잃을 수 없는 수많은 싸움을 이겨야 하는 사람의 역설적인 상황이었다. 이러한 상황은, 특히 한 세기 이상 정부에 저항했지만 결국 진압되어 대부분의 흑인 포로가 남쪽이나 카리브 지역으로 쫓겨난 당시 가장 큰 빨마리스(Palmares) 낄롬부를 포함하여 거의 모든 낄롬부에서 일어났다.

그럼에도 아프리카 흑인과 그들의 브라질 후손들의 가장 가슴 아픈 투쟁은 여전히 브라질이라는 민족사회 내에서 정당한 법적 참여자로서의 위치와 역할을 쟁취하는 것이다. 흑인들은 브라질 민족사회 내에 강제로 편입되었지만 그 사회를 건설하는 데 일조를 했으며, 그러한 노력에서 그들 스스로는 와해되어버렸지만 그러나 전면적인 탈아프리카화를 통하여 그 사회 내에서 살아가는 법을 터득한 것이다. 브라질 흑인들이 당면한 첫 번째 문화적 과업은 그들을 감시, 감독하는 감독자의 명령을 알아들을 수 있도록 포르투갈어를 배우는 것이었다. 흑인들은 다양한 지역에서 이곳 유배지로 붙잡혀 온 또 다른 노예들과 의사소통을 하기 위해서도 포르투갈어를 배워야 했으며, 언어습득을 통하여 그들은 오로지 강제노동을 위한 동산(動産)이나 단순한 동물 혹은 노동력의 조건에서 벗어나 비로소 인간적인 모습을 갖출 수 있게 되었다. 그들은 포르투갈어를 놀라운 속도로 습득하면서 언어의 통일성을 완성해나갔으며 특히 뚜삐-과라니어라는 인디오 언어를 쓰는 다른 지역까지 포르투갈어를 전파하는 노력을 아끼지 않았다.

브라질은 그 땅에서 생산하고 또 건설한 모든 것에서 주요한 노동력으로서 약 1,200만 명의 흑인을 이용했으며, 식민시대 말기에는 전 세계에서 가장 많은 흑인 노예를 갖고 있었던 것으로 알려져 있다. 다른 나라보다는 늦은 노예해방 조치로 말미암아 브라질에서는 제국주의의 몰락과 공화국 선포라는 결과가 초래되었다. 하지만 지배계층은 자신들의 노동력을 충원하기 위한 새로운 제도를 도입하여 노예 노동력을 인력이 넘쳐나는 유럽의 이민들로 대치했다.

이제 노예로서 감독자의 채찍질로 죽음에 이르지 않게 되면서 자신의 노동력을 절약하고 문화적으로 동화된 흑인은, 이미 임금제도에 적응하고 또 스스로 노력해 부자가 될 수 있는 토지를 소유하려고 안간힘을 쓰고 있는 유럽에서 온 이민들과 노동력 차원에서 크게 대비되었다.

잘못하거나 게으르기 때문이 아니라 혹시라도 도망칠지도 모르는 흑인들을 단념시키기 위해 부과하는 예방적인 형벌을 포함한 엄격하고 냉혹한 억압 아래 끊임없이 노동에만 전념해야 했던 야만성에서 자유로워진 흑인들은 다만 자유를 원했을 뿐이었다. 그 결과 노예였던 흑인들은 그들이 힘들게 일한 농장을 포기하고, 스스로가 먹을 옥수수와 만지오까를 재배하면서 낄롬부에서처럼 자유롭게 살아갈 수 있는 버려진 땅을 찾아 거리 세상으로 나섰다. 그러나 이 흑인들은 이제 비참함이라는 새로운 난국에 처하고 말았다. 당시 노동력 충원을 위해 매년 수입되는 새로운 흑인 노예 수도 현격하게 줄어들었을 뿐 아니라, 그나마 최소한 먹는 문제가 해결되었던 농장에서 나오면서 과거 노예였던 흑인들은 극심한 기근에 허덕이게 되고 말았다. 또한 그들은 일정한 장소에 머무를 수도 없었는데, 이는 그들이 정착하면 인근 농장주들이 조직적으로 그들을 몰아내기 위해 경찰력을 동원했으며, 그 때문에 또 다른 장소로 정처 없이 이주하는 악순환을 겪게 되어 결국 비참함에 빠질 수밖에 없게 되었다.

과거 노예를 소유했던 농장주들의 후손인 현재의 브라질 지배계급은, 흑인들에 대해 과거 그들의 조상이 갖고 있던 멸시와 부정적인 태도를 그대로 견지하고 있다. 그들의 조상들은 흑인 노예와 해방노예는 혼혈인과 똑같은 단순한 노동력일 뿐으로 마치 석탄 봉지처럼 쓰고 나면 새로 살 수 있는 것처럼 생각했다. 그런데 후손인 지배계급은, 자유흑인이나 흑백혼혈인, 가난한 백인 모두 게으름과 무지함 그리고 필연적으로 그들이 지니고 있는 범죄성 때문에 선조들과 마찬가지로 이들을 가장 비천할 수밖에 없는 존재로 여기고 있다. 그들 모두는, 흑인들이 노예제도와 억압의 결과로서가 아니라 인종의 특징 때문에 스스로 불행할 수밖에 없는 운명이라는 점에 동의하는 것이다. 이러한 왜곡된 시각은 사회적으로 성공한 흑인들과 혼혈인들도 일부 주장하는데, 이들 중 상당수는 흑인 대중을 차별하기 위해 백인들과 그 생각을 같이하고 있다.

이러한 사고를 가진 사람들에 의해 통치되는 브라질이라는 국가는, 브라질의 오늘을 건설했던 흑인 다수를 위해 아무것도 해주지 않았으며, 오히려 생존하고 재배하기 위한 최소한의 토지소유도 허락하지 않았고 또한 그들의 자식을 교육해줄 학교도 그리고 그들을 지원해줄 어떠한 원조도 베풀지 않았다. 그들에게 베푼 것은 오로지 엄청난 차별과 억압뿐이었다. 그래서 이 흑인 중 대다수는 자신들에게 덜 적대적인 사회적 공생의 환경을 찾아 도시로 찾아들었으며 그곳에서 훗날 파벨라라는 빈민촌의 원조가 된 소위 아프리카인 마을을 만든 것이다. 그때부터 빈민촌은 가난한 자들이 살고 공생하기 위한 해결책이 되면서 기하급수적으로 늘어났으며 그 안에서 그들은 언젠가는 쫓겨나고 근절될 위협 아래 삶을 이어갔다.

파벨라로 이주한 농촌 흑인들은 경작이 불가능한 그곳에서 나름대로 도시생활 방식을 터득해야 했다. 다행히도 흑인들은 그곳에서 과거 자신들의 정수(精髓)와 같았던 본연의 문화를 찾게 되었으며 그것을 통하여 흑인들만의 높은 창조성을 표현하게 되었다. 노예제도의 오랜 시련의 세월 동안 흑인들이 가슴에 품고 있었던 문화적 표현은 다름 아니라 음악과 리듬, 음식에 대한 기호와 그리고 종교적인 것이었다.

그래서 도시의 흑인들은 브라질 대중문화에서 가장 동적이고 아름다운 것을 찾아 그들만의 것으로 만들게 되었는데, 그 근간이 된 것이 바로 카니발과 이에만자(Iemanjá) 숭배 그리고 까뽀에이라(capoeira)와 같은 다양한 문화적 시위였다. 흑인들은 학력을 요구하지 않는 모든 분야에서 자신들의 가치를 표현하기 위해 주어진 기회를 이용했는데, 그중 대표적인 분야는 축구나 대중음악 그리고 덜 눈에 띄는 경쟁 부문이었다. 그래서 흑인들은 그들에게 부닥친 수많은 난관에도 불구하고 인디오들과 함께 가장 창조적인 브라질 문화의 구성인자가 된 것이다.

흑인과 혼혈인은 브라질의 민족 구성요인 중 어쩌면 가장 대표적인 브라질인이라고 말할 수 있을 것이다. 왜냐하면 인디오도 백인도 아닌 그들은 노예제도 아래 점차 탈아프리카화되어 브라질인으로서의 자신의 정체성을 찾을 수 있었기 때문이다. 그들은 서로 다른 다양한 지역에서 붙잡혀 이 땅에 들어와 보편적으로 융합의 과정을 거치면서 새로운 국민으로 탈바꿈한 것이다. 즉 흑인들은, 브라질 내에서 인종적 자율성이 있는 경쟁적인 집단이 아니라 본질적으로 동일한 국민으로 통합된 사람, 즉 브라질인으로서 점착이 된 것이다.

생물학적이고 사회적으로 백인의 세상과 관련된 혼혈인은 백인들의 박학다식한 문화에 쉽게 다가갈 수 있었으며, 또한 혼혈인 중에서는 브라질의 문학과 미술, 정치 등에서 뛰어난 인물이 다수 배출되었다. 그들 가운데는 미술의 알레이자딩유(Aleijadinho)를 비롯하여 작가인 마샤두 지 아씨스(Machado de Assis), 법률가 후이 바르보자(Rui Barbosa), 작곡가 주제 마우리씨우(José Maurício), 시인 끄루즈 이 쏘우자(Cruz e Sousa), 판사 루이스 가마(Luís Gama), 정치가인 망가베이라와 넬손 까르네이루 형제(Mangabeira e Nelson Carneiro), 그리고 지식인으로 압디아스 두 나씨멘뚜(Abdias do Nascimento)와 게헤이루 하무스(Guerreiro Ramos) 등이 있다. 이외에도 혼혈인 여성 가운데에는 혼혈의 독특한 매력과 아름다움을 지닌 사람이 많아 사회적으로 인정받고 신분 상승의 기회를 얻을 수 있었지만, 자신의 흑인성을 부정하는 이율배반적인 모습을 보이기도 했다. 혼혈인들은 자신들이 탈피하고자 하는 흑인과 자신들을 거부하려는 백인이라는 두 개의 세계 사이에 놓여 결국 아무도 아닌 존재로서의 이중적인 삶을 살았던 것이다.

그러나 최근 들어와 미국에서 흑인들의 사회적 성공의 여파와 교육과 고용 기회의 확대를 통하여 일부 유색인종의 신분 상승이 이루어지면서 브라질에서도 인종의 승리라는 의식이 팽배해져 브라질의 흑인들도 흑인이라는 자신의 상황을 자랑스럽게 인정하는 용기를 갖기 시작했다. 상당수 혼혈인도 흑인들과 비슷한 상황이 나타났지만 그러나 실제로 이러한 변화는 더 극심한 빈곤에 처해있는 흑인 집단 때문에 결코 쉽지 않았다. 왜냐하면 결코 원치 않는 것이었음에도 흑인의 대중적인 이미지란 여전히 빈민과 질병 그리고 범죄와 폭력과 동일시되었기 때문이다.

이러한 상황은, 흑인이 극빈 상태의 주범으로 여겨지는 변질된 의식의 병적인 사회에서 생겨나는 것으로 이러한 상황에서 그들의 고통에 대해서는 사회적인 동정과 연대는커녕 오히려 최소한의 울분도 일깨우지 못하고 있다. 그 결과, 이들 집단의 운명은 빈곤과 무지에서 벗어나게 하기 위한 어떤 특정한 지원 대상이 되지 못하고 있다.

브라질에서는 전체적으로, 흑인들이 점진적인 백인화(白人化)에 의해 사라져간다는 것을 가정하고 또 흑인들 스스로 이를 원하고 있다는 동화적 기대감이 브라질 사람들 사이에 팽배해 있다. 실제적으로 브라질에서는 브라질인의 갈색화(morenização)가 일어나고 있지만, 그것은 흑인의 백인화만큼 백인의 흑인화에 의해서도 똑같이 이루어지고 있다. 그래서 우리는 미래에, 각각의 가정이 유전학적 강제에 의해 우연하게도 짙은 색의 흑인이나 밝은 색의 백인들을 갖게 될지도 모르고 또한 갈색의 인구를 구체적으로 예상해야 할지도 모른다.

흑인들은 가난과 그에 따른 행실 때문에 다산(多産)율이 매우 높아 브라질 전체 인구 구성에 매우 큰 영향을 미칠 것이 확실하다. 전체 인구가 3억 명에 달하게 될 다음 세기 중반 정도에 흑인과 혼혈인의 비율이 확연한 우세를 보일 것이라는 전망은 그래서 전혀 불가능한 것이 아니다.

브라질 인종주의의 뚜렷한 특징은 그것이 사람들의 인종적 기원에서가 아니라 그의 피부색에 대하여 이루어진다는 것이다. 이러한 측면에서, 흑인은 짙은 색깔의 흑인이요, 혼혈인은 갈색이며 또한 반 정도는 백인이고 또 피부색이 더 밝다면 백인에 더 가깝게 인식된다. 여기에서 순수하게 사회적이며 문화적인 백인화가 또한 이루어지는 것이다. 흑인의 경우, 뛰어난 명성을 갖고 사회적으로 성공하게 되면 백인들의 공생 집단으로 통합되고, 그들 사이에서 결혼하게 되고 그래서 결국 백인으로 되는 것이다. 흑인의 브라질적 정의는 성공한 예술가나 직업인에게 어울릴 수 없다. 이러한 상황에 대해, 흑인 예술가인 화가 싼따 호자(Santa Rosa)와, 유색인의 출세를 가로막는 무수한 장벽에 대해 불만을 토로하는, 외교관이 꿈인 한 젊은 흑인과의 대화를 예로 들어보자. 그때 화가는 매우 감동적인 어조로 이같이 대답했다. "젊은이여, 자네의 상황을 아주 잘 이해하네. 나도 한때는 흑인이었다네".

과거 언젠가 한 외국인은, 한 (흑백)혼혈인이 경비사령관이라는 고위직에 오르게 된 것을 이상하게 생각하자 다음과 같은 말을 들었다고 한다. "그렇습니다. 그는 혼혈인이었습니다. 하지만 사령관으로서 굳이 백인이 될 필요는 없습니다"(Koster, 1942: 480).

브라질 인종주의의 특이한 형태는 혼혈화가 형벌이 아니라 칭찬이라는 것이다. 확실히 서로 다른 인종 간 결합은 범죄나 죄악은 아니었다. 그것은 어쩌면 브라질의 식민화가, 백인 여성들이 백인 남성과 유색인 여성들과의 모든 교접을 반대했던 기존의 유럽인 가정과는 상관없이 이루어졌기 때문이다. 브라질인들은 실제로 소수의 백인과 다수의 인디오 및 흑인 여성과의 교배로 생겨난 것이다.

이러한 상황은 질베르뚜 프레이리(Gilberto Freyre)와 많은 사람이 원한 것처럼, 인종 민주주의를 압제와 편견 그리고 반 흑인차별에 대항할 만큼의 크기로 구체화하지는 못했다. 왜냐하면 혼혈에 의해 흑인이 사라져간다는 기대 자체가 인종주의이기 때문에 그것 또한 명백한 것은 아니기 때문이다. 그러나 확실한 것은 이 인종주의 가 인종차별(아파르트헤이트, apartheid)로 이끄는 인종편견 형태와 매우 그리고 더 잘 대비된다는 것이다.

하지만 인종차별은, 이곳 브라질에서 무시되는 인내와 관용의 의미를 지니고 있음을 인식할 필요가 있다. 서발턴을 멀리하면서 최대한 먼 거리에 두고자 하는 사람도, 그 서발턴이 그 먼 거리에서도 타자가 아닌 바로 자기 자신의 정체성을 지속적으로 유지하고 있음을 인정한다. 결과적으로, 인종차별은 차별받는 집단의 내적 연대감을 더욱 깊게 만들며, 이것은 가부장적 관계를 인정하지 않고, 그들의 권리를 위해 그들로 하여금 분명히 투쟁하는 능력을 갖추게 한다. 반대로 동화주의 상황에서는, 사회질서라는 것이 신성한 것이 아니라면 자연적인 질서라는 생각을 암시하면서 연대감을 깨뜨리고 투쟁성을 약화시키는 점진적인 차원에서 흑인성(negritude)이 희석된다.

동화주의 인종주의의 가장 왜곡된 측면은, 사실상 자신에게 부과된 가난에 대항해 투쟁하려는 흑인을 무장해제시키고 자신이 종속된 극심한 폭력 상황을 감출 때 최대한의 사회성을 스스로 제공한다는 것이다. 그러나 소위 인종 민주주의의 동화적 이데올로기는 흑인의 사회적 타협을 위해 그리고 증오와 회한에 대항한 투쟁을 위해 흑인의 의식 자각에 대한 캠페인으로 흑인 지식인들을 이끌면서 무엇보다도 이들 흑인 지식인에게 영향을 미치고 있다. 그의 이상적인 목표는, 흑인이 아주 성공한 백인의 행동과 예절 형태를 그대로 채택하여 사회적으로 신분 상승할 기회를 이용할 수 있는 동거의 상황을 만들어내는 것이다.

뻴레(Pelé)나 삐씽깅냐(Pixinguinha, 1897~1973, 역자 주: 브라질 대중음악 특히 쇼루(choro)와 재즈를 결합해 브라질 대중음악의 신기원을 이룩한 작곡가며 연주가), 그리고 그란지 오뗄루(Grande Otelo, 1915~1993, 역자 주: 본명이 쎄바스찌아웅 베르나르지스 지 쏘우자 쁘라따(Sebastião Bernardes de Sousa Prata)인 유명 배우이자 음악가)와 같이 뛰어난 재능을 가진 브라질의 흑인들은 반인종주의 투쟁에 특별히 드러나지도 않으면서 자신의 경력을 극대화하고 있다. 동화주의는, 알려진 것처럼 그것이 인종 간 관계에 있어 유동적인 상황을 만들어내더라도 흑인으로 하여금 승리는 사회혁명으로만 달성할 수 있음을 이해하지 못하고 특정한 투쟁을 포기하게 만든다.

쿠바 혁명은 흑인들이 사회적으로 신분 상승을 하기 위해, 상상할 수 있는 것보다 훨씬 더 준비되어 있다는 것을 보여주었다. 확실히, 무상 교육과 자기 극복에 대한 자극을 받은 몇 년간의 시간은 쿠바의 정부와 사회 그리고 문화의 고위직에 오르는 흑인이 크게 늘어나게 했다. 동시에, 차별과 인종주의에서 자유로워진 모든 흑인 집단은 연대와 통합의 정도를 크게 개선하면서 사회의 또 다른 구성 분자들과 친밀한 교류를 했다.

이 모든 것은, 인종 민주주의는 가능하지만 사회적 민주주의와 함께 연합해야만 실행 가능함을 명백하게 보여준다. 스스로의 사회 내에서 압제자 역할에 놓인 백인은 자유를 위해 투쟁하는 흑인을 억압한다는 오명을 벗을 수 없으므로, 백인과 흑인 모두를 위한 민주주의는 있지만 누구 하나를 위한 민주주의는 없다.

04 동화와 분리

인종과 피부색

브라질의 인구 증가와 피부색에 따른 구성에 관한 분석에 따르면, 백인 지배층이 다른 피부색 인종을 압도하는 상황이 매우 의미심장하게 표현되고 있다. 노예 밀매 금지가 이루어진 1850년까지 브라질에 들어온 흑인 노예는 약 600만 명이었으며, 같은 기간 브라질 전역에서 문명화의 기로에 서 있던 인디오는 최소한 500만 명으로 추산하고 있다. 그리고 1950년까지 브라질에 들어온 유럽 백인은 최대 500만 명으로 보이는데, 이 중 50만 명만 1850년 이전에 입국했으며, 그 씨앗에서 우리가 태어난 것이다. 1950년 브라질 인구 구성을 보면(1960년과 1970년의 인구통계는 인종과 유색인에 대한 통계가 없다), 어느 정도 부족생활을 영위하는 인디오는 약 10만 명 수준으로 줄어든 것으로 나타났으며(Ribeiro, 1957), 흑인은 최대 약 560만 명, 갈색 피부(흑백혼혈)로 규정될 수 있는 인구는 1,370만 명 그리고 백인(대부분이 혼혈인 메스티소)은 약 3,200만 명에 달하는 것으로 나타났다. 원주민 인디오 인구는 1950년에서 1990년 사이 기대하지도 않게 3배 정도 늘어났는데, 이는 백인들의 질병에 어느 정도 적응했으며 동시에 잠재적으로 학살을 감소시킨 정부의 공식적인 보호정책이 있었기 때문으로 보인다.

〈표 4〉 피부색에 따른 브라질 인구 증가

(단위: 천 명)

피부색	1872	%	1890	%	1940	%	1950	%	1990	%
백색	3,854	38	6,302	44	26,206	63	32,027	62	81,407	55
흑색	1,976	20	2,098	15	6,644	15	5,692	11	7,264	5
갈색*	4,262	42	5,934	41	8,760	21	13,786	26	57,822	39
합계	9,930		14,333		41,236		51,922		147,306	

(출처: IBGE: 국가통계위원회(통계국), 1961; 브라질통계연감, 1993)

* 갈색에는 전체인구의 5% 미만의 일본계 및 인디오로 대변되는 황색 인구가 포함된다.

피부색과 함께 사회적 조건의 전형적인 혼란에 의해 강요된 변화에도 불구하고 인구조사의 놀라운 차이는, 단순히 피부색에 의해 그리고 출산율의 차이에 의해서가 아니라 생태적이고 사회적인 요인에 의해서 설명된다. 혼혈 그 자체는 모든 외래 인구가 이 땅의 여자들 즉 인디오 여성을 차지했던 남자들로 주로 구성되었다는 상황과 관련해 분석되어야 한다. 브라질에 들어온 백인 여성들의 비율은 무의미하며, 이런 상황에서 원주민 인디오 여성들은 백인 남성에 의해 기본적인 자궁의 기능을 수행해야 했다.

유럽인과 인디오의 혼혈인이 밝은 갈색 피부의 메스티소를 만들었고 이들이 브라질 사람들 눈과 인종적 감수성에는 순수한 백인으로 비쳤기에 이런 맥락에서 브라질인의 백인화는 부분적으로 설명 가능하다.

〈표 4〉에서 보듯이 브라질 인구에서 흑인이 차지하는 비율은 19세기 1/5에서 20세기 1/20로 점차적으로 줄어드는 추세이다. 비율뿐 아니라 절대적인 수에서도 흑인 인구는 크게 하락했는데, 1890년 200만 명에서 1940년 660만 명으로 늘어났지만, 1950년에는 오히려 560만 명으로 줄어들었으며 1990년에는 다만 720만 명으로 약간 늘어났을 뿐이다. 이를 통해 볼 때 사람들이 자신의 피부색이나 가계집단의 피부색을 스

스로 선택할 수 있기 때문에 많은 흑인이 자신을 갈색 피부를 가진 사람으로 규정한 것 아닌가 하고 유추해볼 수 있다.

그러나 흑인 집단의 이러한 추세는, 1872년 38%에서 1950년 62% 그리고 1990년 55%, 수적으로는 1872년 380만 명에서 1990년 8,140만 명으로 늘어나는 추세를 보인 백인 집단과 비교해 큰 차이를 보인다. 백인 집단의 높은 증가율은 1880년 이후 유럽이민의 증가로만 설명되지는 않으며, 유럽의 이민은 브라질의 원래 인구 구성에 결정적인 영향을 끼친 수준까지는 아니었다. 브라질 백인 인구의 폭발적인 증가는 절대적인 수치가 매우 집중적으로 성장했다는 측면에서만 이해할 수 있다. 흑인 및 갈색인과 비교해 백인들은 훨씬 나은 삶의 조건을 향유했으며, 또한 백인은 사회적으로 성공한 사람으로 평가하는 경향이 강해 다른 어떤 인종집단보다도 백인 인구가 늘어날 수밖에 없는 요인이 있다.

원주민 인디오의 급격한 감소 추세에 대해 우리는 몇 가지 원인을 생각해볼 수 있는데, 그중에는 특히 유럽인들이 들여온 질병과 인디오들이 불가항력적으로 처하게 된 억압 상황을 가장 큰 원인으로 꼽을 수 있다(Ribeiro, 1956). 그런데 인디오들과 똑같은 상황에서 생각할 수 있는데도 흑인들은 질병으로 인한 사망보다는 착취와 억압 상황으로 인한 사망과 그에 따른 감소를 더 큰 요인으로 보는데, 이는 흑인들이 이미 아프리카에서 유럽인과 비슷한 수준만큼 전염에 노출되어 저항력이 생겼기 때문이다. 노예해방 이후에도 자유 흑인들이 인구 증가에 실패한 데에는 그들이 처한 극심한 빈곤 상황이 가장 큰 원인으로 꼽힌다. 이러한 점을 고려할 때 브라질 가장 가난한 계층의 빈곤성이 여전히 흑인들에게만 커다란 영향을 미치고 있음을 알 수 있다.

백인 대 흑인

1950년의 통계로 볼 때 브라질의 활동인구에 있어서 백인과 흑인의 노동과 삶의 조건이 의미심장하게 차이가 나는 것을 알 수 있다. 예를 들어 주인이나 소유자 집단을 생각할 때 흑인이 한 명이라도 이 집단에 들어갈 가능성은 극히 적으며, 10세 이상 백인 활동인구 1,000명 중 23명이 고용주인 반면, 흑인은 1,000명 중 4명만이 고용주이다.

또한 같은 통계에서 10세 이상 흑인 400만 명과 외국인 100만 명의 직업적 위치를 비교하면, 흑인은 단지 20,000명이 고용주인 반면 외국인 고용주는 86,000명인 것으로 나타났다. 이들 외국인은 지난 수십 년간 이민자로 브라질에 들어와 기존의 브라질 주민보다도 빠르게 그리고 흑인들보다는 훨씬 더 극명하게 사회적 신분 상승을 이룩한 것으로 나타났다.

이 통계에서는 또한 고위직 종사자의 경우, 비흑인 25명당 흑인은 1명, 자유직업의 경우 비흑인 50명당 흑인은 1명으로 조사되었다. 그리고 하층 직업군 중 제조업 종사자의 경우 비흑인 7명당 흑인은 1명으로 그리고 농지 소작인의 경우 비흑인 4명당 흑인은 1명으로 나타났다.

브라질 흑인의 경력과 관련한 조사에서 흑인은, 노예로 들어온 이래 처음부터 모든 생산부문의 기초적인 노동력으로서 가장 고된 일을 수행해 온 것으로 파악되었다. 최대의 이익을 생산하기 위한 최소의 투자로 고용되어 운반용 가축처럼 취급받았던 흑인은 생존하기 가장 열악한 상황과 부닥쳐야 했다. 그리고 노예해방 이전이나 이후에 자유노동자로 전환되면서 흑인은 새로운 착취 형태에 구속되었는데, 이는 노예 상태보다는 조금 나아진 것으로 다만 흑인들로 하여금 사회와 문화적 세계로 편입되는 것만을 허락할 뿐이었다. 하지만 이것도 여전히 과거의, 즉 봉사를 강요당하는 가축 역할을 지속해야만 하는 하부 프롤레타리아 상황에 놓이게 할 뿐이었다.

미래를 예견하면서 농장 소유자가 생각할 수 있는 것은, 어쩌면 장기적으로 더 많은 이익을 얻기 위해 잘 키운 자신의 '부속물'인 노예를 어떻게 더욱 경제적으로 유지하는가 하는 것일 것이다. 그래서 밭에서 힘을 다 쓴 흑인도 늙어서는 농장에 필요한 더 가벼운 노동을 하고 밭을 일구며 거기에서 생산된 것으로 먹고살면서 농장 한구석에서 늙어갈 기회가 있었을지도 모른다. 그러나 노예 상태에서 자유로워지면 그때는 누구의 소유도 아닌 채로, 땅과 모든 것이 자신의 소유가 아닌 세상에서 오로지 자신의 노동력에만 의지해 사는 홀로 남은 자신을 발견하게 된다. 그래서 그 이전보다는 심하지 않은 착취에 다시 예속되는데, 이는 과거처럼 자신의 운명에 절대적으로 무관심한 세상의 착취인 것이다. 이런 상황에서 해방된 흑인 노예는, 자신의 육체적 활력을 이용하여 노동자로서의 새로운 삶을 살게 되고 그래서 또 다른 농장이나 일터에서 일하며 살게 된다. 그러나 노동의 일터에서 병들고 약해지고 노쇠해버리면 그때는 아무 쓸모 없는 물건처럼 쫓겨나게 되는 것이다.

흑인 여성 노예의 자식을 해방해주는 첫 번째 노예해방 법안인 벤뜨리 리브리(Lei do Ventre Livre) 법(1871) 이후에 대규모 노예 집단 거주 지역에서는 농장주들이 자신들의 여성 노예의 자식들을 도로나 인근 마을에 갖다 버리라고 시켰다. 이는 이제는 더 이상 자신의 소유물도 아니어서 더 이상 그들을 먹여 살릴 의무를 느끼지 않았기 때문이었다. 그래서 벤뜨리 리브리 법 이후 싸웅 빠울루 주의 도시와 마을에는 농장에서 버려진 아이들을 돌보기 위한 수많은 고아원이 생겨났다. 또한 노예해방 이후, 더 이상 과거의 주인들에게 봉사하길 원치 않는 흑인들이 농장에서 탈출하기 시작했고, 이와 함께 농장에서는 병들고 늙은 흑인 노인들의 강제축출이 이어졌다. 그래서 수많은 흑인 집단이 도시와 마을 입구에 모여들어 최극빈 상태에서 살게 되었으며, 이러한 굶주림에서 탈출하기 위해 해방된 흑인들은 다시 농장주들의 새로운 착취와 압제 아래 고된 노동을 하기 시작한 것이다.

커피와 면화 그리고 목초 재배 등의 수출농업경제 발전과 농장의 자급자족과 함께 또 다른 부류의 집단 노동자들이 농장에서 쫓겨나 마을과 도시의 거주민층으로 합류했다. 이로써 힘들고 고된 노동력을 요구하는 경작지의 자유노동자 대열에는 해방된 흑인들뿐 아니라 가난한 갈색인과 백인들까지 합세했다. 주로 흑인과 혼혈인인 이들은 오늘날에도 도심지 근처에서 그리고 모든 농장지역에서 임시 육체노동자나 걸인, 노름꾼, 가정부, 맹인, 절름발이, 병자 그리고 노숙자 등으로 살아가고 있다. 그리고 이들 중 노동에 지쳐 쓸모없어진 늙은 노인들은 일을 하기에는 아직 어린 아이들을 돌보고 있다.

이런 상황에서, 최근 몇 세기 동안 아홉 배나 늘어난 백인과, 1940년 660만 명에서 1950년에는 오히려 570만 명으로 줄어들고 1990년에는 다만 720만 명으로 소폭 늘어나 비율 면에서나 절대 수치에 있어서 두 배 반 정도밖에 늘지 않은 흑인 인구 증가 사이의 명백한 차이에 대한 설명이 있어야 한다.

또한 최근 수십 년 동안 대규모 농촌 인구를 노동자로 편입한 도시와 공업지역에서도 흑인의 통합은 전체 인구 증가만큼 비례하지 않은 것처럼 보인다. 브라질에서 인종 간 관계 조사를 보면, 흑인이 산업사회로 통합될 준비가 부족했다는 요인과 유색인종이 사회적 신분 상승 하는 길을 어렵게 만드는 배척 요인들이 서로 합쳐져 있음을 알 수 있다(Pierson, 1945; Costa Pinto, 1953; Nogueira, 1955; Ianni, 1962; Cardoso, 1962; Fernandes, 1964).

백인들과 비교해 갈색인과 흑인들의 열등한 상황은 1990년에도 지속되고 있다. 조사에 따르면 7세 이상의 백인 중 문맹은 12%뿐이지만, 흑인은 30% 그리고 갈색인은 29%에 이르고 있었다. 또한 10세 이상의 연평균 소득을 비교해보면, 백인은 32,212끄루제이루(Cr$)인 데 반해 흑인은 13,295끄루제이루 그리고 갈색인은 15,308끄루제이루로 나타났다(브라질 통계연감, IBGE, 1993). 애석하게도 1990년도 유색인에 대한 정보는 1950년에 비해 훨씬 부족했다.

이렇듯 산업화에 의해 예견된 사회 근간의 확대는, 다만 역사적으로 설명 가능한 차별적 규정, 즉 노예 상태에서 자유노동자로 변화하는 흑인의 위기, 수세기 동안 만족할만한 보상도 없이 흑인에 대한 압제 때문에 생겨난 열등한 상황 그리고 다른 모든 사람과 동등하게 평범한 일반인으로 성숙할 조건 - 교육 기회 불평등과 현대화된 분야에서의 노동활동 차별 등의 - 을 방해하는 인종 차별 규정이 유지된 때문에 백인들이 독점한 부와 권력, 명예를 깨뜨리지 못했다. 그래서 흑인을 여타의 차별이 없는 시민의 조건으로 통합하여 인종 민주주의의 이상을 실현하려 했던 브라질 사회의 실패를 반영하면서 흑인들의 문맹률과 범죄율 그리고 사망률은 더욱 높아졌다.

이런 점에서 플로레스땅 페르난데스(Florestan Fernandes)는, "이러한 목적을 달성하지 못하면 브라질은 인종 민주주의도 민주주의도 실현할 수 없다. 역사의 역설 때문에 흑인은, 우리 시대에 현대 문명의 근간을 이 땅에서 확고히 하려는 우리의 능력을 보여주는 시금석으로 바뀌었다"라고 주장했다(1964: 738).

빈곤과 흑인성의 연관에도 불구하고 뚜렷하게 대조적으로 브라질인들을 분리하고 대립시키는 깊은 차이는 사회적인 성격에서 만들어진다. 그 차이는, 일반적으로 빈곤한 경제상황에서 소비의 합리적인 패턴을 획득했던 특권층과 신용 계층을, 노동에 착취된 거대 군중 또는 생산과정의 경계에 있었던 결과 국가의 문화적, 사회적 그리고 정치적 삶의 경계에 살게 되어 제외된 사람들을 구별했다. 그 차이를 감소시키려는 의지는 브라질 사회로 하여금 생산체계에서 그리고 다양한 사회적, 문화적 삶의 영역에서 모든 국민을 통합해 사회적 재구조화로 나아가게 하는 가장 오래된 도전을 만들었다.

이렇게 흑인의 아주 뚜렷한 인종적 형상을 가진 브라질인들은, 가장 빈곤층에 집중되어 있음에도 불구하고, 인종적 차별 때문이 아니라 그들의 신분 상승을 방해하는 요인들의 역사적이고 사회적인 특징을 의식되고 있기 때문에 사회적, 정치적으로 활동할 수가 없었다. 즉 흑인으로서가 아니라 경제, 사회적 진보라는 똑같은 희망을 위해 동원되는 빈곤계층의 구성분자이기 때문이다. 흑인 또는 흑백혼혈인이라는 사실은 그럼에도 불구하고, 모든 가난한 자를 견디게 하는 불평등 대접이라는 형벌 때문에 그리고 적대감의 세밀한 또는 엄격한 형태가 더해지기 때문에 이중의 희생을 강요당하고 있다.

그러나 다른 사회와는 구별되는 브라질의 지배적인 인종적 편견의 성격은, 분리의 메커니즘으로서가 아니라 통합력으로 먼저 작용하게 만든다. 흑인 피의 비율이 어떻든 유색인에게 무조건적으로 적용되는 앵글로-색슨 패턴의 인종 편견은 그 어떤 공생 형태에도 적대감을 품고 그에 따라 필연적으로 고립과 분리 그리고 폭력으로 이끌고 있다. 피부 음영에 따라 차별적으로 나타나 밝은 색 혼혈인을 백인으로 규정하는 경향을 보이는 브라질 사람들의 유색인종에 대한 편견은 먼저 혼혈화에 대한 기대감으로 이끌고 있다. 그 기대감이라는 것은 사실, 흑인들이 있는 그대로 자신을 인정하는 대신 통합의 추진력으로 혼혈화를 받아들이기에, 밝은 색으로 바뀌는 것을 염원하기 때문에 차별적이다 (Nogueira, 1955).

반복해서 강조하자면 인종인 피부색 편견보다도 브라질인들은 계급에 대한 뿌리 깊은 편견을 갖고 있다. 문맹자나 식자(識者), 구전으로 전해진 통속적인 지식의 소유자나 현대적인 지식의 소유자, 민속 전통 계승자나 고급 문화유산의 계승자 그리고 사회적으로 안정적인 가정의 후손이나 그렇지 않은 가정의 후손과 같이 가난한 계층과 부유층 간의 커다란 사회적 차이는, 그들의 소유 재산뿐 아니라 특권층 삶의 행태로의 통합 정도에 따르더라도 흑인과 백인보다도 훨씬 더 빈자(貧者)와 부자(富者)를 적대시한다.

이렇듯 사회적으로 성공하고 지배계층의 태도와 관습, 취향을 지닌 흑인들과의 결혼과 동거는, 흑인이든 백인이든 혹은 혼혈인이든 교양 없고 난폭한 가난한 사람들의 실질적인 사회적 차별과 명백한 문화적 격리감 때문에 이들과의 결혼과 동거보다도 더욱더 쉽게 인정된다. 이런 유사한 조건에 함께 사는 백인과 흑인은 사회적으로 단일한 물결처럼 합치고 섞이면서 빈곤의 억압에 또한 함께 투쟁하려고 하며 또한 더 나은 삶의 조건으로 상승하는 데 공동으로 힘쓰면서 동시에 사회적 재조직화에 노력하게 된다.

질베르뚜 프레이리(Gilberto Freyre, 1954)는, 매혹적인 이슬람 여인의 전설과 심지어 과거 이슬람 지배 시대의 문화와 기술의 우월성에 대한 포르투갈 사람들의 향수에서 고무되어 포르투갈인이 유색인 여인들에게 느꼈던 매력에 대해 언급했다. 이러한 관찰은 심지어 진실일 수 있으며 그리고 확실히 매력적인 것이지만 그러나 유럽인들이 백인 여성이 없는 곳에서 유색인을 만난 어느 곳에서나 항상 있어온 섹스 교류를 설명하는 데는 전적으로 필요 없는 것이다. 이러한 일은 남아프리카에서 영국인 혹은 네덜란드인과 상이한 외모와 실체를 지닌 미개 흑인 여성들과의 사이에서도 역시 그러했다. 그래서 여전히 오랜 세월 유럽인들은, 섹스 교류에 방해물로 작용할 수 있는 문화적이며 도덕적인 환경을 만들어내면서도 백인들이 남성과 여성의 구성비가 균등해지도록 동질화될 때까지 관대한 혼혈계층을 생산하면서 혼혈화된 것이다.

백인 남성들과 여성 흑인 노예들과의 관계는 단순히 포르투갈 식민지 지역에서만이 아니라 전 세계 모든 지역에서 나타난다는 것 또한 특기할만하다. 예를 들면 북미의 혼혈인이 있는데, 이들은 명백하게도 매혹적인 이슬람 여인에 대한 전설이 없었음에도 불구하고 프로테스탄트 청교도의 섹스 교류에 의해 만들어져 흑인 자체보다도 훨씬 그 수가 많음을 알 수 있다.

이러한 사실로 볼 때, 완전한 금욕 패턴 대신에 그리고 일반화된 섹스 교류 대신에 투과도가 조금씩 다른 인종적 장벽이 있다고 할 수 있다. 인종적으로 전혀 다른 사람들이 접촉하는 곳 어디든 크고 작은 혼혈계층이 나타났다. 다른 지역과 브라질에서의 혼종 간 결합 상황의 차이는, 섹스 교류를 단죄하기보다 더 장려한 상호 적응된 기대감의 발전적 모습이라는 것이다. 브라질 상황에서 혼혈자식 출생은 특별한 만족을 주는 동기가 되며 흑인 또는 백인 근원에 대한 어떠한 배반도 아니라는 것이다.

혼혈을 격려하는 이러한 통합적 이데올로기는 아마도 브라질의 인종 간 결합의 가장 긍정적인 가치일지도 모른다. 그래서 이것은 확실히 일반 민중 – 특히, 흑인은 점점 백인화되고, 유럽인은 점점 혼혈화되고, 일본인은 점점 눈이 동그래지기를 바라는 인종주의자들 – 의 열망 선상에서 모든 브라질 흑인을 백인화로 이끌지는 않겠지만 그러나 결합보다도 분리를 억제하는 가치를 지니고 있다.

이러한 노정을 따라 브라질 국민은, 미래에 공동의 다인종적인 유전적 전통에 더욱더 공동 참여하게 되면서 점점 더 동질화될 것이라고 생각할 수 있는 것이다. 브라질에서는 그 누구도 종종 흑백혼혈의 황갈색 피부에서 밝은 백인으로 가거나 인디오의 검고 매끄러운 머릿결이나 흑인의 곱슬머리, 백인의 매끄러운 머리 등과 결합한 그리고 서로 다른 눈의 형태, 입 모양의 차이 그리고 코와 또 다른 신체적 차이를 가진 같은 부모에게서 난 서로 피부색 다른 자식들을 이상하게 여기지 않는다.

실제로 과거 혈통의 브라질 가정은, 3개의 인종 형성 계통에 가장 가깝거나 또는 가장 먼 조상에게서 유리된 구성원의 유전적 특징을 보인다. 그러한 유전적 전통에서 모든 근원을 이끌어내면서 브라질인은 인간의 얼굴을 가진 지극히 다양한 후손을 만들어 내는 것이다.

과거의 포르투갈 백인과 오늘날 지배계층의 브라질인을 특징짓는 것은 그들의 섹스 관계 패턴의 이중성으로, 그 하나는 자신들의 사회적 범주 내에서의 관계이며 다른 하나는 그 반대로 가장 빈곤한 계층 사람들과의 관계이다. 이 두 번째 경우는, 어떠한 낭만적인 관계가 아니라 단순히 섹스에 대한 흥미 때문에 남성들이 행하는 사회적 하층 여성들과의 방탕한 섹스로 특징지어진다. 사전에 사랑에 대한 구애도 없이 우월한 사회적 계층의 남성은 적절한 기회가 주어지면 늘 매력적인 흑인과 인디오, 혼혈 여성과의 섹스를 시도하려고 한다. 그래서 서로 다른 사회적 수준의 사람들 사이에서의 서정적이고 낭만적인 사랑이나 애정은 실제로 드물며 예외적일 수밖에 없다.

이러한 불평등한 상황에서의 섹스 관계는 친밀함을 전혀 만들어내지 못하며, 여성으로 하여금 관계 전이나 후에도 똑같이 존중을 강요하고 노예 또는 종속적인 관계로 유지하면서 남성에 대하여 비대칭적인 사회적 지위를 강요한다. 노예의 종속적인 상황이 지속되는 때와 장소에서 여성은 언제나 더 많은 노예를 생산하도록 남성을 받아들이고 혹은 노예로서만 복종하도록 자신에게 부과된 백인 남성을 받아들여야 한다. 그래서 노예가 아닌 상태가 되어야만 비로소 동등한 관계를 꿈꿀 수 있게 되지만, 그러나 빈곤이 우세한 조건에서는 이러한 관계는 우연적이거나 일시적인 축첩(蓄妾) 관계가 될 수밖에 없다. 이러한 상황에서 가정은 서로 다른 남성의 자식을 출산하는 여성을 중심으로 이루어지게 된다.

가난에서 벗어나 경제적인 충족이 이루어질 때만이 여성이 섹스 관계를 공동의 게임 형태로 그리고 궁극적으로 사회적 인식의 종교적, 법적 상징을 가진 안정적인 가정의 삶을 만들 기회로 이끌며 그 관계에 품격을 부과하고 자발적인 감정을 느낄 수 있는 최소한의 조건을 획득하게 된다. 새로운 섹스 관계의 패턴이 이미 민족사회의 현대적 근원에 통합된 흑인, 백인 또는 혼혈 인구의 일부분에게 우세하게 나타나고 있지만, 그러나 사회적으로 변방에 처해있는 브라질인들의 상당부분에게는 아직도 요원한 이상일 뿐이다.

최근 들어, 무엇보다도 북미 흑인들의 부흥운동에 고무된 새로운 태도의 현대화와 전파 덕분에 스스로에 대해 자부심을 갖고 간혹 자신들의 흑인성(negritude)에서 인종주의자가 된 흑인들과 혼혈인들의 열정적인 자기주장이 나타나고 있다. 인종 간 관계 패턴의 변형은, 지배계층 사람들 사이의 관계를 이끄는 모든 가치에 대한 더 단순한 일반화로 기우는 것이 아니라, 처녀성에 대한 기대의 엄격함을 완화하거나 또한 사회적으로 하층인 여성들과 무책임하고 자유로운 섹스 관계를 맺는 남성들의 방탕함을 제한하는 방향으로 바뀌고 있다.

이러한 새로운 상황에서, 원하는 파트너 그리고 심지어 궁극적인 관계를 언제나 염원했던 유색인종 여성은 안정적이고 동등한 관계를 형성하기 위해 모든 다른 여성과 경쟁하게 될 것이다. 이리하여 항상 모계 중심적이었던 브라질 가정의 구조는 언젠가는 극복될 수 있을지도 모른다. 이를 위해서는 먼저 무책임한 가부장제의 토대인 대부분 국민의 사회경제적 경계 상황이 극복되어야 하는 것은 필수다. 그리하여 편견 형태로서 흑인의 백인화에 대한 생각은 줄어들겠지만, 그러나 통합 과정에서 중요한 역할을 하는 인종 간의 관계 경향은 지속될 것이다. 하지만, 흑인들의 급속한 신분 상승에 대한 모든 사회적인 수준에서의 저항 때문에 그리고 관계 설정에 있어 유색인 여성의 새로운 태도 때문에 혼혈을 감속하려는 경향으로서 새롭고 큰 긴장이 나타날 수도 있다.

혼혈 브라질인의 대부분은 그러나 중하층 계층에 크고 광범위하게 자리 잡고 있으며, 이러한 사실은 백인들보다도 더 황갈색적인 새로운 요인들이 발생하도록 작용하며 혼혈의 과정을 유지, 강화할 능력이 있도록 할 것이다. 그리고 그 능력은, 분리주의 이데올로기에 영향을 받은 특권 집단들 - 백색 피부색이 우월하거나 흑인보다도 먼저 인디오 기원에 따라 자신의 피부색을 규정하려는 경향이 있는 사람들 - 이 이미 특징적으로 용납하지 않는 인종주의적 자세를 보이고 있으므로 너무나도 중요하다.

그럼에도 불구하고, 통속적인 문화에 자리 잡고 있으며 학교에서 교육하는 동화주의 이데올로기의 활력, 다인종적 기원을 자부하는 모든 브라질인 사이에서 일반화되기 시작한 태도, 그리고 자신의 기원에서 나온 흑인으로서의 활력은, 어쩌면 흑인의 신분 상승에서 기인하는 사회적 긴장에 효과적으로 대처하게 할 것이며 이는 흑인에게 민족사회에 대한 평등한 참여를 가능하게 할 것이다. 그렇게 되어야만 브라질인의 연대감을 벗어나게 하는 보다 극적인 투쟁 중 하나가 극복될 수 있으며 그래서 그러한 활력은 반드시 필요하다.

이민자들

브라질 인구에 통합된 유럽이민자들은 금세기 브라질에 들어온 외국인의 4/5를 차지하는 약 500만 명으로 추산되고 있다(브라질에서의 이민자의 역할에 대해서는 Ávila, 1956, Carneiro, 1950, Martins, 1955, Cortes, 1954, Saito, 1961, Waibel, 1949, Willems, 1946, Laytano, 1952, Diégues Jr., 1964와 Ianni, 1966의 책을 참고할 것). 이 중에 포르투갈 이민자는 약 170만 명으로, 이들은 식민 초기에 들어와 흑인과 인디오와의 혼혈을 통해 급속히 늘어난 식민자와 더해져 이후에도 그 수가 지속적으로 늘어났다. 그 뒤를 이어 이탈리아인이 160만 명, 스페인인이 70만 명, 독일인이 25만여 명, 일본인이 23만여 명 그리고 1886년과 1930년 사이 들어온 특히 슬라브족을 포함한 소수 인종들이 브라질로의 이민자들로 파악되고 있다.

또한 위 시기에 귀화한 외국인의 통계를 보면, 1890년 2.45%에서 1900년 6.16%로 늘어났으나, 1920년에는 오히려 5.11%로, 1940년에는 3.91%로, 1950년 2.34%로 그리고 1970년에는 0.8%로 계속해서 줄어든 것으로 나타났다.

〈표 5〉 입국 시기에 따른 이민자 분포

(단위: 천 명)

시기별	포르투갈인	이탈리아인	스페인인	일본인	독일인	계
1851/1885	237	128	17	-	59	441
1886/1900	278	911	187	-	23	1,398
1901/1915	462	323	258	14	39	1,096
1916/1930	365	128	118	85	81	777
1931/1945	105	19	10	88	25	247
1946/1960	285	110	104	42	23	564
계	1,732	1,619	694	229	250	4,523

수적으로 큰 의미는 없을지라도 이민자의 역할은 그들이 가장 많이 모여 있던 남부지역에서 일단의 지역 거점을 형성하여 유럽풍 광경과 백인 중심 인구밀집지역을 보여주었다는 점에서 중요하다. 이 지역의 이러한 인종적이며 문화적인 구성이 독특하다 해도 브라질 사람들과 브라질 문화로서의 특징이 두드러지게 고착화하는 데는 시간이 오래 걸리지 않았다. 왜냐하면 이민자들이 브라질에 대규모로 들어왔을 때 이미 전국적인 국민의 규모는 수적으로 너무 커져버렸고 인종적인 측면에서 크게 견고해졌기에 이민자들의 브라질적인 문화적, 인종적 흡수는 큰 변화 없이 수용될 수 있었다.

결과적으로 브라질에서는, 대륙 남부지역 다른 나라들에서 일어난 것과 같은 것, 즉 수적으로 적었던 원주민 인디오 종족이, 전체의 4/5를 차지하는 대규모 이민자에게 함몰되어 유럽적인 특징의 새로운 모습을 민족사회와 문화에 뿌리내려 새로운 이식된 민족으로 변형되는 일은 일어나지 않았다. 이렇듯 브라질은 역사-문화적 형성에 있어 더욱더 상기의 특징을 확인하면서 새로운 민족으로 태동하여 성장하고 있었다. 브라질에서 특기할만한 사실은, 한편으로, 흑인과 흑백혼혈인이 하층적인 위치에 처해있기에 계층 간의 급격한 사회적 불평등이 일어나고 있으며, 또 다른 한편으로는, 인종적 근원의 다양함에서 나오는 특징과 마찬가지로 지역적인 생태적 단일성만큼이나 특이한 요소의 문화적 기원에서 유래하는 차이를 초월한 기본적인 문화적 동질성이 존재한다는 것이다.

어떤 지역에서는 흑인, 또 다른 지역에서는 인디오 혹은 독일, 일본계 사람이 많이 존재한다는 지역별 차이에도 불구하고 그 어느 인종도 초국가적인 종족이 브라질인이라는 정체성을 넘어서 주도적으로 자리 잡지는 않았다. 다양한 요인으로 만들어진 결합 형태는, 궁극적으로 상반된 긴장이 존재하는 지역적, 인종적 또는 문화적 단일성의 주변에 조직화되지는 않으며, 민족적 종족으로 남아있는 형태를 띠게 되었다. 즉 모든 사람에게 동일한 문화가 일관되게 적용되며 그리고 민족적 자기결정이 더욱더 브라질적으로 변모되어 모든 사람을 활기 있게 만들고 있다.

이러한 브라질주의(brasileirismo, 역자 주: 브라질정신)는 오늘날 한편으로 외국인 배타주의(xenofobia)를 그리고 다른 한편으로 민족적 자기도취를 만들어내면서 브라질 사람 모두에게 너무도 깊게 뿌리박혀 있다. 브라질 사람 모두는 월드컵 축구대회에서 지극히 깊은 국민적 감정으로 응원을 하는데, 이는 마치 전 세계 다른 국민에 대한 전쟁처럼 여기는 것처럼 보인다. 그래서 승리는 각각의 가정에서 축제로 기념되지만 패배는 개인적인 수치라고 여기는 것이다.

브라질 사람들은, 브라질이 아닌 다른 나라에서 살아가는 것을 유배처럼 무척이나 힘들다고 느낀다. 우리는 단일성의 혈액을 갖고 있어 다른 민족과 함께하는 동거를 받아들이고 향유하는 것이 매우 어렵다고 생각하는 것이다. 나딸(Natal)의 시장(市長)은 몬떼비데우(Montevidéu)에서 지극히 슬픔을 안고 죽었다. 그는 결코 스페인어를 배우려 하지도 않았으며 그가 성냥 하나를 사는 데도 스페인어가 필요치 않았다. 어떤 사람은 자살을 했고 모든 사람이 너무나도 고통스러워했다. 노동자로 수출된 50만 명의 브라질 사람이, 브라질인으로서의 자신들의 정체성을 광신적으로 따르며, 해외에 내버려진 배척의 느낌을 갖지 않으려고 자신들만의 모임을 갖는 사례를 보면 이를 충분히 이해할 수가 있다.

05 질서 대 진보

무정부의 기원

식민화 계획 의도의 이율배반적인 점은 브라질 핵을 확대하는 야만적이며 사회적으로 무책임한 무정부적 특징이라고 말할 수 있다. 본질과 어울리는 자체적 해결을 모색해야만 함에도, 서로 다른 현실 위에서 작용하고 또한 공식적인 의지와는 동떨어져 행동하면서 식민 행위는 거의 언제나 즉흥적으로 그리고 상황에 맞게 실행되었다. 예측이 불가능한 채로 식민 행위는 되풀이되고 반복되어, 재규정될 때까지 분리되어 발전했다.

다양한 부문에서 그러한 양상이 나타나는데, 그러한 예가 인정하고 일반화해야 했던 그 어떤 고무적인 규범에서도 벗어난 것 중 하나는, 혼혈인이 임신한 인디오 여자와 간음하는 것이었고, 또 다른 예는, 노동을 시키고 팔기 위한 목적으로 자행한 인디오 노예 포획 전투 작전인 오지개척단 반데이란찌(bandeirante)의 활동이었다. 공적이 아닌 사적 폭력의 대리인 역할을 행한 반데이란찌는 포르투갈 왕실의 대리인이었으며, 그들의 행동과 수단에 의해 빈곤지역에서의 경제적 삶과 브라질의 실질적인 점유가 가능해졌다. 공식 문서에서 인디오들에게는 날조된 숭고한 운명에 대한 환상을 보여주었지만, 포르투갈 왕실은 인디오 포획에 대한 그 어떤 금지나 방해도 하지 않았다.

훗날, 반데이란찌들이 무인지대에서 금과 다이아몬드 등의 광물자원을 발견하게 되자 본국 왕실은 더욱 강탈적인 형태의 가혹한 세금을 부과하면서 인디오 포획을 법적으로 허용했다. 다이아몬드에는 이전의 담배와 소금과 마찬가지로 실질적인 독점 법령을 통하여 누구도 다이아몬드로 이득을 취하지 못하게 했으며, 채굴업자들이 비밀리에 암약하면 강압적인 세무공무원에게 밀수업자로 낙인이 찍히게 되었다.

브라질과 브라질 사람은, 세계시장의 전제정치와 열대 생태계라는 제한 그리고 권력 하부에서 멋대로 형성되는 자의성과 새로운 땅에서 공식적인 식민화 계획을 행하고자 했던 관료적 합리주의가 상충하면서 만들어진 결과물이다.

너무도 다양한 인적 요소로 형성된 브라질인인 우리는 과연 누구인가? 우리를 완성한 그러한 다양한 요인의 혼합은 현재 진행 중인가, 아니면 앞으로도 끝나지 않을 것인가? 우리는 인종적이고 문화적인 측면에서 다양한 피부색의 민족으로 영원히 선언되게 될 것인가? 세계의 다양한 지역에서 도래한 사람들로 구성된 민족으로서 브라질인의 특별한 특징은 있는 것인가? 오랜 세월에 걸쳐 이러한 논쟁은 구체적인 행위에서 비롯된 명백한 해답을 이미 갖고 있다.

힘의 측면에서 브라질은 포르투갈의 계획에 정면 배치되고 브라질 사람 스스로에 대해서도 너무도 놀라운 형태로 스스로를 만들었다. 포르투갈과 그 식민자들의 의도에도 불구하고 브라질이 진행해온 다인종과 사회문화적 혼합의 결과를 보면 그들이 이 땅에 우리를 모여 살게 한 덕분에 브라질인은 존재하는 것이다.

식민자들과 그 후손의 공식적인 식민화 계획에는 반대하면서도 그들의 계획에 편승한 것이다. 식민자들의 의지에 따라 식민 사업에 동원된 인디오와 흑인 그리고 혼혈인을 포함한 우리 모두는 그저 수출상품을 생산할 목적으로 해외의 프롤레타리아로 규정되어 그 기능을 수행한 것이다. 때때로 나는, 오늘날 다국적 기업의 지배 주체와 새로운 엘리트인 지배계층의 권력 아래서와 마찬가지로, 과거 노예들의 주인 후손인 구시대 지배계층의 절대권위가 똑같은 목적을 계속 수행하고 있다고 생각한다. 아직은 미숙하지만 나름대로 통치 권위를 행사하고 있는 기술 관료들도 시장 논리와 신자유주의의 사회적 무책임에 여전히 빠져있다고 생각한다.

과거 식민 본국인 포르투갈 사람들이 가장 놀란 것은, 자발성이나 자기통제 의지와는 거리가 먼 인적자원으로서 오로지 생산에 소모되기 위한 중상주의 목적을 가지고 집합된 노예 노동력의 힘이었다. 똑같이 오늘날의 지배계층이 당황하는 것은, 과거 노예였던 이들 흑인과 인디오, 혼혈인의 후손들이, 이 나라를 국민인 자신들의 의지로 이끌어야 하는 공화국으로 감히 생각하고 있다는 점이다.

브라질의 역사적 과정의 부정형적인 특징을 규정하는 것은 쉬운 일이 아니며, 이는 또 다른 맥락과 연속을 설명하기 위해 만들어진 개념적 구도 내에 포함되지도 않는다. 꾸냐디즈무, 즉 인종 간 통혼의 요람에서 태어나, 아프리카 노동력의 힘에 기초하여 근간이 만들어진 브라질은 역사적으로 다양한 모습을 통하여 형성되어왔다.

해결할 수도 극복할 수도 없는 과거의 낡은 제도적 문제는, 브라질 발전의 지체(遲滯) 요인으로 그리고 동시에 사회혁명의 주요 원동력이 되는 요인으로 지속되고 있다. 사실, 브라질의 가장 큰 역사적 유산은, 통일된 종족적, 민족적 그리고 문화적 민족이 자체적으로 만든 헌법이라는 업적이다. 하지만 또 다른 유산은, 스스로를 위해 존재하는 민족으로서 사회 경제적 차원에서 우리를 견고하게 구체화하지 못한 노력의 실패이기도 하다. 그러한 실패의 근간에는 여전히 존재하는 소수 명령자, 소수 지배자의 성과가 있으며, 그것은 토지 독점의 영구화, 생필품에 대한 이익의 극대화 그리고 착취 노동력에 대한 낡은 보상 정책을 통하여 과거의 특권을 지키려는 의도에서 비롯되는 것이다.

억압받던 사람들에게는 역사가 미래에 혜택을 줄 것이라는 어떠한 믿음도 없기에 그리고 역으로 또한 미래에 이 소수 지도층이 자신들의 이익에 따라 브라질을 만들고 변형하리라는 법적인 두려움이 존재하기에 수백 년간 지속되어온 그러한 경향을 역전시킬 목적으로 역사에 효율적으로 개입하려면 이는 더욱더 강제적인 형태일 수밖에 없게 된다. 이것이 우리의 현실이다.

과거와 현재

전통적 패턴의 현대적 패턴으로의 이행은 모든 지역에서 각기 다른 리듬으로 실행되지만, 그러나 더 진보적인 지역 자체에서도 역행적인 현대화로 저지되거나 지체되는 것을 볼 수 있다. 이는 그러나 개혁적인 변화에 대한 열망이 어쩌면 새로운 민족과 그중 브라질 사람이라는 더 새로운 특징을 구성하기에 변화에 대한 문화적 질서의 어떠한 저항에 의해서도 설명되지 않는다. 왜냐하면 농촌 인구와 도시 변두리 인구들이 이미 새로운 것에 개방되어 있어서 변화에 대해 문화적인 것보다는 먼저 사회적인 저항에 부닥치기 때문이다. 그들은 사실 보수주의자이기보다는 낙후된 사람들이다. '낡은 섬'과 같은 존재의 고립을 깨뜨리면서 열려있는 각각의 노정은 내적 소통의 범주에 새로운 요인들을 끌어내고 있다.

브라질 사회의 문화적 동질성을 받아들인 각각의 구성원은 현대화된 요소들과 소통할 능력이 있으며, 또한 그만큼 혁신을 받아들일 준비가 되어 있다. 농촌 보수주의에 그리고 종족적 또는 민속적 특징의 전통 가치에 얽매이지 않으면서 그들을 부득이한 사회적 조건도 아닌 삶의 구시대적 형태에 묶어놓지 않았다. 변화에 대한 이러한 수용적 태도는, 다른 역사-문화적 형태에서 관찰되는 보수주의자들과 비교해 그들 스스로 혁신을 증진하는 데 충분하지는 않다. 깊은 오지 내륙지방의 가난한 가족은 그곳에 도착하는 첫 번째 트럭에서 자유와 해방의 기회를 보게 된다. 더 젊은 사람들은 오로지 운전기사가 되는 것을 꿈꾸고 모든 사람은 새로운 삶의 형태로 편입할 준비가 되어 머물러 있기보다는 그곳을 떠나고 싶어 한다.

이것이 브라질 민중이 형성된 근원에서 떨어져나오는 탈문화 과정의 근본적 결과이다. 자신들의 조상인 유럽인과 아프리카인 그리고 원주민 인디오와 관련한 문화적 차원에서 빈곤이라는 것을 경험한 보통의 브라질 사람은, 전통적인 유럽의 농촌 사람이나 공동체적인 인디오 또는 부족적인 흑인들보다도 진보의 혁신을 훨씬 더 잘 수용하는 평범한 사람으로 만들어졌다.

민족적 발전과 함께 브라질 문화를 책임져야 할 미래적 형태는, 행하고 교류하며 그리고 사고하는 방법에서 더 확대된 동질화를 이루기 위해 종족-민족적인 단일성을 강화하도록 이끄는 것이 될 것이다. 그러나 여전히 오랫동안 현재보다도 확실히 덜 차별적인 지역적 다양성들이 작용하게 될 것이다. 왜냐하면 이는 예전의 차별적인 문화적 내용에 작용하는 변형적 과정에도 불구하고, 환경의 특화된 요인들이 생산 기술과 커뮤니케이션의 단일화보다 훨씬 덜 강하기 때문이다. 그리하여 영토의 광대함을 통해 지역별로 다른 풍광과 관습 등 다양성의 차이가 추가되면서 오늘날의 브라질을 풍부하게 하는 모자이크 채색과 같은 어떤 것이 보존되는 것이다.

산업혁명의 개혁적 세력에 대한 저항과 그 지체의 근본적인 원인은 그래서 민중과 그들 문화의 구태의연한 특징에서가 아니라 지배계층의 저항과 반대에서 찾을 수 있다. 특히 구시대적인 구조적 지배와 세계경제와 접합한 불행한 현실에 바탕을 둔 그들의 이익과 특권은 지체의 요인으로 작용하지만, 또한 그 어떤 변화에 대항해서도 이익과 특권을 지키기 위해 모든 노력이 경주되고 있다. 토지소유가 대표적인 경우로, 이는 농촌 대중의 집단적이며 현대적 삶의 형태와는 양립되지 않으며, 또한 국민에게 제공되는 적절한 보상책과 이에 따른 노동 활동은 더 확대되지 못하고 있다. 또한 직접 뛰어들거나 국내 자본과의 연합을 통해 활동하는 외국 다국적 기업에 의해 이루어지는 재식민적인 산업화도 마찬가지 경우다. 생산이 현대화되고 수입 대체가 허용된다 해도 이익이 본국으로 가지 않는다는 어떠한 약속도 없이 관리 기업 형태만 인정될 뿐이며, 이 때문에 외국 기업들은 엄청난 이익과 특권을 지닌 채 노동에 대해서는 부당한 값을 치르고 있다. 가장 최악의 결과는 생산된 경제잉여가 이 땅에서 재투자되는 대신에 해외로 빠져나간다는 것이고 결국 해외가 그 이익을 독점하고 있다는 것이다.

그렇게 지속되는 상황 중 가장 심각한 것은, 과거와 현재의 기업 소유자들의 이익과 브라질 민중의 이익은 서로 배치되는 위치에 있다는 것이다. 그것은, 국가 기구의 통제와 제도 권력의 지배가 지배계층 손안에서 오랜 세월 유지되어 왔다는 것을 의미하여 그로써 모든 국민에 대하여 그 어떤 진보에도 저항하며 사회적, 법적 질서를 능가했다. 또한 그것은, 소수에게는 아주 크게 번영하게 해주는 식민지 경제를 일궈냈지만, 국민들로 하여금 빈곤에 허덕이게 만들었다. 그것은 현재에도 이전 사회에서 나타났던 변화를 수행하지 못하게 하면서 산업화 과정

자체를 변형시키고 있다. 그리고 이는 여전히 반민족적이며 반대중적인 이익이 수호받으면서, 후기산업화 문명이 민중을 현대화하는 과정, 역사에서 실패한 그 과정처럼 진행되게 하여 다국적 기업의 설치를 허용하고 있다.

이러한 역행적인 제도화에 얽매여있음에도 불구하고 현대화된 브라질 사회는 서구문명의 고답적인 잉여 가치에는 순응하지 못하지만, 일부 원자재를 공급하고 수출 이익을 산출하기 위한 '외부적 프롤레타리아'에는 순응하고 있다. 토인비(A. Toynbee, 1959)가 말했듯이 역사적 주동자와 관련한 부정형의 외부적 프롤레타리아라는 것은, 원래의 문화를 가지고 있지 않고 또 지도자 계층이 외부적 지배의 대리인이기 때문에 붙은 명칭이다.

자율적인 사회에서 일어나는 것과는 반대로 브라질 민중은 스스로가 아닌 다른 사람을 위해 존재한다. 과거에 그들은 농산물 수출기업의 노예 노동력이었으며, 오늘날에는 노동을 염원하는 임금노동 공급자요, 소비를 염원하는 잠재적인 시장인 것이다. 과거와 오늘날 모두 오로지 소수 특권층을 위한 것이지만 언제나 부유한 기업이 존재해왔으며, 그리하여 교역과 관련된 상인들과 현지의 관료 및 토지소유 엘리트에게 이익을 제공하면서 오랜 세월 국가를 유지하고 지배계급을 부유하게 한 것이다. 자유노동자와 같이 생산에 동원된 노동자들은 자신들의 겸손한 생존 방식을 계속하면서 생존과 생산만 할 수 있었다. 하지만 노예로 동원된 노동자들은 결코 그러지 못했는데, 이는 그들이 전체 체제를 유지하고 타인을 위한 번영을 생산해내는 데 사용된 단순한 힘의 원천이었기 때문이다.

그럼에도 단일 농산품목을 수출하기 위해 유인된 사람들의 후손으로 구성된 이들 민중은 독립적인 자주성을 염원하는 새로운 민족의 특성을 떠맡게 되었다. 많은 토착 지주와 포르투갈 백인들은 독립을 요구하는 초기의 계획에 크게 당황했으며, 국가와 자율성의 요구 그리고 심지어 진정한 시민의식의 형성을 염원하는 사람들에 대해 크게 놀라워했다.

독립이 선포되었을 때 브라질 현지 지배계층은, 식민지 시대에 이익을 거둔 것처럼 자치제에서도 이익을 예상하면서 기꺼이 브라질 시민이 되었다. 하지만 이 계층에 의해 수용된 독립은, 외부 프롤레타리아를 국민 그 자체로 변형시키고 존재와 발전의 이행으로 회귀를 허용하는 체제의 어떠한 탈식민화도 이끌어내지 못했다. 독립은, 식민 본국인 포르투갈 리스본의 왕이 브라질 히우 지 자네이루에 있는 아들, 동 뻬드루(D. Pedro) 왕자에게 행했던 정치적 섭정의 이행을 보여주는 것으로, 그곳 히우 지 자네이루에서 포르투갈은 당시의 패권 국가였던 영국과 브라질 독립 문제를 협상했다. 그래서 대외적으로는 인정을 받고, 대내적으로는 권력의 정당성이 부여되어야 하는 독립은, 국민의 이해에 반하는 브라질이라는 국가를 만들어내게 되었다.

이러한 상황에서 국가는, 근대화와 함께 나타난 새로운 부자들에 의해 그리고 군주와 함께 온 귀족 집단에 의해 구시대 엘리트만을 위하는 여전한 노선으로 운영되면서, 그리고 과거 질서를 유지할 목적을 지닌 억압의 정치-행정적 기구로 구조화되면서 단절보다도 지속성을 더 많이 드러내보였다. 민중은, 포르투갈 상인이었던 이들, 구시대 질서의 가장 확실한 대리인의 축출을 요구하면서 거의 전국에 걸쳐 혁명의 기치를 내세우며 저항했지만, 이에 대해 더욱 엄격한 억압이 민중에게 가해지는 결과를 낳고 말았다.

그래서 그 이후 전제국가 형태는 더욱 강화되고 새로이 확대되었다. 예전에는 일부 성직자와 식민지 행정가, 일부 직업 군인과 포르투갈 본국 대학에서 공부한 학사들이 식민지 브라질의 엘리트들이었다. 하지만 독립 후에는 사법부와 의회, 브라질 땅에서 공부한 엘리트들, 군인 그리고 부자들의 건강을 책임질 의사 등의 새로운 세대를 양성하는 중등학교와 고등교육기관을 만드는 것이 필수 불가결했다. 대중문화와 생산기술 대부분은 그러나 매우 완만하게 현대화되기 시작했다. 엘리트를 위한 학교 창설과는 반대로, 일반 대중을 위한 교육은 그 어떤 프로그램도 마련되지 못했기 때문에 대다수 브라질 민중은 문맹으로 남아있을 수밖에 없게 되었다.

그 모든 것에도 불구하고, 새로운 통일은, 역사 · 문화적 형체에 전문적인 적응 형태로서 민족사회의 지역적 차이를 일소하지 못했다. 통일의 새로운 힘에는, 생산과정의 성격에 각자 적응한 방법 즉 사회적이며 경제적인 관계의 개별적 형태가 나타나고 있다.

각각의 이들 요소를 이해하려면, 적응 과정에 맡았던 서로 다른 역할만큼이나 생산 기술의 단일화된 힘을 모든 분야에 공통으로 일치시키는 이념의 창조 그리고 연합 방법에 있어서 동시에 분석할 필요성에 주목해야 한다(브라질의 문화 분야의 계층화 시도는 Diégues Jr, 1960과 Wagley e Harris, 1955을 참조). 이러한 분석은, 적응 방법과 사회성 형태 그리고 정신적 표출의 세계 간에 나타나는 관계에 초점을 맞추어 역사-문화적 지속을 단절시킴으로써 동시적으로 이루어져야 할 뿐 아니라, 사용 기술과 노동의 현행 관계, 세계관 그리고 민족의 변이요소들이 어떻게 나타나고 또 일반화되었는가를 증명하기 위해 역사적 연구 조사를 심화하면서 통시적으로 이루어져야 한다.

문화 분야에 있어서 무수한 별자리처럼 형성된 브라질의 역사-문화적 형체는 고도의 동질성을 갖고 민족문화를 구성한다. 그 각각의 문화에서, 자신들의 사활이 걸린 문제에 대한 해결책과 자신들의 인간성과 브라질성(性)을 표현하는 데 필요하고 자신들을 구체화하는 이유와 설명을 찾으면서, 수 세대를 거쳐 수백만의 브라질 사람들이 태어나고 살고 있는 것이다. 그 문화는 근본적으로, 외래의 문화와 다양한 방법으로 접촉하고 작용하면서 하위문화로서 내부에 더 커다란 사회 통합을 구성하고 있다. 그러한 근본적인 단일성은, 자신들의 문화에 도입된 문명화의 산물을 자신들의 것으로 동화되게 했으며, 단일한 종족적 원세포의 결합에 의해 형성되었고 또한 단일한 식민본국인 중심 세계의 지배와 관리 아래 언제나 그리고 계속해서 존재했다.

이러한 일반적인 관리와 통제는 초기부터 모든 구성요인에게 적용되었으며, 그리고 필요할 때 경찰과 군대의 무력 억압이 이용되었다. 또한 여전히 또 다른 구성요인들의 분리와 전문화 또는 행위의 힘에 의해, 일부 단위는 즉각적인 이해관계에 따라 분열 번식 또는 세계적 맥락에서의 재조정으로 이끌리기에 충분하도록 다양화되었다. 일반적으로, 이러한 자발적인 경향은 억압적인 힘뿐 아니라 경제체제의 통합적 역할 그리고 특히 일찍 획득된 기본적인 문화적 동질성에 의해서 단위와 단일성으로 회귀하면서 나타나고 있다.

경제 및 정치 체제는, 동일한 계층화와 민간적인 재배치 형태를 야기하면서 전체 사회 앞에서 같은 권력 구조의 요소로서 각각의 지배계층을 평가하며 그리고 피압박계층의 적개심에 의해 나타난 공통의 위협 앞에서 근본적인 연대를 가능하게 하는 동일한 계급화 형태를 각각의 단위에서 만들어냈다. 생산 활동 조정자 기능을 가진 지배계급과 사회적 명령자 역할을 하는 귀족사회는 이렇게 해서 민족적 단위를 유지하면서 모든 분열적 경향의 전면에 나설 수 있게 된 것이다.

그리하여 브라질은, 원래의 단일한 구성요인의 성장과 다양화를 통하여, 그리고 동시에 개별적인 지역적 요소에 동일한 지배계층의 설정과 함께 수백만 명의 인구를 포함하면서 광대한 영토 위에 민족사회로서 정착될 수 있었던 것이다. 귀족신분으로 식민지 정복을 미화한 포르투갈 왕국 정부와 브라질 사람들의 관심, 그리고 엘리트 지도자를 사회경제적 상위계층으로 만든 공화국 체제는 적절한 때에 민족적 단일화와 체제를 유지하는 능력을 보여주었다. 그리하여 지역적 다양성의 영향을 피하는 만큼이나, 신식민주의 시대 노예적 식민주의의 사회경제적 변동 위기 그리고 정치적으로 독립적인 국가가 분리되는 위험을 피할 수 있었던 것이다.

그러한 단일화 과업과는 반대로, 자신들의 이익과 노동력 있는 국민들의 이익 사이의 명백한 대치에도 불구하고 중앙 권력의 잘못 앞에 대처할 능력이 없는 소수과두지배체제의, 이해에 대한 복종과 그 각각의 형체화는 민족사회의 규칙이 존재한다. 이는, 브라질 지도자 계층을 로마시대의 집정관처럼, 그리고 헌신하는 대리인으로서, 또한 강제적 힘을 소유한 사람으로서 봉사하게 하면서 식민 제국주의 외부 세력의 현지 대리인들처럼 변하게 만들었다. 그리고 무엇보다도 그들은, 자신들의 눈에는 국민이 아니라 노동력으로 또는 자신들의 기업 활동에 필요한 소모적인 자원으로만 보였던 민중의 운명에 대해 사회적으로 무책임한 집정관이었다.

권력의 영역은, 공적으로 그리고 사적으로 때로는 서로 중첩하면서, 그리고 식민지 경제의 원칙으로서 노예제도와 토지 독점이라는 상황에 언제나 부응하면서 겹쳐진다. 이러한 상황에서, 농산물재배업자, 광물업자 그리고 밀매업자의 무정부적 자발주의에 방해를 받은 포르투갈 왕실의 의도적인 계획의 합리성이 언제나 존재했다. 자유를 원하는 포획된 인디오와 해방을 원하는 흑인 노예 그리고 더욱더 활력 있는 삶을 살기 위해 억압과 복종에서 벗어나기를 원하는 하층 오지인과 혼혈인의 소박한 꿈은 더 이상 없었다.

흑인 노동력의 동원 또한 똑같은 방식으로, 물질적 생산에 체계적으로 소모될 운명에 처한 수백만의 흑인들이 아프리카에서 포획되어 대서양을 통하여 수출되어 브라질 전 지역에서 매매가 이루어졌으며, 이는 당시의 더 광범위하고 복합적인 중상주의 체제의 운영을 통하여 인위적으로 이루어진 것이었다.

브라질의 독립은, 어쩔 수 없는 한계 상황에 이르렀을 때, 포르투갈 지배계층과 더 경쟁력 있는 관료 대부분이 브라질로 이동함으로써 식민지 본국에 의해서 주도되었다. 그래서 브라질에 정착한 이 계층은, 브라질 상황에 적합하게 그리고 아주 조직적으로 독립을 계획하여 80년이나 더 브라질을 섭정할 수 있었던 것이다. 물론 그 세월 동안 그들은 수많은 민중 봉기와 혁명에 부닥쳤지만 그 지도자를 죽이거나 사면하면서 그리고 지배계층에 대한 어떠한 반감도 갖지 않게 통합시키면서 그러한 봉기와 혁명을 극복한 것이다.

종족 변형

종족 변형이라는 것은, 문화적 실체인 민중이 태어나 변화하고 죽음에 이르는 과정을 말한다. 우리는 오랜 세월에 걸쳐 브라질 원주민 인디오들에 관한 문명화 충격의 역사적 재건(再建)만큼이나 그에 대한 직접적인 관찰에 의해 종족 변형 과정을 연구할 기회가 있었다.

이미 형체가 만들어진 민중은 변형에 완강하게 저항하지만 그러나 그가 상호교류하는 맥락 내에서 자신의 존재를 유효하게 하는 변화를 추진하면서 필연적으로 자신이 변화되고 만다. 동시적이거나 또는 지속적인 변화의 기본적인 동인(動因)은 다음의 네 가지를 들 수 있다.

첫째는 생물학적인 것으로, 인간 존재는 다른 생명력들과 상호교류하면서 급격하게 변형될 수 있는데, 이는 유럽인과 아프리카인 그리고 아시아인들이 미주 대륙 순결한 사람들에게 가져온 전염병의 경우로, 이 때문에 이 지역에 상당한 인구감소를 불러오고 말았다. 이방인들이 갖고 온 병균은 미주인들에게 손해를 끼친 것이 아니라 그들을 전멸시킨 것이었다.

둘째는 생태적인 것으로, 생명의 존재는 공존에 의해서 서로 신체적인 형태와 생물학적 역할에 영향을 미치게 된다. 이 경우는 유럽인들이 소와 돼지, 닭 등의 무수한 가축과 함께 대륙에 들어온 것으로, 이것은 한편으로는 토착민들의 삶을 용이하게 만들었지만, 다른 한편으로는 그들에게 또 다른 결과를 만들어냈다. 아스테카와 잉카 제국으로 가축이 도입된 것은 원주민 노동력이 사육한 가축의 노동력으로 대치되었다는 것을 의미했다.

셋째는 경제적인 것으로, 경제적 조건에 따라 사람들을 다른 사람들의 물질적 존재 조건으로 바꾸어놓아 그들을 전멸할 수 있게 하는 것을 말한다. 이는 다름 아닌 노예제도의 경우로, 한 인간을 다른 사람을 위한 단순한 노동력으로 변화시키기 위해 생명의 맥락에서 벗어나게 하면서 엄청난 인간적인 소모를 겪게 한다. 이로써 경제적 상호교류와 함께 공존과 동거 형태에 영향을 미치며, 또한 재생산의 기회를 긴밀하게 하면서 사회적 관계의 모든 그물이 짜이게 된다. 이러한 상호교류는 미국에서 수백만의 자유 소작인을 양산한 토지법을 예로 들 수 있는데, 그것은 실업과 폭력을 불러일으키면서 수백만 명의 노동자를 강제로 도시로 내몰리게 하며 무산계급으로 만들었다.

그리고 변형의 마지막 동인은, 민중의 생존 욕망을 빼앗음으로써 그들을 죽일 수 있는 심리문화적인 것으로, 이러한 경우는, 고되고 힘든 삶을 영속하고 싶지 않아 백인들에게 노예로 제공되기보다 죽음을 택한 인디오들을 예로 들 수 있다. 이러한 일이 일어나는 근간은, 한 번 무너지고 난 후 굴종하며 살면서 투쟁하는 것을 포기하도록 만든 그들의 민족적 자존심 또는 에토스(ethos)가 중요한 역할을 하기 때문이며, 그리고 자신들의 근본 가치와 다른 사회적 편견이나 차별은 살육이라는 것과 직결된다고 믿기 때문이다.

상기 어떠한 요인에 의해서도 민족은 변형이 가능하며, 이는 곧 온순한 생존 방법은 전략적 변형을 통하여 죽거나 다시 태어나는 것이라고 말할 수 있다. 브라질 역사에서 우리는 브라질인디오(brasilíndio)들이 종족 보존과 번식을 위해 여성을 소유화하면서 놀라운 역할을 한 것을 보았다. 흑인들도 마찬가지로, 낄롬부 공동체 마을로 들어간 그들은 그곳에서 자신들의 존엄성을 보존하고 또 자신들의 생존이 가능하도록 삶의 형태를 재구성했다.

그리고 주로 유럽의 가난한 백인 노동자로 구성된 외국의 이민자들도 브라질 땅에서 경제적 풍요를 획득하고 난 후 기존의 브라질 국민 형성에 있어 심각한 변형의 위협을 보여주었는데, 이것은 아르헨티나나 우루과이에서 진행된 것과 마찬가지였다. 이민은, 브라질에서 이미 인종적으로 통합된 사회와 마주치면서 거의 모든 이민자를 동화시켰으며 또 이곳에 이미 살고 있던 사람들보다 이제 막 브라질에 도착한 사람들을 더욱더 변형시키면서 그들의 운명에 커다란 영향을 미쳤다.

생존을 위한 투쟁을 겪으면서 그들 모두가 만든 나라가 바로 오늘날의 브라질인 것이다. 이제 더 이상 자신들의 운명을 위협당하는 인디오는 실제적으로 존재하지 않으며, 탈아프리카화된 흑인들 또한 차별화된 구성요소로 통합되었지만 이들은 어떠한 종족적 자율성도 꿈꾸지 않는다. 그리고 백인 자신은 점점 더 갈색으로 피부색이 변하며, 심지어 이러한 외모의 변형에 자부심을 갖기까지 한다.

5세기에 걸친 브라질의 형성과정을 통해 브라질 국민은 지속적인 변형을 경험해왔지만 그러나 언제나, 포르투갈-뚜삐의 종족적 원세포에서 나온 최초의 유충(幼蟲)이 그러했듯 새로운 국민으로서의 변형을 경험했다. 그리고 그들은, 농업과 산업이라는 2가지 기술 혁명의 충격을 경험했지만 이것이 그러한 종족적 변형에는 어떠한 기여도 하지 않았다. 하지만 모든 변형의 힘은 자신들의 헤게모니를 위협하지 않는 범위 내에서 지배계층에 의해 억제되고 실현되어 왔다.

첫째, 농업-중상주의 혁명은 무엇보다도 노예제도를 통하여 흑인 노예들을 생산에 투입하면서 단일작물 재배를 통하여 과거 인디오의 생산방식을 더 집중적으로 변화시키면서 놀라운 풍요를 누리고 생산을 더욱 증진했다.

둘째로, 인간이 아닌 기계의 힘을 이용하게 된 산업혁명은, 사회를 매우 심각한 변화 과정에 내몰리게 하면서 그 안에서 흑인 인구는 그 수가 현저하게 줄어들었으며 흑인들 또한 자유롭고 자율적인 존재 방식을 배우게 되어 그 결과 산업혁명은 노예제도를 무력화시켜버렸다.

증기와 석유, 전기를 이용하는 기계장치 도입은 우리 자신뿐 아니라 세계시장에 매우 효율적인 결과를 가져다주었지만, 우리는 더 많은 종류의 광물자원과 여타 다른 상품을 경제적 교류의 불균형에 기인하여 질과는 상관없이 상대적으로 값싸게 수출했다.

훗날, 특히 세계대전 후에, 의약품과 플라스틱, 통신기구 그리고 레저용품과 같은 막대한 물량의 새로운 공업 제품이 브라질로 하여금 전 세계와 더욱 긴밀한 연관을 갖게 했으며, 이들 제품을 생산하려고 시도하면서 브라질은 수입대체산업화를 위한 노력을 시도하게 되었다. 그러나 외국 다국적 기업의 이익에만 부응하여 산업화를 진행했을 뿐이며, 이는 우리가 더 효율적이고 현대적으로 변하는 기회가 되었지만,

우리보다는 소위 다국적 기업인 그들 외국 기업에 더 이익이 되고 유용한 것이었으며 결국 이는 과거의 식민지배와 유사하게 상대적인 빈곤을 불러온 또 다른 내적 식민주의를 다시 고착화하는 결과를 만들어내고 말았다.

과거 3세기와 이후 2세기에 걸친 각각의 또 다른 지배가 계속되는 동안 브라질 사회는, 두드러진 외부 강제력과 그리고 상이한 경제 및 지역적 생태 상황에 적응할 방식으로서 시간과 공간에 따른 다양한 형태의 변화를 겪어왔다. 첫 번째 경우, 미주 지역의 새로운 국민 형성에 공통으로 진행된 것처럼 역사적 합병 또는 현대화를 위해 원주민 인디오와 흑인 그리고 백인의 근원을 하나의 새로운 종족 단일체로 혼합한 것이다. 그리고 두 번째 경우, 오랜 시간에 걸쳐 형성된 사회가 산업문명화의 신식민적 맥락에 편입되기 위해서 그리고 노예제도 아래 앞서 진행된 탈문화화를 통하여 동질화된 구성요인들을 사회정치적으로 재조정하기 위해서 또다시 현대화에 의해 진행되는 변형이다. 즉 수출품목을 생산하는 기업과 국내시장에만 전념하는 기업들에서 임금제도를 통하여 국민으로 하여금 노동을 지속할 수 있도록 사회가 권력구조에 의해 언제나 관리, 운영되는 것을 말한다. 세계경제망(網)으로 브라질이 재편입되는 것은 무엇보다도 심각한 사회적 변혁을 염원하는 민중 봉기를 억압하는 데 있어서 그리고 실제적으로 폭동을 일으키는 집단에 대한 예방적 통제에 있어서 어느 정도의 폭력을 요구했다.

브라질의 종족 변형은 과거의 사회적 법률과 경제의 의존 그리고 문화의 날조 등 심각한 요인들로 점철된 오랜 세기를 통하여 지속되어왔다. 두 가지 형태의 문명화와 상응하는 사회-경제적 형성을 통하여 유지되었던 이러한 지속성은 발전에 대한 일련의 압박을 가했다.

그리하여 산업화의 충격은 구시대의 구조 위에서 작용하며 종족 변형을 포함한 사회 변화를 계속하게 되었다. 처음에는 노예로서 그리고 이후에는 임금을 받게 된 임금노동자로서 노동력 동원 체제는, 새로운 상황에서도 계속 유지되면서 산업자본주의 내에서의 경제성장과 새로운 문명화로의 국민 통합을 훼손시킨 또 다른 네트워크로 작용했다. 그리고 가장 중요한 변화 중 하나는, 낮은 에너지의 노동력이 더 많이 필요한 기술적 시스템에서 노동력이 덜 필요하고 따라서 이 노동자들을 더욱 주변으로 내몰리게 하는 기계화된 기술을 이용한 시스템으로의 변화였다.

결과적으로, 늘 노동력이 부족하여 그 대부분을 수입해야만 했던 브라질 경제에서 노동력은 이제 생산에 필요한 것보다 훨씬 과잉되어 곧 브라질의 노동자는 국가경제 내에서 버릴 수도 있는 노동력으로 변하고 말았다.

오늘날 우리는, 과거보다도 훨씬 급격한 또 다른 기술적 혁명이 나타나고 있으므로 여전히 포괄적인 변화의 전야에 살고 있다. 만일 한 번 더 우리를 새로운 기술의 지배자 위치에서 그의 산물인 소비자로 만들어버린다면, 우리의 생존과 민족적 주권에 대한 위협은 더욱더 심각해질지도 모른다. 지배계층과 그의 대변자들은 전략적인 변혁을 통하여 이미 자신들의 지위를 지속적으로 보장하는 계획을 정했는데, 그것은, 모든 언론매체를 통해 만장일치로 전파되고 주장되고 또한 모든 우익세력이 지지하는 신자유주의적이며 민영화적인 주장이었다.

문화적 국면에서는 두 가지 형성 단계, 즉 태어나 꽃피우다가 낡은 것이 되어버린 식민지 문화와 근대화에 의해 태동한 혁신의 문화를 포함하는데, 이 두 가지는 서로 유사하다고 볼 수 있다. 식민지 중심핵을 활기 있게 만든 브라질의 전통문화는, 계층화되고 도시적인 사회 형성과 일치하면서 한편으로 농촌과 도시적인 요소들을 가지고 또 다른 한편으로는 지적이며 통속적인 차원에서 전개되었던 문화였다.

도시민인 기업 소유자와 성직자, 민간 관료 그리고 군인 등의 귀족 계급으로 통합되는 주인 계층은 전체 사회를 자신들의 구성요인 중 하나로 통합하지만 그러나 도시든 농촌이든 대중문화에 있어서는 부분적으로 차별적인 요인을 갖고 있다. 하지만 이들은 여전히 대중적인 유흥에 참여하면서, 대중적인 신념을 갖고 기능적인 친교를 위해 통합자로서보다는 후원자로서 임하고 있다. 사실, 이 주인 계층은 대도시 중심적으로, 자신들의 가치보다는 유행을 더 숭배하며 유럽중심적인 폐쇄적 범주를 형성했는데, 그 안에서 또 다른 지적인 형태의 문화, 즉 문학과 음악, 미술 등을 계승하게 된 것이다.

라디오와 영화, TV 그리고 또 다른 수많은 매스커뮤니케이션을 통하여 브라질의 전통문화를 더 고갈시키려 위협하고 있는 문화산업의 놀라운 힘은 현재에도 여전히 작용하고 있으며 그러한 모든 과정은 더욱 악화일로에 있다. 대중 예술과 다수 대중의 범위에 있는 모든 문화적인 영역에 창조적인 우리는 외래적인 낯선 특질이 보편화되면서 창조성을 잃어버리는 위험을 안게 되었다.

그럼에도 지배적인 문화는, 가장 진보적인 생산기술 분야에서, 대저택 건축과 성곽 그리고 사원에서 장식이나 치장보다는 예술로서 표현되고 있다. 이 모든 것은 유럽 문화의 해외 정착으로 구체화된 것이었으며, 그것은 유럽에서 유행하는 또는 간혹 현지 요소가 가미된 스타일에 따라 변형되었을 뿐이다. 확실히 지적인 분야에서 브라질적인 요소도 반영된 것으로 알려져 있지만 그것은 완전히 브라질 토착적인 모습은 아니었다. 우리의 창작 문화는 그러나 운 좋게도 여기 브라질에서는, 수도 브라질리아 건설에서, 오스까르 니에메이어(Oscar Niemeyer)의 건축에서, 빌라-로보스(Villa-Lobos)의 음악에서, 뽀르띠나리(Portinari)의 미술에서, 드루몽지(Drummond)의 시에서, 기마랑이스 호자(Guimarães Rosa)의 소설에서 그리고 또 다른 예술가들의 작품에서 뛰어나게 꽃피웠다.

구전(口傳)의 통속적인 지식에 근거한 대중문화는 농촌과 도시적인 구성요소로 나뉘지만, 모든 사람이 참여하고 또 민속과 종교, 공예 그리고 동거와 노동을 통제하는 제도에서 표현되었던 이해와 가치 그리고 전통의 공통적인 골격에 의해 통일된 모습을 보여주었다.

외래적인 것에 의해 더 많은 영향을 받거나, 새로운 가치와 형태에 더 수용적인 이러한 대중적이거나 통속적인 또 여전히 고답적인 문화 앞에서 "현대적인 의미"가 대비된다. 이러한 현대성은 도시지역 민중에게 일찍이 광범위하게 전염되었으며, 더 합리적이고 개인적인 그리고 개방적인 태도 때문에 농촌 대중과는 거리를 두었다. 농촌과 도시에서, 과거와 현대에서의 이러한 차별적 거리는 그러나 이국적이고 열대적인 브라질의 모습과 일치하는 대중문화의 유사한 특징을 서구문명이 부정하지 않는다. 이미 윤곽이 잡힌 우리의 개별적인 문화 창조의 제스처는 우리가 속한 우주라는 그러한 보루에 빠지게 될 위험에 처해있다. 그래서 모든 창조적인 예술가는 단순함과 우아함을 추구하는 것이 아니라 세상에서 최고의 존재가 되기 위한 도전을 계속하는 것이다.

새로운 변화의 일부분은 위대한 희망에 대한 근간이 되고 있다. 그것은 먼저 모든 국민에게, 박식한 문명과 문화적 상호교류의 새로운 세계적 체계에 대한 접근으로 볼 수 있는데, 이것은 대중적인 창조성이, 이제부터 축구와 음악 그리고 대중에 의해 구전으로 전달되는 모든 전통문화의 수준에서 전적으로 만들어지지 않을 것이라는 것을 의미한다. 그리고 의약품 혁명과 여성 인권 상승 때문에 사회에서 여성의 위치는 급격하게 변화했으며 이로써 여성들은 더 나은 생존의 조건에서 노동을 할 수 있게 되었다.

그러나 근본적인 것은, 불가사의하게도 민중 특히 흑인 대중이 창조적인 문화 표현을 주도하고 있다는 것인데, 특히 짧은 시간에 완전히 변형된 이에만자(Iemanjá)에 대한 숭배를 예로 들 수 있다. 바이아에서는 2월 2일 그리고 싸웅 빠울루에서는 3월 8일에 거행되는 이 의식은 히우지 자네이루 흑인들은 12월 31일에 거행한다. 이로써 사슴이 이끄는 썰매를 탄 수염이 덥수룩한 유럽의 산타 할아버지는 사라져버렸고 그 대신 그리스 시대 이후 이에만자라는 첫 번째 성녀가 나타나게 된 것이다.

이러한 모든 변화의 압박 때문에 과거로 회귀한 브라질 전통문화는 이제 새로운 형태로 변형되는 움직임을 보인다. 비록 후기 산업사회의 공통적인 '서구적' 패턴에는 일치하지만 이러한 새로운 형태는 브라질에서 민족의 역사적 과정의 특이성과 관련된 특질을 담당하고 있다. 이러한 특질이 지역마다 다른 것처럼, 문화적 지역은 그 특징의 유지, 보존 노력과 함께 변화에 대한 저항의 구조로서 작용하고 있다.

그러나 새로이 정형화된 조건에 의해 강화된 과거의 문화적 지역은, 모든 것에 영향을 미치는 산업화라는 일반적인 과정이 품은 강제성에 의해 그리고 매스커뮤니케이션 시스템으로 단일화됨으로써 점차 동질화되고 있는데, 이로써 남부의 가우슈(gaucho)를 아마존의 까보끌루(caboclo)와 가깝게 만들고 그들로 하여금 산업화 과정에서 상호교류하게 한다.

이는, 그 모든 것에도 불구하고 우리가 서구문명의 한 변방이요, 새로운 로마, 신(新) 라틴 문명의 활동적인 본산이라는 것을 의미한다. 유럽적인 특징보다도 흑인과 인디오의 피에서 더 많은 것을 유산으로 물려받았기에 우리는 이 세계를 더 즐겁고 더 행복하게 만들 수 있을지도 모른다.

IV

역사에 나타난 다양한 브라질

01 다양한 브라질

서론

역사의 방대한 논리적 측면을 고려한 후 이 책을 결론 내리면서, 나는 유일하고 또 반복될 수 없는 역사의 거대한 맥락이 근본적으로는 설명이 불가능한 것은 아닌가 고백하지 않을 수 없다.

역사의 여정을 밝혀오면서 지금까지 우리가 얻은 것은 몇몇 유효하고 일반화된 사실이다. 하지만 어떠한 민족도 그들 스스로의 논리 없이는 생존할 수 없기 때문에 지적 모험처럼 일반화된 논리를 추구하는 것은 필수적이다.

역사는 그 민족이 기억하고 그들의 생활양식이 설명하는 사건과 같이 진정 현지 상황에서 진행되고 있으며, 공동의 신념과 고양된 집합적 의지의 내부, 바로 그곳에서 사건들이 주어지고 진행되고 있다. 왜냐하면 브라질 역사의 전체적 국면의 자리에서 이러한 현지 장면들의 상황이 구성되고 있기 때문이다.

포르투갈 백인의 침략 이후 몇 세기 동안 브라질에는 포르투갈만큼이나 원주민 인디오와 차별화된 신 브라질의 종족적 원세포가 이미 형성되어 있었다는 역사적 기록이 방대하게 존재한다. 초기에는 대서양 연안에 걸쳐 그리고 이후 내륙의 오지로 이동하고 또 큰 강의 지류를 따라 올라가면서 다양한 중심지로 퍼져 증가한 이러한 배아(胚芽)적 종족은 브라질-섬이라는 땅의 사회적, 문화적 삶을 형성했을 것이다. 생태적으로나 생산 형태만큼 현지 상황에 적합하게 차별화된 그들 각각은 하지만 동일한 근원의 유전적 씨앗으로 언제나 일정하게 유지되고 있다.

이들 브라질-섬은, 모든 브라질인의 기본적인 사회문화적 단일체라는 산물을 만들어낸 종족 수태의 과정에 단일성과 계속성을 제공해주었고, 그 땅에서 포획된 인디오와 아프리카에서 수입된 흑인들 그리고 포르투갈과 또 다른 지역에서 들어온 백인이라는 새로운 인종구성 요소의 문화동화와 점착의 중심으로 기능했다.

여전히 염료로 쓰이는 빠우-브라질 나무의 매매가 지배적이던 시절 초기의 사탕수수 농장이 세워지기 시작했을 때 그리고 농업 수출 부문에 원주민 인디오가 노예로서 동원되고 있을 때인 16세기 중엽 이후부터 자발적이며 차별화된 신 브라질의 문화적 세포의 존재가 구별될 수 있을 것이다. 더 이상 인디오도 유럽인도 아니며 그 아무것도 아닌 상황에서 새로운 민족으로서 스스로의 정체성을 만들어가기 시작한 종족은 혼혈인인 마멜루꾸-브라질인디오(mamelucos-brasilindios)였다.

이들은 포르투갈 백인들과 이미 뻬르남부꾸와 바이아, 히우 지 자네이루 그리고 싸웅 빠울루 해안지역에서 그 수가 폭발적으로 늘어나기 시작한 그들의 혼혈인들과 함께 살기 위해 마을에서 이탈한 인디오로 구성된 공동체에서 태어나 자신들의 독립적인 마을에 남아있던 인디오들과 물물교환 관계를 유지했으며 대부모관계의 기반을 갖고 있었다. 그러한 선구적인 중심지들은, 혼혈인 마멜루꾸 주변에서 형성되고, 상선들을 지원하러 나선 백인의 작전 기지로 기능하면서 그리고 이웃 종족과의 동맹 혹은 전쟁 관계를 설정하면서 포획된 인디오를 통합하게 되었을 때 공동체와 요새(要塞)로 급속하게 진보했다. 자신들의 토착어를 쓰면서 여전히 인디오 문화에 물들어 있고 부족을 기반으로 형성된 그들은 이미 유럽에서 도래한 유기적인 원칙에 의해 지배되고 있었으며, 그렇게 해서 변화의 씨앗들은 도시적이며 문화적인 문명화를 구성한 것이다.

이들 공동체에서 시작하여 해안의 과거 사탕수수 지역과 내륙의 목장지역, 중부의 광부들, 아마존의 채취업자들 그리고 남부지역의 목동들에 이르기까지 모든 브라질 사회문화 지역 구성 집단이 만들어졌다. 때로는 목축지역처럼 느리거나 때로는 광산지역처럼 집중화되었던 수천 킬로미터에 달하는 이러한 사회문화 지역의 확대는 브라질 미래의 전 지역에 기본적으로 단일한 원형을 만들어갈 것이다. 비록 무의미하다 해도 인디오성(indianidade)을 전염시키며 문명화 섬으로서 그들을 해체하고 또다시 만들면서 실제로는 전염병처럼 퍼져나갔으며, 아주 오랜 시간 후에는 그들을 떼어놓았던 거대한 공간을 통하여 서로 정상적으로 소통하기 시작했다.

이러한 다양한 브라질이라는 섬과도 같은 지역을 군집적으로 통합하면서 3개의 통합과 점착의 망(網)이 펼쳐졌다. 그 첫째는, 인디오적이지 않은 초기 브라질의 종족적 정체성이요, 둘째는, 빠우-브라질이라는 염료나무의 공급자로서, 대양 횡단을 통하여 구세계와 다른 세계를 연계하는 상업적 특징을 가진 식민 사회경제적 구조요, 셋째는, 수입물품에 의존적이며 더욱더 복합적으로 변하게 된 새로운 생산기술이 바로 그것이다. 그 모든 것에 대하여 특히 최초의 종교적인 문화가 전해지고 있다. 신성(神聖) 앞에서 자신의 정체성을 규명하기 위해 하느님을 찾아 나섰던 인디오 우이라(Uirá)가 "나는 곡식 가루를 먹는 너의 민족에서 온 사람"이라고 선언한 것처럼, 모든 브라질인은 "우리는 빠우-브라질 나무의 가루를 먹는 민족"이라고 똑같이 말할 수 있지 않을까.

브라질인들의 종족적 정체성은, 전통문화라는 기본 원형의 형성이 일찍이 이루어졌으며 또한 그것이 활발하게 그리고 융통성 있게 형성되었다는 사실로 설명될 수 있다. 특히 활발하거나 융통성 있는 특징은, 인디오에게서 유래한 수천 년 된 적응 지식의 상속자로서 브라질인에게 모든 지역적 생태적 다양성에 적응하고 또한 자신들의 본질적인 단위체를 유지하면서 모든 생산적인 연속 범주에서 생존하는 것을 허용했다. 그러한 종족문화의 원세포에서 출발해 4세기에 걸친 적응과 차별화 과정을 통해 브라질 전통문화의 주요한 변형들이 나타나기 시작했다(cultura rústica와 cultura caipira에 대해서는 Melo e Souza, 1964, cultura camponesa와 folk-culture에 대해서는 Redfield, 1941, cultura cabocla에 대해서는 Willems, 1947, 그리고 cultura crioula에 대해서는 Gillin, 1947을 참조할 것).

브라질의 다양한 전통문화는, 사탕수수 농장을 기반으로 하는 북동부의 신선하고 비옥한 농지지역 공동체에서 발전한 끄리오울 문화(cultura crioula), 초기에 매매를 위한 인디오 포획 활동과 이후 금과 다이아몬드 광업, 그리고 훗날 대규모 커피농장과 산업화를 통한 싸웅 빠울루 지역 혼혈인(mamelucos) 주민들의 까이삐라 문화(cultura caipira)가 있다. 그리고 황무지 북동부에서 중-서부 전답지역에 이르기까지 가축사육 지대에 퍼져있는 쎄르따네주 문화(cultura sertaneja)와 고무나무 숲에서 약초 수집에 동원된 아마존 지역 주민들의 까보끌루 문화(cultura cabocla) 그리고 남부 평원 목축업지역의 가우슈 문화(cultura gaúcha)와 그의 두 가지 변형된 문화 즉 까이삐라(caipira)와 매우 흡사한 마뚜따-아쏘리아나(matuta-açoriana)와 독일과 이탈리아 이민이 주를 이루는 지역의 그링구-까이삐라(gringo-caipira)로 나눠볼 수 있다.

사회-경제적 형성 측면에서, 브라질의 이러한 농촌과 전원적인 모양은, 기능적으로는 여전히 통합되어 있는 적대적인 사회계급으로 계층화되고, 도시적인 부문과 농촌적 맥락으로 상호보조적으로 양분된 농업-상업-노예제도가 형성되면서, 거기서 출현한 유럽의 확대라는 외부적인 산물로 그 형체가 만들어졌다고 말할 수 있다. 그리고 그 원동력은, 이베리아 반도의 백인들로 하여금 대양으로 나아가 세계적 맥락에서 최초의 상업경제 시스템을 창조하도록 한 중상주의 혁명에 의한 문명화 과정이었다.

그러한 과정의 산물로서 브라질은, 아주 서로 다른 원형을 모아 융합하여 새로운 민족 형태로 태어나게 하면서, 브라질을 이베리아 반도 백인들의 구원자적-상업적 형태의 식민-노예적 종속으로서 구조화한, 농-상업적 특징을 가진 외부적인 기업의 부산물로 발전했다.

즉, 이것은 인디오들이 살던 시대의 계급으로 계층화되지 않은 비차별적 농업 촌락 형태에서 나온 자율적인 발전으로 볼 수는 없지만, 포르투갈식 구원자적-중상주의라는, 확장일로의 대규모 종족(macroetnia)이 만들어지도록 조장된 역사 현대화를 통하여 단절과 변형이 이루어진 것으로 볼 수 있다(Ribeiro, 1968).

너무나 똑같고 또 너무나 다른 이러한 종족적 중심핵들이 단지 하나의 민족으로 점착되어 유지되었다는 것은 경이로운 사실이다. 식민시대에 그들 각각은 식민 본국과 직접적인 관계를 갖고 있었고 스페인령 미주 식민지에서 일어났듯이 각각 자치적인 공동체로서 독립을 획득하는 것은 극히 '자연스러운' 것이었다. 그러나 역사는 변덕스러운 것이라 그 '자연스러운' 것은 결코 일어나지 않았다. 그보다는 오히려 놀라운 상황이 나타나 그 모든 생태계 지역을 하나의 시민적이며 정치적인 단일체로 포함하면서 하나의 민족-국민으로 만들게 되었다.

02 끄리오울 브라질(O Brasil Crioulo)

> (…) 많은 사람들이 봉사하고, 복종하고 또 존경하기 때문에
> 제당공장 주인이라는 존재는 많은 이들이 갈망하는 호칭이다.
> 그리고 포르투갈 왕국의 귀족들 사이에서도
> 그 호칭을 원하고 있는 만큼,
> 누구든 많은 재산과 권력을 가진 사람이라면 브라질 땅에서 제당공장
> 주인이라는 존재로 추앙받을 수 있다. (…)
>
> 안드레오니(Andreoni), 1967

최초의 수출 농업의 대규모 기업 형태인 사탕수수 제당공장은 당시 포르투갈 식민사업의 실질적인 도구였으며 또한 최초의 브라질인이라는 존재 양식을 형성해준 원형이었다. 당시 제당공장이 아니었다면, 브라질은 훈련되고 개척할 수 있는 노동력으로 활용되지 못한 원주민 인디오들만 살며 원시적인 농업문화를 영위하고 있을 뿐, 광물자원의 유무도 불확실한 광대한 열대지역을 유럽이 지배하는 것은 상상할 수 없었을지도 모른다.

그러나 다행히 사탕수수는 비옥하고 신선한 열대의 토양이 필요했으며, 사탕수수액을 상업 작물로 만들기 시작한 제당공장은, 범선을 건조했던 포르투갈의 목수들에 의해 나무와 철 재질의 사탕수수 압축기를 갖게 되었다. 사탕수수가 브라질 땅에 이식되자마자 사탕수수밭과 농

장은 수십 년 만에 폭발적으로 늘어났으며, 노예 노동력을 쉽게 이용할 수 있는지, 유럽 소비시장이 확대될지, 이것만이 사탕수수 농업이 확대되는 데 유일한 한계로 작용했다.

아랍의 기술을 바탕으로 이미 마데이라와 아쏘리스 섬 등지에서 소규모로 사탕수수를 재배하고 설탕을 생산한 경험이 있었던 포르투갈 사람들은 노동력 충원과 함께 거대 규모의 체제를 갖추면서 브라질 신대륙에서 사탕수수 생산지를 천문학적으로 넓힐 수 있었다.

당시 누구도 이 귀한 열대작물이 일상의 물품으로 소비자들에게 쉽게 다가설 정도까지 생산이 확대되고 또 가격이 떨어지는 것은 상상하지도 않았으며, 이로써 설탕은 특산품이 아니라 보통의 상업용 물품으로 널리 이용되기 시작했다. 설탕의 생산 및 판매 가격은 생산 비용뿐 아니라 대서양 횡단 운송비 그리고 이후 아프리카에서 수입될 흑인 노예 수입 비용까지 충당하고도 남을 너무도 매력적인 사업이 된 것이다.

최초의 사탕수수 제당공장들은 1520년 이전에 브라질 땅에서 건설되었으며 이후 포르투갈인들이 거주했던 전 해안지역으로 급속하게 확산되었는데, 특히 북동부와 바이아 주 강 연안 지역의 마싸뻬(massapé) 토양이 풍부했던 지역은 설탕 문명화의 전진기지로 자리 잡았으며 이는 곧 뻬르남부꾸(Pernambuco) 주의 올린다(Olinda)와 헤시페(Recife), 바이아(Bahia) 주의 살바도르(Salvador) 등의 도시를 태동하고 융성하게 하는 데 크게 기여했다.

반세기 후 제당공장들은, 브라질의 사탕수수가 국제무역의 주요한 물품으로 변모하고 또한 연간 수확량이 유럽 국가 전체의 생산량보다 많을 정도로 그 수가 크게 늘어났다. 이후에도 빨마리스(Palmares)에서의 흑인의 저항과 네덜란드 지배지역에서의 전쟁에도 불구하고 사탕수수 경제는 여전히 성장하여 대규모 제당공장은 약 200여 개에 달했으며 이곳에서 일하는 수입 노예만도 3만여 명에 이르렀다. 이와 함께 연간 설탕 생산량과 가격 또한 크게 성장하여 백만 파운드에 이를 정도가 되었다.

그러나 안띨랴스(Antilhas)의 네덜란드 제당공장에서 생산된 설탕이 국제시장에 대규모로 유입되기 시작한 1650년대에 들어와 브라질의 제당공장은 하락세에 접어들었으며 이와 함께 사탕수수 경제도 점차 쇠퇴하기 시작했지만, 브라질 사탕수수는 여전히 과거 식민 지배지역의 식민 사업을 계속 수행하는 데 기여한다. 하지만 1700년대부터 광물자원이 발견되면서 소위 금의 시대(Cíclo do Ouro)가 시작되자 사탕수수 경제는 브라질 경제의 가장 동적인 부문으로서의 존재와 포르투갈 왕실에 대한 가장 중요한 재원으로서의 위치를 점차 상실하게 된다.

끄리오울 문화(cultura crioula)의 면모를 지닌 브라질 사회는 사탕수수 경제에 의해 만들어진 복합체, 즉 사탕수수 거래 및 관련 재정적 분야와 사탕수수 생산을 가능하게 한 모든 농업 및 수공업의 보조적 분야에서 태동했다. 사탕수수를 통하여 조직화된 인적 집단은 당시의 미주와 유럽지역과 비교할 때 한편으로는 명백하게 추구된 경제-상업적 목적을 달성하려는 식민지 기업의 특성 때문에 대단히 부정형적인 경제-사회적 형성에서 구조화되었다. 그 안에서 존재 형태와 가족 조직, 권력 구조는 낡은 전통에서 유래한 역사적 창조물이 아니라 사업에 효율성을 부여하기 위해 실행된 선택의 단순한 결과였다. 그러나 다른 한편으로, 백인과 인디오, 흑인의 인종적 융합으로 나타난 민족으로서, 서로 다른 원형의 통합에 의해 형체가 만들어진 혼합문화로서 그리고 막 태동하는 세계 무역에 편입된 농산업경제로서 매우 복잡한 모습을 띠기도 했다.

* * *

우리는 끄리오울 문화(cultural crioula)를, 사탕수수 경제의 수립, 그리고 히우 그란지 두 노르찌(Rio Grande do Norte) 주에서 바이아(Bahia) 주에 이르는 브라질 북동부 해안지대에서 있었던 사탕수수 경제의 보조물 및 첨가물의 결과로서 나타난 역사-문화적 형태라고 부르고 있다. 사탕수수 경제의 보조물로서는 국내 시장을 겨냥한 소규모 농장의 주요한 생산물인 브랜디(aguardente)와 납작한 설탕덩이(rapadura)를 들 수 있다. 그리고 첨가물로서는 제당공장을 만들 재원이 없는 소규모 생산자들이 전념한 연초의 상업재배와 담배 제조를 들 수 있는데 담배 수출 가치는 사탕수수 수확의 1/10에 불과한 정도였다. 이후 오랜 시간이 지난 후 카카오와 같은 또 다른 수출 농작물이 사탕수수 제당공장 주변에 새로운 형태로 창출된 생활과 노동 지역으로 그 영역을 넓혀 끄리오울 문화 지역은 더 확대되었다.

제당공장 주인, 즉 사탕수수 농장주와 노예라는 사탕수수 경제의 기본적인 사회 양극체제는 공존 형태로 구체화되면서 상이한 생산부문에 적용되어 전통적인 브라질 사회의 건립을 가능하게 한 구조적인 원형이었다. 제당공장 주인은 자신이 지배하는 노예라는 민중 착취의 대리인으로서의 역할에도 불구하고 이미 토착기업인으로 자리 잡았다. 그들은 자신의 상속인들에게 물려줄 견고한 대저택(casa-grande)에 거주하며, 토착민들과 동거하면서 이들의 관습에 동화하여 브라질화 했으며 비슷한 이익을 향유했던 소수의 포르투갈 백인과는 완전히 다른 소유자로서 변모했다.

제당공장에서 힘든 노동을 겪는 인디오나 흑인 노예 또한 농장주와 유사한 모습으로 브라질화되어 갔으며 이들은 주인과는 정반대의 위치에서 원주민이나 아프리카 종족 조상들이 말하는 언어와 그들의 세계관에 더 많은 공통점이 있었다. 그러나 노예로서 그들은, 지속적으로 전복적인 행동을 하면서 억압적 장치라는 항구적인 체제에 대해 적대적인 힘을 형성하고 있었다. 그럼에도 불구하고, 이미 실행 불가능한 존재의 낡은 형태를 재건하기 위해서든 더 연대적인 경제-사회적 형성을 일찍 수립하기 위해서든 노예 상태의 억압적 상황을 일시에 파괴할 능력은 없었기에 투쟁적인 공존 상태를 지속할 수밖에 없었다. 도망친 흑인 노예들의 공동체인 낄롬부에 있는 흑인들도 전쟁 상태에 있던 사회와 공생 관계를 지속했으며 그 안에서 자신들의 생활에 필요한 도구나 식료품 등을 자급자족해야 했다.

실제로 이 두 개의 적대적 사회세력은 근본적으로 계급적 이익에 의해 상치되어 있었음에도 식민-노예 형성의 불평등한 상호관계 내에서는 서로가 보족적인 관계에 있을 수밖에 없었다. 그들은 여전히 그리고 근본적으로 유럽 문명의 규범 내에서 형성된 두 개의 상이한 문화의 표현이었다. 다양성 내에서의 이러한 단일성은, 동시에 농장주들의 전지전능한 주인성(主人性, senhorialidade)을 재확인했던 사회생활이라는 새로운 조직 형태를 만들어내도록 강요했으며, 흑인들은 어쩌면 당시의 매우 복합적인 기업-농촌-공장을 작동시키는 데 쓰인 노동력을 통해 실행되는 재산의 총체보다 더 가치가 있었을지도 모른다. 이제 막 브라질 땅에 도착한 우둔한 흑인들은 이미 노동에 익숙한 교활한 흑인들에게 이끌려 태양이 내리쬐는 시간 내내 힘들고 고단한 노동을 하러 사탕수수밭으로 끌려나간 그저 노동력이었을 뿐이다.

주인과 그의 자식들 그리고 가까운 인척들의 가부장적 가계 체제는 로마풍의 교배(짝짓기)에 너무나도 전념한 나머지 주인 자신과 그의 자식들은 할 수 있는 한 많은 여자 노예를 임신시키는 재생산자로서의 역할을 했다. 이러한 상황에서 흑인이나 혼혈아 남자들은 혼인을 통해 가정을 꾸릴 기회를 가진다는 것이 쉽지가 않았다.

브라질의 역사는 그래서 원래 양자택일과 그 지속의 역사인 것이며, 이를 통해 아메리카 신대륙은 적응과 생산 지역으로, 아프리카는 노동력 공급자로 그리고 유럽은 특권화된 소비자요 무역의 주요한 동업자로서 서로 연결되면서 세계적 맥락에서 최초의 자본주의 문명이 태동하게 된 것이다.

* * *

유럽인들 가운데 포르투갈인은 아메리카 열대지역에서 부(富)를 단순히 약탈하는 데만 그치지 않고 채취경제 체제를 정착시키는 데 가장 능력을 보여준 사람들이었다. 또한 그들은 이미 본국에서 노예경제를 이끌었으며 또 사탕수수를 재배한 실제적인 경험이 있었다. 포르투갈인의 이러한 경험을 바탕으로 후에 다른 유럽인들도 아메리카 신대륙이나 또 다른 대륙에서 농장제도에 기초하여 식민 사업을 벌일 수 있었다(Steward, 1960).

네덜란드와 프랑스는, 포르투갈의 경험에 뒤이어 가장 효율적인 성과를 거두었는데, 네덜란드는 안틸랴스 제도에서 축적한 재원으로 자신들만의 작은 영토를 재건했으며, 프랑스는 아이티를 통해 부를 획득하여 루아르(Loire)의 아름다운 성(城)들을 건설하고 귀족주의의 꽃을 피웠다.

처음에 사탕수수를 통하여 구조적인 모델을 수립한 노예농장제도는 뒤이어 담배와 카카오 재배에, 그 후에는 임금노동제도를 통하여 커피와 바나나, 파인애플, 차 고무나무, 삼마, 황마 그리고 콩의 재배에 주력하게 되었다.

포르투갈 사람들은 브라질 발견 이전에 이미 마데이라와 아쏘리스

등 대서양의 섬들에서 아프리카 노예 노동력에 기초한 농장이라는 새로운 생산 조직 형태로 사탕수수 재배와 당밀(糖蜜) 제조, 설탕 정제를 하는 기술을 익히 알고 있었기에 신대륙에서의 대규모 사탕수수 경제에 가장 적합한 사람들이었다. 그래서 그 섬들의 사탕수수 재배 전문가들이 브라질에 들어와 씨앗을 뿌리고 제당공장을 설립하여 사탕수수 경제의 시작을 개막하게 된 것이다. 이와 함께 그들은 주로 유대인인 네덜란드의 자본가들과 함께 유럽의 특산물 거래 시장에도 참여하여 부를 획득하게 되었다.

당시 거대한 무역상선(商船)을 소유했던 포르투갈이 대양 횡단 기술을 지배하고 있었음은 매우 중요한 사실이었다. 게다가 포르투갈뿐 아니라 네덜란드와 독일 그리고 다른 유럽 국가들의 활용 가능한 금융자산이 더해지면서 화폐수익을 목적으로 한 새로운 사업에 비용 충당이 가능해졌으며 또한 포르투갈 일부 지배계층의 기업가적 정신이 유례없이 신장되었다.

또한 이베리아 반도를 오랫동안 지배했던 무어족과 그 혼혈인의 특징 또한 중요한 역할을 하게 되는데, 아랍의 오랜 지배를 받아온 포르투갈은 무엇보다도 무어족의 항해 기술과 사탕수수 재배 기술 그리고 흑인 노예들을 노동력으로 편입하는 방법 등에 대한 기술을 아주 효율적으로 상속받았다. 무어인과의 공존에 익숙하여 문화적이고 인종적 측면에서 사실상 유럽-아프리카인이었던 15세기의 포르투갈인은 아메리카 인디오들을 노동으로 이끄는 것뿐 아니라 재배 생산체제를 가능하게 할 대규모 흑인 노동자들을 유인하기 위한 모든 계획에 잘 준비되어 있었다.

식민 초창기부터 이러한 체제는, 사업에 재정지원을 한 상인들과 생산을 직접적으로 담당했던 기업인들 그리고 지배를 보장해주며 상업

독점을 용인해준 포르투갈 왕실 등이 후에 수익 일부분을 분배할 수 있게 될 금전적이며 복합적인 이익을 위해 정착되었다. 이러한 요인들에 기초하여 브라질은, 이후 아메리카 대륙의 수백만에 이르는 남성 노동력을 이용한 세계적인 기반의 경제체제 건설에 크게 기여하게 될, 거대한 잠재력을 가진 농-상업 식민지 노예 경제체제로서 그 모습을 갖추게 되었다. 이러한 농장체제에서는 이미 자본주의 기업의 대담한 모습이 예고되었는데, 이는 곧 구시대적 체제를 무너뜨리면서 노예 노동력으로나 아니면 자유로운 프롤레타리아로서 누구나 생산 기업에 구성원으로 동원되는 기업적 형태를 의미한다.

사탕수수 생산은 근본적으로 광대한 사탕수수 재배지역과 설탕 생산 화학공업 공정의 복합성으로 특징지어진다. 그래서 사탕수수 생산은, 전문적인 노동자의 참여와 고도로 집중화된 노동력 그리고 생산과정에 완전히 전념하는 엄격한 노동을 훈련하는 데 필요한 상시 인력의 현지 상주 등이 요구된다. 또한 수익을 획득할 목적으로 외부 시장의 요구에 부응하는 기업의 상업정신이 중요하다. 이 모든 속성으로 말미암아 사탕수수 생산은, 자본이 많이 들고 공업과정과 관련된 노동력 관리 문제가 있었기에 전통적 농업개발보다 공장 형태와 유사한 농-공업적 기업의 특질을 요구한다.

하지만 과거의 제당공장에서도 이미 농장 체제의 기본적인 요인들이 있었으며 이는, 사회적 관계의 규정화와 가족의 형성 그리고 현지 브라질 문화의 모든 형성에 있어서 노동에 동원된 흑인 노예나 인디오의 탈문화화에 결정적인 영향을 미쳤다.

이탈리아 출신 예수회 선교사였던 안또닐(Antonil, 역자 주: 원래는 주엉 안또니오 안드레오니(João Antônio Andreoni))은 1711년 그가 방문했고 나름대로 근거 있게 관찰했던 바이아 주 제당공장에 대한 뛰어난 기록을 후세에 남겨놓았으며(Andreoni, 1967), 가브리엘 쏘아리스 지 쏘우자(Gabriel Soares de Sousa)는 16세기, 루이스 두스 싼뚜스 빌레나(Luís dos Santos Vilhena)는 18세기 당시 상황에 대한 기록을 남겨주고 있다(Sousa, 1971; Vilhena, 1969). 이들의 기록에 따르면 모든 땅은, 대부분의 노동자가 모여 있는 사탕수수밭과 노예 수에 맞먹는 수의 운반용 소가 가득한 목초지역 그리고 만지오까와 옥수수 등을 주로 생산하는 식량재배지역으로 쓰이고 있었다. 그러나 일부 밀림의 미개간지는 제당공장에서 필요한 땔감이나 건축용 목재를 공급하기 위해 남겨두었다. 또한 기록에 따르면, 토지가 부족하면 일부 인근 지역은 제당공장에 공급할 사탕수수를 재배하거나 식량을 생산하기 위해 경작자들에게 임대된 것으로 전해지고 있다.

제당공장 자체는 각각의 시설을 갖춘 다양한 건물을 포함하고 있었는데, 종탑과 작은 교회당(capela)을 갖춰 때로는 봉건 영주의 위엄을 나타내기도 했던 농장 주인의 거주지 까자-그란지(casa-grande, 역자 주: 대저택)와 일반적으로 짚으로 덮은 거대한 천막 형태로 수십 명의 노예가 함께 사는 쎈잘라(senzala, 역자 주: 노예거주지 또는 노예숙소)가 있었다. 그리고 두껍고 딱딱한 원통형 나무로 만들어져 물이나 가축의 힘으로 움직이며 하루에 20~30개 달구지 분량의 사탕수수를 가는 제분기(製粉機)가 있었는데, 엄청난 양의 땔감으로 불을 지핀 5~6개의 화로를 받치고 있는 제분기에서는 쉴 새 없이 사탕수수액이 흘러나왔다. 또한 사탕수수 당밀로 흰색의 정제되지 않은 설탕 빵을 만들기 위한 커다란 저울 탁자가 놓여 있었다.

대규모 제당공장에서는 연간 7~8천 아호바(arroba,)의 설탕이 생산되었는데 이러한 작업을 위해 수십 명의 노예가 호미와 낫으로 밭에서 사탕수수를 베어야 했으며 이것과 땔감 나무를 가득 실은 짐마차들 그리고 사탕수수를 제분하고 정제하는데 동원된 엄청난 수의 흑인 노예가 필요했다. 이러한 기본적인 노동력 외에 제당공장은 사탕수수 전문 장인과 은행가, 회계사, 정제업자, 감독관 등의 인력과 정부 관리인 등의 부수 인력이 필요했는데 이 관리들은 임금을 받고 있었다(Andreoni, 1967: 139). 이러한 전문 인력 외에도 제당공장을 운영하는 데 필수적인 사람들, 즉 도공업자, 목수, 노예매매인, 목동 그리고 집 안의 가정부 노예들까지 고려한다면 당시 사탕수수 농공업경제를 움직인 노동력의 규모가 가히 엄청났던 것으로 추산할 수 있다.

농장 체제는, 스페인령 미주 식민지 국가들에 있어서의 엔꼬미엔다(encomienda)나 농촌 마을 그리고 소규모 영농(granja)체제에 대해서 반대적인 입장에 있다. 그 이유는 첫째, 집과 시설, 가축 등의 주인인 동시에 이것들에 대하여 절대적인 임의 사용권을 가진 땅의 소유자에 동원된 모든 주민의 직접적이며 전면적인 종속을 중요시하기 때문이다. 순수하게 상업적인 태도와 결부되어 있는 이러한 가히 독재적인 중앙집권화는 특히 노예들과 같이 경작, 재배에 통합되어 있는 사람들을 단순히 수익의 도구로 취급하며 어떠한 다른 생산체계보다도 더 크게 관습 형성과 탈문화화로 강제적 압력을 행사하도록 허용하고 있다. 여기서 엔꼬미엔다와 비교되는 대농장의 가히 놀라운 문화변용적이며 문화동화적인 효과가 나타난다. 엔꼬미엔다는 언제나, 두 개의 상반된 문화체계의 중재자 또는 공동 참여자에 의해 만들어진 기존의 공동체와 어떤 삶의 양식(modus vivendi)을 가정하며 또한 이것은 목축기업들과 아주 큰 차이를 보이는데, 그것은 목축기업 안에서 가난한 목부(牧夫)나 피고용인들이 어느 정도의 자율과 명분을 유지하고 있어서 주인은 그들을 사람으로 고려할 수밖에 없기 때문이었다. 농장을 농촌 마을 또는 소규모 자유 영농자들(granjeiros)과 비교했을 때 그 차이는 실로 엄청났는데, 이들은 근본적으로 자신들의 생존 조건을 충족하는 것이 목적이었기에 다른 활동은 단지 부차적으로 상업적일 뿐 스스로를 위해 존재하는 가족 집단이기 때문이었다.

세즈마리아 제도에 의한 토지 양도와 특권과 명예 그리고 명예호칭 위임을 통하여 포르투갈 왕실에 의해 제도화되고 장려된 사탕수수 사업의 공식적인 특징은 무엇보다도 식민생활 관계에 있어서 헤게모니적 권력을 제당공장 주인들에게 제공했다는 것이다. 이것은, 막 발견된 땅을 차지하고 또한 다른 나라에서 이 땅들을 잘 지키려는 필요성에 탁월하게 들어맞는 것 외에도 포르투갈 식민 본국에 높은 수익을 제공할 수 있다는 사업의 경제적 효과를 고려할 때 지극히 당연한 것이었다. 그래서 그러한 이익을 수호할 명분으로 취해진 어떠한 조치도 중요했으며 동시에 본국 왕실의 요구에 충분히 부응할 가능성을 갖고 있었던 것이다.

이렇게 자신의 지배 지역 내에서 제당공장 주인의 권력은 전체 사회까지 확대되었으며 이러한 지배적 위치에서 그들은 더할 나위 없는 권위를 갖게 되었다. 그들 앞에서 경제적, 정치적, 종교적 그리고 도덕적 질서를 통치하는 유일 체제에 통합되어 있는 성직자와 행정 관료들도 온순하게 복종했다. 이러한 의미에서 식민사회 권력 구조의 가부장적 최상층부를 움직이는 소수과두지배체제가 형성되었으며, 그 체제 앞에서 역시 제당공장 주인을 재정적으로 지원했던 선주(船主)와 사탕수수 수출상인 그리고 노예수입업자 등의 기생계층은 약간의 권한을 지킬 뿐 적개심이나 반항 의식 등은 가질 수 없었다.

그러한 전체적 구조의 적합성은 제당공장의 권력과 규율을 더욱 강화했으며 이로써 반란이나 보상을 요구하는 어떠한 행위도 일어날 상황이 만들어지지 않았다. 자신이 지배하는 지역 내에서 제당공장 주인은 소유자요 아버지였으며 그의 의지와 자비에 모두가 의존했고 모든 정치적 혹은 종교적 권위도 그의 영향 아래 있었다. 제당공장에 사는 그의 가족은 그리스도 가치의 숭배자로서 그 누구도 접근할 수 없는 가족조직의 이상적인 모델을 형성했는데 이는 가족조직의 안정이야말로 현지의 많은 여자와의 자유로운 성관계 위에 놓여있었기 때문이다.

범접할 수 없는 화려한 안락으로 치부되는 대저택 까자-그란지 옆에는 노예들이 초가집에서 비인간적인 생활을 영위하는 노예거주지 쏀잘라가 있었다. 농장주와 그의 부인, 첩 그리고 하녀들이 사는 대저택에서는 언제나 주인의 눈을 통해 제당공장을 바라본 인류학적 표현과 향수 깊은 묘사를 볼 수 있지만 그러나 고용인이나 행상인 그리고 기술자와 같은 가난한 백인이나 자유 혼혈인은 쏀잘라에 거주한 노예들의 하부세계처럼 정확하고 명확한 기록이 없다.

* * *

사탕수수 경작의 근본적 특징들은, 지배의 라티푼디오(latifúndio)적 확대, 집중적인 단일작물 재배(monocultura), 노동력의 대규모 현지 집중과 전문화된 내적 다양성, 재정 투자 대비 상대적인 고비용, 생산의 외부 수요 지향, 수출 수입 대비 70%에 달하는 노예 노동력 의존성 그리고 산업 및 농업-기술적 조건에 따른 생산 외에, 재정 처리, 금융 문제 등의 조건에서 완전히 상업화된 행정을 요구하는 계획적이고 합리적인 기업적 특징을 들 수 있다.

그러한 특징들 일부는 노예적 혹은 봉건적인 것으로 평가받기도 했지만 그러나 재정상의 이익을 산출할 목적으로 사업 계획을 세운 근본적인 경제적 특징에 주목한다면 상업적 성격이 확실한 것으로 판단된다. 그러한 사업의 식민지적 위상과 생산관계의 노예적 내용은 그러나 식민 본국의 의지가 표현된 상업적이며 구원자적 사회경제적 형성에서 식민-노예적 상대자로서 특징지어지고 있다(기술 혁명과 상대적인 사회경제적 형성에 대해서는 Ribeiro, 1968을 참조할 것). 이러한 이분법적이지만 그러나 활동적으로 통합된 형태에서는, 기대한 진보만큼이나 나타난 지체와 극빈에 책임이 있는, 세계적 맥락의 자본주의 경제체제에서의 브라질 사회의 결합이라는 특수한 형태를 볼 수 있다. 전체로서의 그 체제는, 가장 구시대적인 노예주의와 가장 현대적인 시장을 위한 생산과 같은 형식적인 내용에서 재정 투자와 국제경제로의 편입을 통하여 자본 축적 경제체제를 확대해 재이식(再移植)할 도구를 지니고 있다.

사탕수수 재배의 생산체제는 유럽사회로 하여금 세계적으로 확대되는 경제체제 구성을 허용한 단계에서 상업혁명의 특징적 산물이며, 유럽 봉건 모델의 농촌 자연경제에서가 아니라, 기술 · 기능적 전문화로 차별된 더 복합적인 상업 경제의 참여자인 중앙행정에 의해 움직이는 인구가 집중된 새로운 타입의 농업 형성에서 자리를 잡았다. 온 가족의 도움으로 자신의 땅을 경작하며 수확물을 시장에 내다 파는 경작자와 비교하여 농장 노동자는 개인적으로 생산 활동 관리 아래 생산 집단의 참여자로서 훗날 유럽 수공업에 동원된 임금노동자 그리고 더 훗날에는 제조업 노동자가 되는 것이다. 여러 세대에 걸쳐 파종(播種)에서 수확까지의 전 영농과정을 수행하며 노동하고 타인의 땅의 동업자로서의 경제체제에 통합된 농촌 노동자는 근본적으로 그 땅을 자신의 소유로 만들기를 꿈꾸며 농장주나 소유주가 되고 싶어 한다. 제당공장의 노동자는 그러나 그 반대로 비인격적이며 땅을 소유하기보다는 더 큰 생산 단위에 동원되어 부분적이며 불완전한 일을 수행하는 최소 단위일 뿐이고, 노동조건 개선과 생활수준 향상을 꿈꿀 뿐 자유인이 되었을 때 동업자보다는 임금노동자로, 농민보다는 제조업 노동자로의 위치에 더 가까워지는 것이다.

이 모든 이유로 사탕수수 재배의 생산체제는 현대적인 영농체제가 아니라 중세적 농촌 생활의 변형으로서 유럽 봉건주의의 비상업적 체제로 축소될 수 없었으며, 수출을 위한 단일작물 재배 생산의 목적으로 집중화된 새로운 타입인 노예적 식민화의 농-상업적 체제를 형성한 것이다.

이러한 목적에 부응하기 위해 사탕수수 재배는 세스마리아 제도의 법적 기구를 통하여 토지의 영역을 분리하여 그곳에 지배를 설정했으며, 그 공간 내에서 새로운 거주지에서의 인간 공동체를 재건할 목적이 아니라 수출 재화 생산을 목적으로 노동력 유인을 통한 생산체계를 구성했다. 이렇게 만들어진 공동체는, 그러나 단일한 목적 즉 외부적 요청에 부응하기 위해 소비가 아닌 생산을 고려하여 생태계 재생, 노동력의 지속적인 공급, 생산 설비의 건축 및 재건축과 같은 또 다른 과업에 부응하게 되었다. 그리하여 모든 사람에게 적절하게 부과되고 의식적인 노동의 엄격한 훈련에 기초한 내부의 권력 질서가 만들어지고, 그 질서의 행동 양식과 구성원 관계 조직의 형태 그리고 세계관은, 생산 목적에 기여할 더 큰 가능성이나 그들을 타협시킬 가능성에 따라 선별되고, 각 인종 구성요인들이 문화적 유산으로 취한, 요인들의 결합을 나타낸다.

이러한 상황에서 제당공장의 세계 안에서 우리가 명명한 **끄리오울 문화**의 기본적인 구성의 핵이 형체를 이루게 되는 것이며 그 세계에서 태어나고 편입된 사람들은 사회의 구성원이 되거나 생산에 필요한 인간으로 만들어지는 유일한 방법으로 그 안으로 통합을 강요받게 된다. 끄리오울 문화는 그래서 사탕수수 생산이라는 목적을 위해 단일작물 재배 경제가 강제된 데 따른 행위와 관습의 표현인 것이다.

그 문화는 인디오와 아프리카 그리고 유럽의 문화적 원형에 뿌리를 두고 있지만, 새로운 삶의 문화형태로 그 원형들과는 완전히 다른 방법으로 세계관을 지니며 상호 관계를 가지는 동시에 환경에도 영향을 미치고 있다. 각자 자신의 영역 내에서 엄격한 계급제도를 유지하는 제당 공장의 주인과 노동자 그리고 노예들은 이러한 새로운 문화에 의해 변형되었으며, 그 안에서 서로가 보조적이지만 다른 역할을 유지하며 자신들의 정체성을 생산 또는 재생산했다. 그리하여 봉건시대와는 완전히 다르긴 하지만 여전히 구시대적이며 전기 자본주의적 모습을 지니고 있는 사회경제적 구조가 나타났다. 하지만 이것은 유럽에서 있었듯이 중상주의적이지 않으며 봉건주의 회귀의 제국주의적 영역으로의 함몰 때문이 아니라 잘 규정된 본연의 계획과 의도에 비추어 의지에 따라 행동한 데서 연유한 정착 때문에 만들어진 것이었다. 그 본연의 계획과 의도는 노예 식민주의 곧 새로운 땅에 대한 상업주의적 개발이라는 새로운 구조적 모델로서 작용하게 되었다.

사탕수수 농장 소유주의 영주적(領主的) 성격은 여러 부문에 걸쳐서 자신의 영역 내에서 사는 사람들에 대한 권력과 사법권의 행사 그리고 명령의 개인 집중화 때문에 봉건적 귀족주의를 연상시키지만 그러나 봉건적 귀족주의는 봉건 영주가 무엇보다도 생존 조건을 이행하기 위해 사람들을 지배할 때 두 가지 형태가 상반되어 나타난다. 그는 근본적으로 자신의 자급자족에 헌신했는데 왜냐하면 소박한 초과분으로 생활했기 때문이며 또한 자급자족에 안주함으로써 자신의 영역 내에 동원된 사람들에게 최고의 전사(戰士)적 지휘 기능을 수행하는 것이 허용되었기 때문이었다. 처음에는 정복에 근거했지만 후에는 장자상속제를 통해 공고화된 그의 봉건적 권리는 돈에 대해 거만한 무관심한 태도를 양성함으로써 상업경쟁에 들어가지 않으려는 우연성을 중요하게 여겼기에 그 체제에 안정성을 부과했으며 그리고 풍요하지는 않지만 일반적인 삶의 방식을 보장해주었다.

다만 유럽 봉건주의의 단절과 함께 일어난 상업망(網) 재건은, 봉건 영주들이 자본주의 생산이라는 용어로 자신들 재산의 경제적 관리에 흥미를 갖기 시작했음을 의미한다. 그러나 당시에 농민들은 자신들의 삶에 개입하는 것을 반대하여 그들 스스로 경작지 소유자로서 자신들의 수확물을 매매할 권리를 주장하는 농민 반란이 발생했다.

토지와 시설 그리고 자신이 지배하는 사람들을 사고팔 매매권의 소유자가 된 제당공장 주인은 반대로 그 모든 것을 외부 경제 활동을 위해 이끌어갈 지휘권을 행사했으며 그리하여 그의 눈으로는 사람들을 사업에 이익을 내거나 혹은 비용이 드는 효율적인 도구 아니면 그렇지 않은 것으로 즉 인간 이하의 노예 신분으로 바라보는 상업적 입장만을 취했다. 그런 식으로, 다른 자발적인 생산자들과의 경쟁에서, 생산품 상업화 참여자와의 경쟁에서 그리고 복합적인 재정 및 세수(稅收)체제에 종속되는 데서 수익을 얻거나 손해를 보는 우연성에 의해 엄정한 금융의 의미가 확대되었다.

그러한 두 체제의 근본적인 차이는 그러나 이에 관련된 사람들의 역할과 기능에 있었는데, 역할은 자신의 삶의 관념에 따라 생존하는 것이고, 기능은 현대적인 공장에서처럼 이익을 내며 또한 식민사회 하부계층으로서 자신에게 부과된 삶의 조건에 통합되는 것을 말한다.

훗날의 발전과정에서 봉건제도와 사탕수수 재배 체제는 완전히 차별된 사회경제적 복합성을 발생시켰는데, 첫째로는 외국과의 무역이 증가함에 따라 그 체제들이 해체되어 토지를 소유한 막 태동한 자본주의 체제의 자유 동업자 농민에게 자리를 물려준 것이고, 둘째로는, 식민-노예 체제와 일치하여 발전하면서 구태의연했던 내용의 노예주의에서, 토지 분배를 더 이상 심각한 문제로 두지 않았지만 그 반대로 소유 집중과 기업 지배 유지 그리고 점점 더 상업 및 산업 단위 특징의 강화로 이끌면서 노동력 분담의 자본주의 형태로 바뀌었다는 것이다.

똑같은 노정으로 그 체제는 또한 더 부정적인 특징을 유지하는데, 그것은 바로 체제 안에 노동력으로 동원된 사람들을 위한 것이 아니라 소유주의 번영과 세계시장의 공급을 위해 쓰이는 외부적 요청에 따른 경제의 재조정이었다는 것이다. 구(舊) 지역, 즉 사탕수수 생산이 앞서 활성화되었던 지역에서의 침체 이후에도 제당공장은 주인의 위치에 있는 사람들에게는 수익성 있는 거래가 될 것처럼 보였지만 그러나 그 체제의 실패는 근본적으로 거대한 노동력을 더 개선된 삶의 양태를 제공할 능력이 있는 소비경제로 통합할 여지를 보이지 못했다는 데 있다.

끄리오울 문화의 그러한 기본적인 중심 형성에서 농장주나 제당공장 주인이 농장에 거주하는 상황은 아주 중요한 변수였다. 이는 제당공장의 세계에, 생산적인 차원뿐 아니라 농장주나 주인으로서 향유할 수 있는 만족과 즐거움을 이들에게 제공한다는 또 다른 목적의 차원이 있었다는 사실이다. 그 차원은 바로 제당공장 안에 화려한 가구와 시설, 사치스러운 '문명'을 가진 광대한 공간의 대저택, 까자-그란지를 만들었다는 것이다. 이는 운반용 가축처럼 용도 폐기되거나 열악한 노예거주지, 쎈잘라에 버려진 노예들과, 제당공장에서 태어나 보다 온화한 용모를 지닌 흑인 남녀 중에 주인 가족들에게 봉사하기 위해 선별된 시종 노예들을 차별화했다.

사탕수수 산업 사회 가족제도의 특징은, 동일 지역 내에 있는 주인과 노예들에게 대대손손 이어지며 서로에게 더욱더 친근해지고, 자신들의 일에 더 헌신해 전문화되고, 그러한 문화적 복합성이 심화하도록 더욱더 통합되면서 그러한 관계에 지속성을 제공했을 것이다. 그리하여 수출할 사탕수수를 생산하며 처음에는 주인과 노예였지만 후에는 소유주와 해방된 노예의 노동력이라는－그러나 여전히 똑같은 존재 상황에 처해있는－완전히 다른 사람들의 삶의 방식을 재생산하기 위해 온전히 헌신한 그 세계에서 태어나고 죽는 사람들의 운명에 적절하게 일치하면서 공통의 관행과 태도, 행위의 사회적 유산의 형체가 만들어지고 여러 세대를 거쳐 이어진 것이다.

* * *

제당공장 주변에서 끄리오울 문화 지역의 사회는 또한, 적어도 아프리카 노예들이 행한 천박한 노동과 부수적 경작에 헌신한 백인과 자유혼혈인을 만들어내면서 차별화되었다. 농촌지역에서 이 계층은, 담배(연초)나 양식(糧食)과 같은 상업 작물 재배에 헌신하는 소작인과 동업자 가족들로 구성되었는데, 담배는 국내 및 수출용으로 그리고 양식은 매주 시장에 내다팔기 위해 재배되었다. 담배 생산에서 일부는 단순히 재배할 수준이 아니라 산업화 수준까지 이르렀으며 이 때문에 대규모 노동력 충원과 기업적 조직 기반이 필요했는데, 이미 담배는 소비를 위한 것이 아니라 아프리카 노예를 구매할 교환 비용으로 지출하기 위한 수출을 위한 생산이 되어버렸다. 그리고 마을과 도시에서는 그러한 경제체제의 또 다른 부수적인 계층이 형성되었는데 그들은 관리와 성직자, 상인, 수공업자, 운송업자와 항구의 운반인 등이었다.

이와 함께 전문적이며 자발적인 마을 공동체가 또한 어부(漁夫)들에 의해 형성되었는데 이들은 토착 기술과 포르투갈 기술을 접목하여 특정의 취득 가능한 물품들을 시장에 제공했다. 이 공동체들은 해안지역에 마을을 형성하여 사람들을 영구적으로 거주하게 했는데 이로써 식량을 더 풍족하게 생산할 수는 있었지만 그러나 부자가 될 기회는 없었던 빈곤의 경제가 형성되었던 것이다.

모든 주변을 사탕수수 경제의 전제적 질서 유지를 보조하는 세력으로 만들었던 잘 정비된 중앙기구로서의 대농장 지배는 그러나 너무도 압제적이 될 수밖에 없었다. 모든 상인과 성직자 그리고 모든 관리도 언젠가는 자신들도 제당공장의 주인이 되고 싶다는 최고의 이상을 꿈꾸었으며, 농장을 소유하지 못한다 해도 자신들의 지원과 명망 그리고 존경으로 농장주들을 영예스럽게 만든다고 생각했다. 이 때문에 농장주는 지배계급 내에서도 최상의 위치에 있게 되었으며, 그들의 권력은 전체 사회에 영향을 미쳐 모든 구성원을 제당공장의 계급구조로 편입시켜 단일한 체제로 묶어놓는 데 기여했다.

그들의 헤게모니는 물론 완전한 것은 아니었다. 왜냐하면 그들은 지배계층의 두 개의 부류에 의존해야 했기 때문이다. 그 하나는 사탕수수 경제를 국제 시장에 연결해주는 선주(船主)와 수출입 상인이라는 기생적 고용주들이었는데, 자신들의 부의 원천이기도 했던 사탕수수 경제에 의존적이었던 이 도시 고용주들은 제당공장 주인들에게 영구적인 부채 관계를 통해 구속되었지만 그러나 항상 공통의 사업 이익을 수호하도록 강요했다. 또 다른 부류는, 사탕수수 경제의 번영을 위한 전반적인 일을 하면서 식민지 사업을 조직하고 관리하며 보호하는 기능을 담당했던 귀족계층이다. 그러나 관료계층과 하느님의 영광을 위해 더 많은 공물(供物)을 요구하는 성직자계층, 방어시설 공사를 위해 지원을 요구하는 군부 그리고 심지어는 식민사회에 대해 이런저런 비난을 일삼는 문학자 지식인계층들이 상기 두 부류의 이해와 상충하기도 했다.

앞서 우리는 식민 초기부터 브라질에서 두 개의 분리된 지배계층, 즉 생산자 기업인과 기생적 상인으로 구분되는 주인 계층과 귀족계층을 보아왔지만, 이 두 개의 계층은 서로에게 어떠한 적대감을 보이지 않았다. 왜냐하면 이 모두가 근본적으로 외적 지배와 내적 착취라는 같은 체제의 동질적이며 결합적인 최상층부 계층을 형성하고 있었기 때문이다.

그러나 네덜란드인들이 브라질 북동부 사탕수수 지대를 침략하여 점령했을 때인 17세기 초에 새로운 사회의 몇몇 특징이 나타나기 시작했다. 이 네덜란드 침략자들은 실제 독점적으로 분배되었던 사탕수수 제당공장 설치에 있어 포르투갈의 오랜 동업자였으며 재정지원자였다. 스페인의 포르투갈 합병으로 사탕수수 사업에서 쫓겨난 그들은 정복을 통하여 자신들의 상업기반이었던 사탕수수 생산 중심지를 회복하고자 했으며 그 후 전쟁을 통하여 이 새로운 식민지배자들은 제당공장 주인들의 큰 저항 없이 5년 동안 평온하게 자신들의 지배를 구축할 수 있었다.

한 세기에 걸친 노력 끝에 식민지배자들은 브라질 해안지역의 원래 지배자들과는 반대로, 영주(농장주)에게 봉사할 준비가 된 하부계층과 어떠한 정복자들 앞에서 협상을 하고 조정할 준비가 된 영주계층으로 분리된 엄격히 계층화된 사회를 형성했다. 많은 제당공장 주인의 눈에는 몰락하여 스페인에 종속된 포르투갈보다는 번영하고 있는 네덜란드에 상업적으로 예속되는 편이 더 나은 것처럼 보였다.

사탕수수 시장의 진정한 통제자로서의 위치를 점하며 자본주의 발전을 구가하고 있고 또한 자본의 최대 재정체계를 갖추고 있는 네덜란드는 제당공장 주인들에게 사탕수수 거래를 개선하기 위한 최고의 결과를 가져다줄 것처럼 보였으며 실제로 거래는 즉각적으로 효과를 보였다. 생산자들은 미래의 수확물을 제공할 약속을 하고서 시설을 재정비하고 노예제도를 개선하고 또 자신들의 농장과 대저택에 물품을 제공받는 데 필요한 재원을 융자받았다. 그러나 이러한 밀월관계는 네덜란드 당국이 더 자본주의적인 방식으로 채무 지급기일 엄수를 요구하며 불이행 채무자의 제당공장을 몰수하는 조치를 취하면서 깨지고 말았다. 이때, 초기에 네덜란드에 더 협력적이었던 제당공장 주인들은 비로소 포르투갈과 가톨릭에 대한 충성을 주장하며 더 애국적으로 변하기 시작했다.

채무가 지연된 제당공장 주인들은 결국 전에도 그랬듯이 사람들을 모아 전투적으로 훈련해 침략자들을 축출했으며 이러한 일화는 여러 가지 결과를 불러왔는데 그중 가장 대표적인 것으로는 새로운 사탕수수 경작지 개척을 위해 네덜란드 자본이 안틸랴스로 이전한 것을 들 수 있으며 이로써 안틸랴스는 10년 후 세계시장을 석권하기에 이르렀다. 이러한 성공의 저변에는 네덜란드가 브라질의 제당공장과 밀월 관계를 유지한 기간에 이미 사탕수수 재배와 제조 기술을 습득, 발전시킨 것이 이유가 되었다.

사탕수수를 근간으로 한 통치 체제는 자신들의 자유 요구뿐 아니라 노예제도를 일관되게 주장하는 식민사회 전체에 반대하는 흑인 노예들에게서 실질적인 저항에 부닥쳤다. 이러한 투쟁은 길고도 또한 극렬한 방법으로 표현되었는데, 매일같이 제당공장 내에서 벌어지는 저항 때문에 노동 속도를 유지하려면 관리인들은 완력과 채찍으로 노예들을 다스려야 했다. 그래서 그 지역을 잘 아는 노예들은 사람이 살지 않는 오지로 도망쳐 그곳에서 낄롬부를 형성했다.

낄롬부 중 가장 유명한 빨마리스(Palmares)는 이후 거의 1세기 동안 정부군과 극심한 투쟁을 벌였으며, 식민지역 중 가장 부유했던 뻬르남부꾸와 바이아에는 약 3만여 명의 도망친 노예들이 여러 지역에 걸쳐 공동체를 이루고 있었다. 이 낄롬부들을 완전 섬멸하기 위해 약 7천여 명의 정부군이 투입되었는데 그중에는 전투 경력이 많았던 싸웅 빠울루 출신의 군인들이 대세를 이루고 있었다.

흑인 노예들이 모여 있던 다양한 지역에서 출몰한 수십 개의 다른 낄롬부와 마찬가지로 빨마리스에서도 아프리카 문화의 재건이 아니라 신 브라질 문화(cultura neobrasiliera) 형태를 축으로 한 문화가 구축되었는데 그들의 주택이나 그들이 쓰는 언어 그리고 그들의 사회문화적 존재 양식 모든 것이 근본적으로 끄리오울 문화 바로 그것을 표현하고 있었다. 다른 지역과 마찬가지로 북동부지역에서 흑인들은 원래 자신들의 문화에서 탈문화화되었으며 동시에 아프리카 문화가 녹아든 신 브라질 문화로 동화가 이루어졌다.

흑인들의 최대 집단거주지역에서 오늘날에도 여전히 활발한 아프리카 토속종교숭배는 노예 저항의 또 다른 보루가 되었는데, 흑인들이 최대한의 독립을 향유하며, 사회적으로 신분 상승을 위한 노력이 한편으로 자신들을 고무시킬 기회가 또 다른 한편으로 자신들을 가장 마음 아프게 하는 저항이 될 수 있는 대도시 지역에서 주로 구체화되었다. 그러한 두 가지 상반된 경향이 심화하면서 그리고 노예해방 이후 흑인들이 향유할 수 있었던 자유 덕택에 아프로-브라질(Afro-Brasileiro) 종교(토속종교숭배)는 점차 그 중요성을 획득하기 시작했다.

식민시대 말기 전통 가톨릭 종교 조직에 통합되었던 흑인은 아프로-브라질종교를 지키기 위해 특히 대도시 중심 지역에서 점차 가톨릭을 포기했으며, 오늘날 이 토속종교숭배는 과거 어느 시대보다도 막강한 세를 과시하고 있다. 이에 대해 가톨릭교회는 종교적인 측면에서 이들에게 최대한의 정통교리를 전하고 또한 사회적 측면에서 이 숭배자 계층을 구성하는 흑인과 가난한 계층이 맞닥뜨린 가난과 불안한 현실상황을 환기시키려는 노력을 하고 있다. 바이아(Bahia)와 헤시페(Recife), 싸웅 루이스(São Luís) 그리고 히우 지 자네이루(Rio de Janeiro) 등지의 도시에서는 깜돔블레(Candomblé)와 샹고(xangô) 그리고 마꿈바(macumba) 등의 토속종교가 흑인과 흑백혼혈인이나 백인 할 것 없이 가난한 민중의 가장 역동적인 종교적 삶의 중심이 되고 있다.

농장제도에 근간을 둔 식민지 북동부의 사탕수수 경제는 초기 2세기 동안 미주(美洲) 지역 식민화의 가장 성공적인 형태로 꼽힌다. 17세기 중반 사탕수수 수출은 연간 백만 파운드가 넘는 순수익을 기록했으며 이 중 대부분은 제당공장 주인들의 수중으로 들어갔고 그것은 연이은 생산력 확장과 특히 노예 등 생산요소를 수입하는 비용 그리고 금융 및 상업화의 외부 체제를 유지하는 데 투입되었다(Furtado, 1959: 59~61). 이와 함께 제당공장 소유자들에게는 최고의 사치 소비를 허용하면서 일반경비와 사치성 물품 경비로 사용할 자본이 극대화되었다.

이러한 부(富)는 훗날 광업에서 나온 부의 재원이 보태져 멕시코시티를 제외하고 미주지역에서 가장 큰 그리고 가장 부유한 도시로 일컬어진 헤시페와 올린다(Olinda) 그리고 바이아의 도시 건설에 주로 사용되었다. 그 도시들의 수많은 크고 화려한 성당과 수도원과 화려하고 사치스러운 도시적 삶의 모습은 끄리오울 문화와 문명의 극치의 표현이었지만, 그 내면에는 노예들의 불공평한 삶과 죽음의 희생, 극빈의 고통이 서려있는 것이 좋은 대조를 이룬다.

이후 세기에 안틸랴스라는 새로운 사탕수수 생산지역과의 경쟁 때문에 세계시장에서 브라질 북동부는 밀려나기 시작했고 또한 가격하락으로 북동부 지역은 심각한 경제 위기를 겪게 되었다. 그럼에도 체제는 이러한 위기를 이겨낼 능력이 있는 것으로 보였지만, 유일한 위협은 사회질서에 전복적이고 위협적이며 정부에 부담이 되는 계속된 노예폭동이었다. 이리하여 수세기에 걸쳐 사탕수수 체제는 계속되는 소득 악화에도 불구하고 지속되었지만, 이를 위해 더 전제적이며 억압적인 생산체제를 채택할 수밖에 없었는데 그것은 침체기에 노예 노동력을 자급자족 식량 생산뿐 아니라 옷감이나 가구 등 제당공장의 불필요한 물품까지 생산하는 데 이용한 것이다. 위기가 심화하는 시기에 가족 유산으로서의 제당공장은 노예 일부를 광물자원 개발지역의 기업인들에게 팔아넘김으로서 위기를 극복했으며 이로써 식민지 경제의 거점은 사탕수수에서 광업으로 변모하게 되었다.

* * *

산업혁명의 변화라는 충격은 새로운 안정적 사회 질서 속에 정화되기 전에 전 세계에 사회혁명의 시대를 열어놓았는데, 그중에는 브라질 독립을 전후해 발생한 폭동과 불충(不忠) 사건 그리고 봉기 등이 있었다. 이 모든 사건은, 식민지배의 억압적 음모를 깨뜨리고 내부의 고전적인 질서와 긴밀하게 연계하면서 국민들에게 새로운 문명화 시대에 더욱더 나은 역할을 할 수 있도록 한 사회 재정비 노선을 추구하는 것이었다. 끄리오울 문화의 맥락을 주도하는 이러한 개혁적 힘은 처음으로 도시민들에게 과거 구체제에 대항하여 반란의 기회를 열어주었다. 결과적으로 다양한 폭동이 발생했는데 특히 그중에는 자유주의 사상을 가진 성직자들이 북동부지방 마란냐웅 주 싸웅 루이스(São Luís)에서부터 헤시페와 바이아에 이르기까지 수많은 대중으로 하여금 반란에 돌입하게끔 부추긴 사건도 있었으며 소규모의 시위와 봉기도 연이어 발생했다. 이러한 봉기 속에서 크고 작은 시위와 갈등 사건이 연이어 발생했는데, 포르투갈 사업가들의 착취에 대한 반감, 부자에 대한 가난한 사람들의 증오심, 외국인에 대한 토착기업인의 적개심, 혼혈인 및 백인에 대한 흑인들의 원한 등이 주요 원인이었다. 그러나 무엇보다도 가장 큰 긴장과 반항의 요인이라고 할 수 있는 농장주에 대한 노예들의 적대심은 거의 나타나지 않았는데, 이는 백인과 혼혈인의 자유인으로서의 상황이 가난하고 착취당하는 사람들을 공통으로 지배하는 지배자보다도 훨씬 더 그들을 단일화했기 때문이다. 또한 반란 지도자들의 자유주의 사상은 노예제도를 포함한 재산과 소유에 대한 신성불가침의 한계를 갖고 있었기 때문이다.

이러한 봉기에서 식민지배에 반대하고 또한 자유인들 가운데서도 부자와 가난한 사람들 사이를 뚜렷히 구별짓는 구시대의 내적 사회계층화에 반대하는 첫 번째 토착적 지도자가 나타났다. 이러한 지도자는 그러나, 노예 대중에게 계급 전쟁 속에서 전체 사회에 피를 흘리게 만들었던 자신들의 오래된 원한을 시위할 기회를 제공하면서 사회적 격변이 일반화될 위험 앞에서 공포에 떨었다. 아이티에서의 반란은 브라질의 혁명적 모반자들을 놀라게 했으며 대부분의 민중의 가슴 속에 어떤 때라도 폭발할 수 있는 인종적 원한이라는 크나큰 반감을 일깨워준 것이 확실하다. 주제 오노리우 호드리게스(José Honório Rodrigues, 1965: 38)는 1823년 선원들(왕과 신하들)과 회칠한 사람(백인)들에게 흑백혼혈인과 흑인들이 대항하여 뻬르남부꾸 반란자들이 부른 노래 한 구절을 다음과 같이 언급하고 있다.

> 선원과 회칠한 사람들이여
> 모두 끝내야 한다.
> 왜냐하면 이 나라는
> 모든 흑백혼혈인과 흑인들이
> 함께 살아야 하기 때문이다.

이제 나라 전체는 새로운 염원과 열망에 젖어있게 되었으며 미래를 향한 원대한 계획에 의해 사회적 질서를 재고하게 되었다. 정치 투쟁에 참여할 기회가 주어진 흑인들과 흑백혼혈인들의 봉기로 일어난 혼란과 공포는 쉽게 상상할 수 있으며 여러 기록에도 잘 언급되어 있다. 지배계급은 이러한 봉기에서 피비린내 나는 사회적 격변으로까지 비화될지도 모르는 숱한 세월의 증오로 인한 격렬하고 무시무시한 '계급 전쟁'의 위협을 느끼고 있었다. 그들의 눈에 이 봉기와 반란은, 현행질서에 대한 그 어떤 논쟁과 재편도 토지소유와 노예제도라는 두 개의 근본적인 문제를 운명적으로 압박할지도 모른다는 위협으로 보였기에 너무나도 무서운 것일 수밖에 없었다.

이러한 상황에서 많은 백인과 특권계층은 구체제의 억압적 장치로 무장할 수밖에 없었으며 또한 대토지소유제와 노예제도의 연대가 필수적이기 때문에 자신들의 이익이 공식적이며 군주적인 독립과 일치하고 있다고 납득하기에 이르렀다.

그러한 한계 내에서 이발사와 약제사, 외과의사, 제철공, 재봉사, 공예가 그리고 모든 자유인 대중과 활과 창으로 무장한 가난한 사람들의 봉기와 폭동은 언제나 진압될 수 있었으며, 어떤 때는 직업군대를 보강하기 위해 제당농장에서 데려온 순종적인 사람들에 의해서 또 어떤 때는 그러나 유혈이 낭자한 진정한 전쟁에 의해서 진압이 되었다.

그러한 봉기 중 하나가 1817년 뻬르남부꾸 주에서 일어났는데, 당시 반란자들은 권력을 장악했지만 곧 정부군에 의해 수백 명의 생명을 희생시킨 후 진압되었다. 특히 뻬르남부꾸 주에서는 9명의 지도자가 교수형 당하고 바이아에서는 4명이 총살을 당했다. 그러나 이러한 식으로 진압이 되었어도 뻬르남부꾸 주에서는 수년 후 새로운 폭동이 연이어 발생하는 등 진정될 기미를 보이지 않았으며 결국은 15명의 애국자가 총살을 당하는 결과를 낳고 말았다. 그리고 1831년과 1848년에는 전체 끄리오울 문화 지역에서 수차례의 반란과 폭동 사건이 발생하여 수천 명에 이르는 인명이 희생을 당하거나 투옥, 처형 또는 유배형을 당하고 말았다.

북동부 도심지역의 이 폭동 사건 지도자들은 현행 사회질서의 정리라는 기본적 입장을 갖고 있었으며 그 내부에는 노예해방의 필요성에 대한 신념과 사회의 경제 기반을 확충하는 농업개혁이 시급하다는 인식이 존재했다. 뻬르남부꾸 주 하원의원이었던 안또니우 뻬드루 지 피게이레두(Antonio Pedro de Figueiredo)는 브라질의 농지문제에 대해 미국식의 해결을 주장하기도 했다.

> (…) 이십만 혹은 삼십만의 우리 동족들, 불쌍한 노예들과 그들의 뿌리 깊은 증오심 그리고 그들의 정치적 주장이 하나로 합쳐져 단지 몇 시간 내에 헤어질 수 있는 땅에 우연히 살게 되었다. 대규모 토지소유제의 현실에서 우리는, 주민의 절반은 직접적으로 극심한 굴레에 묶여있고 이 복종의 노예 대중을 부리는 거대권력에 의해 나머지 다른 절반을 억압하는 봉건제도의 근간을 보고 있다 (Rodrigues, 1965: 61).

포르투갈의 전제주의와 노예제도 그리고 대토지소유제를 공고히 하면서 구체제 질서는 그러나 모든 반란자를 패배자로 만들었다. 노예해방은 이후 수십 년 이후에나 이루어졌으며, 다소 늦긴 했지만 농장제도는 심각한 구조적 위기에 빠져들게 된다. 그럼에도 해방된 노예들이 토지가 독점화되어 있는 세상에서 자신들 스스로를 위해 일할 수 있는 곳으로 옮겨갈 수 없는 상황은 그들을 여전히 예전의 토지에 머물 수밖에 없게 만들었다. 자유인으로서 과거 자신들을 소유하던 주인들에게 더 이상 봉사하지 않으려고 이주할 수도 있었지만 그러나 자유라는 것은 그들을 동업자의 위치로 한정지어, 소금과 옷감 등 기본적인 생활을 만족시키고 나체를 덮는 데 필수불가결한 물건을 구매할 수 있도록 노동 대가를 치러주고 부족한 식량을 생산할 경작지를 주는 것일지도 모른다.

그리하여 노예해방 전 가난한 자유인을 노동에 편입시키기 위해 진전된 구조적 모델, 즉 공동소유에 의한 협동체제 또는 타인 토지에서 일하는 집합체제는 해방된 노예들에게 사회적 상승과 민족적 통합의 지평으로서 제시되었다.

노예제도가 지속되었던 당시 제당공장이나 농장의 소작인들은 두 가지 역할을 담당했는데, 그 하나는 단일작물 재배 농장과 마을에 필요한 양식을 공급하는 것과 같은 수익성이 적은 과업을 책임진 생산과정의 소수 협력자, 또 하나는 노예 집단의 빈번한 사회적 상승을 저지하는 소유자의 동업자였다. 많은 소유자가 흑인 노예를 감독하는 노예감독관의 궁극적인 보조자로서 노예 노동력에 전념하는 집중적인 착취의 가장자리로 인디오와 혼혈인 그리고 백인들을 내몰면서 이들의 땅에 농장 시설을 짓기 쉽게 했다는 기록이 무수히 남아있다. 노예해방과 함께 흑인들은, 피부색이 좀 더 희다는 우월성을 강조하기 위해 때때로 부자 백인들보다도 훨씬 자신들을 증오하는 이 백인들과 혼혈인들과 연합했는데, 이들의 통합은 착취 받는 계급처럼 이해관계의 근본적인 정체성을 위장하는 적대감에 의해 어렵게 오늘날의 브라질 사회의 주변부에서 진행이 되고 있다.

계급의 재구성과 함께 사탕수수 제당공장 세계에서 형성된 이 새로운 자유인과 흑인 또는 백인들은 농장 밖에서의 생존 가능성을 기대하지 않았기 때문에 제당공장 내에 머물며 과거 노예들만큼이나 똑같이 농장주와 농장관리인들에게 복종하며 봉사했다. 이러한 상황은, 흑인들로 하여금 이제는 인간존재로서의 존엄성을 획득하여 상당히 개선되었지만 개선할 수 없는 운명으로서의 부와 가난에 대한 세상의 이치에는 여전히 무지한 자신들의 운명을 더욱 포기하게 만들었다.

* * *

사탕수수 경제는, 산업혁명의 기술적 발전이 가속화되기 시작한 19세기 중엽 이후부터 제2차의 혁신적인 충격을 경험했으며 그 덕택으로 과거 물레방아나 가축이 견인해 움직이던 제당공장은 급격하게 확대된 효율성과 생산성을 지닌 증기 시설로 대치되었다. 과거의 농장주들은 단순한 공급자 역할만 수행했을 뿐이며, 인근 지역에서 재배된 사탕수수를 취합하는 공장의 중앙 시설 설비가 시작되었고 이어서 토지소유도 이들 중앙집중화의 수중에 놓이게 되어 외국 은행의 차입을 통해 법인(주식회사)으로 설립된 대규모의 현대적인 제당공장 형태로 바뀌게 되었다. 소유자로 또는 새로운 기업의 주주로서 살아남은 제당공장 주인들은 도시로 이전하여 대저택 까자-그란지를 관리인의 손에 넘기고 자신은 새로운 교통수단인 기차나 후에는 자동차를 이용하여 정기적으로 농장을 방문하곤 했다.

사탕수수 경제의 이러한 위기와 함께 또 다른 위기 즉, 소비시장이 가까운 남부지방과 히우 지 자네이루 그리고 싸웅 빠울루 등의 새로운 사탕수수 생산지대와 함께 국내 시장이 각축을 벌이는 상황이 더해졌다. 이 단계에서 사탕수수 소수과두귀족에 의해 획득되고 유지되는 사회적 위상이 결정적으로 형성되었으며, 이들은 정부의 지원을 더 많이 받기 위해 그러한 위치를 적극 이용했다. 북동부지역의 사탕수수 산업은 그때부터 정부의 공식지원 덕으로 차관 및 지급연기 그리고 시장의 특권 등의 형태로 유지되었지만 그러나 생산과 상업화의 공식 통제 조직의 더 강제적인 개입으로 종지부를 찍게 되었다. 이러한 새로운 상황에서 국가에서 보장된 수익을 받는 저당 잡힌 토지와 기계의 소유자로서 사탕수수 소수과두지배계층의 생존을 가능하게 한 것은 무엇보다도 정치적 행동 능력과 지역 정당제도의 통제 그리고 자신들의 고용인이 하는 투표였다. 제당공장의 옛 주인은 은행의 수중에 있게 된 기업의 관리 고용주로 대치되었으며, 옛 주인들의 대학교육을 받은 도시의 자식들은 이제 가족 소유 주식의 일부분을 '농장' 대신에 지니게 되었다.

* * *

사탕수수 경제에 바탕을 두었지만 끄리오울 문화 지역은 다양한 농촌 및 도시적 생활양식을 제공해주는 여러 가지 부차적인 활동을 포함하고 있다. 거기서는 인구와 지역별로 다양화된 생산 전문화가 이루어져있어 해당 지역으로 동일 직업의 인구가 모여들었는데 특히 해안지역의 어부와 선박제조업자 그리고 소금업자, 카카오와 담배 재배의 부차적 생산자 그리고 바이아 항구의 석유 채굴 등이 대표적이다. 생산방식이 서로 다름에도 불구하고 이러한 직종별 인구 집중은 곧 끄리오울 문화의 다양한 변이요소와 지식, 규범 그리고 가치의 세습과 전통의 유산을 유지하는 데 크게 일조하게 되었다.

독립 이후에는 사탕수수 재배가 지속되면서 감독 관리자들의 명령에 종속되어 지내는 대규모 임금노동자 계층의 생활에 영향을 미치는 적지 않은 변화가 있었으며, 최근 들어 사탕수수농장 소유계층의 정치적 헤게모니 단절과 함께 국가에 영향을 미치는 새로운 세력이 나타나 체제 재정비를 주장하고 있다.

1960년에서 1964년 사이 전적으로 소수과두지배계층의 이익만을 고려하지 않고 농촌 노동자의 상황과 입장을 재고하기 시작했는데 그리하여 서로 다른 목소리를 내는 정치 지도자들로 대표되는 소통의 체제가 만들어지게 되었다. 곧 좌파의 지도자들과 새로운 성직자 계층은 자신들의 사회적 책임을 의식하고 구체제 질서에 대항하는 투쟁을 벌이기 시작했으며, 이러한 움직임 가운데 새로운 정치 투쟁과 행동 노선을 열었던 수많은 농촌 연합과 노조가 탄생하게 되었다.

1963년에는 사탕수수 생산비용을 충당하는 사탕수수 가격 인상을 통하여 지역별 최저임금의 현금 지불이 가능해졌는데, 이러한 획기적인 조치에 반대하여 제당공장 주인들은 지금까지 수익 취득과 세습의 권리 그리고 정치적 헤게모니 권력을 향유했던 특권을 유지하기 위해 연합 시위를 벌이기도 했다.

이러한 변화는 경제적인 분야에서 오랫동안 유지되어온 사탕수수 귀족계층의 몰락을 예고하는 것이었으며, 또한 북동부지역에서 전통적인 끄리오울 문화의 쇠퇴와 구시대적 삶의 방식을 재조정할 목적을 가진 현대문화의 부상을 예고하게 된다.

이러한 노선에 따라 문맹자 및 가난한 노동자들은 세상과 자신에 대한 새로운 의식을 일깨우고 있었다. 권력자의 세계에 직면하여 과거의 포기와 수동성을 그리고 세속적이며 역동적으로 설명되기 시작하는 빈곤을 대체하려 하는 상황이 나타나기 시작했다. 이렇게 북동부 농촌 인구의 자유노동자로의 통합과 시민으로서의 역할 수행을 위한 상황과 조건이 점차 구체화되기 시작한 것이다.

그러나 이러한 희망은, 개혁적인 정부가 전복되면서 그리고 소수자의 이익을 영구히 지키려는 구시대의 소수과두지배계층과 군부독재에 의한 권력구조의 회귀로 말미암아 좌절되고 말았다. 북동부지역의 폭동에 대한 진압은 브라질이 겪었던 최악의 것이었으며 그 와중에 투쟁에 나섰던 수천 명의 농부와 그 동료들이 고문을 당하고 살육되고 또 뿔뿔이 흩어지게 된 것을 상상하는 것은 어렵지 않다.

03 까보끌루 브라질(O Brasil Caboclo)

> (…) 그 모든 이가 사라졌다. 아니
> 우리가 그들을 멸망시켰다. 30년 남짓한 시간에 (…)
> 2백만 명 이상의 인디오가 죽임을 당했다 (…)
>
> 안또니우 비에이라 신부(Pe. Antônio Vieira), 1652

아마존 유역 열대삼림지역은 브라질 영토 거의 절반을 뒤덮고 있지만 인구는 전체의 10%에 불과하다. 이 지역의 브라질로의 편입은 포르투갈 식민의 세습유산에 의해, 동일한 기본적인 원형에 근거한 문화적 형성에 의해 그리고 19세기 말부터 20세기 초까지 천연고무 채취를 위해 아마존으로 몰려든 약 50만 명의 북동부인 이주에 의해 이루어졌다. 이러한 영토적, 문화적 그리고 인적 통합은, 중앙 고원에서 아마존으로 흐르는 강을 통하여 또한 초기에는 남북으로, 동서로 밀림지역을 횡단하기 위해 그리고 브라질리아(Brasília)와 히우-마르(Rio-Mar)를 연결하기 위해 최근 개통된 고속도로를 통하여 이루어진 교통의 편리함 덕분에 유기적으로 이루어져 왔다.

오늘날 아마존 지역은 지역의 광대함 때문에 수백만 명의 인구가 이주해 있으며 또한 앞으로도 지속적인 이주가 예상된다. 삼림은 이 지역 주변에 광활하게 펼쳐져 있으며 경제적, 생태학적인 요인에 의해 대규모 인구이동이 가속화되어 아마존 지역 까보끌루(caboclo) 원래 인구의 절반 이상이 자신들의 거주지를 떠나 벨렝과 마나우스로 내몰리고 있다. 이로써 수천 년 동안 이들이 지녀온 밀림에서의 생존 지식과 방식은 점차 사라지고 있다.

아마존으로 이주한 새로운 거주자들은 그러나 생존에 장애물로만 여기는 밀림에서의 생활에 대해 전혀 몰랐으며, 이들의 목적은 오로지 밀림을 목초지역으로 아니면 대규모 상업재배지역으로 탈바꿈시키는 것뿐이었다. 이러한 거주방식은 효율성 측면에서 의문이 많지만 그러나 정부의 혜택을 받기 때문에 어쩔 수 없는 것으로 보인다. 군부독재는, 대규모 토지를 기증받을 수 있고 투자에 대한 이자를 저렴하게 매기는 재정지원에 매료된 외국 기업들을 적극 지원했으며, 또한 투자를 약속한 국내 대기업들에게는 소득세를 되돌려주기도 했다. 이러한 아마존 개발 방식은 결국 실패로 끝났는데 이는 브라질 전역의 대농장이나 소규모 농장에서 쫓겨난 사람들이 밀림에서 나름대로 생존방식을 터득하는 지배나 거주가 아니었기 때문이다.

쏠리몽이스-아마조나스(Solimões-Amazonas)의 하천체계는 페루(Peru)의 국경에서 마라조(Marajó) 섬의 삼각지에 이르기까지 브라질 전역 약 5천 킬로미터 이상을 관통하고 있다. 이는 대서양 연안의 길이만큼 대륙 내부로 큰 배들이 항해할 수 있는 항로를 의미하며 그의 주요한 지류를 포함하면 무려 10배에 이르는 광대한 하천 수송망을 형성하는 것이다.

아마존 전 지역은 원래 열대 밀림에 특화된 적응력을 가진 인디오 종족들이 차지하고 있었으며 그들 대부분은 정복자들과 마주친 대서양 연안의 뚜삐족이 행하던 경작기술을 지니고 있었다. 사냥과 수렵을 통하여 식량을 쉽게 조달하고 또 비옥한 토양이 모여 있는 낮은 평야 지역에서는 마라조(Marajó)와 따빠조스(Tapajós)족과 같이 고도의 기술 수준을 갖춘 인디오 문화가 융성했으며 그래서 이들은 수천 명씩 마을을 이루고 있었다.

큰 차이가 없는 농업 촌락 형태로 평가받는 이들의 종족 수준 사회는 도시적인 중심 사회로 발전할 수 없었고 또 계급사회로 계층화되지 못했기 때문에 모든 구성원이 동등하게 식량생산 과업에 종속되어 있었으며, 군대나 상인 등과 같은 차별적인 조직 체계를 갖지는 못했지만 그러나 광범위한 사회적 동거가 이루어짐과 동시에 대규모 지역을 지배하는 상황을 염두에 두고 있었다. 인디오들의 백인 문명과의 첫 번째 조우(遭遇) 이후 이들 인디오 부락에 관한 기록에 따르면, 수천 명에 이르는 인디오와 풍부한 식량 그리고 그들의 생활의 즐거움 등이 강조되어 나타나 있다. 최근의 인류학적 연구는 또한 그들의 뛰어난 공예품 특히 그중에서도 모양과 채색이 뛰어난 도자기를 주목하고 있다.

이러한 사실은 어쩌면 오늘날에도 가장 빈곤하고 오지의 땅에 떨어져 지내는 아마존의 어떠한 인디오들에게든 유효한 것인지 모른다. 오늘날 브라질의 어떠한 지역에 있는 사람들도 식물 채취와 금이나 주석 등의 채굴에 헌신하며 밀림에 흩어져 사는 까보끌루만큼 그렇게 빈곤 상태에 놓여있는 사람은 없다. 그들의 생활방식은, 민중이 헌신하는 생산 타입에 따라 기능적인 차이가 있지만, 문화 지역을 통칭해 다룰 만큼은 충분한 단일성을 보여주는 민족사회의 전형적인 사회문화적 요소들을 구성하고 있다.

그러한 요소들의 기본적인 특징은 실질적인 변화를 겪지 않은 채 수세기를 보존되고 이어져온 인디오적 적응 방법이 원시적이라는 것, 만족할만한 생활 조건을 얻기 위한 행동 양식이 자연에 적응하지 못하는 양식이라는 것 그리고 현대 소비사회로의 통합이 최소화되어 있다는 것이다. 실제로 문명은 아직까지 이들 인디오들에게 경제적 생존 능력을 보장해주고 배가해주는 산업 모델, 열대 밀림 상황에 맞는 적응 체계를 개발할 능력을 보여주지 못하고 있다.

* * *

사탕수수 제당공장, 대규모 상업재배나 목초 재배지역과 가축 농장을 아마존으로 퍼뜨린 것은 고무나무 산업이라는 자본주의적 밀림 채취 산업이다. 고무나무는 현재보다도 10배 이상 높은 가격에 판매되면서 전 세계 고무시장 독점을 유지했을 때는 경제적으로 가치가 높았지만 동양에서 고무나무를 재배하고 합성고무가 출현하면서 천연고무 채취는 경제적으로 곤경에 빠지게 되었다. 그때부터 고무나무 산업은 고무나무 농장 주인에게는 보조금을 주어도 농장에서 일하는 노동자들에게는 관심조차 쏟지 않는 정부의 인위적인 보호주의 덕택에 유지되었다. 이러한 상황은, 아마존 지역 주민들에게 반세기 동안 또 다른 경제 생산에 편입될 수 있는 다른 기회를 주지 않은 채 빈곤의 늪에 빠지게 하면서 지속되어왔다.

아마존 지역 주민들의 생활방식과 그들이 부닥치는 문제들을 이해하려면 어떻게 현재 상황에 이르렀는지 그리고 자신들의 운명을 만든 주요 사회 세력이 어떠한 이들인지에 대한 역사적 검토가 필요하다. 이러한 검토는 아마존 계곡의 침투와 채취가 거의 한 세기 동안 어떻게 대규모로 진행되었는지를 보여주는 것이다. 그러한 노력의 주동자는 일부 포르투갈 백인들과 신 브라질 혼혈인 그리고 힘든 노동력을 제공해준 인디오 노예들이었다.

아마존 강에 대한 포르투갈인들의 지배는 처음에 또르데질랴스 조약에 의해 추방된 프랑스인과 네덜란드인 그리고 영국인들을 – 이들은 아마존 유역 항구 인근에 정착하고자 했다 – 몰아내려는 목적에서 이루어졌다. 이를 위해 그들은 전쟁을 시작하고 요새(要塞)를 건설해야 했다. 이 요새들은 지역 내에서 인디오들과 함께 약초들과 값싼 유럽산 물건들을 밀매, 교환하는 페이또리아(feitoria)로 운영되기 시작했다. 포르투갈이 인도에서 들여온 물건들을 대치한 이들 아마존 특산품의 상업적 가치를 알게 되자 거래를 활성화하고 확대하려는 노력이 활성화되었으며, 또한 생산을 확대할 유일한 방법은 인디오들을 정규적 노동에 종속시키는 노예화라는 것을 인식하고 이를 실행에 옮기게 되었다. 그러나 가장 큰 난관은 끝없는 밀림에서 자생적으로 자라는 진귀한 특산물을 채집하기 위해 어쩔 수 없이 인디오들을 밀림에 내버려두는 상황이었다. 이를 해결하기 위해 백인들은 인디오 남성들이 밀림에서 채집을 하는 동안 인디오 여성들과 아이들을 인질로 잡아 마을 내에서 노예화한 것이다.

이에 대한 인디오들의 반응은 전쟁으로 나타났으며 또한 노예제도를 피하기 위해 도망친 피난처로 합류하는 것이었다. 그래서 도망친 인디오들이 숨어있는 곳을 수색하기 위해 대규모 탐험대가 조직되어 강을 거슬러 올라가 이탈한 인디오를 체포하기 위해 나섰는데, 구조대(수색대)라 명명된 이들의 활동은 노동보다도 전쟁을 통해 더 많은 인력을 동원하게 되었고 또 노예화하는 것보다도 더 많은 인디오를 살해했기 때문에 필요한 인력자원을 계속 줄게 만드는 어렵고도 희생이 큰 작업이었다.

그래서 실행된 바람직한 해결책이, 예수회를 비롯해 카르멜회와 프란체스코회 소속 선교사들로 하여금 선교마을(missão)을 설치하게 하는 것이었지만 이마저도 더 합리적이고 수익성 있는 노동 활동을 원하는 식민지배자들의 이익에 반하는 것이었다. 그래서 식민지배자와 선교사들 간에 절충하여 협정이 체결되었는데, 이에 따르면 각각의 선교구에 속하는 인디오를 세 개의 그룹으로 나누는 것이었다. 이것은, 특히 가장 최근에 노획된 인디오를 포함해 1/3은 전적으로 신부와 선교사의 사업에만 전념하게 했고, 다른 1/3은 공공건설 및 포르투갈 왕실의 공적 봉사에 그리고 나머지 1/3은 식민지배자들에게 나누어주어 밀림에서 약초를 채집하는 일에 헌신하게 했다.

식민지배자들의 수중에서 가장 힘든 노예생활을 하게 된 인디오들은 선교구 제도가 그리 만족스럽지는 않아도 참을 수는 있었다. 이들은 자신의 아내가 포르투갈 백인이나 혼혈인 남성들에 의해 축첩생활을 하지 않으면 나름대로 가족제도를 이끌어 갈 수 있었고 자신들의 전통을 계승할 수 있는 공동체적 동거를 유지하는 것이 허용되었다. 하지만 그렇다 해도 인디오 인구는 지속적인 보충을 요구할 만큼 계속 줄어들고 있었다.

그래서 선교사들이 설득하거나 완력을 써서, 도망친 인디오들을 강 상류 거주지에서 선교마을로 내려오도록 하는 하산(下山) 단계가 시작되었다. 이렇게 선교구로 내려온 이들은 서로 다른 언어와 풍습을 가진 종족들과 함께 살며 요새와 항구, 공공건물 그리고 대저택과 같은 공사에 의무적으로 동원되거나 채취노동을 하게 되고 이와 함께 선교구 내 성당과 수도원 공사 그리고 식량생산 등과 같은 일에 종사해야 했다.

이러한 노동에 의해 부과된 규율과 서로 다른 종족 간의 동거 상황은 자신들을 포로로 만든 사람들의 생활방식과 신념의 체계로 언어적으로 동질화되고 문화적으로 통일화되도록 강제했다. 이러한 강제성 아래 그 대부분이 다른 언어계통에 속했던 아마존의 토착원주민들은 뚜삐화되어갔지만 그러나 인디오 언어로서가 아니라 문명의 언어로 습득된 일반 언어를 사용하게 되었다.

선교마을의 조직화는 아마존 산간 특히 전 계곡으로 넓혀져 갔으며 이곳은 포르투갈이 전 유럽에 거래한 아마존 밀림 약초 생산을 더 확대하는 데 필수불가결한 대규모 인디오 노동력을 충원해감에 따라 점차 브라질화되어갔다. 약초 외에 아마존에서 포르투갈이 가져간 또 다른 물건들은 야생 카카오와 정향과 계피, 홍목 열매, 사프란, 사르사 그리고 많은 씨앗과 나무껍질, 피근, 기름, 송진 등이었다.

인디오가 가장 많았던 예수회 선교마을은 집중적인 문화접변의 활동을 수행했는데 특히 다양한 기술, 즉 직조와 돌과 석회를 이용한 건축 기술과 쌀과 사탕수수 등의 새로운 작물 재배, 돼지와 닭 등 가축 사육 기술을 도입, 전파했다. 하지만 이러한 기술은 열대 밀림에 대한 적응 형태를 만드는 데 크게 기여하지 못했다. 왜냐하면 아마존 지역은 유럽과는 너무나도 다른 생태 환경이었던 데다 인디오들이 자신의 전통 방식에만 의존했기 때문이다. 이러한 이유로 질 좋은 옷감과 돌과 석회를 사용해 만든 집 그리고 유럽의 음식들은 언제나 소수 지배계층에게만 유용했을 뿐 인디오 노동자들에게는 가치가 없었다. 선교마을에서의 가장 큰 결과는 인디오들의 토속종교와 가톨릭의 제설혼합적 성격인 대중신앙에 근거한 민속적인 종교의식일 것이다.

인디오 노예들의 도움을 받으면서 행정중심지와 상업중심지 주변에 성장한 공동체에 거주하는 백인 식민지배자들은, 대다수 원주민 인디오와 유착하여 그들의 이익을 대변하는 선교사와 선교구 체제가 자신들의 부를 늘리는 데 제약이 된다고 보았다. 다른 지역에서도 식민지배자들과 선교사들 간의 이와 유사한 알력, 즉 문명의 두 개의 얼굴을 가진 세력 다툼이 주기적으로 터져 나왔으며, 인디오들을 예속하는 데 서로 다른 방식을 가진 이 두 세력은 오랫동안 나름대로 성장했다. 어쨌거나 이 두 세력은 전에는 알려지지 않았던 질병과 전쟁 그리고 힘든 노동 때문에 희생당해 그 수가 급격히 줄어드는 인디오 종족의 급감에 절대적인 영향을 미쳤던 것이다.

* * *

이러한 과정을 거쳐서 열대 밀림 생활에 적응하며 원래의 종족 문화를 계승한 새로운 민중이 탄생하고 있었다. 이들은 인디오 언어를 사용하며 그리고 원래 문화의 개념과 용어에 따라 밀림의 식물과 벌레, 동물, 수중생활 그리고 밀림의 전설 등을 이해하게 되었다. 그들은 또한 인디오들에게서 전승된 만지오까와 옥수수, 수많은 열대작물의 재배를 통하여 식량을 조달했고 인디오들과 같은 방식으로 사냥과 수렵, 과일 채취 등을 했으며, 인디오의 쪽배(canoa)를 타고 강을 이동했으며 초가집을 짓고 살며 인디오 방식대로 그릇을 만들기도 했다. 이들은 여전히 인디오들처럼 밀림에서 또 강에서 먹고 자고 생활했으며, 신 브라질인(neobrasileiro)의 아마존 지배를 가능하게 하고 세계경제와도 관련이 된 귀중한 상업 작물과 특산품의 채취에 열을 올리게 되었다.

수천 년간 적응의 노력을 통해 습한 밀림에서의 전통적인 생존 방식을 터득한 전달자라기보다 인디오들은 그러한 기생사회(寄生社會)의 산 지식이요 원동력이었다. 그들이야말로 쪽배를 타며 강의 방향을 정하고, 밀림에 길을 내고, 약초와 특산품을 찾아 채취하고 땅을 경작하며 식량을 준비한 주인공이었는데, 어떤 식민지배자도 자신들의 눈과 손이요 발인 이들 인디오의 도움 없이 밀림에서 생존할 수 없었다.

포르투갈 왕실은 담배와 카카오 그리고 면화와 같은 인디오 작물 재배를 장려하여 만들어진 이 사회를 안정시키고자 노력했다. 이러한 생산 과업을 위해 그리고 스페인과 경합하고 있는 이 지역 지배를 공고히 하기 위해 아마존에 특히 포르투갈 아쏘리스 섬을 포함한 대서양 지역 섬 주민들을 식민자로 이주시켰는데, 이들은 유럽의 생활 방식을 아마존 지역에 이식시킨 유일한 백인 식민자들이었다. 이들은 부부와 자식이 함께 가족을 이루고 또한 가축 몇 마리도 함께 갖고 와 초기에는 농업을 중심으로 활동했지만, 점차 인디오들의 노동과 생활 방식에 적응해가면서 약초 채취와 같은 경제성 있는 작물에 집중했다. 그리하여 유럽에서 건너온 대다수 사람은 채취경제에 몰두하면서 아마존 다양한 지역으로 퍼져나갔다. 하지만, 현지에 농업작물 시장이 생기면서 일부 이주민과 소수의 선교회는 가축사육시설을 만들어 마라조와 히우 브랑꾸 등지의 목초 지역에서 새로운 식량 작물과 공예품을 생산하는 새로운 형태의 경제적 방식으로 부를 축적하기 시작했다. 이 때문에 이 지역에서는 반쯤 물에 잠긴 가축 떼를 돌보기 위해 말이나 소 또는 물소 등을 타고 다니는 특이한 형태의 아마존 목부(牧夫)의 모습이 등장했다.

아마존의 신 브라질인은 또한 이곳에서 태어나거나 이곳에 이주한 남성과 인디오 여성 또는 혼혈여성과의 혼혈 과정을 통하여 백인보다도 인디오적인 인종적 형태를 보이는 백인 남성들과 인디오 여성 간의 혼혈로 이루어졌다. 포르투갈 백인 여성을 요구하는 이 지역 백인 남성들의 요구를 받아들일 수 없었던 포르투갈 본국 왕실은, 그 지역 여성들과의 교합(交合)을 법을 통해 또는 특권이나 상을 통해 장려할 수밖에 없었다. 하지만 그러한 공식적인 정책과는 상관없이 혼혈화는 포르투갈 식민화 초기부터 계속되어 왔으며, 포르투갈인들은 거의 포획되다시피 한 인디오 여성을 자신들의 공식 부인으로 취했지만 그 사이에서 태어난 자식은 공식적인 계승자로 인정하지 않는 상황이었다.

이러한 혼혈 과정으로 거의 모든 지역에서 인디오 종족의 씨는 점차 말라갔지만, 브라질 사회의 차별화된 문화 요소를 구성하게 될 새로운 혼혈 사회, 즉 아마존의 까보끌루 사회가 점차 번성하게 되었다. 생태-

문화적 적응 측면에서 근본적으로 원주민 인디오적인 이들 사회의 생활 방식은 사회적 측면에서의 종족적 생활 스타일과 명백하게 대비된다. 자신들의 생존 조건을 전적으로 충족하고자 헌신하는 원래 공동체 안에서 인디오들은 풍부한 식량과 자신들의 문화적 자발성 유지를 추구해왔다. 하지만 새로운 집단 거주지로 이동하면서 인디오의 적응은 굶어죽지 않는 것만 허용되었는데, 이는 새로운 공동체가 자신들의 생존보다도 해외 시장에서 요구하는 상업적 특성에 따른 생산 과업에 더 몰두했기 때문이었다. 그래서 이들 지역은 공동체 경제의 자발적인 종족 사회로서 그리고 외부적 필요성에 기인하고 상업생산에 헌신한 계층사회의 현지 집단중심지로서 차별화되었다.

새로운 사회 구조의 전반적인 성숙은, 선교마을과 식민지 집단중심지로 구분했던 이중성이 단절되면서 이루어졌는데 예수회 축출과 함께 두 가지 심각한 결과가 나타났다. 그 첫째는, 이교도를 완전히 예속시키고 노예 노동력으로서 새로운 사회로 강제적으로 통합하는 데 대항하는 장벽이 제거되었으며, 둘째는, 예수회 소유의 집과 경작물 그리고 가축을 관리하고 상인들 간에 분배하면서 막 태동한 까보끌루 사회의 소수과두지배계층이 강화되었다는 것이다. 예수회 선교사들의 재산과 농장을(당시 마라조(Marajó) 섬에서만 선교사들은 40만 마리 이상의 가축을 소유하고 있었다고 함) 몰수한 사람들은 그때부터 소위 "선택받은 수혜자"로 명명되어왔다.

* * *

이 기간에 아마존에서의 지배를 공고히 한 포르투갈 왕실은 아마존 지역에서 미나스 제라이스의 금으로 충당되는 대규모 투자를 실행해 도시망을 건설하고 화려하고 사치스러운 교회와 공공건물을 짓기 시작했다. 그러한 건축물 가운데는 특히 포르투갈에서 직접 들여온 건축용 석재로 지어 이 지역 문명화의 자랑으로 여겨질 만큼 훌륭한 것이 많았다.

포르투갈 왕실 정치의 공평성은 처음에 식민자들의 열망에 부응하는 것이었지만 그러나 이후 예수회 선교사들이 선교마을로 유인하고 또한 강제적인 탈종족화를 통하여 까보끌루 사회로 통합한 내륙 인디오 종족이 위축됨으로써 문제가 나타나기 시작했다. 곧 채취경제가 쇠퇴했으며 열대작물의 농업경제가 시작되었고, 특히 미국 독립투쟁과 나폴레옹 전쟁으로 면화와 쌀 공급에서 세계적 위기가 초래된 기간에 아마존 지역 농업경제는 새로운 부의 중심지를 태동시키면서 번성했다.

이들 가운데 하나가 마란냐옹 주의 아마존 강 인접지역과 외부지역으로, 이 지역들은 밀림의 채취경제로 인디오들의 유사한 통합과정을 통하여 동시에 발전되었다. 기업적 형태의 경제적 성공은 대규모 상업적 재배의 길을 열었던 아프리카 노예 노동력 도입 때문에 가능했는데 18세기 말에 이 지역은 식민경제 중심지 중 하나로 부상했다. 그리고 빠라 주 또한 이 지역 면화, 쌀 그리고 카카오 재배를 위해 흑인 노예 일부를 받아들임으로써 번영의 혜택을 입었다. 하지만 북미지역에서 재배가 활성화되자 이 두 지역은 쇠퇴의 길로 접어들어 다시금 수출을 위한 채취경제로 돌아서게 되었다.

이러한 개발 상황은 토착민 근절을 불러왔으며 또한 극심한 종족 간 갈등 분위기를 만들었지만 그러나 오랜 세월 광범위한 탈종족화와 인디오를 노동에 동원한 가혹한 방식의 정착과 실행 덕택에 사회질서가 유지될 수 있었다. 예수회의 안또니우 비에이라 신부는 17세기에 자신이 과거 방문했던 강 인근 지역에 대해 언급하면서 문명의 이름으로 식민지배자들에 의해 사라지거나 또 사라지고 있는 사람이 약 2백만 명 이상에 이른다고 말하며 놀라움을 금치 못했다.

억압적인 행동보다도 그러한 혹독한 질서 유지를 설명하는 것은 한편으로, 인디오의 전반적인 폭동 가능성 앞에 공포에 질려 살지만 그러나 유일한 부(富)의 원천이 그 누구도 생존할 수 없는 노동 상황으로 수많은 인디오를 소모하는 것임을 완벽하게 인식하고 있는 식민지배자들의 연합이었다. 그리고 또 다른 한편으로 체제에 순응한 까보끌루의 주인에 대한 노예 상태, 즉 인디오에 대한 야만적으로 잔인한 태도였다. 이러한 태도는 인디오의 잔인한 정복자들과 똑같은 싸웅 빠울루의 마멜루꾸인들, 즉 같은 종족과 비교될 뿐이다. 서로 다른 언어를 말하고, 다양한 관습을 갖고, 서로 적대적인, 종족 기원이 다양한 사람으로 분리된 그들의 종족에서 이탈한 "따뿌이아"들(tapuias, 역자 주: tapuias족 인디오 또는 백인 남자와 인디오 여자의 혼혈인으로 마멜루꾸나 까보끌루와 동일한 의미)의 자체적인 무방비 상황은 중요한 역할을 또한 나타내고 있었다.

5세기에 걸쳐 유럽 침략에 희생된 결과 탈종족화되고, 탈문화화되고 또 혼혈화된 사람은 엄청나게 증가했다. 오늘날 밀림 사람들 중 원래의 적응 문화를 유지하는 수는 3백만 명 이상을 웃돈다. 이들은 주로 예수회 선교마을에 기원을 두고 있는데 이곳은, 서로 다른 종족에서 이탈한 인디오들로 하여금 자신들의 원래 문화를 따르지 못하게 하고 또 한 세기 전 외지 지역에서 선교했던 첫 번째 인디오 집단에서 들여온 기본 소통어인 뚜삐어를 강요했다. 그리하여 인디오 언어는 선교사들에 의해 문명의 언어로 바뀌었으며 그것은 곧 대중의 언어가 되기에 이르렀다. 종족 변형 과정에서 이 인디오들은 언어도 문화도 없으며 특정한 문화적 정체성도 없는 일반적인 인디오로 변질되어갔다. 이들에게 훗날 백인 남자와 인디오 여자에게서 태어나 인디오도 유럽인도 아니고 뚜삐어를 사용하는 대규모 혼혈 대중이 보태져 까보끌루의 상태로 용해된 것이다.

까보끌루 집단의 기능은 첫째, 이 지역의 가난한 경제를 활성화한 유럽 수출용 약초 채취 작업에 필요한 노동력 기능, 둘째, 자신들에게 공격성을 보인 자유로운 인디오들을 포획하고 살육하는 도구로서의 기능이었다.

패배한 까보끌루에게는 두 가지 폭력적 억압이 가해졌다. 그 하나는, 세계시장에서 고무의 엄청난 가치 상승으로 새로운 부의 원천을 개발하려고 전 지역에서 몰려든 사람들이 그들 내부로 동시에 등장하면서 나타난 것으로, 이 시점에 그들은 포르투갈어를 쓰면서 자신의 언어를 잃어버렸지만 자신의 차별적 정체성 의식과 밀림 거주민으로서의 생활 방식을 유지했다. 둘째는, 오늘날에도 여전히 진행 중인 것으로 밀림 경계를 확대해가는 과정에서 비롯되어 아마존 지역을 새로이 침략한 데 따른 것으로, 그 결과 그 땅에 살고 있던 까보끌루의 절반 이상이 벨렝과 마나우스의 도시 빈민지역으로 내쫓기는 상황이 연출되었다. 남아서 생존한 인디오들은 굴복에 저항하는 법을 배웠지만 까보끌루들은 그러질 못했다.

역사적 변천 과정은 아마존 지역에서 세 가지 계층의 사람들을 만들어냈다. 이들 세 개의 계층은 강 상류지역으로 도망친 인디오들로 구성되는데 이들은 자기 종족 여자들과 어린이들을 포획하여 그들에게 채취노동을 부과하고자 자신들의 공동체에 침입하는 모든 세력에 대항해 투쟁했다. 그중 가장 대다수이며 복잡한 사회의 연합을 책임지는데 준비되었지만 그러나 연합을 행할 사회정치적 능력은 없는 계층이 첫 번째이고, 두 번째는 도시화된 주민들로 이미 포르투갈어를 능숙하게 구사하고 식민 질서의 유지 기반으로 활동할 능력이 있는 계층이었다.

세 번째는, 주로 전 지역에 걸쳐 산재한 선교마을에서 기원한 인디오들로 구성되는데 이들은 싸웅 빠울루의 마멜루꾸에 비교될 정도로 나머지 두 계층과는 다른 새로운 종(種)의 사람들이었다. 마멜루꾸와 마찬가지로 이들은 아주 호전적으로 밀림의 경제를 이끌어가는 데 탁월한 역량을 발휘했으며, 여러 차례 세력을 형성했지만 그를 유지하는 능력은 없었다. 싸웅 빠울루의 마멜루꾸는 매매를 위해 숲에 사는 인디오를 포획할 목적인 상업적 성격의 인간사냥에 첫 번째 기능을 두었으며 두 번째로는 크게 늘어나는 도망친 노예들이 모이는 낄롬부들을 제거하는 것이었는데 이는 식민지 경영에 결탁한 문명화의 과업이었다.

이러한 억압적 질서는 19세기 들어 10만 명 이상의 사망자를 낸 브라질 역사의 가장 잔인하고 피비린내 나는 폭동 중 하나로 기록된, 전 아마존 지역에서 들끓었던 두 개의 반란이 진행되면서 깨지고 말았다. 그 첫 번째는, 브라질 독립 이후 빠라 주와 아마존 주에서(1834~1840년) 농촌 및 도심의 주민들로 하여금 폭동을 일으키게 한 까바나젱(Cabanagem) 사건으로, 이는 처음에는 반식민지 운동으로 시작되었지만 나중에 공화주의 및 분리주의 혁명으로 비화되었다. 폭동은, 아마존 지역에서 종족 정체성을 잃고 탈종족화된 인디오들 사이에서 태어난 브라질인의 정체성에 대한 형태에 원인을 두고 있었는데, 이는 더 이상 인디오도, 흑인도, 포르투갈인도 그리고 브라질인도 아닌 까바누스(cabanos)를 또 다른 민족으로 만들어 제안하면서 스스로의 민족적 인종을 얘기한 유일한 투쟁이었다.

까바나젱은 전 지역을 지배하면서 권력을 잡았으며 참가자들은 전에는 노예사냥꾼들이 올랐던 강을 내려와 지나치는 모든 곳을 파괴했으며 주도(州都)와 주요 도시를 침략해 약탈하고 모든 상업거래를 중단하게 했다. 반란자들을 쫓는 정부군은 초기에 극심한 패배를 겪었으며 전쟁은 수년에 걸쳐 지속되었고 소수의 저항이 여전히 계속되었지만,

결국에는 진압했다.

까바누스 투쟁에는 두 가지 특징이 두드러지는데, 그 첫째는 계급투쟁의 성격으로 진압군 대장은 다음과 같은 글을 남겼다.

> 이곳에서 태어난 모든 유색인(有色人)은 백인들만큼 모든 것을 끝내버릴 수 있는 비밀 협정과 관련되어 있다. (…) 그래서 다른 사람들의 손에 무장을 시켜주어야 하며 또한 백인들의 수적 증가를 어떤 방법으로든 지켜야 한다(Moreira Neto, 1971: 15).

인디오와 까보끌루가 자신들의 인종적 억압자로서 적에게 갖고 있는 인식은, 모든 유색인을 근절되어야 할 적의 범주에 포함시키는 인종적 대립의 잔인함에 대한 인식이었다.

두 번째 강조되어야 할 특징은, 폭동이 무기에 의해서가 아니라 까바누스 투쟁의 역사적 실행 불가능성에 의해 결국 패배한 것이라는 점이다. 억압과 차별에 대항해 오랜 세월 쌓여온 반목은 전쟁을 일으키는데 충분한 이유가 되었지만 그러나 자유 투쟁에 참여했던 또 다른 인종을 위한 사회적 배치의 대체안을 제시하거나 종결짓기에는 충분치 않았다. 그들은 다름 아닌 낄롬부의 흑인들로, 까바누스의 지휘를 받은 그들은 자신들의 원시성에도 불구하고 이미 문명에 전염이 되었다. 그들에게 죽음의 병이요, 노예제도요, 억압이었던 문명은 또한 상업적으로는 도구와 낚시, 소금, 문어와 같이 그들에게 없어서는 안 되는 재산 공급자들과 연결해주는 실행 가능한 유일한 방식이었다.

북동부지역의 또 다른 대중 봉기는 발라이아다(Balaiada)로서, 발라이우스(balaios)는 원래 면화 생산에 동원되어 마란냐웅 주에 모여 살던 대규모 흑인 반란자들로, 낄롬부의 흑인들과 마찬가지로 탈문화하고 탈아프리카화된 이들은 노예제도에 반대하여 투쟁한 사람들이었다. 까바누스 중에는 정부군과 여러 차례 투쟁한 흑인들이 있었으며 또한 발라이우스 가운데에는 마란냐웅 지역 인디오들과 혼혈인 마멜루꾸들이 있었음은 확실하다.

예전의 전제적 삶의 종족 사회로 돌아가기에는 너무 문명화되고 또 새로운 기초 위에 세운 사회의 의도적인 재질서를 받아들이기에는 너무 원시적인 까바누스와 발라이우스는 자신들을 멸망시킬지 모르는 패배를 기다리면서 무력화되어갔다. 그들의 지배자들은 영민한 계략을 통해 수많은 패배를 경험해도 살아남을 수 있었다. 그러나 까바누스에게는 단 한 번의 패배도 파멸이었는데, 이는 한 번 종속당하면 적은 전보다 더 강한 방식으로 과거의 억압적인 사회질서를 강요할 것이기 때문이었다. 사실 수천 명에 이르는 까바누스 사망자의 대부분은, 패배한 이후 지배자들에게 대항했다는 이유로 인디오 마을에서 벌어진 학살로 비롯되었다. 16~17세기 브라질 북동부 지역에서 발생했던 유사한 모양의 이러한 대학살은 인디오 인구의 대량 근절이라는 종족 전쟁으로 평가될 수 있다.

* * *

19세기 마지막 20~30년에 아마존 지역은 전통적인 채집생산물, 즉 고무가 세계시장에서 가격이 점차 오르는 데 힘입어 번영의 시기를 구가했다. 유럽과 미국의 자동차 산업 발전은 아마존산(産) 고무를 엄청난 규모로 수요 폭발을 일으키는 원자재로 만들면서 그 가격을 무려 10배까지 폭등하게 했다. 고무의 유일한 공급지로서 아마조니아(Amazônia)는 폭발적인 수요를 감당하기 위해 지역 모든 경제체제를 고무생산에 주력해 운용했으며, 아마조나스(Amazonas)와 쏠리몽이스(Solimões) 강 인근에 모여 있던 주민들을 전 지역으로 소개(疏開)시켜 천연고무와 또 다른 고무 진액 나무를 찾는 데 전념하게 했으며 이로써 많은 도시가 생겨나 번영하기 시작했다. 이와 함께 벨렝과 아마조나스 강 중간 지점에 있는 마나우스는 대도시 중심지로 변했으며 이곳의 항구들은 고무를 선적하고 그 대신 산업재화를 하역하는 수많은 상선(上船)이 집합하는 곳이 되었다. 또한 아마존 밀림을 가로지르는 철도 마데이라-마모레(Madeira-Mamoré)가 엄청난 인적 희생을 통해 뽀르뚜 벨류(Porto Velho)에서 볼리비아와의 국경에 있는 마모레 강까지 연결되어 채취한 고무의 수송을 담당했다.

이러한 생산 노력을 위해서는 선결되어야 할 문제가 있었는데 그것은 무엇보다도 고무채취라는 힘든 노동을 견딜 대규모 노동력의 충원이었다. 하지만 이 문제는 10만 명 이상의 사망자를 발생시킨 지속된 가뭄으로 황폐해지고 또 대토지소유제 아래 유린된 북동부지역 지역 주민들로 대체, 해결할 수 있었다. 이로써 적어도 50만 명 정도의 북동부 주민들이 아마조니아로 이동했는데 벨렝과 마나우스 두 항구에 내린 이들은 자신들을 기다리던 주인들에게 나뉘어, 인디오들에 대항하기 위해 무기로 무장하고 고무채취노동에 필요한 도구와 의복을 갖추어 강과 밀림 깊숙한 오지의 고무나무 지역으로 이동했다. 그리하여 모든 노동자는 자신들에게 제공되는 식량과 의약품, 의복 등의 지급품 가격이 날로 인상되는 부채를 갚기 위해 노동에 시달려야 했다. 노동자들은 아주 힘들게 이 빚을 갚기는 했지만 결국 이러한 노동은 그들로 하여금 극악한 생활조건에 견디게끔 하는 실질적인 노예제도와 다름이 없었다.

열대 밀림의 모든 천연 산물과 마찬가지로 고무는 지역마다 집중되어 있는 곳이 불규칙하고 또 고무가 풍부하게 있는 지역이라 해도 채취업자들이 담당하는 지역이 너무 크기 때문에 주민들이 조직적으로 모여 사는 인구중심지가 형성되기 어려웠다. 이러한 상황으로 말미암아 주민들 거의 모두는 강을 따라 큰 계곡 주변으로 널리 퍼져 살게 되었으며 이 때문에 인구밀도는 떨어지고 또 카누와 배를 통한 하천 운행에 전적으로 의존하는 소통체계만이 존재할 뿐이었다.

이러한 경제에서 땅 그 자체는 가치도 없고 또 땅을 덮고 있는 울창한 숲은 유용하고 진귀한 특산물을 얻는 데 방해만 될 뿐이라 농업이나 목축 경제 지역처럼 땅을 법적으로 소유한다는 것은 생각하지도 않았다. 아마조니아 지역에서 중요한 것은, 고무나무가 있는 접근로를 확보하고 그곳에서 고무를 채취하는 데 필요한 노동력을 동원하는 것뿐이었다. 그래서 이를 확보하는 것은 곧 땅의 소유 형태를 의미하는 것은 아니었으며, 드물게는 정부의 필수불가결한 허가로 그리고 교통수단을 설치하려는 방침으로만 소규모로 소유가 인정될 뿐이었다. 그리고 노동력 동원은 아주 교묘한 유혹 형태로 이루어졌으며 또한 그 누구도 빠져나갈 수 없을 정도의 부채 부담과 결합한 힘을 이용해 유지되었다.

이렇듯 고무채취는 땅과는 무관한 사업으로 정착되었으며, 그 사업 환경은 강(江)으로 그곳에서 사람들은 주민으로 정착하지 못했지만 고무나무가 고갈될 때까지 오로지 채취업자로서 살아갈 뿐이었다. 그래서 그곳에서 그들은 카누와 창고, 주인에게 묶여있을 수밖에 없는 부채 장부만을 안고 살았다. 모든 고무나무 숲에서는 아마존 까보끌루 집단이 이곳에 막 도착한 “브라부스”(brabos)를 가르치는 선생의 역할을 했는데, 이들은 고무나무 식별이나 고무액 채취 그리고 채취된 고무액을 뭉쳐 원형으로 만들기 위해 훈제하는 법 등을 가르쳤다.

이렇게 교육받은 채취업자들은 나무에서 나무까지의 길인 자신의 작업로(作業路)를 할당받는데, 10~15킬로미터에 이르는 이 지역에는 약 200여 개의 작업로가 있었으며 이것이 바로 하나의 채취 단위를 형성했다. 고무나무 숲은 바로 그러한 작업로의 총합으로 보통 강을 따라 적게는 몇 시간 내에 또 지역에 따라서는 수일간 이동해야 하는 거리에 있었다. 그리고 강의 하구에는 노동자들의 탈출과 채취된 고무의 불법 이탈을 경비하기 위해 주인이나 관리인의 거주지가 있었다. 그리고 항구마다 있는 큰 창고에는 채취된 고무를 원통으로 만들어 보관하는 창고와 또 노동자들이 빚을 지도록 공급해주는 술과 담배, 식료품, 옷감, 무기, 향수 등 모든 잡화를 보관하는 창고가 있었다.

채취업자들은 하루에 두 번씩 자신의 작업로를 오가야 했는데, 처음에는 나무에 흠집을 내어 고무액을 받을 접시를 받쳐놓고, 그다음에는 채취한 고무액을 큰 통에 담아 마을로 돌아오기 때문이었다. 이들은 새벽부터 밤늦게까지 채취한 고무액을 응고시키는 작업을 수행해야만 했는데, 이러한 작업 외에도 이들은 더 이상 빚을 지지 않으려고 스스로 식량을 구하기 위해 사냥이나 낚시를 해야만 했으며, 또한 작업로 곳곳에 매복하여 자신들을 공격하는 인디오의 공격에도 대비해야만 했다. 인디오와 채취업자 간의 싸움은 너무나 심각해 먼저 보는 사람이 죽이기 일쑤였다. 이러한 고단한 노동 외에도 채취업자들은, 아마존 전 지역을 뒤덮은 베리베리병(病)과 같은 희귀병과 말라리아와 같은 열대 전염병으로 말미암아 생명의 위협을 무릅쓰고 살아야만 했다.

이 모든 위험에도 불구하고 북동부 오지의 가난과 기아는 극심하여 북동부 주민들은 1톤당 500파운드의 높은 가격으로 판매되는 고무의 매력에 이끌려 아마존에 들어왔고, 이로써 아마존 고무경제에 이들을 노동력으로 쏟아 붓게 되었다. 이들 중 일부는 아마존의 사냥꾼과 어부가 되었고 또 일부는 상인이 되어 돈을 벌어서 고향인 북동부로 돌아와 자신의 성공에 대한 소식을 전해 새로운 이주의 희망을 전해주기도 했지만 나머지 대부분의 사람은 자신의 실패에 대해 침묵했다. 사실 고무나무를 매력적으로 만든 것은 정부의 공식 선전과 북동부 오지와 항구 지역에서 있었던 동원 조직망이었지만, 북동부 주민들의 비참한 가난은 아마존에서의 모험을 감행할 만큼 다른 대안이 없었다. 이렇게 열대 채취경제는 수많은 인디오를 아마존 계곡에서 사라지게 만든 후 특히 오지인이 사는 거대한 북동부지역의 인구중심지까지 황폐화시켰다.

그러나 고무채취경제의 번영은 제1차 세계대전으로 돌연 중지되고 말았다. 전쟁 후 영국에 의해 동양에 고무나무가 재배되면서 세계시장에 고무가 생산 과잉이 되어 과거의 영화는 더 이상 보기 어려웠다. 국제시장에서 톤당 고무 가격이 100파운드로 떨어지면서 천연고무의 채취는 가치가 없어졌으며 이로써 브라질 수출의 40%를 차지하고 약 100만 명의 노동자가 참여했던 아마존 지역의 고무경제는 붕괴되기에 이르렀다. 그전에는, 고무채취가 절정에 이르렀던 1872년에는 아마존의 두 번째 항구인 벨렝이 인구 면에서 브라질 제4위의 도시가 되기도 했다.

고무경제의 위기는, 전쟁 동안 축적된 생산량과 아마존 강을 통해 계속 유입되는 새로운 수확량을 세계경제에서 처리할 능력이 못되면서 파국으로 치달았다. 파산에 이른 주인들이 수많은 고무나무를 포기했으며 채취노동자들은 밀림 깊숙한 곳에서 자신들의 행운을 찾고자 애를 썼는데 이로써 점차 아마존 강과 지류를 중심으로 인구가 몰려들기 시작했고 이들은 생존을 위한 경제와 자신들이 도망쳤던 오지 지역보다도 더 극심한 빈곤에 처하는 상황으로 역행하고 말았다. 입을 옷과 질병 치료약 그리고 물품이 필요한 소위 "문명화"된 자신들의 생활 때문에 그들은 인디오들보다도 더 어려운 상황에 처했다.

경제적으로 주변화된 이 오지인들은 무기를 절약하고자 활과 화살로 사냥을 하고, 괭이가 없기에 나무 말뚝으로 들판을 경작하고, 작살을 이용하여 거북이와 악어를 잡아 식량을 조달하는 법을 배우면서 이 지역 생활방식에 통합되어갔다. 네그루(Negro) 강과 같이 무척 외진 곳에서는 이들이 또한 소통을 위해 서투르게나마 뚜삐어를 사용하기에 이르렀으며, 인디오와 마찬가지로 주술행위에 빠져들었으며 또한 인디오 신화의 유령에 대한 공포심도 갖게 되었지만 그러나 열대 밀림에의 적응력 부족 때문에 인디오를 다만 흉내 내는 데 그치고 말았다.

수년 후 정부는 침체된 고무경제를 회생시키기 위해 고무생산 보호조치, 특히 보조금을 통한 국내시장 공급 독점 정책을 입안하여, 과거보다는 열악하지만 고무채취노동자들을 다시금 고무나무로 이끌기 위한 새로운 채취경제가 시작되었다.

고무경제 재개는 제2차 세계대전 동안 아마조니아 지역에 단기간이나마 새로운 채취경제를 발전시키는 데 기여했는데, 이는 무엇보다도 일본군의 공격으로 동양에서 고무생산이 부족하게 되자 연합군에 고무 공급을 확대한 데 따른 것이었다. 연방정부는 브라질이 전쟁에 공헌하는 방책 중 하나로 고무경제를 활성화했으며 이로써 아마존 지역에는 북동부인들의 이주가 다시금 늘기 시작해 약 3만 명에서 5만 명에 이르는 노동자 이주가 이때 이루어진 것으로 추산된다. 그래서 소위 "고무전쟁"에서 브라질이 입은 손실, 즉 노동자들이 겪어야 했던 기아와 죽음 그리고 고무나무 포기로 인한 손해는 어느 정도 회복되었다.

고무채취 산업의 새로운 활기는 보조금과 같이 우호적인 금융혜택을 통해 업주들에게는 생존의 길을 허락했지만, 노동자들에게는 또 다른 노동의 기회가 절대적으로 부족한 탓에 어쩔 수 없는 유혹으로 이끌린 기회였으며 그들로 하여금 가난의 영속화를 부채질했을 뿐이다. 빈곤이 가속화된 고무나무 숲에서 오지인 채취노동자들은, 고무 수확이 경작을 위해 땅을 준비해야 하는 기간과 일치함에도 불구하고 식량을 얻을 밭을 개간하고 최소한의 생존을 위해 인디오 전통 방식대로 사냥과 수렵활동을 해야만 했다. 그러나 경제적 관계에서 오지인 채취노동자들은 주인에게 예속되어 있을 수밖에 없었으며 그들의 가난은 고무채취경제 쇠퇴가 지속되는 동안 더욱더 심화될 수밖에 없었다. 가난과 종속 상황은 주인들 간에 채무가 있는 노동자를 더 이상 고용하지 않으려는 암묵적인 협약 때문에 더욱 극심해졌으며, 당시 아마존 지역에는 주인들이 노동자들의 채무를 청산했다는 쓸모없는 종이서류를 들고 몇 년이고 기다리기만 하는 노동자들이 속출했다.

고무나무 주인들 곁에는 채취경제의 반짝 활성화를 틈타 새로운 계층이 등장했는데 이들은 다름 아닌 소행상인들이었다. 강을 오가는 배에서 사는 이들은 고무나무 업주의 발이 닿지 않는 곳까지 배를 타고 이동해 술이나 소금, 성냥, 옷감, 낚시 도구, 무기 그리고 또 다른 생활 필수품 등을 싣고 다니며 강가에서 만나는 노동자들에게 밀매하는 사람들이었다. 노동자들의 필수품과 도구를 만족시켜주는 이들은 강 운하의 왕들이었으며, 이들이 원하는 물건은 노동자들이 몰래 빼낸 고무였다.

밀림에 흩어져있는 외딴 오두막에 살며 누더기 차림으로 문맹과 영양부족, 질병에 무방비로 노출되고 특히 어떠한 희망도 없이 무기력하게 삶을 지탱하며 새벽부터 밤늦게까지 노동에 시달려야만 하는 채취노동자들의 삶은 인간적으로 너무도 열악하고 처참할 수밖에 없었다. 이들에 앞서 밀림에 살았던 인디오 종족과 비교해 이들은 "문명화된" 가난한 사람들이었으며 문명 통합이라는 과정에서 야만적으로 처참하게 버려진 사람들이었다.

이 고무채취노동자들 외에도 오늘날의 아마존 지역 채취산업은 다양한 부문, 즉 갖가지 수액(樹液)채취업자, 악어와 거북이 사냥꾼 그리고 아마존산 민물고기 어부 등의 또 다른 채취노동자들을 만들어냈는데 이들 또한 과거 고무채취노동자의 삶만큼이나 비참할 수밖에 없었다.

* * *

절멸(絶滅) 시기에 살아남은 사람들에 대한 놀라운 사실은 그들이 미래에도 여전히 살아남을 것이라는 사실이다. 우리 모두 두려워하는 것과는 반대로 인디오들의 존재는 어느 정도 안정이 되었으며 또한 일부 인디오 종족은 그 수가 점차 늘고 있다. 유럽인들이 도착한 식민 초기 약 5백만 명에 이르렀던 전체 인디오 인구는 – 그중 절반이 아마존 지역에서 큰 강들을 중심으로 집단 거주했던 – 이제는 결코 상상할 수 없을 것이다. 문명과 맞닥뜨리면서 각각의 인디오 종족 인구가 급격히 그리고 지속적으로 격감했음은 지금까지 정말 경악할만한 일이었다. 그러나 브라질인디오 인구가 가장 적었던 때인 15만 명 정도를 넘어서 지금은 약 30만 명에 이르며 그 수는 잠재적으로 늘어날 것으로 보이는 것은 주목할만하다.

파괴적인 동력을 가진 유럽 팽창은 눈에 띄게 냉각되었으며, 크게 줄어들었던 인디오 인구는 이제 조금씩 늘어나는 과정에 접어든 것으로 보인다. 사실 그 누구도 이러한 예기치 않은 변화를 기대하지는 않았다. 브라질뿐 아니라 전 세계의 모든 인류학적인 조사는 일관되게 브라질인디오 종족의 구성원이 해마다 줄어들고 있다고 발표했다.

죽음이야말로 브라질인디오와 나머지 초기 원시인들의 숙명인 것처럼 보였지만, 갑자기 이러한 국면의 역전 현상이 나타나기 시작했다. 남비꽈라(Nambiquara)족 인디오는 눈에 띄게 늘어났으며, 1980년 400명에 불과했던 우루부-까뽀르(Urubu-Kaapor)족은 현재 700명에 이르고, 문두루꾸(Mundurucu)족은 5천여 명 그리고 1946년 2,500명에 불과했던 샤반찌(Xavante)족은 오늘날 8천 명에 달하고 있다.

일부 인디오 종족은 자신들의 문화적 체제를 확장하고 또 재정비할 수 있을 만큼 그 수가 충분히 늘어났다. 브라질과 페루의 쏠리몽이스 고원 지역의 띠꾸나(Tikuna)족은 이미 2만 명을 넘어섰으며, 호라이마(Roraima) 지역 평원에 사는 마꾸시(Makuxi)족은 1만8천 명, 아마존 동부 계곡에 사는 과자자라(Guajajara)족은 9천 명, 최근에 문명세계로 나온 까야뽀(Kayapó)족은 6천 명 그리고 아마조나스 강 연안의 호수와 섬에 사는 싸떼레-마우에(Sateré-Maué)족은 현재 약 1만5천 명에 달한다.

일부 인디오 종족은 그 수가 점차 줄어들고 또한 종족 생존의 기회가 희박해지는 것도 사실이다. 자뿌찌(Jabuti)족의 남은 13명의 인디오는 자식들의 결혼을 위해 뚜삐-까와힙(tupi-Kawahib)어를 말하는 다른 종족 인디오들 사이에서 약혼자를 찾고 있는데 그렇게 되면 새로운 인디오 종족이 출현하게 되는 것이다. 또깐찐스(Tocatins) 강 상류지역에 살며 한때 수천 명에 달했던 아바-까노에이루스(Avá-Canoeiros)족은 현재 30명도 안 되는 인구만 남아있는데 이들은 다른 인디오들과 어떤 접촉도 없이 백인의 침략에 도망쳐 살던 과거 그대로 소수의 인원이 집단을 이루어 살고 있다. 최근 뚜삐어 계통의 이해할 수 없는 언어를 말하는 두 명의 인디오가 발견되기도 했는데 누구도 그들이 누구인지 모르며 또 앞으로도 알 수 없을 것이다.

브라질과 베네수엘라에 1만6천 명 정도가 존재하며 오늘날 아마존 지역에서 가장 수가 많은 원시 인종으로 알려져 있는 야노마미(Yanomami)족은 백인들이 옮긴 질병에 의해 그 수가 점차 줄어들고 있어 세계 여론의 놀라운 주목을 받고 있다. 이들은 다른 언어와 아무 관련도 없는 4가지 자신들의 방언을 사용하며 밀림에 흩어진 수백 곳의 마을에 살고 있다. 이들은 또한 자신들의 땅에서 금과 광물자원을 찾는 사금채취업자(garimpeiro)들에 의해 심각한 위협을 받고 있는데, 이 사금채취업자들은 야노마미 인디오의 땅과 물을 오염시키는 수은(水銀)을 이용한 원시적인 채취방법 때문에 브라질과 베네수엘라 양국 정부의 불평을 사고 있다.

인디오 종족의 생존 문제는 천연두와 홍역, 폐결핵 그리고 성병 등과 같은 백인들의 질병에 대한 생태적응에 의해 설명되는데, 백인들이 도착한 식민 초기 이후부터 이러한 질병들은 인디오 상당수를 죽음에 이르게 했다. 오늘날 천연두는 사라졌지만 그러나 여전히 많은 질병이 의학의 발전 덕택에 과거보다는 덜하지만 계속해서 인디오들의 생명을 위협하고 있는 실정이다.

한편 인디오의 생존은, 인디오들에게 던져진 민족사회의 확대에서 발생한 변화들에 의해서도 해석되는데, 이러한 변화들이 매우 공격적이고 파괴적이라 해도 과거처럼 전체 인디오 종족을 완전히 절멸시킬 수는 없을 것이다. 최근 발생한 야노마미족 마을의 인디오 살해사건은 전 세계적으로 심각한 이슈가 되면서 사건을 진정시킬 수 있었다.

백인과 인디오 간의 접촉과 공존 형태는 많은 중요한 변화를 만들었다. 순수하게 그리스도적이며 유럽 제국주의적인 선교(宣敎)는 인디오 대량살육의 힘을 약화시켰다. 지금은 과거 전형적인 탈문화화와 탈인간화의 도구로 사용된 학교에 다른 종족의 인디오 어린이들을 수용하기 위해 그들을 훔쳐온 선교마을은 더 이상 많이 남아있지 않다. 극히 소수로 남아있는 그러한 선교마을 학교는 인디오 종족사회나 민족사회에서 더 이상 제자리를 찾지 못하고 사회의 주변부로 밀려나있다. 또한 과거 강력한 문화동화주의를 펼치던 국가의 공식적인 인디오 보호정책은 현재는 인디오를 존중하는 극히 유순한 태도로 바뀌었다.

그러나 가장 크고 놀라운 변화는 인디오 자신들에게서 나타났는데,

백인들과의 평화적 관계 설정 이후 복종적이며 겸손했던 그들의 태도는 이제는 자신만만하며 긍정적인 태도로 바뀌었다. 그리고 과거에는 인디오들이, 거대한 영토에 비해 소수인 자신들의 무의미함을 인식하여 때때로 운명적인 포기나 체념에 빠진 반면 지금은 백인들을 충분히 부닥칠 수 있는 존재로 보는 자신감이 생겼다.

이러한 상황에서 선교사들 앞에서, 공식적인 정부의 보호기구 앞에서 그리고 어떠한 문명의 대리인 앞에서도 굴복하지 않는 자신들만의 새로운 지도력 형태가 나타나기 시작했다. 인디오들은, 이 거대한 민족사회가 자신들보다도 더 열악하고 가난한 환경에 사는 사람들로 구성되어 있다는 것을 잘 알고 있으며 또한 이러한 사회로의 편입이 자신들의 위치를 여전히 빈곤하게 만들지 않을까 하는 의구심을 갖고 있다. 그래서 이 모든 것 때문에 자신들은 원주민 인디오로서의 존재로 그냥 남으려 하는 것이다.

어떤 상황에서는 인디오로서의 정체성과 인디오 자신들이 동거하는 민족적 맥락 사이에서의 양자택일이 너무도 공격적이라 살인이 일어나기도 한다. 이러한 이유로 과라니(Guarani)족에게서 발생한 사건처럼 자신들의 땅을 침범한 사람들에게서 받은 적대적인 취급을 참지 못하고 젊은 인디오들이 자살하는 경우도 생겨나고 있다. 인디오들의 땅에 들어온 사람들은 삼림을 파괴하고 강을 오염시켜 사냥과 수렵을 불가능하게 하면서 그 땅의 모든 자연환경을 바꿀 뿐 아니라, 인디오들이 불치의 열등함을 갖고 있다고 무작정 단정하여 갖은 폭력과 야만적인 행위를 서슴지 않아 인디오들로 하여금 자살의 늪에 빠지게도 하고 있다.

이러한 상황으로 말미암아 인디오의 고유한 전통은 때때로 자신들의 생존을 지지할 도덕적 신념을 제공하는 것이 아니라 잘못된 생각으로 이끄는 방향으로 재구성되고 있다. 이러한 예는 세상을 창조한 과라니족의 영웅 신화에서 찾아볼 수 있는데, 그에 따르면 자신들의 땅은 창조주에게 너무 많은 시체를 먹는 것에 피곤한 나머지 생을 마감하게 해달라고 탄원하고 있다는 무시무시한 신화로 탈바꿈하고 있다.

* * *

고무경제 쇠퇴는 또한 아마존 전 지역에서 번성했던 도시들을 완전히 포기 또는 훼손시키면서 사라지게 만들었다. 두 개의 지방 도시는 고무수출이 호황이던 시절 화려한 궁전과 극장, 도시 건축물들을 가득 채웠던 화려함과 활기를 잃어버렸다. 기본적인 수출상품이 없어 상업은 몰락했으며 주민들은 투기와 밀매에만 의존해서 살아갔다. 게다가 도심지역에서는 국내의 가장 가난한 파벨라보다도 더 빈곤한 외곽지역으로 채취업자들이 이주하면서 인구가 상대적으로 늘어나고 있었다. 이 때문에 엄청난 수의 실업자가 발생했으며 이와 함께 세상의 그 어떤 빈곤한 지역보다도 더 심각한 사망률과 유아사망률, 정신쇠약 그리고 영양부족의 아주 열악한 삶의 상황이 연출되었다.

제2차 세계대전이 끝난 후 아마존 지역경제를 활성화하는 정책이 시행되어 주민 일부분을 새로운 생산품목, 즉 일본인에 의해 도입된 황마와 후추 그리고 평원에서의 쌀 재배 등에 동원하게 했다. 그리고 도시에서는 산업화가 시작되면서 일부 노동의 기회를 제공하게 되었으며 일부 지역에서는 광물채취 활동으로 새로운 생존 방식을 제공했다. 특히 아마빠(Amapá) 지역에서는 망간 채굴을 위해 수천 명의 사람이 몰려들었으며 그리고 혼도니아(Rondônia) 주와 아마조나스(Amazonas) 주에서는 많은 사람이 소규모 그룹을 이루어 주석 채굴에 뛰어들었다.

금세기 초 번성했던 고무경제의 모험이 또다시 반복되는가 싶었지만 그러나 채굴과 운송 비용 때문에 아마존의 막대한 광물자원은 미국의 베들레엠 스틸(Bethlehem Steel)이라는 독점기업을 통하여 미국으로 옮겨지고 말았다. 채굴작업 종식은 주민들에게 노동의 기회를 제공하지 못할뿐더러 현지의 부의 원천을 남기지 못하게 되는 결과를 낳게 된다. 그래서 고무경제 시절 위기와 유사한 결과를 불러올 것이며 이로써 미국은 망간 최대 수출국으로서의 면모를 보이게 될 것이다. 그래서 브라질은 막대한 채굴 및 운송비용 때문에 광물자원을 미국에 넘겨준 대신 망간을 수입할 수밖에 없으며 또한 국민 상당수를 여전히 빈곤 상태에 놓이게 하고 말 것이다.

지역경제의 불균형, 국내의 통합적 삶의 어려움 그리고 주민의 열악한 생활조건은 1946년 헌법을 통하여 연방정부 수입의 3%를 아마조니아 지역 경제 활성화 계획에 사용되게끔 했다. 1950년 의회는 아마존개발 5개년계획을 완성했지만 여러 위원회를 전전하다가 가결되지 못했다. 이 계획에 따르면 투자된 예산은 이 지역 수출액과 수입량 간의 균형을 조절하는 데 사용될 예정이었지만, 지역 정치인들이 선거 후원에 불순하게 사용함으로써 지배계층의 주요한 수입 원천이 되었다. 이렇게 북동부의 극심한 빈곤이 연방정부의 지원을 "가뭄 산업"으로 만든 것처럼, 아마존 지역 까보끌루의 가난은 "지역 발전"을 풍요로운 사업의 원천으로, 그리고 현지 소수과두지배계층의 정치입지를 공고화하는 도구로 만든 것이다.

그럼에도 주민들을 번영의 민중으로 지역으로 돌아오게 하고 민족적 삶으로 편입하게 하면서 아마존 지역의 경제를 활성화하는 것은 브라질이 직면한 가장 심각한 도전 중 하나였다. 세계에서 가장 크지만 가장 인구밀도가 낮은 아마존 지역 밀림의 존재는 전 세계의 주목을 끌게 되어, 미국인들이 UN을 연관시켜 열대조사연구소로 위장한 몰수계획을 세우는 목표가 되기도 했다. 그리고 미국 정부는 "아마존 개발을 북돋우기 위한 적절한 기술을 실험적으로 연구하고 증명할" 목적으로 99년간 이 지역을 임대하겠다는 제안서를 브라질 군사정부에 제출하여 약탈의 의도를 내비치기도 했다. 이에 브라질 정부는 미국 헤게모니 체제의 특권화된 위성으로서 브라질을 통합하기 위한 주권 제한 원칙에 따라 그 문제를 검토했다. 하지만 격앙된 국민여론 때문에 일부 정치인은 국가 영토는 임대나 대부(貸付) 또는 그 어떠한 협상의 산물도 될 수 없다고 군사정부에 경고하고 나섰다.

또 다른 아마존 개발 시도는 미국 허드슨 연구소(Instituto Hudson) 미래학자들의 교묘한 책략에서 수립된 것으로, 브라질이 소비하는 전력의 10배 이상을 생산할 수 있는 수력발전소를 건설하기 위해 수천 제곱킬로미터의 밀림을 수몰하는 댐을 건설하는 것이었다. 이 계획의 이면에는 핵전쟁이 발발할 때를 대비하여 미국으로 하여금 산업문명 시설을 지을 적절한 지역을 확보하려는 더 현실적인 계획이 있었다.

그러나 아마조니아 주는 오늘날에도 여전히 브라질이 직면한 가장 큰 도전 지역이며 이 지역의 개발은 아주 활발히 이루어지는 중이다. 혼도니아 주와 같이 프랑스보다도 더 큰 주들은 활발하고 또 점차 빠르게 사람들의 이주가 이루어지고 있으며, 전체 밀림을 관통하는 야심찬 도로 건설계획이 너무도 어리석은 형태로 실행되어 천문학적 예산 투자가 무위로 끝나고 말았지만, 일본과 중국 등지에 천연목(天然木)뿐 아니라 또 다른 삼림자원을 공급하기 위해 아마존과 태평양을 연결하는 새로운 도로 건설 계획이 실행 가능한 단계로 입안 중이다. 아마존 지역의 경제개발이 가져다줄 수익에 큰 관심을 둔 새로운 정치 계급과 군부 세대들은 밀림지역 상당부분을 차지하고 있지만 자신들의 눈에는 발전의 장애물로 여겨지는 까보끌루와 인디오에 대해서 불만을 갖고 있다.

과거에는 도씨(Doce) 강 유역과 같이 가장 험준한 밀림을 개간하여 목초재배지역으로 – 물론 이 땅들은 현재 황무지로 남게 되었지만 – 탈바꿈시키는 것이 가능했다. 똑같은 경우가 광대한 면적과 거대한 지역적 다양성이 더 동적인 미래 가능성을 보여주는 아마존 지역에서도 일어나리라는 것이 불가능하지는 않다. 오늘날 약 50만 명 이상의 가난한 사금채취업자들이 금이나 주석 그리고 최저임금에도 미치지 못하는 수익을 가져다주는 자원을 채굴하고자 아마존 지역의 강을 오가고 있다. 이들은 하지만 광물자원을 채굴하고자 수은(水銀)으로 강을 오염시켜 식수와 물고기를 죽이고 있다. 이들의 발자취를 따라 많은 대기업이 엄청난 양의 광물자원을 캘 광맥을 찾기 위해 줄지어 서 있다. 어쩌면 이 지역은 과거 미나스 제라이스 주의 번영을 다시 한 번 보여줄 가능성도 있다. 하지만 미나스 제라이스 역시 그 지역 수많은 채굴노동자를 가난한 민중으로 전락시키고 또 그 지역 곳곳에 광산개발이라는 미명하에 구멍을 파놓지 않았던가?

열대 밀림 노동자들의 삶의 조건을 개선하기 위해 과거의 고무나무 산업을 재개하고 활성화하려는 노력은, 전 세계에 충격을 준 쉬꾸 멘지스(Chico Mendes)와 같은 환경운동가를 희생시키는 투쟁을 낳았지만, 그러나 그와 그의 동료들은 아마존 지역을 어떻게 주거 가능하고 수익성 있게 만들 것인가를 구체적으로 지적한 유일한 인물들이었다. 그들은 아마존 지역을 지속 가능한 인간적 거주지로서의 모습과 전 세계에 수많은 열대과일과 자원을 제공할 수 있는 약속의 땅으로 만들기 위한 노력을 경주한 사람들이었다. 이러한 노력은 즉각적인 이익만을 바라는 사기업체제를 통해서는 절대적으로 실행 불가능하다. 이는 또한 오로지 가난을 이겨내려고 생존할 식량만을 위해 일하는 까보끌루의 노력을 통해서도 이루어질 수 없는 것이다.

04 쎄르따네주 브라질(O Brasil Sertanejo)

초가집 문과 딱딱한 바닥을 대신한 거친 침대
그리고 아이를 낳을 침대는 가죽으로 만들었다.
모든 끈과 물을 나르는 고무주머니,
음식을 운반하는 주머니, 옷을 보관하는 가방,
말을 묶는 밧줄과 말 등의 가방, 칼집과 의복,
제방을 만들기 위해 매립된 땅을 밟도록 소들을 묶은 끈 등
모든 것이 가죽으로 만들어졌다.

까삐스뜨라누 지 아브레우(Capistrano de Abreu), 1954

사탕수수 제당공장들이 설치되었던 북동부 지역 삼림지대에 산재해 있는 마싸뻬(massapé)라는 신선하고 비옥한 토양지대 저편으로는 또 다른 생태계의 토양이 넓게 펼쳐져 있는데, 이곳은 야생 습지지역부터 광대한 잡목 숲 황무지지역까지 이어지지만 그러나 중앙지역을 통과하면 수천 제곱킬로미터에 이르는 낮은 관목 숲 평원이 또한 펼쳐진다.

이 모든 지역은 한편으로 대서양 연안의 삼림으로 그리고 다른 한편으로는 아마존 밀림에 의해 경계를 이루고 남쪽으로는 자연 숲과 전원으로 막혀 있는 희귀한 식물의 광대한 내륙의 바다를 이루고 있다. 길게 늘어선 삼림지대는 큰 강들을 따라 습한 토양에서 볼 수 있는 종려

나무나 부리찌(buriti) 나무 그리고 잡목의 숲을 울창하게 이루면서 내륙의 바다를 가로지르고 있다. 그러나 이 지역의 일반적인 식물은 희소하고 마른 천연 목초와 거친 줄기와 딱딱하며 커다란 잎으로 뒤덮여 그 땅의 가난과 불규칙한 우기(雨氣)를 보여주는 무성하지 않은 잡목으로 이루어져 빈약한 편이다. 낮은 숲과 특히 까아찡가 나무 숲에서는 건조한 기후에 적응하여 새벽에 신선한 대기의 습기를 응축하거나 우기 때의 수분을 섬유질의 잎에 보존한 선인장이나 가시나무 등의 식물이 우세하게 나타난다.

야생의 평원과 까아찡가 숲에서는 사탕수수 생산과 연계하여 고기와 가죽 그리고 운송을 위한 용도로 목축경제가 발전했다. 이는 의존적이며 빈곤한 산업이지만 육류 수출 외에 늘어나는 국내 시장을 고려하면 수세기에 걸쳐 계속 확대될 것이 분명하다. 그래서 이 산업은 전체 국민의 상당수로 하여금 목축활동에 전념하게 했고 다른 어떤 생산 활동보다도 훨씬 넓은 땅을 차지하게 되었다.

그리고 목축경제는 목축활동에 전문적이며 그 하위문화를 가진 전형적인 타입의 오지인(쎄르따네주, sertanejo)을 만들어냈는데, 이들은 넓은 지역적 공간에서의 생활양식과 가족의 조직, 권력구조, 전통의복, 오락, 식생활, 세계관 그리고 메시아적 종교 등에 있어서 차별된 특징을 보여준다.

까부 베르지(Cabo Verde) 섬에서 포르투갈 백인들이 들여온 가축은 급수(給水)나 사료 배급 시설이 갖춰진 축사(畜舍)도 없이 넓은 땅에서의 방목(放牧)에 적응되었다. 초기에 들여온 가축들은 사탕수수밭을 보호하기 위해 제당공장에서 충분히 떨어진 뻬르남부꾸 주의 평원과 바이아 주 계곡 인근에서 방목되었으며, 이곳에서 그 수가 크게 늘어나 강 연안을 따라 퍼지면서 목축지대를 형성하기 시작했다. 16세기 말에 바이아와 뻬르남부꾸의 목축업자들은 이미 싸옹 프란씨스꾸(São Francisco) 강 인근의 오지 지역에 퍼져있었으며 이 강을 따라 남쪽의 삐아우이 주와 마란냥우 주까지 진출했는데, 당시 가축은 대략 70만 마리로 추산되는데 그 다음 세기에는 그 수가 배로 늘어났다.

목축업 확대는 가축 수와 목축 지역에 따라 울타리가 급속히 퍼져나가면서 이루어졌다. 가축은 매매가 되는 것이지만 목축 지역의 땅은 포르투갈 왕실에 공적이 있는 사람들에게 세즈마리아(sesmaria)라는 개간지로 무료로 제공되었다. 초기에는 해안지방 제당공장 주인들 자신이 오지 연변에 소비를 목적으로 가축을 기르면서 이들 개간지를 개발했지만, 후에는 목축업 자체가 브라질에서 광대한 사유지 라티푼디오를 소유한 사람들인 가축사육업자들의 전문 활동으로 변모했다. 이들 중 바이아 출신의 한 부자는 예수회에 부탁하여 이 세상 종말 때까지 자신의 영혼을 위해 기도해달라고 전 재산을 유산으로 남길 정도로 엄청난 부를 소유했다.

이러한 세즈마리아 제도를 통하여 가축이 일정 지역의 땅에 도착하기도 전에 개간지를 전용함으로써 법적으로 독점권이 주어졌다. 가축이 소금물을 섭취하고 자연 목초의 질이 떨어진다 해도 가축들의 울타리는 반드시 언제나 물이 조금이라도 존재하고 또 자연 습지에서 멀리 떨어지지 않은 곳에 설치되어야 하는 만큼 세즈마리아라는 개간지는 더욱 광범위하게 넓어져 갔다. 울타리를 갖춘 개개의 세즈마리아는 때로는 그 거리가 너무 멀리 떨어져 있어 목부(牧夫)들이 담당했는데, 이들은 가축을 돌보며 주인에게 가축을 식용으로 보내는 대신 그 보내는 가축 세 마리당 한 마리를 자신의 몫으로 챙겨 자신의 가축을 모아 세즈마리아 제도가 닿지 않는 더 깊숙한 오지로 데려가 몰래 사육하곤 했다. 목축활동의 노동은 노예제도에 기반을 두고 있지는 않았지만 목부들에게 주는 임금은 식료품 특히 소금이나 가축 새끼를 지급하는 특이한 제도에 바탕을 두고 있었다.

울타리로 둘러싸인 가축사육장에는 목부의 가족과 언젠가는 자신의 가축을 할당받을 것으로 기대하고 목축업을 배우는 그들의 조수들이 살고 있었으며 이곳에는 정기적으로 오지 지역 밖으로 가축을 팔기위해 들르는 가축업자들이 방문하곤 했는데, 이들은 오지의 목부들에게 필요한 소금이나 생필품 등을 갖고 와서 가축 구매 대가로 비싸게 팔곤 했다.

가축 울타리에 사는 사람들은 밭을 경작하고 또 우유와 치즈를 얻기 위해 많은 암소를 키우고 있었으며 또한 가축을 잡아 식용함으로써 다른 어떤 지역 사람들보다도 식량 측면에서 더 안정되고 배불리 먹었다. 목장지역의 땅과 가축 소유자와의 관계는 엄격한 위계질서 아래 있었지만 사탕수수 제당공장 시절보다는 덜 불평등했는데 주인은 개인적인 위엄에 의해서가 아니라 대부(代父)로서 존경을 받는 인물이었다. 목축민들도 자신들의 전문적인 활동을 들판의 일상적인 고된 일 중에서도 최고인 목부임을 명예롭게 여기고 이 특질로서 차별을 보여 개인적인 숙련성과 자질 측면은 일반 농민이나 노동자들보다 훨씬 더 높은 가치가 있었다.

목장의 사육사와 목부는 주인과 종 관계를 유지하고 있어 사육사는 자신의 소유 재산에 대한 절대적인 권위 의식을 갖고 있으며 때로는 목부의 생활과 자신이 탐내는 여자들에 대해서도 권위적으로 대할 때가 있었다. 이렇듯 더욱 철저한 동거 형태로 말미암아 끄리오울 문화지역에 만연했던 극심한 야만적인 관계와는 유사하지 않더라도 두 개의 계급은 권위적 위계질서의 차이를 유지하고 또 독단적인 전횡을 허용했다.

사탕수수 제당공장 생활 조건과의 이러한 대조는 해안 중심지역의 가난한 백인들과 혼혈인들을 목축지역으로 끌어들이는 큰 매력으로 작용했다. 게다가 사탕수수 사업은 보통사람으로서는 생각할 수 없는 막대한 자본을 요구하고 또 주인과 노예 사이에 극히 소수의 전문 인력만 요구하기 때문이었다. 제당공장의 엄격한 노동 규율은 자유노동자들에게는 참을 수 없는 조건이었고, 특히 해안지역 작은 마을의 모험적이며 빈둥거리는 삶에 익숙한 사람들에게는 더욱 그러했다. 이 때문에 많은 혼혈인은 언젠가는 목장의 사육사가 되리라는 희망을 안고 기꺼이 목부나 조수로 목축활동에 뛰어들었으며 이 때문에 더 이상 노예 구매를 할 필요 없이 지속적인 노동력 공급이 이루어진 것이다.

이러한 면을 고려할 때 북동부지역과 바이아 주 그리고 고이아스 주 목부들에게서 인디오에 근간을 둔 백인의 외형적 요소가 우세하게 보이는 것은 당연하다. 그러한 특징은 때로는 오지 지역 인디오 집단과의 지속적인 혼혈화 결과로 해석되어 왔는데 이러한 가정은 목부들과 인디오의 지속적인 대치와 갈등, 적대감 앞에서 역사적으로 명분이 약한 것으로 보인다.

목축활동에 동원하기 위해 인디오를 포획하여 이들 지역에 대한 지배를 다투고 새로운 사냥 대상이 된 가축을 확보하기 위해 더욱 외진 오지로 들어가 인디오들과 투쟁하면서 일어난 긴장은 필연적이었다. 이러한 점에서 백인이나 흑인 이민의 요소가 덧붙지 않은 해안지방 거주민들의 비혼혈성에서 출발해 볼 때 본래의 인종요소의 영구화는 자연스럽고 필연적인 것이며 이 모든 것은 진실처럼 보이지만 그러나 인류학적으로는 다른 것으로 나타나고 있다. 여자를 훔치거나 사육장에 인디오를 강제거주시키는 동안 오지 인디오들의 전형적인 외형은 일반적으로 목부와 북동부인의 그것과 유사하다는 사실을 인정할 수밖에 없다.

울타리로 둘러싸여 황량한 오지에 퍼져있는 가축사육장의 커다란 인간적 외형의 차이에도 불구하고 같은 강 주변 사육장 주민들 사이에서는 공통의 사회적인 형태가 발전되어왔다. 평원에서 도망친 가축을 되찾고 구별할 필요성은 가축을 한 지점에 집합시키는 협동의 기회를 제공했는데, 이는 목부들 간에 능숙한 다루기 경쟁의 장(場)이 되어 때때로 지역 축제로까지 변하게 되었다. 오지 곳곳에 있는 소성전(小聖殿, 예배당)과 공동묘지에서 인근 지역 주민들을 대표하는 신앙인들이 주관하는 수호성인을 기리는 예식과 종교축제는 파티와 무도회 그리고 결혼식을 갖는 목부 가족들 간에 정기적인 동거와 공생의 기회를 제공했다. 동일 지역과 인근 지역 목부들의 이러한 공생의 다른 한편으로는 오지 거주민들이 오지 깊숙한 곳에서 자신들만의 절대권력 구조 아래 고립되어 살고 있기도 했다.

정기적으로 가뭄에 얽매인 지역의 빈약한 목초로 뒤덮인 오지 지역 기후조건에서 목축활동은 생명뿐 아니라 인간과 가축의 모습까지도 바꾸어놓아 신장도 작아지고 뼈가 앙상하고 삐쩍 마른 모습을 지니게 되었다. 이렇게 가축과 사람들은 함께 동거하며 더욱 깊숙한 오지로 들어가 3세기에 걸쳐 거의 모든 내륙 오지 지역을 차지하게 되었다. 그들 스스로 움직이는 상품으로서 가축은 소비시장에서 점점 멀어지고 있지만 상품으로서의 가격은 더욱 떨어지고 있었다.

목축경제의 확장과 가축 이동의 과정에서 오지 전 지역은 소떼들의 행렬로 도로가 만들어졌으며, 이동 중에 소떼들은 원기회복을 위해 물이 마르지 않고 질 좋은 목초가 있는 곳에서 한동안 휴식을 취하곤 했다. 목부들과 가축들의 휴식처가 되었던 그곳들은 곧 마을과 도시로 또한 특히 인근 지역에서 몰려온 가축들의 매매 시장으로 변모했다.

그리고 가축들이 자랄 수 없는 환경의 땅에서는 염소들이 대량 재배되어 큰 가축시장을 형성했으며 또한 그 고기는 목부들의 유일한 육류 공급원이 되어 이 때문에 북동부 전 지역으로 염소 재배가 폭발적으로 확장되었다.

* * *

염소 등의 가축 증가와 함께 목축활동에 너무 많은 사람이 몰려들어 정작 농장에 필요한 노동력을 갖추고 수익성 있는 일을 할 수 없는 사람들로 농장이 넘쳐났다. 그리하여 가축사육장은 팔려고 기르는 소, 자가소비하려고 기르는 염소, 그리고 이동하는 사람들을 사육하는 사육장으로 변했다.

넘쳐나는 노동력 때문에 농장들은 먼저 노동 대가를 식용가축으로 치르던 것을 포기하고 사람 수와 식량을 계산하여 돈으로 지급하는 임금제도를 수립했다. 그래서 북동부 전역의 목축경제는 또 다른 보조적인 활동에 전념하기 시작했는데, 그중 가장 눈에 띄는 것이 오지의 건조 지역에서도 자랄 수 있고 또 국제시장에서도 주목을 받는 이 지역 자연산인 모꼬(mocó)라는 이름의 면화 재배였다. 모꼬 면화 재배는 수확 후 남는 찌꺼기를 가축에게 먹이로 제공함으로써 목축활동과도 관련이 깊어 이 때문에 농장주는 면화 수확 후 가축을 밭에 방목했다.

가축사육자들은 그래서 모꼬 면화 경작자가 되기도 했는데 이 작업에는 목부들의 가족들과 후에는 면화 재배를 위해 반건조 오지 지역에 몰려든 새로운 이주민들을 동원했다. 면화 경작자들은 이곳 대토지농장에서 일정량의 토지를 분배받아 이곳에 식량과 면화를 재배해 그중 절반은 소유주에게 바치는 소작농으로 일했다. 그래서 각각의 농장에는 문과 창문이 있는 가축사육자의 집과 목부들의 소박한 오두막집 그리고 모꼬 면화를 재배하는 소작농민의 초라한 초가집이 있었다.

북동부 내륙 다른 지역에서는 목축활동에 참여하지 못하고 남겨진 사람들이 초와 짚공예품을 만들기 위해 까르나우바(carnaúba) 종려나무 채취와 같은 채취활동에 전념했는데, 이 또한 그 수익을 소유주와 절반씩 나누는 형태였다. 이러한 활동은 북동부 지역의 빈곤한 상황 아래 수천 명의 북동부 사람들에게 생존을 위한 최소한의 소득을 제공해줄 수 있었다.

북동부 오지 내륙 하천 인근의 습한 토양 지역에서는 목축업 외에도 일부 상업 작물 재배가 발달했으며 특히 도심지역에서 가까운 북동부 평원지대에서는 목축업이 식료품 재배 경작과 혼합되어 발달했지만 그 두 가지는 서로 연관을 갖지 못해 농업이 우세한 지역에서는 목축업이 한계를 보이고, 또 목축업이 우세한 지역은 밭으로 둘러싸여 있었다. 이러한 집약적 경제는 더 커다란 인구집중 기회를 제공하여 소작농 형태로 임대받은 토지를 개간하기 위해 그리고 사탕수수 제당공장에서 일하기 위해 나온 사람들로 하여금 마을을 이루게 했다.

훗날 인구 증가와 함께 북동부 목축지역은 무엇보다도 사람을 사육하는 사육장으로 변모했으며 이곳에서 사람들은 다른 지역에서 필요로 하는 노동력을 갖추고 진출할 기회를 얻게 되었다. 이리하여 천연고무나 또 다른 고무수액 채취를 위해 아마존 밀림에 들어간 선구자적 집단이 이곳에서 형성되었으며, 남부지방의 새로운 농업 전선의 개막과 그리고 민간 건설과 산업화가 요구하는 비전문적인 대규모 노동력이 이곳에서 도심지역으로 진출한 것이다.

북동부 오지 지역은 이렇듯 가족을 부양하고자 돈을 벌려고 다른 지역으로 이주한 값싼 노동력의 저장소가 되었다. 하지만 무엇보다도 가장 심각한 문제는, 육체적으로 가장 활력 있는 나이의 성인들이 이곳 오지를 떠나 부유한 남부지역으로 이주했다는 사실이며, 그리하여 그곳의 사회적 비용을 보상받아야 하는 그 시점에 가장 활발하며 가장 효율적인 그리고 가장 투쟁적인 인적 요소들이 외부로 유출되고 말았다.

인구 출혈에도 불구하고 오지 지역은, 대농장제 목축업 개발과 양립할 수 있는 낮은 기술 수준과 전반적으로 쇠퇴기에 접어든 모꼬 면화 재배의 허약성, 빈곤한 채취활동 그리고 무엇보다도 식량조달의 어려운 상황과 관련하여 사람들로 넘쳐났다. 그래서 부족한 고용 기회 대비 넘치는 노동력 공급은 브라질에서 임금 압박으로 나타나 브라질은 비숙련공 임금이 전 세계에서 가장 낮은 지역으로 나타났다. 인적 자원의 과잉공급은 이 지역을 정기적으로 황폐하게 하는 가뭄 때문에 더욱 비극적인 결과를 낳았으며 이로 인해 가뭄과 작열하는 태양으로 메마른 오지 지역에는 이재민 행렬이 줄을 이었고 거리와 마을 그리고 도시는 가난에 찌든 사람들로 북적거렸다.

19세기 중엽 이후 북동부지역의 가뭄은 국가적인 문제로 비화되어 정부로 하여금 구조와 지원 조치를 강구하게 했다. 하지만 연방정부와 가뭄으로 인한 이재민들 사이에는 오지 지역의 모든 생활을 통제하는, 즉 토지와 가축을 독점할 뿐 아니라 마치 정부 기구처럼 권력과 노동의 기회를 통제하는 강력한 꼬로넬(coronel) 귀족계층이 있었다. 이들은 하원의원과 상원의원, 주지사들의 막대한 유권자로서 그리고 시와 주정부 권력의 조종자로서 전 지역에 걸쳐 농장주의 권위 확대와 세력 확장을 위해 무엇이든 할 준비가 되어 있으며 또한 정부에 대한 강력한 후원자 역할을 하는 사람들이었다. 오지 지역의 삶과 토지, 가축의 주인인 이들은 가뭄 시기에는 노동자들의 가뭄 피해와 빈곤한 생활보다는 가축의 유실과 죽음을 더 안타까워하는 사람들이었으며, 또한 가뭄에 대한 정부의 지원을 언제나 먼저 받아 챙기는 사람들이었다.

이렇듯 식민기간 동안 세즈마리아 제도를 통해 공식 양도받은 토지를 독점한 소수과두지배체제는 언제나 자신들만의 이익에 따라 공권력과의 관계를 이끌어갔으며 결국에는 가뭄조차도 자신들의 사업과 이해에 이용했다. 그래서 가뭄이나 단순한 감수(減水) 현상 때마다 이재민 구조 명목으로 도로 건설이나 제방 건설과 같은 사업에 막대한 예산이 투입되는 정치적 행위가 연출되었다. 최근 수십 년간 가뭄으로 피해를 본 북동부 주민들을 구조하는 데 소요된 막대한 연방정부 예산은 수천 개의 크고 작은 제방과 도로를 건설하는 데 사용되었는데 이는 결국 대농장주들의 가축에 감수기(減水期) 때 식수원 역할 그리고 신선한 목초를 찾아 이동하는 가축 떼들의 이동 통로 역할을 했을 뿐으로 농장주들의 이익에만 초점을 맞춘 반면 오지인들은 영원히 그들의 후원 아래 놓이게 했다.

이렇듯 자연 강우량이 낮은 대규모 지역에서는 소위 "가뭄 산업"이라고 위장한 사업이 정착되기에 이르렀는데, 이는 정치가들과 연합한 고객들, 즉 구조를 명목으로 한 공적 자금을 투자하여 이득을 보고 풍요로워지는 건설업자와 사업가 그리고 자신의 돈은 한 푼도 들어가지 않으며 자신의 토지를 이롭게 하는 새로운 제방 건설을 청원한 대규모 가축사육자들을 위한 것이었다. 정부 계획이 소규모 가족 소유인, 상업적인 토지가 아닌 식량재배에 사용되는 토지에 관개할 제방 건설에 목적이 있었음에도, 이들의 토지는 한 뼘도 혜택이 없었고 농장주 토지만 그 혜택을 입었다. 이렇듯 이재민을 위한 모든 구조 계획은 대토지소유 목장주들의 가축을 보호하는 것이었으며, 오지인들은 가뭄보다도 더 큰 해악을 가져오는 경제 착취에 무방비로 노출되면서 여전히 빈곤 상태에서 허덕이게 되었다.

가뭄 문제를 다루기 위해 만들어진 첫 번째 연방 기구, 대 가뭄 건설국(Departamento Nacional de Obras Contra Seca, DNOCS)은 지역의 귀족계급과 대규모 가축사육업자들의 이익을 보호하는 후원 기구로 바뀌었다. 그래서 후에 지역경제를 활성화할 능력이 있는 하부구조 건설에 집중할 더 현대적인 기반에 따른 두 번째 기구, 북동부개발감독청(Superintendência do Desenvolvimento do Nordeste, SUDENE)이 설립되었다. 하지만 예견되었듯 이 계획은 북동부 지주계급의 극심한 반발에 부닥쳤으며 특히 소유제도와 같은 사회구조에 영향을 미치지 않을 것이라는 점을 명확히 한 후에야 실행될 수 있었다.

이렇듯 고도의 기술적이며 도덕적인 차원의 막대한 재원이 북동부 지역에 투자되어 혜택을 주었지만 토지소유제도 재정비와 같은 사회적 효과는 큰 성과를 거두지 못했다. 왜냐하면 모든 결정적인 제도적 요인은 강력한 정치적 세력 아래 있었으며, 패권적인 권력구조의 지배력을 갖고 있는 이들 세력의 이해관계는 언제나 오지인들의 이해관계와는 대치되었기 때문이다.

* * *

이러한 억압적 지배 상황에서 농장주들에 대한 오지인들의 관계는 존경과 겸양의 관계였는데, 목부와 농민들은 일꾼으로서 자신의 유용함을 보여주고 또 개인적, 정치적으로 충성심을 보이려고 애썼다. 또한 자신들의 평판을 나쁘게 하는 어떠한 태도에 대해서도 두려워하고, 자신들의 개인적이며 가족적인 행위에 대해서도 일절 조심하고 다른 농장 방문자를 접대하는 것도 금지되어 있었다. 이들의 가장 큰 두려움은, 경찰과 판사, 세무공무원, 군대동원 대리인에게서 자신들을 보호해주는 주인이나 농장주에게서 추방되는 것이었다. 전지전능한 대토지소유 농장제도 아래 유일한 공권력 대리인인 농장주는, 이 오지인들로 하여

금 이들이 거처하는 그곳에서 추방할 수도 있다는 진정한 공포를 갖게 하고 있었으며 이는 곧 법에서 벗어나 누구의 땅도 아닌 외딴곳으로 쫓겨날지도 모른다는 공포심과 같은 것이었다. 어쩌면 이것은 역설적으로 오지인들이 자신들이 사는 억압의 땅에서 자유로워져 다른 곳으로 이주할 기회를 제공할지도 모르는데 말이다.

실제로 오지인들의 상당수는 과거에 차지하고 있던 지역의 경계선을 넘어 새로운 개발지역의 개막에 앞장서는 선구자적 사람들로서, 이들의 노력에 의해 사람의 발길이 닿지 않은 지역까지 세간에 알려지게 되었고 이 길을 통해 시장에 접근할 수 있게 되었다. 하지만 그들의 운명이라는 것은, 자신들에 의해 개척된 땅들의 "법적 소유자"가 도착하면 그곳을 운명적으로 포기해야만 하는 영원한 순례자와 같은 것이었으며, 그러한 계속된 추방의 쓰라린 경험은 아주 외딴 오지에서조차 그 어떤 재배활동도 하지 못하게 만들어 이들의 빈곤은 더욱 심각해질 수밖에 없었다. 이들에게는 10년간 계속 점유한 토지의 소유를 인정해 주는 황무지 개간자에 대한 보호 법안이 있었지만 일반 오지인에게는 등기절차가 쉽지 않아 그 실행은 요원했다.

일반적인 토지소유제도는 식민시대의 세즈마리아 제도를 근본으로 하고 있지만 점차 주(州) 정치인들의 관용에 의해 경작지 양도가 이루어지기 시작했다. 마뚜 그로쑤와 고이아스(Goiás), 마란냐웅, 빠라 그리고 아마조나스 주의 많은 지역에서는 수백만 헥타르의 처녀지(處女地)가 최근 수십 년간 그 땅을 보지도 않은 "주인"들에게 양도되었지만, 그것은 이 땅에 영구히 머물기를 갈망하며 오랜 세월 내륙 오지를 차지하고자 했던 오지인 선구자들을 몰아내려는 조치였다.

내륙 하천 인근의 광대한 지역에서는 이러한 오지인들의 현지적이며 기능적인 적응이라고 할 수 있는 다양한 생활양식이 형성되었으며 또한 아마존 밀림 인근 지역에서는 정착을 위한 기업적 또는 기술적 모델이 없없기 때문에 이 지역을 개발할 능력도 없이 처녀림과 맞닥뜨려야 했다. 그래서 이곳에서는 생존을 위한 극히 소규모 방식의 야자열매나 약초 채집이 발달했는데, 이는 막 개간된 토지를 사기(詐欺) 또는 양도에 의해 획득한 새로운 소유자들이 추진한 초기 단계의 영농방식이었다.

미나스 제라이스와 마두 그로쑤 그리고 고이아스 주 삼림지역에서 이러한 과정은 이미 정착되어, 농장주는 열매나 약초를 세 번 수확한 이후에 목초 씨를 뿌리는 조건으로 숲을 개간하는 계약을 오지인 가족들과 체결했다. 이리하여 약간의 수확물을 재배하도록 토지를 무상으로 양도하면서 농장주는 자신의 목축평원을 확장하려고 밀림을 개간하는 힘든 작업을 무상 실행하는 효과를 얻었다. 이러한 방식은 아직 개간되지 않은 지역에 전적으로 소비 작물을 재배하게 함으로써 경작 면적이 점차 한계에 이르는 시점에 도입된 것이었다.

그리하여 식료품 생산 재배 지역을 확장하는 대신에 자연 목초지를 회복하면서 목축활동은 더욱 확대되어갔다. 하지만 여기서 임의로 토지를 소유하면서 토지의 주된 기능 즉 먹을 것을 제공하는 기능을 부정하는 이러한 제도의 잘못된 점들이 노출되었다.

목축활동이 질 좋은 목초와 규칙적인 우기(雨期) 아래 이루어지는 중서부 평원지대에서 오지인의 삶은 또 다른 모습을 보여주는데, 농장은 철책으로 둘러싸여있고, 목축업은 합리적인 사업으로 변모했으며 그리고 목부들은 임금노동자로 바뀌어 육류를 포함하여 식료품을 직접 구매해야 했다.

질 좋은 목초와 인도산 혈통과의 교배 덕분에 소들은 더 빨리 자라고 골격이 더욱 넓어지고 또 더 많은 양의 고기를 공급하게 되어 목부들의 식량으로 제공되는 소들을 제외하고 나머지 소들은 사육자들에게 더 큰 이익이 되었다. 이 때문에 사람들은 가축만큼 성장하지도 또 강건하지도 못하게 되어 가난한 지역의 주민들처럼 마르고 허약하여, 가축에 비해 사람들은 더 보잘것없고 가치 없는 존재로 취급받았다. 이러한 점은 여러 가지 방식으로 나타나는데, 특히 가축 전염병에 대비해서는 다양하고 책임감 있는 위생조치가 취해진 반면 사람들에게는 전염병 퇴치를 위한 어떠한 조치도 취해지지 않았다. 목부들은 병든 자식에게 약을 주기보다 전염병에 걸린 소를 구제하기가 훨씬 더 쉽다는 것을 잘 알고 있었으며, 축사에 갇힌 소의 여물통에는 사료가 넘쳐나도 고용 일꾼들에게는 그나마도 늘 먹을 것이 부족한 실정이었다. 이렇듯 풍요로운 목축 지역에서조차도 사회적 분배는 하층 계급에는 불리한 반면 상층 계급에만 수익 극대화를 보장해주었다.

하지만 임금을 받는 고용 일꾼의 상황은, 그 어떤 악조건에서도 일자리를 찾고 식량을 조달하고자 황무지 땅이나 들판에서 방랑하는 대다수 오지인보다는 그나마 특권계층이었다. 목부로서 대다수 오지인은 밀림지역에서 목축할 땅을 넓히려고 끊임없이 이동하며 최대한의 노동력을 제공하지만 이들의 궁핍한 상황은 이루 말할 수 없을 정도였다.

한편 내륙 하천 인근 광범위한 지역에서 상당수 오지인은 수정이나 금 등 귀금속 채취 작업에 전념했다. 이들은 채취 작업을 위해 임시로 또는 여기저기를 돌아다니며 함께 모여 거주했는데 채취 작업이 가속화됨에 따라 이들이 머물다 간 자리마다 채굴의 흔적(구멍)이 남았다.

귀금속 채취업자는 과거 포르투갈 왕실 독점이었던 다이아몬드 비밀채굴의 역사적 영고성쇠처럼 오지에서 기원한 특징이나 광물채취를 전문으로 하는 특징에서 비롯된 특이한 성격을 보여주는데, 그 첫째는, 규칙과 규율을 파기하지 않으며 절도행위를 철저히 규제하려는 엄격한 태도이며 둘째는, 행운을 좇아 일하는 방랑적이며 모험적인 정신이 바로 그것이다. 이들 모두는 인생에서 가장 큰 행운인 귀금속을 발견하여 아주 빨리 부자가 되고자 하는 희망 속에서 힘들게 노동을 했지만, 실제로는 미래를 생각지 않고 사치스러운 생활에 쉽게 빠져 가난을 면하지 못했다. 그래서 이 채취업자들이 모여 있는 곳에는 언제나 매력적인 사치품을 들여와 판매하는 행상인 무리가 들끓었다.

* * *

오지인들은 해안에서 멀리 떨어진 내륙 하천 인근 목축지역에 소규모로 집단을 이루어 널리 퍼져 살며 과거의 모습을 상당히 유지하고 있었으며 여기에 환경과 생산적인 기능에 적합한 다양한 특이성이 보태졌다. 이 때문에 강력한 사회적 동거와 세상과의 소통을 유지하고 있는 해안지역 주민들과는 달리 이 오지인들은 그들의 외모에서 그리고 그들의 운명적이며 보수적인 정신 상태에서 명백한 차이가 나타난다. 많은 경우에 이러한 문화적 차이는 유혈 투쟁에 있어 상호 몰이해를 촉발시키면서 전체 사회의 도시인과 농촌인 간의 관습적 차이보다도 더 심각하게 드러났다. 실제로 내륙 오지 사회는 공간적일 뿐만 아니라 사회적으로도 해안지역 사람들과 커다란 괴리감을 보이며 그 차이가 현저하게 나타난다.

구시대적인 오지인은, 광적인 메시아주의(messianismo)로 치우치는 단순한 종교성과 전통 관습으로의 편향성, 단순함과 시골풍 그리고 희생과 폭력성으로 특징지어진다. 또한 지배자에 대한 개인적인 숭배나 충성심과 같은 목축업세계 특유의 도덕적 특질에 의해 특징지어진다. 이러한 특이한 모습은 여러 차례 매우 심각한 사회문제를 만들면서 거대 대중이 연루된 실제의 행위를 드러나게 했다. 그러한 행위들의 주된 형태는 산적행위(cangaço)와 종교적 광신주의(fanatismo religioso)로 나타났는데, 이는 오지인들이 겪고 있는 빈곤 상태에서의 탈피 그리고 자신들의 문화적 세계의 단순성에 의해 나타난 당연한 결과였다.

오지 내륙 하천을 통한 도로 건설이 가속화되었던 1930년대 중엽까지 산적행위는 이 지역의 전형적인 폭동 형태였다. 이들은 목축 오지 지역의 전형적인 도적행위자로 목부들처럼 옷을 입고 무장한 호위무사 집단을 이루어 정의를 내세운 폭력의 물결처럼 말을 타고 오지의 도로를 돌아다녔다. 이들을 산적행위로 이끄는 이유는 자신들의 도덕적 정당성이었는데, 그것은 개인이나 가족의 명예를 훼손한 데 대한 복수요 그리고 현지 권력자들에게 입은 손해를 자신들의 손으로 심판하고자 하는 목적으로, 이들은 세상의 부정에 대한 분노를 도적행위를 통한 폭동으로 표현하고자 했던 것이다. 그 때문에 이들의 폭동과 도적행위는 영웅주의로 미화되어 매우 극단적인 잔인성으로 나타나기도 했으며 그래서 이들은 도적질한 재물을 가난한 민중에게 나눠주기도 했지만 한편 자신들의 분노를 과시하려고 사람들을 죽이거나 불구로 만드는 등 과격한 행위를 서슴지 않았다.

산적행위는, 대토지소유제(latifúndio) 목축업제도의 산물인 오지의 사회적 맥락, 즉 경비원(capanga)으로서뿐만 아니라 보복자로서 대농장 주인인 꼬로넬(coronel)을 지키는 호위병들이 도적단을 교사함으로써 비롯된 행위였다. 때때로 대농장주들은 대규모 호위병 집단을 농장에 기거하게 하면서 꼬로넬 간에 빈번하게 토지 점유를 놓고 대치할 때 그들을 개입시키곤 했다. 자신들의 주인을 위해 충성심을 갖고, 개인적인 용기와 그리고 심지어 주인의 그 어떤 명령도 수행할 수 있는 잔인함을 겸비한 이 경비원 또는 호위병들은 자신의 주인에게서 특별한 대접을 받았다. 게다가 개개의 도적단마다, 안전을 대가로 숨겨주고 보호해주지만 적에 대항해 그들을 이용하는 자신들의 꼬로넬이 있었다. 이러한 상황에서 산적단의 폭력을 부추긴 것은 바로 체제 자체의 사회적 조건이었던 것이다.

또한 모든 오지인 민중은 두려움 때문에 호위병들을 부정하면서도 그들에 대한 존경심을 갖고 있었으며 그들의 잔혹한 행위도 찬양을 하곤 했다. 이 모든 것 때문에 흉악하지만 하느님과 성인들에게 독실한 도적단과 호위병은 오지인 사회에서 전형적인 산물이 되었다.

오지 지역 사회문화적 세계의 또 다른 특징은 종교적 광신주의로서 이는 산적행위와 많은 공통점이 있었다. 가난과 후진의 표현이었던 산적행위와 광신주의는 고도의 의식과 투쟁 형태를 드러내지는 못했지만, 절망적인 대중을 어쩔 수 없는 폭력과 호전적인 신비주의로 이끌었다. 광신주의는, 언젠가는 가난의 구세주가 나타날 것을 염원하는 내륙 오지인들의 메시아적 신념에 기원을 두고 있었다. 오지인들은 언젠가는 이 구세주가 세상의 질서를 바로잡기 위해 가난한 사람들의 권리와 존엄성을 회복하러 자신의 시종들과 함께 나타나는데 그때 "(…) 오지는 바다로 변하고 바다는 오지로 변할 것이다(…)"라고 믿고 있었다. 브라질 오지의 메시아주의는 포르투갈의 동 쎄바스찌아웅(D. Sebastião) 왕을 언급하고 있었다.

메시아의 도착을 예언하는 이 선지자들은 규칙적으로 나타나 과거 신비의 영웅이 곧 환생한다고 예언하며 모든 사람이 스스로 정화하여 단식하고 기도하며 그리고 스스로 인내해야 한다고 전파하곤 했다.

이러한 선지자 중 한 사람은 뻬르남부꾸 주의 뻬드라 보니따에서 십자군 전쟁 당시 무어족에 패배하여 사망한 포르투갈의 동 쎄바스찌아웅 왕이 그의 기사들과 함께 환생할 것을 기리며 채석장(採石場)에 뿌릴 순수한 어린이들의 피를 요구하고 나섰으며, 또 다른 예언자인 쎄아라 주의 주제 로우렌쑤 두 깔데이라웅(José Lourenço do Caldeirão)은 기적을 행하는 수소를 끌고 다니며 이 소의 오줌이 어떠한 질병도 치료할 수 있는 탁월한 치료약이라고 주장하기도 했다. 또한 어떤 예언자들은 기적을 바라며 기도를 하고 또 고통을 견디는 수많은 배고픈 민중을 오지로 이끌고 다니기도 했고 또 다른 예언자들은 운둔지를 정해 그곳에서 자신을 따르는 광신자들과 함께 기도를 하고 죄를 고백하면 불치병을 낫게 하고 버림받은 사람들에게 희망을 준다는 식으로 설교를 하곤 했다.

씨세루(Cícero) 신부의 주아제이루(Juazeiro)에서 일어났던 사건처럼, 때때로 이 종교집단촌에서는 예언자의 친척들 농장에서 수년 동안을 무상으로 일하도록 오지인들을 유혹하는 일이 있었는데, 종종 19세기 말 안또니우 꼰셀레이루(Antônio Conselheiro)에 의해 일어난 전쟁처럼 매우 비극적인 결과를 낳기도 했다. 예언자의 열정에 사회개혁의 재능을 결합한 안또니우 꼰셀레이루의 주변에는 그의 신비주의에 열광한 무수한 오지인이 싸웅 프란씨스꾸 오지 고지대의 까누두스(Canudos)에 모여들었다. 이에 대해 인근 농장주들은 그들의 반역적인 특징을 일찍이 알아차렸으며 그들의 성서적 종교성의 이면에는 그들이 일하는 농장을 포기하고 결국에는 땅을 나누려는 결과를 가져올지 모른다고 우려했다.

당시의 빈곤한 생활에 지쳐 좌절했던 오지인들은 하지만 종교적 구원과 자신들의 땅에서 더 나은 삶의 염원을 전파하고자 하는 능력에 근거한 안또니우 꼰셀레이루의 지도력 앞에서 새로운 희망을 찾고자 했다. 체념에 빠져있고 전통적으로 온순했던 오지인들은 이러한 동기 앞에서 극단적인 투쟁성을 발휘했으며, 자신들의 예언자를 성스러운 정의의 사도(使徒)로 여기며 기도에 헌신하고 새로운 기초에서 사회질서 재건에 헌신할 준비가 되어 있는 사람들이었다.

인근 지역 주민들까지 유인하여 성스러운 집단촌으로 변한 까누두스는 농장주들이 주정부 군대의 개입을 요구하고 나섰을 때 이미 집이

천 개가 넘는 대규모 마을로 변했으며 이들과의 전쟁에서 주정부 군대는 대패하고 말았다. 바이아(Bahia) 주 정부 당국은 이에 연방정부군에 호소하여 앞서 패배한 주정부군과 연방군을 파견하여 합동으로 오지인들에게 맞서게 했다. 이와 관련하여 당시 인근 지역에서는 오지인들의 군사적 승리에 대해 공화정 제도에 반대하는 군주주의자들의 반란이 승리한 것이라는 루머가 퍼지기도 했다.

1897년 정부군은 중화기(中火機)를 포함하여 현대화된 모든 전쟁 장비를 갖추어 까누두스 집단촌에 전면전을 벌여 끈질긴 저항 끝에 승리를 거두었지만 무수한 인명 희생이라는 결과를 안아야만 했다. 이 사건은 결과의 참혹성에 의해서도 세간에 알려졌지만, 한편 종군기자였던 에우끌리데스 다 꿍냐가 이 전쟁에 직접 참여하여 그곳에서 일어난 대량학살의 참혹한 현장을 생생한 기록으로 옮겨 후에 "오지"(Os Sertões)라는 소설로 발표하면서 브라질 사회의 두 개의 얼굴을 생생하게 보여주었다.

까누두스에 대한 기억은 대학살 현장에서 살아남은 소수의 생존자가 전하고 그들에게서 들은 이야기와 또 영웅적인 업적을 기억하는 오지인들에 의해 구전(口傳)으로 전해져 오고 있다. 그 기억은 특히 대농장주도 또 행정당국도 없는 새로운 사회질서를 창조할 가능성과 그 염원에 관한 안또니우 꼰셀레이루의 교훈이었다.

최근 들어 오지 지역은 고립에서 벗어나기 시작했으며, 과거 막강한 권력이 있던 대농장주들은 중앙정부에 의해 무장해제 되었고, 그들의 농장은 사람들과 물품과 새로운 사상을 실어 나르는 수천 개의 트럭이 달리는 도로에 의해 길이 열렸으며 동시에 농장은 라디오나 영화, 정보 등이 침투하여 오지인들은 바깥세상의 문물에 친숙해지고 있었다.

중앙정부의 정치권력이 법과 정의를 강제할 능력이 있게 된 이러한 개방된 오지 지역에서는 여전히 현지 지방권력자인 꼬로넬이 정치력을 행사하고는 있지만 더 이상 과거의 호위병이나 광신자들을 위한 자리는 없으며 사회적 긴장이나 갈등은 새로운 형태로 구조화되고 있다. 정치적 대립 자체는 이미 꼬로넬 간의 위신 다툼이나 가족의 투쟁으로 나타나지는 않지만 이들은 반대 정당의 부자들과 그들의 지지자들을 유인하는 국가 지도자들 간의 대립으로 확인되고 있다.

더 최근에는 한편으로 구시대 소수과두정치 질서를 옹호하는 전통 정당들과 다른 한편으로 도시 대중의 의존적인 지지에 바탕을 둔 개혁운동에 반대하는 새로운 권력집중지가 형성되었다. 이러한 권력의 집중화가 우세한 가운데 오지인들은 농장 울타리를 넘거나 전파를 통하여 자신의 명분을 위해 투쟁하도록 유인하는 새로운 정치적 목소리를 대안으로 주목했다.

새로운 권력형성에서 위상을 점한 오지인들은 점차 사회의식을 획득하고 있다. 여기에는 남부지역의 보다 진보적인 이미지를 갖고 고향에 돌아온 오지이민자들이 크게 기여했는데, 그 이미지는 더 인간적이며 더 정당한 대우와 더 자유롭고 개방적인 관습 그리고 무엇보다도 높은 생활수준으로 특징지어진다. 이러한 요인들은 오지인들의 정신적 지평을 확장하고 산적행위와 광신주의로 돌아서기 전 재조정자로서의 역할을 활발하게 수행하게 만들었다.

하지만 스스로의 명분을 위해 오지인의 의식을 깨우친다는 것은 여전히 일반적으로 반란의 태도를 보이지는 않았지만 그러나 전통적인 포기와 대비되는 부정형의 입장을 보인다는 것이 특기할만하다. 오지인들은 충격적인 이해라는 현실적 측면에서 사회적 삶을 설명하지는 못하고 있으며 또한 드물게 운으로 그리고 신의 도움으로 부자들의 부와 가난한 자들의 빈곤을 설명할 수 있다는 것은 의심한다. 오지인의 부정형적인 입장은 주로 도망에 대한 자세에서 드러나는데, 그것은 곧 목부에게는 균등하게 노동 대가가 지급되고, 토지는 일하고 싶어 하는 사람에게 자유로이 분배되는 경이적인 나라를 이상화하는 자세요, 조금만 노력해도 배부르게 먹고 위엄 있게 살 수 있다는 국내 다른 지역에서의 삶을 이상화하는 자세이다. 그리고 새로운 정부 제도에 대한 희망 또한 농장주의 이익보다는 자신의 명분에 더욱 민감한 것이다. 이러한 자세는 하지만 그 전에 다른 농촌과 도시를 위해 존재한다는 오지라는 위치를 포기하고 오지 사회를 재조정하려는 압력으로 이끌기보다는 정치적 구원주의로 이끌고 있다.

목축업 오지의 연합에 대해서는, 여전히 풍요와 진보를 가능하게 하는 기술적 혁신을 불가능하게 하는 사회경제적 틀 내에서 오랜 토지 독점과 과도한 인구 증가로 인한 초기의 그리고 무기력한 부정형이 우세하다. 이러한 조건들은 대토지소유제와 관련해 오지인의 의존을 더욱 심화시키며 또한 제도를 공고화하는 메커니즘으로 작용하고 있다.

자신들이 사는 곳에서의 빈곤이도 불구하고 목부로서 고용된 오지인이나 공동소유제도 아래 인근 지역 땅을 경작하는 소작인이나 동업자들은 자신의 가족들과 함께 쫓겨나는 것을 보게 될지도 모른다는, 또한 쫓겨난 농촌에서 더 비참한 상황에 처할지도 모른다는 위협을 영구히 느끼고 있다. 생산체계 안에 존재하고자 하는 각각의 사람들 아래에는 여전히 더 비참한 주변계층이 있는 것이다.

이러한 상황은 극단적으로 황량한 땅에 버려진 오지인들이 정치적으로 조직화하는 것을 어렵게 한다. 욕심 많은 농장주가 소유한 가축과 집, 축사(畜舍) 등을 돌보며 자신의 땅도 아닌 곳에서 태어나 살다 죽는 오지인들에게는 진흙과 풀로 자신이 만들어야 했던 처참한 초가집조차 자신들에게 속한 것이 아니었다. 그 어느 것도 오지인들의 생활을 개선할 수 있는 것은 없었으며 또한 주인인 농장주들은, 오지인들이 과실을 재배하거나 가축을 사육해 부유해지는 것을 허락하지도 않았다.

브라질 오지의 농부와 목부들은 중세봉건시대 유럽 농촌지역 농부들과 대조를 보인다. 즉 유럽의 농부들은 자신의 조상들이 태어나 죽은 공동체에 살면서 언제나 똑같은 땅을 경작하며 생존에 필요한 식량을 생산하는 데 전념하고 주인에게는 일정량의 세금을 내지만 자신들이 사는 곳에서의 삶과 노동 조건을 항상 개선하며 더 살기 좋은 장소로 만들려고 노력했다. 하지만 브라질 오지 지역에서는 오랜 세월 한곳에 머물러 있어도 어떠한 권리나 설명도 없이 언제라도 주인의 명에 따라 쫓겨날 수 있는 일시적인 거처밖에 없었다. 이 때문에 오지인들의 집은 단지 일회용적인 초가집이었으며, 그들이 재배한 것은 아주 열악한 농산물로 다만 죽지 않을 정도로 최소한의 생명을 보장해주는 것이었다. 앞을 알 수 없는 삶에 모든 주의를 기울였지만 그럼에도 관심의 대상은 그들 스스로가 새로운 불공평의 사슬에서 풀려나는 것이고, 이와 함께 여전히 자신들의 불행을 가중시키는 폭력에 대처하는 것이었다.

이렇듯 타인 토지의 소작인으로서 노동을 하거나 황무지나 소규모 촌락에 정착한 자유경작자는 반란이나 폭동이라는 기회를 통해 자신에게 정치적 진보와 시민의 권리를 담당하도록 허용된 최소한의 사회적 소통의 조건을 얻었다. 이들은 다만 확실한 토지소유를 주장하면서 토지제도에 반대하여 반란을 주도했다. 도시 민중과 동거하거나 더 긴밀한 사회적 삶을 유지하는 북동부 농촌의 더 자유로운 공동체의 오지인들이 이러한 상황의 실례로 알려져 있는데 이곳에서 이들은 먼저, 토지소유자들에게서 연간 임차 계약에 있어서 덜 약탈적이며 명백한 조건을 부과받으려고 그리고 후에는 농지개혁을 통해 자신들의 토지소유를 주장하려고 공식적으로 프란씨스꾸 줄리아옹(Francisco Julião) 농민 연맹이라는 이익단체를 결성하게 된다.

이러한 움직임은 가톨릭 성직자에서부터 공산주의자에 이르기까지 다양한 정치이념을 가진 도시 지도자들이 조직한 농업노조와 같은 연맹을 통해 급속도로 퍼져나갔는데 특히 대규모 임금노동자 농민이 모여 있는 사탕수수 농장에서 빠르게 늘어났다. 하지만 정치적 과도기 시대의 열악한 기반에 자리 잡고 있었기에 이 조직들은 군부 독재와 함께 와해되고 다시금 오지 지역은 대토지소유 독재 상태로 빠져들고 말았다.

최근 30년 동안 다양한 기술 및 과학의 진보는 황무지에 대해 새로운 경제적 지평을 열어주어 광대한 평원지대는 콩이나 밀과 같은 작물 재배에 완벽한 조건을 제공하고 있다. 이 때문에 많은 평원을 수출용 작물 재배를 위해 거대한 기계를 앞세운 남부지역 농장주들이 점유하고 있으며 반면에 일부 소수 오지인만이 대규모 영농재배에 전문적인 노동자가 되기 위해 기계 작업을 배울 뿐이다. 오지의 대다수 민중에게는 이러한 풍요와 부가 어떠한 희망도 제공하지 못하고 있는 것이다.

여전히 북동부 오지의 어른과 아이들은 남루한 옷차림에 짚과 가죽으로 만든 모자를 쓴 채 황무지 땅을 파헤치는 거대한 영농기계를 호기심 어린 놀란 눈으로 쳐다볼 뿐이다.

05 까이삐라 브라질(O Brasil Caipira)

(…) 밀림으로 들어가
음탕한 정욕 해소를 위해 인디오 여인들을
그리고 농작물 재배를 위해 인디오 남성들을 사냥했다(…)
그리스도인이라고 자처하는 그들은
야만적인 인디오와 별 차이가 없었다(…)

1694년 빨마리스 낄롬부를 섬멸한
도밍구스 조르지 벨류에 관한 올린다 주교의 서술

브라질 북동부 해안지역에서 사탕수수 산업이 성장과 풍요를 이루는 동안 싸웅 빠울루 지역 주민들은 빈곤한 경제 상황에 허덕이고 있었다. 당시 싸웅 빠울루 지역은, 부(富)의 원천이었던 대규모 사탕수수 제당공장에 흑인 노예도 없었을뿐더러 싸웅 비쎈찌 항구까지 오는 상선도 아주 드물었다. 식민화가 이루어진 한 세기 반 이후에도 이 지역은 짚으로 엮거나 흙벽 또는 벽돌로 만든 오두막집이 있는 작은 마을에 불과했다.

지역 의회를 구성하며 내륙 오지 지역 개방과 내륙침투에 앞장선 오지개척단을 이끄는 지역 인사들 역시 빈곤한 상황에서 살고 있었다. 이들은, 생선과 고기와 함께 판매가 아닌 자가소비를 위한 만지오까와 콩, 옥수수, 호박과 피근(皮根)을 경작하며, 그밖에도 담배와 과일 기타

인디오 작물을 재배하기 위해 노획한 인디오들의 시중을 받고 있었다.

빠울리스따(paulista, 역자 주: 싸웅 빠울루 지역의 주민을 일컫는 용어)들은 해안지역의 뚜삐족 인디오 언어에서 파생한 언어를 사용했으며, 먹고살기 위한 사냥이나 낚시, 야생과일 채집 그리고 화전(火田) 작업 등의 농업 기술은 모두 인디오식이었다. 또한 어망과 그물침대, 나무통, 체 등도 인디오들이 쓰던 방식 그대로 만들어 사용했다.

인디오 종족과 빠울리스따들의 차이점은 더 소박한 의복과 소금, 돼지비계 그리고 더 고급 식생활, 화기(火器)와 금속 도구 사용, 기름등잔 사용, 설탕 과자와 사탕수수 증류주 음용 그리고 항상 거만한 태도를 지니고 있었다는 점 등이다. 각 가정에서는 굵은 면화에서 실을 뽑아 그물침대와 남녀 속옷과 블라우스, 치마 등의 일상 의복을 짜기도 했으며 모든 사람이 양말을 신지 않은 채 소박한 슬리퍼나 샌들을 신고 다녔다. 그리고 인디오들은 예전에 부끄러움 없이 보여주던 몸을 나무 열매에서 뽑아낸 염료로 색칠하고 치장한 채 가리고 다녔다.

과거 싸웅 빠울루 지역 인디오들의 특성이나 관습에 근간을 둔 이러한 빈곤함은 그들을 생산보다는 언제나 약탈에 더 유용한 모험가 집단으로 만들었다. 그래서 각각의 우두머리는 수백 명에서 수천 명의 무장한 집단을 일으켜 통솔할 수 있었는데 이들 대부분이 인디오 궁수(弓手)로 구성되었다.

하지만 맞닥뜨리는 적이 자신의 종족에서 이탈한 인디오거나, 전투에서 멀어진 선교구 인디오거나 낄롬부의 비무장 흑인들이었기에 더 이상 무기가 필요하지는 않았다. 종족이 기반인 그들의 생존 경제는 이러한 전투적 인디오 중심지 - 그들 스스로 만든 오두막집과 그들 스스로 개간한 작은 땅의 개간지 그리고 또한 그들이 사냥과 낚시를 할 수 있는 - 를 유지하는 것이었다. 이에 대한 빠울리스따들의 근본적인 공헌은 인디오 종족보다 군사적 훈련과 상황에 아주 잘 순응할 수 있었다는 것이다.

오랫동안 자신의 종족에서 이탈하여 되돌아가기를 포기한 후 이들 집단에 유인된 원주민 인디오는 종족적 단순성 때문에 큰 어려움 없이 이 집단에 통합되었다. 제당공장에서처럼 고된 노동 규율에 얽매이진 않았지만 이미 익숙해진 노동과 여가에만 신경을 썼다. 그들의 상황은 어쩌면 과이꾸루(Gaikuru)족과 같이 포획된 인디오들이 추장의 노예로 봉사하기 위해 맞닥뜨려야 하는 상황이었을지도 모른다. 그들은 새로운 문화적 세계에서 잘 규정된 사회적 역할과 통합의 가능성을 마주했지만 가장 큰 불편함은 경쟁이 심해서 여자를 차지할 수 없었으며 또 가정생활을 할 수 없다는 것이었다.

거칠고 빈곤한 이러한 생활양식은 탈문화화 과정의 사회적 퇴보의 결과였다. 싸웅 빠울루 사람들은 마을의 공동생활과 전통 농촌사회의 가부장적 규율, 농기구 그리고 밀과 올리브유, 포도주에 기초한 포르투갈 백인의 관습을 잃어버렸으며, 인디오 관습에서는 조상들이 대대로 살아온 그대로의, 의식주 공급을 위한 평등적 공동체의 자발성과 계급간 계층화되지 않은 사회적 평등성, 가족의 연대성 그리고 수공예의 기술을 잃어버렸다.

외부적 상업경제에 얽매이고 풍요에 대한 야망에 의해 동기 부여된 빠울리스따들은 자신들과 혼동되기 쉬운 인디오처럼 존재하기를 원하지는 않았다. 그들은 식민지 존재 양식의 구조에 통합되어 지배계층에 참여하고, 사치스러운 소비생활을 하고, 영향력과 명령을 행사하기를 원했다. 인디오 종족보다는 우월하면서, 유럽인과 인디오 요소가 혼합된 기초 기술로 무장한 그들의 운명은, 땅이나 사람이나 자신들이 가질 수 있는 것은 무엇이든 소유하고 약탈하는 힘을 보여주려는 것이었다.

이 모든 것 때문에 마멜루꾸 혼혈인들은 자유 종족 집단과 예수회 선교사들에 의해 선교된 인디오들 그리고 후에는 도망쳐 낄롬부에 모인 흑인들의 공포의 대상이 되었다. 한 세기 반 동안 빠울리스따들은 처음에는 자신들의 마을과 농장의 노동력으로 쓰고자 그리고 후에는 사탕수수 제당공장에 팔기 위해 인디오를 포획했다. 이런 식으로 그들은 광대한 지역에 걸쳐 인디오 집단 마을을 사람이 살지 않는 곳으로 만들어버렸으며 도망친 인디오를 쫓아 수천 킬로미터 내륙으로 수색에 나섰던 것이다.

이러한 작업에 능숙해진 빠울리스따들은 17세 초 수만 명이 정착하여 농업과 목축 그리고 수공예에 훈련된 인디오들이 모여 있던 파라과이의 부유한 예수회 선교구에 공격을 감행했다. 이 인디오들은, 당시 네덜란드가 아프리카 노예 밀매에 대한 독점권을 갖고 있었으므로 브라질 바이아의 제당공장에 필요한 노예 노동력을 공급하려면 절대적으로 필요하고 귀중한 자원이었다. 하지만 싸웅 빠울루 주민들은 포획된 인디오들 외에도 예수회 선교구에서 귀중한 교회 장식품과 농업 도구 그리고 많은 가축까지 덤으로 얻었다.

부유하고 인구가 밀집한 많은 예수회 선교마을, 특히 빠라나 주 서부의 과이라(Guaíra)와 마뚜 그로쑤 남부의 이따잉(Itaim) 그리고 히우 그란지 두 술 주의 따뻬스(Tapes) 등이 그렇게 빠울리스따 오지개척단(bandeirante)에게 재산을 약탈당하고 인디오들이 노예가 되었는데, 이들 선교마을에서 포획한 인디오는 30만 명 이상을 웃돌며 이들은 모두 북동부 사탕수수 제당공장으로 팔려간 것으로 추측된다.

파라과이 예수회 선교마을에 대한 이러한 기업적 강도 행각은 때때로 신뢰할 수 있는 인디오 집단과 더불어 동원할 수 있는 거의 모든 빠울리스따이 참여했는데 이들 중 가장 큰 집단은 2~3천여 명에 이르며 그중 1/3은 백인이었다. 걸을 수 있고 싸울 수 있는 남녀와 노인들 그리고 어린이들까지 마치 움직이는 거대한 도시처럼 동원된 사람들은 행군 중에도 양식을 위해 밭을 경작하며 사냥과 수렵활동을 했지만 은거지에 숨어있는 예수회 마을 사람들을 끝까지 추적하여 포획하곤 했다. 군사적 위계질서와 법적, 종교적 장치도 갖춘 전사(戰士)들 외에도 오지개척단은 오지 지역을 이동하며 식량과 가재도구 등을 옮기는 가축 떼와 사냥과 수렵을 하는 인디오 그리고 통행 길을 열며 방향을 정하는 오지인들을 대동했다.

이렇게 당시 유럽 열강들에게 버림받은 해적단들이 해상에서 마구잡이로 해적행위를 하던 시기에 브라질 땅에서는 버림받은 빠울리스따들이 똑같은 폭력과 탐욕으로 약탈행위를 벌였다. 거의 모든 사람이 제당공장과 목축업의 평화적 수익 활동에 전념하는 가운데 식민지 경제 과정에서 주변부로 쫓겨난 빠울리스따들은 오로지 전사(戰士)로서 전문화되어간 것이다. 새로운 지역으로의 진출이 이루어지면서 인디오들의 저항이 거세질 때마다 빠울리스따들의 강압적이며 폭력적인 행동은 더욱 극에 달했으며, 이러한 행동은 노예 반란이나 낄롬부를 건설한 흑인 집단의 단체 무력행동이 발생할 때에도 똑같이 이루어졌다.

이런 식으로 빠울리스따들이 이끄는 부대는 인디오 전사들과 함께 자신들의 통상적인 노동현장이 된 알려지지 않은 오지를 넘어 인디오를 몰아내거나 낄롬부를 파괴하면서 전 지역으로 진출했는데, 이들 오지개척단 중 일부는 전쟁에서 돌아오면서 전리품으로 죽은 흑인들의 귀를 가져오기도 했다. 일부 빠울리스따는 내륙으로 진출하면서 특정 장소에 거처를 정하고 살며 경작을 하거나 목축활동을 했지만, 대부분은 자신들의 본거지로 돌아와 평소와 다름없는 힘든 생활을 계속했다. 그들은 가난하지만 나름의 평등한 사회를 형성했으며 그 사회 안에서 주인과 포획된 인디오들은 주인과 노예로서보다는 지휘자와 군인으로 서로를 이해하며 살았다.

이들 중 혼혈인이 아닌 사람은 거의 없었기에 혼혈화는 대체로 자유로이 이루어졌으며, 이러한 상황에서 주인 남자와 노예 인디오 여자 사이의 자식은 자신의 어머니의 종족적 정체성도 아니고 그렇다고 포르투갈 백인의 정체성도 아닌 마멜루꾸 – 과거 포르투갈 백인과 인디오 여성과의 혼혈인으로 전사의 특성과 자치권을 가진 사람 – 로 불리며 나머지 사람들과 동등하게 성장했다.

이들의 가족은 다양한 세대의 사람들, 즉 아버지와 그의 부인들, 그들의 자식 그리고 친척들로 구성된 가계집단으로서 우두머리에 의해 지배되는 가부장적이며 종족 간 통혼(通婚)하는 사회를 구성하고 있었다. 이들에게 포획된 인디오 여자들은 아버지와 그 자식들의 첩이 되었으며, 극히 일부만이 법적인 어머니로서의 신성함을 부여받고자 종교적 결혼을 했다. 늙은 빠울리스따는 대부분이 유언을 통해 법적인 자식들에게는 일부의 재산을 남겨주었으며 반면에 또 다른 자식이 많음을 자랑하기라도 하듯이 나머지 자식들에게 재산의 상당량을 나눠주곤 했다.

상업적 목적이 아니라 생존을 위해 전념하는 노동의 제도는 인디오 종족 사회의 그것과 동일했다. 여자들은 집 안 청소, 수확과 개간의 밭일, 음식 준비와 양육, 세탁과 짐 운반 등과 같은 일상의 힘든 일을 모두 담당했으며, 반면에 남자들은 가끔 화전(火田)이나 사냥, 수렵 등과 같이 힘든 노동을 요하는 일에 동원되었지만 대부분의 시간은 휴식과 여가를 즐겼다. 오지개척단 활동을 하지 않는 시간에 남자들은 적에 대항한 보초로서의 역할을 하며 집에서만 지냈으며 이러한 분위기에서 종종 피비린내 나는 싸움도 벌어지곤 했는데 이 때문에 당시 빠울리스따들은 완고하며 게으르다는 평판을 얻게 되었다.

이러한 원시사회에도 불구하고 16세기의 싸웅 빠울루는 이미 유럽 문명이 주입되고, 세계 중상주의의 중심에 놓여 있어 포르투갈의 중상적-구원자적 형성의 식민-노예적 문턱에 있었다. 이러한 특징 때문에 서로 교류하며 또한 서로 혼동되지 않으며 차별 없는 농촌 촌락의 종족 조직과 명백하게 비교가 되었다.

문명화가 이루어지면서 이베리아 반도가 어느 순간 정복자적 다인종으로 확대될 수 있는 형식과 힘을 획득한 것은 로마화라는 성공적인 이식에 의해 정체성이 다시 만들어진 때문이었다. 그러한 의미에서 카르타고와 로마의 정복자들이 켈티베로 민족에게 자신들의 언어와 종교, 문화를 부과하여 인종적으로 루주(luso)인으로 바꾸어놓은 상황이 브라질 전역에서처럼 싸웅 비쎈찌에서도 반복되었다. 이러한 점에서 우리는 발전적 단계로의 변형이라는 것이 한 민족이 자신들의 문화적 자율성을 상실하고 정복자적 다인종으로 역사적으로 편입됨으로써 이루어진다는 것을 알 수 있다.

싸웅 빠울루에서는 종족성의 고양이 문명화로 나타난 것이 아니라 종족에서 이탈한 사람들이 외부에서 들어온 사회와 문화에 관련되어 근원적으로 탄생한 종족 단위체의 구체화가 이루어졌다고 봐야 한다. 즉 싸웅 빠울루는 장기적으로 자신의 문화와 우수한 유전적 특질을 부과하려는 지배자의 권력 아래 그들의 문화유산 통합과 서로 다른 인종 간의 교류에 의해 구체화된 새로운 민족이 역사-문화적으로 형체화되면서 탄생했다.

중상주의가 본격 가동되면서 싸웅 빠울루는 대형 범선을 통하여 생산과 무역이 소통하는 대서양 횡단 경제의 중심이 되었다. 이곳의 주요한 상품은 포획된 인디오들로 이들은 북동부 사탕수수 중심지역이나 또 다른 지역으로 노예로서 판매되었다. 까삐스뜨라누 지 아브레우

(Capistrano de Abreu)는 싸웅 빠울루에 대해서 언급하면서, 브라질은 전에는 노예 수입국이었지만 이제 수출국으로 바뀌었다고 말했다. 하지만 국내시장에 대한 노예 공급을 주로 담당하면서 무기와 도구, 기계 등의 수입 중심지로서의 역할도 또한 수행하고 있었다. 인디오를 노예로서 파는 사업 자체는 아프리카 흑인 노예의 수출과 포획이 어려움을 겪기 시작하면서 행해진 세계 노예무역 시장의 부분에 불과했다.

싸웅 빠울루는 그 형성기에 있어서 인간적인 발전에 주력하지는 않았으며 오히려 식민 본국인 포르투갈의 중상주의-구원자적 형성이라는 동시대적이며 당대적인 대응자로서 구체화된 식민적-노예적 형성을 보여주었다. 이러한 역사 발전적 입장은, 한편으로 근본적 특징으로서 농촌과 도시라는 상반되고 양분된 계급으로 계층화된 사회라는 특징을 부여하여 도시로 하여금 생존과 식량생산 과업보다는 다른 기능을 수행하도록 했으며, 다른 한편으로는 포르투갈 문명을 확산시키는 대리인으로서 그리고 브라질 영토 지배를 강요하는 역할을 부여하게 해주었다.

* * *

반데이란찌와는 별도로 엔뜨라다(entrada)를 조직해 오지로 침투해 들어간 빠울리스따들의 가장 큰 염원은 언제나 금이나 은 같은 귀금속을 찾는 것이었으며, 이들이 이처럼 귀금속 발견에 주력한 것은, 스페인이 이미 멕시코와 페루에서 많은 귀금속을 발견하여 약탈하고 있는 것에 자극받은 포르투갈 왕실의 충동 때문이었다. 그래서 빠울리스따들은 귀금속 발견을 목적으로 한 내륙개척단 엔뜨라다에 대한 왕실의 공식적인 지원이나 지지를 얻을 수 있었다.

드디어 따우바떼(Taubaté) 오지 지역에 처음으로 금이 나타났으며 이로써 금을 찾기 위한 수색이 본격적으로 시작되어 미나스 제라이스 주 구릉의 충적토에서 엄청나게 많은 금이 발견되어 브라질 전 사회뿐 아니라 유럽의 화폐 패턴을 바꾸어놓을 정도로 그 여파가 컸다. 빤디아 깔로제라스(Pandiá Calógeras)에 따르면, 식민기간에 브라질에서 유럽으로 가져간 금은 1,400톤에 이르며 또한 다이아몬드는 300만 캐럿에 달하는 것으로 알려져 있다(Calógeras, 1938: 60~61).

빠울리스따들의 오지개척단 반데이란찌에 의해 1698년 미나스 제라이스 주에서 그리고 1719년 마뚜 그로쑤 주와 1725년 고이아스 주 등에서 금과 귀금속의 광물이 잇따라 발견되었는데, 첫 번째로 금이 발견되었다는 소식이 알려지자 브라질 전역에서뿐 아니라 포르투갈에서도 많은 사람이 모여들기 시작했다. 이후 몇 년도 채 지나지 않아 그동안 버려졌던 지역들은 아메리카 대륙에서 가장 인구밀도가 높은 지역으로 변해 1750년경 이 지역에는 약 30만 명의 주민이 거주했다. 이 지역으로 몰려든 사람 중에는, 노예를 동반한 부자들을 포함하여 소규모 재산이 있는 사람 그리고 가난한 사람과 심지어 흑인 노예들도 있었는데 이들 모두는 황금향을 발견하려는 행운을 쫓아온 것이다. 광물지역으로의 심각한 인구이동과 관련해 포르투갈 왕실은 급기야 사탕수수 제당공장과 과거 식민마을에서의 인구 탈주를 막기 위해 여러 가지 법령을 발표했다.

금의 채굴은 강 하상(河床)에서 모래와 자갈이 섞여있는 곳이나 강 연안에서 처음 시작되었으며 이곳에서는 금을 찾기 위해 모래를 씻고 휘저어 가루 금(砂金)을 정제하는 방법이 이용되었다. 이후에는 산에서 금광맥을 찾아 캐냈고 이때는 더 복잡한 공정이 필요했는데, 세광수(洗鑛水)의 갱도를 파는 일이며 자갈의 분쇄, 때때로 금을 포함한 암석의 해체와 분쇄작업 그리고 마지막으로 광맥을 따라 갱도 안으로 들어가는 더 숙련된 기술적 작업 등이 그것이다.

초기에는 그러나 지표면에서 바떼이아(bateia, 역자 주: 패닝(panning)이라 불리는 접시)를 이용해 단순하게 얻을 수 있는 금의 양이 엄청났기에 채굴작업의 용이함 때문에 구릉이 곧 사라져 채굴자들의 거주지인 작은 마을이 새로운 지역으로 이동하는 결과를 낳았다. 초기 금 채굴 일부 중심지는 크게 부유해졌으며, 많은 빈민촌이 금이 묻힌 토지에 자리 잡게 되면서 후에 마을이 되고 또 도시로 발전하면서 오늘날의 빌라 히까와 꾸이아바(Cuiabá), 빌라 벨라(vila Bela) 그리고 고이아스(Goiás) 등의 도시가 탄생하게 되었다. 이들 도시에서는 오늘날에도 폐허가 된 옛 광산지역에서 사금을 찾는 사람들을 쉽게 볼 수 있다.

광업지대로의 인구 유입과 금을 찾으려는 이들의 탐욕은 기아와 투쟁 등 심각한 사회문제를 불러왔는데, 역사기록은 그렇게 많은 금을 손에 가득 들고도 더러운 야생식물 뿌리와 벌레로 연명하거나 기아로 죽음에 이르게 된 의문스러운 상황을 보여주며, 무엇보다 빠울리스따들과 외래자(外來者)들 사이에 벌어진 채굴업자 간의 싸움도 기록하고 있다. 새로운 광물자원 발견자로 자처하며 이에 권리가 있다고 생각한 빠울리스따들은 광물 발견 소식을 듣고 다른 지역, 특히 바이아와 뻬르남부꾸 등지에서 몰려온 외래자들과 수차례 충돌했는데 이 대표적인 예가 바로 1710년 발생한 엠보아바스 전쟁(Guerra dos Emboabas)이었다.

금 발견 이후 10여 년이 지나서야 식민행정당국은 새로운 광업지역에 대한 실질적인 권력을 행사하여 생존을 보장할 식량생산, 채굴업자 간의 투쟁 중단 그리고 세광수(洗鑛水) 지배와 비옥한 토지소유를 둘러싼 싸움을 중지시키려는 조치를 할 수 있었다.

하지만 당시부터 포르투갈 왕실의 폭발적인 세금 부과에 대해 재산을 지키려는 토지 기업가와 포르투갈 귀족 간의 맹렬한 싸움이 시작되었으며, 금과 다이아몬드 등의 속임수와 세금은닉과 같은 행위들이 광물업자들의 저항 수단으로 만연해 있었다. 이에 대해 포르투갈 왕실은 데하마(derrama)라는 부가세와 가혹한 세금, 몰수 및 금지 등의 강력한 조치로 대응했지만 약탈에 대한 주민들의 방어책이었던 불법 소유와 밀수를 끝내지는 못했다. 주민들은 왕실의 이러한 조치에 폭동으로 맞섰지만 정부군의 강력한 진압으로 무력화되었다. 이러한 폭동의 대표적인 예가 1720년 빌라 히까에서 발생한 펠리뻬 두스 싼뚜스(Felipe dos Santos) 폭동 사건이었지만 군대에 의해 진압되어 결국 주모자인 그는 교수형에 처해지고 반란자들의 집은 불태워지는 결과를 낳고 말았다.

18세기 중반 초에 풍부한 다이아몬드 광산지역 발견은 새로운 인구이동을 불러왔다. 하지만 포르투갈 왕실 입장에서는 많은 부(富)가 브라질 사람들 수중에 놓이는 것은 너무 지나치다고 생각하고 다이아몬드에 대한 왕실 독점을 선포하여 처음에는 광산을 왕실 계약자들이 그리고 후에는 본국의 대리인이 직접 개발했다. 그러나 식민시대의 다양한 억제 장치를 통하여 부과된 세금에도 불구하고 다이아몬드 밀수와 채굴은 피할 수 없었으며 오늘날에도 과거의 밀매에서 유래한 방식이 여전히 남아있다.

* * *

초기 거주민들은 금과 다이아몬드 등의 채굴이 시작되고 또 고갈됨에 따라 빈민촌을 세우고 포기하기를 반복했지만, 인근 지역에는 상점과 숙소, 창고들이 들어서 인구 집중이 이루어지기 시작했다. 이곳에서 사람들은 채굴도구와 가재도구, 소금, 문어, 옷감, 식료품과 술 등을 구매했으며 그 비용은 그 지역의 화폐였던 사금(砂金)으로 치렀다. 이러한 풍요로운 생활은 수입거래업자와 해안지역에서 노예들을 실어 나르는 운송업자 그리고 나귀의 등에 짐을 싣고 수백 킬로미터를 운반하는 업자 등을 유인하기에 충분했다. 이들 일부는 이 지역에 머물며 마을과 촌락을 이루고 여러 가지 물품을 조달하는 구실을 하여 급속하게 광대하고 풍요로운 도시망의 근간을 이루는 초석이 되었다.

사금 채굴에 동원된 노예들은 인근 지역에 세워진 오두막집에 살며 금덩어리와 다이아몬드를 훔치거나 삼키는 위법 행위에 대한 치밀한 감시 아래 노동을 하고 있었지만 자신의 밭을 경작하거나 때때로 자유인이 될 수 있는 특권을 지니고 있었다. 매우 다양한 기술을 요구하는 이 세계에서 많은 흑인 노예는 적절한 기술 공정을 갖추게 되었는데 특히 광산에서 필수불가결한 도구로 쓰이는 철 주조와 마차 바퀴 편자를 만드는 등의 기술이 발전했다.

광물채굴 지역에서 브라질 사회는 빠울리스따 계통의 발전으로서 특이한 형태들이 나왔는데, 이는 다른 지역에서 들어온 브라질 사람들과 싸웅 빠울루 지역에 통합된 새로운 유럽인들, 그리고 대규모 아프리카 노예들이 출현하여 영향을 받았기 때문이었다. 그 주요한 문화적 변이의 형성 요인은 브라질 어느 지역보다 복잡하고 화려한 도시 생활을 만들어낸 광물채굴의 초기적 경제활동과 여기에서 발생하는 현지의 풍요였다.

광업지역 개방은 인구 이동 외에도 바이아 식민지의 수도가 과거 싸웅 비쎈찌처럼 가난한 촌락 지역이던 히우 지 자네이루로 이전하는 것을 부추기는 외부적 결과를 낳았다. 이는 곧 남부 해안지역에 거대 규모의 행정 및 상업중심지를 설치할 근간을 만들면서 동시에 인근 지역에 새로운 농업경제의 중심지를 만들어내는 데 기여를 하게 될 것이었다. 이는 또한 쇠퇴일로에 있는 북동부지역 목축업이 새로운 소비시장을 확보하기 위해 중서부지역으로 확대되는 것을 자극했으며, 이와 함께 예수회 선교마을 파괴와 함께 빠울리스따들이 정복한 남부 해안지역으로 목축업이 확대되면서 따른 식민지 브라질의 지상교통망을 만들어가는 것을 가능하게 했다.

이러한 방식으로 광업은, 과거보다 훨씬 더 큰 새로운 경제적 수익활동을 대변해주는 것 외에도 광대한 영토에서 브라질의 민족적 단일성의 근본 요건을 확보해주면서 식민지 사회의 통합 기회를 만들었다.

광물자원 발견 이후 50여 년 동안 미나스 제라이스 지역은 광범위한 도시망을 건설하면서 식민지에서 가장 인구가 밀집하고 또 가장 풍요로운 지역이 되었으며, 그 이후에도 화려한 공공건물과 바로크 양식 대성당들, 2층짜리 대저택들 그리고 교량으로 꾸며진 포장도로와 돌로 조각한 분수 등 당시로서는 드물게 사치스러운 사회적 생활양식을 보여주었다.

이와 함께 브라질인이든 본국 태생이든 군부나 관료, 사법관, 회계사, 세무관리 및 서기의 광범위한 계층에 의해 보좌되는 왕실 당국 및 성직자, 부유한 상인 그리고 광물업자의 귀족 계층이 발전, 확대되었는데, 이들은 당시 유럽의 세련된 최상층의 유행과 풍습을 그대로 따라 남자들은 영국 맨체스터 산(産) 모직 상의와 바지를 입었고 여자들은 프랑스식의 사치스러운 유행을 즐겼다. 그들은 또한 고상하고 차원 높은 건축과 미술, 서정문학, 고전음악을 즐겨 브라질 특유의 바로크 양식을 창조해냈으며, 혁명 사상가의 글을 읽으며 심지어 자유주의 정치에 대한 생각도 피력했다.

이러한 도시적 영화(榮華)를 유지해온 광업 활동은 부자 시민과 가난한 채굴업자 사이에 광범위한 중간계층을 만들어냈다. 이들은 상당수가 흑백혼혈인 또는 흑인들로 이루어진 전문 기술자와 음악가 등으로, 전문 활동에 전념하기 위해 이들은 생존을 위한 노동에서 해방되어 수준 높은 생활을 영위할 수 있었다. 이들은 자신들의 전문 활동을 위해서 포르투갈식의 자체 노동연합을 구성하여 전문적 이익을 옹호하고 나섰는데 여기에는 세공업자, 석공, 목수, 나무조각공, 철물업자, 미술가, 조각가, 화가 및 기타 전문가 등이 있었다.

사회의 다양한 계층을 소통시키고 교류하게 하는 데는 종교적 활동이 큰 역할을 했는데, 종교는 해방된 노예, 혼혈인, 백인 등 서로 다른 계층별 인종을 통합시키는 형제애를 고취하는 동기가 되었다. 그들은 자신들의 성직자와 특별한 음악을 동원하여 각기 다른 자신들의 성당과 묘지를 갖고 장례의식을 행했다. 노예를 포함하여 흑인들 또한 자신들의 연합체적 종교를 갖고 성인에 대한 의식을 행했는데 이 대표적인 예가 오우루 쁘레뚜(Ouro Preto)의 화려한 흑인 성인 축제이다.

도시인의 생활을 위해 육류와 설탕덩이, 치즈 그리고 베이컨 등 식량을 조달할 다양한 상업 작물 재배의 조건도 만들어졌는데, 대부분의 노예가 광업에 전념했기에 그중 일부가 이를 담당했다. 광물채굴이 이제는 단순히 노동력에 의존한 사금채취가 아니라 막대한 자본과 기계를 요구하는 사업이었기 때문에 여기에 뛰어들지 못한 주로 해방된 흑인과 혼혈인 노예와 가난한 백인들이 작물 재배를 담당했다.

귀족들이 독점적으로 소유한 땅을 개간, 재배했던 농장관리인들은, 북동부지역에 식량을 조달했던 사탕수수 재배지역 농부와 마찬가지로 공동경영 형태로 일했다. 그 아래 중간 계층으로는 해방된 흑인과 혼혈인이 있었으며 이들은 주로 육체노동자로 집안일이나 힘든 노동을 담당했으며, 최하층 계층으로는 광업이나 농업 그리고 운송을 담당한 대부분의 노예 노동자가 아무런 권리도 없이 핍박을 받으며 노동을 했다. 이들 노예 노동자는 탈출에 대비해 엄격한 감시 아래 일을 했으며 또한 해방된 노예들이 강도가 되거나 폭동을 일으키지 않도록 유랑에 빠지는 것도 금지되었다.

하지만 반란은 오히려 상층 계급에서 일어났으며 특히 일단의 엘리트들이 더 근대적인 의미에서 브라질 사회의 재구성을 식민정부의 대체 전략으로 실행할 것을 요구하고 나섰는데, 이는 브라질 역사상 가장 대담한 자유와 해방의 기치를 내건 주장으로 그 주요 내용으로는 노예제도를 철폐하고, 무역 자유화를 천명하고, 산업화를 북돋우는 것을 골자로 하고 있다. 1789년 폭발한 이 반란은 금 생산이 하강곡선을 그리면서 이미 예고된 광업 쇠퇴기에 식민정부가 새로운 세금을 부과하여 억압정책을 펴기 시작하자 주민들의 불만이 고조되어 발생했다. 소위 "미네이라 사람의 불충(不忠)"이라 불린 이 사건은 주동자 중 일부가 배반하면서 실패로 끝났지만, 막 태동하기 시작한 토착주의 의식(nativismo)을 고양하고 이와 함께 브라질 사회를 새로운 근거에서 재건하고자 공화정에 대한 의식 상승을 불러일으킨 중요한 사건이었다.

반란 주동인물 중 한 명인 일명 찌라덴찌스(Tiradentes, 역자 주: 본명은 주어낑 주제 다 씰바 사비에르(Joaquim José da Silva Xavier))는 미국의 독립과 미국 헌법의 영향을 받았으며 노예해방 이후 브라질의 경제, 사회적 삶을 재구성할 원대한 계획을 주장했지만, 모든 주동자가 체포되어 아프리카로 유배를 가 대부분 그곳에서 사망했다. 하지만 찌라덴찌스는 3년간의 수감 후 반란을 일으킨 그 장소에서 민중에 대한 본보기로 교수형에 처해져 사지가 절단되는 참형을 받게 되었다.

수십 년간 무질서하고 또 집중적인 채굴의 여파로 미나스 제라이스를 비롯하여 고이아스와 마뚜 그로쑤 주 등지의 광물자원은 고갈되기 시작했으며, 채굴근로자들은 예전의 마을로 돌아와 식량을 생산하기 위해 그동안 포기했던 농작물 재배에 뛰어들었다. 금은 고갈되고 이와 함께 쉽게 얻은 부의 낭비로 사회 또한 피폐해졌지만, 채굴노동자들은 금 채굴 이외의 또 다른 활동에 적응하지 못하여 늙은 노예들과 함께 여전히 고된 노동에 빚까지 지면서 금맥 찾기에 혈안이 되었다. 그들은 오로지, 사람이 살지 않는 산간 오지 지역에서 광맥을 찾아 이를 가까운 해안에 운송하여 누구에게 이를 팔 수 있을 것인가에만 관심을 쏟았다.

18세기 말 광산지역의 도시 생활은 광업의 활기로 얻은 풍요와 예술적 영광 그리고 세속적인 관습 등으로 여전히 생기를 띠고 있었지만, 한때 금과 다이아몬드로 영광의 세월로 보냈던 이 지역 거의 모든 사람을 다시 빈곤의 나락으로 떨어지게 했다.

식민 본국인 포르투갈은 브라질에서의 막대한 금의 풍요를 유지하지 못했다. 포르투갈은 이미 과거부터 항해 및 교역상의 편의를 제공해온 영국과의 무역관계를 집약, 합의한 메두엔 조약(Tratado de Methuen)을 1703년 체결했다. 이 조약에 따라, 포르투갈은 영국에 문호를 개방하고 직물 등 영국 제품을 수입했으며 대신 포도주와 올리브유를 수출했다. 하지만 무역수지의 균형을 맞추기 위해 막대한 양의 금을 지불해야 했는데, 당시 기록에 따르면 포르투갈과 브라질이 영국 수입품에 지급한 금 액수가 일주일에 5만 파운드에 이른 것으로 나타났다. 브라질의 금은 프랑스 나폴레옹과의 전쟁 비용과 영국의 산업발전과 해상진출에 대한 재정지원으로 쓰였다.

광업 쇠퇴와 함께 모든 지역은 빈곤 상황으로 빠져들었으며 결과적으로 문화 또한 퇴보하기 시작했다. 일자리가 없어진 채굴노동자들은 농장으로 몰려들어 또다시 새로운 빈곤에 허덕이게 되었으며, 조악한 의류와 도구를 만드는 현지 수공업자들이 토지를 획득해 생존을 위한 식량생산 경제가 시작되었다. 하지만 광업사회로 통합되었던 유럽인과 아프리카인들의 출현은 철 주조(鑄造)와 건축, 목공, 직물업 등의 기술과 일정 정도의 학문적 지식을 도입, 보급함으로써 광업사회가 또다시 빈곤한 농업경제 사회로 몰락하는 것을 저지하는 데 일조를 했다.

브라질이 꿈꾸는 역사적 소명은 같은 식민지 역사를 경험한 미국과 같이 잘 적응된 산업화였는지도 모른다. 산업화야말로 축적된 자본에 대해 그리고 무엇보다도 또다시 쇠락한 도시와 극빈층에 던져진 과거 광업에 종사했던 민중에 대해 새로운 생산적인 직업의 지평을 열어줄 수 있었을 것이다. 당시 세계경제의 지배 중심에서 진행된 산업화는 식민 본국인 포르투갈이 갖추지 못한 기술지식, 국제적인 협력 그리고 재정적 재원을 요구했다. 하지만 산업화를 실현하는 데 근원적인 방해는 포르투갈 왕실의 명백한 금지였다. 비록 아주 기초적인 산업을 위한 공장을 건설하려는 광물업자들의 시도라 해도 포르투갈 왕실의 이익에 반하는 불법으로 간주되었고 급기야는 1785년 군대에 의해 공장이 파괴되는 상황도 벌어졌다.

이렇듯 전반적인 경제와 인구가 과도하게 집중한 식민지 최대의 도시망을 만들면서 광업지역에 마을과 도시를 건설한 사회는 점차 쇠퇴의 길로 접어들었다. 예전의 광물업자와 상인들은 농장주로 변모했고, 수공업자와 노동자들은 쓸모없는 광산토의 소유주가 되었다. 그리고 농촌에 몰려든 도시인들은 숲으로 흩어져 과거 금을 찾기 위해 다녔던 광대한 계곡을 다니며 오로지 거주와 재배 목적으로 땅을 소유하여 식량을 생산하는 재배 농부가 되거나 소와 말, 노새, 돼지 등의 가축업자로 변모했다.

전에는 부유했지만 점점 쇠락해가는 많은 사람은 일가친척을 거느리고 노예들과 함께 자신들의 생존을 위해 사람이 살지 않는 오지의 토지를 불하받아 이주하면서 그곳에서 자치적인 생활을 영위했는데, 그들은 한편으로 과거의 허영 뒤에 궁핍함을 감추면서 소금 공급과 같은 거래에 주력했다. 이들 중 귀족계층은 자식들의 교육에 힘써 남아(男兒)

들에게는 글을 읽고 쓰는 교육을 게을리하지 않았으며 특히 초보적인 라틴어와 고전문학도 가르쳤다. 또한 이 사회에 함께한 일부 대중계층도 고전문학과 같이 유럽 도시문화의 취향을 유지하고 있었다. 19세기에 이 지역 귀족층들의 초청으로 문학 강연회를 갖기 위해 이곳을 방문한 독일 학자 카를 본 마르티우스(Karl von Martius)는 이곳에서 현악사중주 연주를 보고 매우 놀라워했다는 기록도 있다.

한때 금광으로 번성했던 도시 중 일부는 죽은 도시로 변했으며 이곳 주민들의 삶 또한 황폐해져 갔다. 이곳 주택은 건축 당시의 비용보다도 훨씬 낮은 가격으로 매매되었고, 대형 매장에 설치된 상점들에는 비어 있는 진열장이 늘어만 갔으며, 점점 인색해져가는 사람들은 빚만 늘어나 다만 가톨릭축제 때에만 사람들이 그나마 낡아빠진 옛날 옷을 입고 행렬에 참여하는 과거의 영광만을 재현할 뿐이었다. 이것이 바로 쇠락해가는 미나스 제라이스의 모습이었다. 당시 가장 인기 있는 활동이나 직업은 그나마 유일하게 현금을 만져볼 수 있는 소수의 공직이었으며 이마저도 당시 엘리트들의 치열한 경쟁의 표적이었다.

* * *

미나스 제라이스의 광물채굴업자로 변모했던 오지개척단 반데이란찌의 건설적 추진력이 소진되면서 브라질 중-남부지역 민중의 경제는 정체되기 시작했다. 전반적으로 빈곤에 빠진 이 지역은 과거 빠울리스따들의 낡은 생활을 재현하면서 경제체제 위기를 극복하기 위한 새로운 계획을 모색하고 있었으며, 생존에 필요한 최소한의 만족을 위해 노력하면서 이곳저곳으로 전전했다.

이 지역 민중은 소위 "까이삐라(caipira) 문화 지역"이라 불리는 브라질 농촌문화의 다양성에 동화되어갔는데, 이는 제조업과 가축 그리고 또 다른 재화를 공급했던 과거 광업지역과 수공업품과 식량 보조지역에서부터 서서히 퍼져나간 새로운 생활방식이었다. 포르투갈어만 사용하던 이 생활방식은 브라질 중-남부지역, 즉 싸웅 빠울루, 이스삐리뚜 싼뚜, 히우 지 자네이루, 미나스 제라이스, 마뚜 그로쑤 그리고 빠라나 주 인근 지역에 이르기까지 모든 밀림지역과 평원지대에 확산되었다. 그리하여 과거 인디오 포획과 금 채굴을 위해 빠울리스따들의 침략을 받았던 지역은 까이삐라 문화의 광범위한 지역으로 바뀌게 되었다.

쇠퇴한 경제가 기댈 수 있는 유일한 자원은 한가한 노동력과 주민도 살지 않고 특별한 생산가치도 없는 광활한 처녀지(處女地)였으며, 이 땅들에 대해 연대보증한 사람들은 양도를 통해 광대한 토지를 취득했으며 가난한 사람들은 다만 생산자로서의 역할만 했을 뿐이었다. 이러한 기반에서 최소한만을 생산하는 천연 식량경제가 구축되어 매년 새로운 산림지를 개간하고 태워버리는 순환농업과 함께 사냥과 낚시, 과일과 피근 채집을 병행하는 방식이 확산되었다. 내다 팔 것도 없고 또 살 수도 없는 이들의 농업방식은 가능한 수준에서 극단적으로 필요한 것만을 만족하는 자립적인 가족 경제 방식 그 자체였던 것이다.

이러한 새로운 생활방식으로 말미암아 가족의 분리와 함께 광범위한 지역으로 인구의 확산 정착이 이루어졌지만 그러나 새로운 동거 방식이 이웃 간에 공동의 연대적 단위체를 구성했기 때문에 완전한 단절을 의미하는 것은 아니었다. 그리하여 자신들이 자리 잡은 토지 기반에 의해, 자신들끼리는 동일시하지만 다른 지역 사람들과는 차별화하는 장소에 대한 애정에 의해 그리고 노동과 여가에 참여하는 집단적인 형태에 따라 통일화된 소민족(naçãozinhas) 또는 동거집단으로서 멜루 이 쏘우자(Melo e Souza, 1964)가 규정한 소위 동네(bairro)가 만들어졌다.

일반적으로 가족 구성원과의 일상적인 동거와 노동 방식에 있어서 다른 구성원들과 협력을 주고받을 수 있게 만드는 이러한 공동 기구는 매우 중요했다. 그 대표적인 예가 공동 품앗이(mutirão)로 이것은 가족성원들만으로는 할 수 없는 매우 힘든 일을 수행하기 위해 인근 지역 주민들의 회의를 통해 서로 힘을 도와 상호 협력하는 것을 제도화한 것이었다. 그리하여 한 동네(바이후)의 주민들은 밭을 만들기 위해 숲을 개간하고, 경작, 공동 청소뿐 아니라 쌀과 콩 수확, 그리고 주택 건설과 교량 및 도로 건설 등에 이르기까지 지속적으로 상호 협력한 것이다. 그리고 도움을 받은 주민들은 먹을 것을 제공하고 공동 작업 후에는 언제나 음악과 술이 있는 잔치를 제공했는데, 공동 품앗이야말로 노동에 대한 연합 형태일 뿐 아니라 또한 화목한 동거를 염원하는 축제라는 여가의 기회를 제공한 것이었다.

더 유대가 깊은 이웃들은 또한 동거의 더 상층 형태를 조직했는데 이는 절대적인 성인에 대한 숭배 의식으로, 성인을 기리는 성당은 미사를 드리고 축제를 하는 자부심 강한 장소가 되었다. 노동 대부분 자급자족 식량생산에 주력했던 이들 집단은 치즈와 설탕덩이, 옥수숫가루, 햄, 곡물, 닭과 돼지 등 시장에 팔 수 있는 일부 기초적인 물품을 생산하기도 했다. 이들은 또한 가정에서 거친 면화로 만든 옷감도 생산했는데 이는 비화폐경제의 교환수단으로 이용되기도 했다.

바이후에 모여 산 까이삐라 민중은 이런 식으로 최소한의 생존 조건을 영위했지만, 이곳에서 이탈한 사람들은 더 외딴 오지로 떠돌며 무법의 위험에 노출되거나 근친상간을 하거나 비문화적 인간으로 의심받으며 살아야 했다.

까이삐라 농촌 생활은 이렇게 노동과 여가를 만족할만하게 균형을 지어 지속해왔으며 한편으로 환자나 노약자, 정신병자 등의 도움이 필요한 사람들에게도 구호활동을 계속해왔다. 까이삐라 민중은 희망에 대한 특별한 기대가 없고 나약하며 게으른 사람처럼 인식되었지만, 사실 그들은 아주 숙련된 노동체계에 동원되어 고도의 삶의 수준을 누리는 것보다는 전통적인 형태의 노동과 여가에 더 많은 가치를 두어 독립성을 보장받는 자급자족의 경제활동에 더 전념했다.

경제적 침체 상황에서 토지에 더욱 쉽게 접근한 사람들은 백인과 가난한 자유 혼혈인들이었다. 소유자의 소유권을 보장하는 제도개혁에 의해서가 아니라 단순히 구매시장 부재로 인한 상업적 관계가 깨지면서 상업 작물을 재배하는 노동력을 동원하려는 부차적 메커니즘으로서 토지 독점이 일시적으로 의미가 없어져버렸다.

그러한 자치적 존재의 자율성은 대규모 작물 재배를 통해 수출경제가 활성화하고 구매나 법적 소유 등록의 의무화를 통해 단순 소유와 재배를 위한 토지소유를 가능하게 한 법적 금지 조치(1850년)를 드러낼 수 있었기에 잠시 지속될 것처럼 보였다.

사실 1790년부터 1840년까지 수십 년간 새로운 수출 작물 생산 형태가 나타나고 또 확대되었는데 이는 까이삐라 민중을 상업경제 기반에 접합하는 완만한 과정의 시작을 의미하는 것이었다. 그래서 면화와 담배 그리고 훗날에는 커피와 같은 새로운 수출 작물이 나타나게 되었으며 이와 함께 기반 시설인 도로도 확충되고 개선되었다. 동시에 민간 및 종교계 차원에서도 제도적 재정비가 이루어지기 시작해 토지소유의 법적 정당성을 인정하는 행정 장치로 구(區)와 시(市)가 형성되었다. 가톨릭 종교계 또한 즉각적으로 소교구와 후에 본당신부가 있는 상설 교구(教區)를 창설했다. 이와 함께 도적행위를 근절하고자 경찰력과 함께 주정부적 차원의 공권력이 설치되었다.

이러한 공권력의 도입은 그러나 정의 확대나 복지 실현에는 미흡했다. 정부는 까이삐라 민중을 소유자 계층의 대리인으로 이해하고 정부에 근본적으로 새롭게 예속된 존재로 보았다. 그때부터 새로운 권력 앞에 이들 까이삐라들을 대리인으로 내세운 귀족의 보호 아래 강제로 놓이게 했으며, 이를 위해 필수불가결한 보호를 보장받기 위해 까이삐라 민중은 대자(代子)나 소작인 또는 파벌이나 유권자로 변모하게 되었다.

이렇듯 정부의 정치, 행정의 법적 지원으로 토지를 재독점하면서 소수과두지배계층의 지배는 까이삐라 민중의 충성을 요구하면서 더 힘을 얻게 되었다. 그러한 점은 쎄르따네주(sertanejo)에게도 똑같이 나타나는데 그들의 가장 큰 공포는 자신들이 비개인적이며 전지전능한 권력을 지닌 귀족의 후원에서 밀려나는 것이었다.

이러한 사회-경제적 재질서의 기본 요소는 중상주의 체제의 재정비와 소유의 가치화였다. 이로부터 교통이 유리한 인근 지역과 면화와 담배, 커피 등 점차 확대되어가는 상업 작물 재배가 유리한 질 좋은 토지의 소유 경쟁이 가속화되었는데, 이러한 과정에서 등기소(登記所)들은 과거 소유자들을 내몰면서 진짜든 가짜든 과거 토지제도의 증서를 보증하여 인정하는 일을 담당했다.

모든 법적 장치는 재산 소유를 집중시키기 위해 기능했다. 확대가족의 세습유산 결과로 나뉜 재산은 재배가 용이하지 않은 지역의 일부분까지 매입하는 데 쓰였고, 일부 토지소유자들은 돈이 없는 사람들을 위해 대신 토지 대금을 지급하기도 하였다. 이 와중에 지금까지 거주해 온 땅의 침입자로 낙인된 까이삐라 가족들을 퇴거시키기 위해 경찰력을 동원하거나 뇌물로 매수하는 등 위법행위가 늘어났다. 법의 테두리 밖에서 그리고 경찰의 추적에 처하게 된 이 까이삐라 가족들은 자신들의 토지에서 상업적 개발이 실행됨에 따라 그 땅에서 쫓겨나게 되었다.

커피농업의 급속한 신장세와 함께 이러한 사회적 재조정 과정은 가속화되었다. 까이삐라는 농촌 임금노동자로 예속을 강요받거나 새로운 재배를 실행할 재원이 없는 소유자들이 주인인 오지 지역으로 이주하면서 동업자의 상황으로 전락하고 말았다. 이에 까이뻬라는 생산량 절반을 받는 토지소유자에게 재정지원을 받는 동업자가 되거나 아니면 소작인으로서 자신의 재원으로 노동을 하여 수확량의 1/3을 토지 사용료로 치러야 했다. 이러한 상황은 그들에게 노동 조건의 자율성을 지키는 것을 허용했으며 또한 전체적인 생활 형태를 유지하도록 해주었다.

새로운 생산체제의 정착은 상업 작물 재배와 전통적인 작물과의 공존을 일정 기간 인정하면서 점차 진행되었다. 이는 상업적 작물 재배의 특징이 초기에는 소유자의 집중적인 생산 활동에만 영향을 미쳤기 때문으로, 이러한 활동은 모든 토지를 흡수하지 않고 심지어 더 많은 노동자를 요구하는 작업에 유인될 수 있는 농장 노동력이 출현하면서 이루어진 것이다.

그러나 점차 새로운 체제는, 지속적인 농장 개발을 통해 숨어있던 거의 모든 오지 지역에서 까이뻬라들을 수색하고 퇴거시키기를 계속하면서 또 이들로 하여금 농촌 임금노동자로 등록하거나 다시 떠나는 두 가지 선택을 강요하면서 점차 힘을 얻어 적응되어 갔다. 동업체제 그 자체는 가장 빈곤하고 시장에서 가장 멀리 떨어진 토지와 한계를 갖고 있으며 또한 새로운 요구, 즉 까이뻬라들과 그 가족들로 하여금 소유자에게 가족 인원수만큼 무상 노동 일수(日數)와 소유한 말의 수만큼 추가 노동 일수를 제공하도록 강요하는 멍에와 같은 부담을 갖고 있어 만족스럽지 못한 형태로 바뀌고 있었다.

이러한 모든 장애에도 불구하고 자신의 재산을 강탈당하고 뒤이어 쫓겨난 까이뻬라는 농장제도에 예속되는 것을 거부했다. 이는 곧 까이뻬라로 하여금 노예와 다름없는 개인 자유의 박탈과 같은 계속되는 노동을 차별화하게 했다. 1888년 노예해방 이후에도, 엄격한 감독자에게

끌려다니는 노동을 비천하게 여긴 이러한 가치적 규범은 계속 유지되었다.

까이삐라는 토지를 소유하지 못한 채 어쩔 수 없이 독립적인 상황에 놓이게 되면서 주변부로 밀려났으며, 수백만 명에 이르는 하층 까이삐라의 존재에도 불구하고 농장체제는 우선 흑인 노예 밀매를 강화해야 했으며 이후에는 대규모 상업 작물 재배에 충당하는 수백만의 노동자를 대신할 막대한 유럽이민을 끌어들여야 했다.

외딴 황무지의 변경에 살며 빈곤의 늪에 빠져있던 까이삐라들은, 엄청난 수의 이탈리아인과 스페인인, 독일인 그리고 폴란드인이 자신들과 흑인들을 대체하여 농장 노동자로 유입되어 정착하는 것을 무기력하게 바라보았다. 이러한 유럽의 대규모 이민자들은 그러나 엄격히 계층화된 구 사회에 익숙한 사람들로 임금노동자로 훈련받아 언젠가는 노동자의 조건에서 소규모 소유주가 되리라는 신분 상승의 기회를 엿보고 있었다. 반면에 까이삐라들은 오래전부터 소유자가 된다는 것에 속아왔기 때문에 임금노동자에 대해서는 반대성향을 보이며 자신의 땅을 재배한다는 가장 이상적인 조건인 조력자 입장만을 고수했다.

소설가 몬떼이루 로바뚜(Monteiro Lobato, 1882~1948)는 자신의 작품 『우루뻬스』(*Urupês*, 1918)에서 제까 따뚜(Jeca Tatu)라는 인물을 통해 당시 정부나 부유한 권력층에 의해 버림받은 까이삐라의 전형적인 이미지를 묘사했다. 이 책에서 몬떼이루 로바뚜는 제까 따뚜를 토지를 개간하기 위해 풍요로운 밀림자원이 있는 숲에 불을 질러대는 방화범과 같은 기생충으로 보고 있으며, 그를 어떤 일에 대해서도 제 할 일을 하지 않는 게으르고 절망에 빠진 그리고 병적인 존재로 그려놓았다. 또한 작가는 그를 신발도 신지 않은 채 담배를 피우며 걸어 다녀 발꿈치가 볼썽사납고 여기저기에 침을 뱉으며 웅크리고 앉아있는 걸인과 같은 존재로 서술했다. 까이뻬라를 이렇게 서술한 사람들은 지성적인 농장주들로, 이들은 자신들의 겉치레적인 태도를 드러내기 위해 목적을 위해 가엾은 그들을 실패와 좌절의 인물로 본 것이다.

부유한 농장주들과 마찬가지로 소설가 몬떼이루 로바뚜가 보지 못한 것은, 자신들의 땅을 약탈당한 채 주변에 내쳐지고, 식민자의 동원에 항거하고 또 자신들의 전통적 삶의 방식을 강제로 포기당한 까이뻬라들이 겪은 문화적 트라우마였다. 훗날 몬떼이루 로바뚜는 까이뻬라들이야말로 대규모 수출 영농체제에 필수적이며 또한 자연적인 부산물이었다는 것을 이해하게 되었으며, 그 자신도 토지개혁을 주장하며 까이뻬라들의 현실을 고발하는 데 앞장서게 되었다.

* * *

수출작물 생산을 위해 무계획적으로 설치되고 확장되었던 농장체제는 까이뻬라들의 삶의 형태에 그리고 이들의 전통적인 신념과 관습, 가족경제의 유지에 더 이상의 자리를 남겨두지 않는 새로운 세상을 만들어냈다. 그러한 새로운 체제의 파급과 함께 까이뻬라들은 이웃과 그리고 대부모관계의 친밀한 연대 형태가 상업적 관계로 대치되어 무기력하게 사라져버리는 것을 보아야만 했다. 또한 직물제조업이 대체되어 수공예도 점차 사라져갔으며 그리고 비누와 금속 도구 등도 더 이상 가정에서 생산하지 않고 시장에서 구매해야 했다.

토지의 영농 개간과 대규모 농장의 철책 설치 그리고 목축업의 확대 때문에 생태환경의 변화로 사냥과 수렵활동도 점차 어려워져, 까이뻬라들은 자신들의 기본적인 식량 조달마저 힘들어지고 있었다. 그리고 농장 체제 정착 과정의 말기에는 강제동원을 피하여 숨어있던 오지에서마저도 까이뻬라들은 빈곤 상태에서 벗어나질 못했다.

까이삐라들을 결정적으로 주변으로 내몰고만 이들의 전통적인 생활에서의 최후의 충격은 도심지 시장으로의 육류 확대와 함께 이루어졌으며 이는 곧 오지 지역뿐 아니라 전 지역으로의 목축업 확대라는 결과를 낳게 되었다. 그때부터 나무를 벌채하고 숲을 개간하여 만들어진 까이삐라들의 밭은 목축업에 전념하기 위해 목초 재배로 변모했다. 마을이 형성되어 까이삐라들이 모여들면서 자급자족했던 과거의 대토지는 가축으로 채워져 사람들은 점차 사라져가기 시작했다. 이러한 가축 농장에서 최하층 노동자 일부는 목부(牧夫)와 마찬가지로 쫓겨난 예전의 거주민들로 대치되었다. 이러한 새로운 조치는 까이삐라 자체를 이용해야 했기에 자원이 부족해진 대토지제 라티푼디오마저 영농 작업에 쓸 수 있는 토지가 점차 제한되는 상황을 낳고 말았다.

대다수 까이삐라는 이렇게 새로운 선택의 기로에 서 있었으며, 이제 더 이상 경작자로 동원될 기회도 주어지지 않았다. 이는 곧, 그들로 하여금 더없이 빈곤한 조력자 자체로 유지하거나, 이웃의 땅을 침범한 공동분배자의 세계로 빠져들거나, 사람이 살지 않는 농장에서 일하는 여분의 노동력으로 쓸모없는 땅에 전념하거나 아니면 결국에는 도심지의 경계인으로 편입되거나 하는 선택을 의미했다.

까이삐라 문화의 기본적인 체제는 새로운 영농 생산과 상업적 목축 생산 방식에 의해 대표되는 새로운 충격으로 와해되고 말았다. 이와 함께 농촌 집단으로 편입되지 않고 이들에게 새로운 구조에서의 역할을 보장해준 편의적인 보상 형태도 파괴되었다. 이러한 역할은 소규모 소유자 범주로의 통합으로 이는 어쩌면 국가경제로 통합됨에 따라 자신들의 열망을 확대하면서 기술적 혁신을 결합시키는 것을 허용했을지도 모른다. 하지만 결국 농업 소수과두지배에 의한 정치권력에 근거한 토지 독점은 이러한 노정을 없애버렸다.

전통적인 사회성 형태를 보존하고 있는 까이삐라 공동체는 오늘날, 아주 외딴 지역에 그리고 생산체제와는 동떨어져 명맥을 유지하고 있지만 대부분이 동업자와 소규모 임차인인 농촌의 자발적인 노동자로 그 수는 5백만 명을 넘어서는 것으로 알려져 있다. 그들은 더 이상 가난하고 구태의연한 존재 방식의 까이삐라가 아니라 나름대로 만족스러운 생활을 영위하고 있는 사람들이며, 주변적 위치에서 넓은 계층을 구성하고 또 아주 힘든 생활 조건을 참아내며 살고 있으며, 자신들이 꿈꾸고 기대했던 질 높은 삶 앞에서 어렵게 생존을 영위하고 있다. 그렇지만 그들은 자신들이 속한 대토지제 사회구조 자체의 협소함 때문에 새로운 소비 양식에 통합되는 것이 불가능하고, 동업자 대다수의 삶의 상황을 개선할 수도 없으며 또한 동업자들을 임금노동자로 편입시킬 능력도 없기에 결국 떠돌이 행상이나 노동자의 상황으로 전락하고 말았다.

최근 수년간 다양한 지역에서 동업자들이 농촌 임금노동자를 기대하며 노조 운동에 흥미를 보인다는 사실은 한편으로 그들이 독립적이며 자발적으로 행동할 수 있음을 보여주는 것이며, 다른 한편으로 사회질서에 대항하여 자신들의 빈곤과 항거의 자각 정도를 보여주는 것이다. 자신들이 몸담았던 토지의 소유를 오랜 세월 요구해온 브라질의 진정한 농부인 수백만의 까이삐라들은 새로운 투쟁 형태가 나타나기를 기대하며 준비를 하는지도 모른다.

* * *

농장체제는 대규모 커피재배 실현과 함께 과거 사탕수수 농장 성과에 비교할 수 있는 새로운 성공을 거두었으며, 브라질을 세계시장의 첫 번째 농업수출국으로 그리고 공업재화의 유망한 수입국으로 재탄생하게 만들었다. 커피농업의 또 다른 효과는 새로운 생산 특화 형태를 만들고 또한 브라질 사회의 또 다른 존재 방식을 구체화한 것이다. 문화적으로 이러한 새로운 모습은 기본적으로 까이삐라의 그것과 같은 것이었지만, 또 다른 차원에서, 즉 초기에는 대규모 노예집단 그리고 후에는 대량으로 투입된 유럽이민, 그 외에 국내 다른 지역에서 이곳 커피재배지역으로 몰려든 사람들의 결합이 더해지면서 구체화되었다.

커피재배는 초기에 그 희소성과 지엽적인 소비 탓에 브라질 일부 지역에서 실행되었지만, 히우 지 자네이루 항구 인근 산간지역에서 대규모로 경작되면서 경제적 중요성을 거두게 되었다. 1820년대 3,178포대에서 1880년대 51,631포대로 전체 수출액의 18.4%에서 61.5%로 크게 증가한 수출의 성공으로 커피농업은 이때부터 브라질의 근본적인 경제활동으로 자리 잡으면서 수출의 독주를 기록하게 되었다. 커피농업의 이러한 성공의 이면에는 커피를 재배할 토양이 풍부하게 산재해있었으며 또 광업 쇠퇴 이후 남아도는 노동력을 쓸 수 있었고, 게다가 수송과 상업화의 적절한 체제가 충분히 갖추어져 있었기 때문이었다.

커피농업에 처음 적용된 기업적 모델은, 사탕수수 경작 체제와 마찬가지로, 대규모 토지와 고도의 생산 활동 전문화 및 합리화, 상업적 수출작물로서의 특징, 그리고 잘 훈련된 대규모 노예 노동력을 농장에 집중시킬 필요성이 있는 노예제도 농장이었다. 커피산업은 또한, 모든 시설이 농장 자체에 건설됨에 따라 무엇보다도 토지 취득 필요성이 급속히 늘어나게 되었으며 노예 구매 및 보충을 위해 엄청난 재정 투자가 필요했다. 영구적인 재배지로서 커피경작지는 초기 단계에 숲을 개간하기 위해 대규모 노동력을 집중해야 하며 초기 4년 동안은 특별히 관리해야 하고, 그 이후에는 수확기에만 많은 노동력이 필요했다.

이러한 상황에서 노예농장은 식량생산과 가내 수공업에 이용되는 여분의 노동자를 늘 확보하고 있었는데, 이들은 커피 수확기에는 집안일의 일종으로 커피재배 노동에 동원되어 농장은 거대한 자립단위체를 구성하게 되었다.

히우 지 자네이루 산간지역 커피 노예농장은 빠라이바 계곡을 넘어 미나스 제라이스와 이스삐리뚜 싼뚜 그리고 싸웅 빠울루 밀림지역까지 점진적으로 확대되어갔는데, 이들 대부분은 5백여 명에서 2천여 명의 공동체를 구성하고 있었으며 그중 노예들은 의복부터 주택, 식량, 가구 그리고 농장 시설 등에 이르기까지 거의 모든 것을 자급자족했지만 농장주의 소비재나 기타의 공업제품은 수입으로 충당했다.

커피산업을 위한 노동력 충원은 처음에는 쇠락한 광업지대에서 남는 흑인 노예들을 동원했으며, 이후에는 계속해서 마란냐웅 주의 면화지역과 사탕수수 농장과 같이 쇠퇴하는 산업지역의 노예 노동력을 흡수하면서 이루어졌고 여기에 약 50만 명에 이르는 아프리카 흑인을 직접 수입하면서 대규모의 노동력이 보충되었다. 하지만 이러한 동원에도 불구하고 커피농장은 급속한 확장과 열악한 삶과 노동의 조건 아래 어쩔 수 없는 노동력 손실로 말미암아 지속적으로 노동력이 부족한 실정이었다. 1850년 노예무역이 금지되기 이전인 5년 동안 25만여 명의 아프리카 흑인 노예가 브라질로 유입되었는데 그 매입 가격은 브라질 수출 총액의 36%가 넘는 약 1,500만 파운드에 이른 것으로 알려져 있다.

당시 커피농장 주인은 북동부 사탕수수 농장주들과 마찬가지로 대저택에 살고 노예들은 쎈잘라라는 집단 노예거주지에서 생활했는데 농장주들은 수많은 하인의 봉사를 받았으며, 그 자식들은 유럽에서 초빙한 선생들에게 농장 안에서 교육을 받았고 또 종교 생활을 위해 농장 안에 가톨릭 사제들이 함께 거주했다.

19세기 중엽 이후 커피가 브라질 경제의 주요 산업으로 지배적인 산업이 되기 시작하면서 커피농장주들은 점차 강력한 소수과두지배계급이 되었는데, 이들은 사탕수수 농장주들보다도 더 막강한 정치력을 행사했다. 이러한 배경은 커피농장주들이 재배에서 수출에 이르기까지 전 과정을 복합적으로 지배했으며 또한 자신들의 경제적 이익을 수호하는 데 막강한 정치권력을 이용했기 때문이다.

이러한 정치권력의 헤게모니 이면에는 당시 커피농장주와 브라질 왕실과의 밀접한 관계도 큰 몫을 했는데, 브라질 왕실은 독립 이후 강력한 권한 집중을 위해 자신을 지지해주는 귀족계급을 보호하기 위해 커피농장주에게 귀족 칭호를 나눠주고 또 그들을 정부의 주요 직책에 임명하기도 했다. 그리하여 커피농장주들은 노예해방 후에 혹시 있을지도 모르는 불이익에 대비해 공작, 후작, 백작, 남작 등의 귀족 칭호를 얻게 되었다.

노예해방은 경제적인 면에서 그리고 사회적인 면에서 심각한 영향을 미쳤는데, 경제적인 면에서 우선 노예해방은 지배계층의 자산 상당부분을 몰수하여 이 계층을 파산에 이르게 했지만 한편 임금을 통한 노동보상체계를 수립하여 소득 재분배를 이룩하게 했다. 이와 함께 커피귀족의 재정 파탄은 세계적 경제체제의 변화 때문에 커피재배지 소유자들이 갑작스럽게 근대적인 새로운 기업가로 변모하게 했다.

노예해방으로 일반 민중의 삶의 수준이 높아지면서 나타난 가장 커다란 사회적 결과는 특히 노동력 충원 부분이었다. 노예들은 해방 이후 자신의 운명에 대한 선택권을 행사할 수 있게 되었으며 또한 과거에 지니지 못했던 인간존엄성과 자존심을 획득하게 되었지만, 이러한 자유는 그러나 토지 독점에 의해 제한을 받아 해방된 노예들은 여전히 지주계급을 위한 노동에 동원되었으며 또한 열악한 생활수준에 머무를 수밖에 없었다.

이제 해방된 흑인 노예들은 과거 자신들의 경험을 통하여 노동 현장에서 손실되거나 마모되지 않도록 자기보호 차원에서 자신들의 노동력을 아끼기 위해 매진했지만 여전히 열악한 식량과 몸뚱이 위에 넝마 같은 옷 하나 걸치는 최소한의 소유에 만족해야 했으며 그리고 정상적인 가족관계의 지속도 기대할 수 없는 실정이었다.

이러한 상황에서 해방된 흑인들은 자유노동자로서 활동하기 시작했으며, 기본적인 의식주를 조달하는 데 필요한 최소한의 노동 의무만을 행하는 데 그쳐 소득 증대는 기대할 수조차 없었고 그들이 누린 행복은 여유와 휴식뿐이었다. 그들이 열망하고 기대하는 수준은 인간적인 조건에 적합하고 또 원하는 것들의 수를 극단적으로 제한하던 가치에 의해 제한되었으며, 자신들의 이미지를 더 제고할 수 있게 된 것은 훗날 완전히 해방된 노예로서의 신분을 갖게 되었을 때 비로소 얻어질 수 있었다. 해방된 노예들은 노예로 있을 때보다도 훨씬 적은 효율성을 지니고 영원한 자유 임금노동자로서 식량생산을 주로 하는 농장에서 일하기 시작했다.

노예해방과 함께 이러한 과정에 의해 농장에서 뛰쳐나온 주변적 계층은 확대되어갔으며, 원래의 까이삐라인과 백인, 혼혈인, 그리고 일하던 땅에 불만을 갖고 있는 일부 사람들이 이러한 주변 계층에 더해졌다. 여전히 열악하고 빈곤한 상황에 처해있는 이들은 토지소유나 더 나은 인간적 존엄을 주장하는 대신에 자신들의 열망을 최소한 보장해주는 생존의 문제만 원하고 있었다. 주변 계층이 더욱 확대되는 상황에서, 해방된 흑인 민중은 하층 계급을 형성하게 되고 따라서 더욱 빈곤한 처지로 추락하는 것 외에 백인과 혼혈인들의 인종적 차별이라는 또 다른 불행을 겪게 되었다.

노예제도와 귀족사회를 철폐한 공화제도에 뒤이은 노예해방은 그러나 점점 더 강력해지는 커피농장주들의 세력을 몰락시키지는 못했는데, 이 세력은 막강한 권력의 공화주의자들로 구성된 커피농장주들과 점차 임금노동자화되는 새로운 노동체제에 의해 지배되고 있었다. 커피재배는 단일작물체제로 발전되어갔으며 이와 함께 모든 경작 활동과 관련된 노동은 주로 유럽이민자들이, 그 외의 노동은 농장 밖에서 온 임시노동자들에 의해 이루어지는 노동의 구분이 이루어졌다. 새로운 커피재배지를 확보하기 위해 숲을 개간하는 일은 보통 과거 노예나 동업자와 함께 청부를 맡은 전문 임시집단의 몫이었다. 그리고 가장 집중된 노동을 요하는 수확도 농장 인근 지역에서 예비 노동력으로 활동한 임시 노동자들이 담당했다.

서부로 향하는 철도가 부설되면서 새로운 커피농장들이 이제 싸웅빠울루 내륙의 산림지역에도 속속 건설되기 시작했다. 그리고 노예무역 금지와 노예해방으로 심화된 노동력 부족이라는 커피농장의 최대 난관을 해결하고자 농장주들이 끈기 있게 노력한 결과 유럽 노동자들의 유입 또한 점차 가속화되었다. 하지만 구시대 공동조합의 체제로 이민자들을 끌어들이려는 초기의 시도는 유럽 언론에 의해 많은 불만이 제기되었는데, 이는 당시 유럽 지역에서 만연했던 극빈의 생활조건에도 불구하고 유럽이민자들이 노예와 공존하거나 노예와 같은 수준의 생활을 수용하지 않았기 때문이었다. 그래서 노예해방이 이루어진 후에야 비로소 유럽이민자 공급이 정상적으로 이루어져, 19세기 말 80만 3천여 명에 달했던 유럽 노동력 가운데 57만7천 명이 이탈리아에서 유입되었다.

유럽 노동력의 이러한 가용성은 공장에 필요한 노동력보다 더 많은 사람을 농촌지역에서 도시로 보내던 산업자본주의의 진행과 그 맥을 같이 했다. 유럽 각국은 수백만 명에 이르는 노동력을 수출했는데, 그

대표적 수출국은 대영제국과 프랑스, 독일, 이탈리아였으며 그 뒤를 이어 폴란드와 러시아 그리고 발칸반도의 국가들이 있었다. 이리하여 아프리카 노예보다도 값싸고 또 새로운 생산체제에 적합한 효율적인 유럽 노동자 공급이 이루어지게 되었다.

유럽이민자들의 브라질 노동시장으로의 유입은 커피농장의 노동력 부족 문제를 해결한 것 외에 또 다른 결과를 가져왔는데, 까이삐라 민중과 해방된 노예들이 소득을 받는 경작자로서의 위상을 얻기 위해 몰두했던 소리 없는 무혈투쟁을 잠재우는 요인이 되었으며 또한 외국에서 들어온 더 질 좋은 노동력의 가용성 앞에서 국내 노동자들이 경쟁력을 상실하여 더 나은 보상을 얻는 위치에 이르지 못하게 되었다. 그리고 커피재배지로 유럽이민자들이 몰려들면서 노동력이 남게 되어 북동부 오지인들이 아마존 고무재배지로 이동하는 결과를 낳게 되었다. 이외에도 외국노동자의 브라질로의 막대한 유입은 과거 까이삐라 민중과 전 노예들의 프롤레타리아화 그리고 또한 공장노동자로서의 정치적 결사체 결의를 지연시키는 결과를 가져왔다.

유럽이민자들은 가족에 대한 이민 여행경비와 이주 첫해의 부양 지원에 대한 보장 그리고 자신들의 식량을 생산할 토지 보장을 약속받고 계약했는데, 이러한 조건에 훗날 연간 고정 임금과 생산에 따른 변동 수익이 더해졌으며 이 중에 여행경비는 정부가 부담한 반면, 나머지 조건은 농장주들이 직접 부담했다. 까이삐라 민중에게 제공된 것보다 훨씬 나은 이러한 특전은 – 이미 자국의 외교관과 현지 언론에 의해 확인된 – 좋은 노동 조건을 보장하기 위한 것이었다. 유럽의 계약노동이민자들은 이러한 체제를 통하여 한편 엄격한 노동의 규율을 받아들이고 다른 한편 보상책으로 높은 임금을 약속받으면서 브라질 농촌에 임금노동자 제도를 정착시키게 되었다. 이로써 자신들의 미래에 더 큰 희망을 꿈꾸며 정착하여 임금노동제에 적응한 유럽이민자들은 생산 증대에 헌신할 수 있었으며, 이와 함께 일부 이민자는 근면한 저축을 통해 수년 만에 계약노동자 상태에서 벗어나 소규모 기업인이 되기도 했고 또 그들의 자식들은 교육을 통해 막 태동하는 산업사회의 중요한 일꾼으로 성장하기도 했다.

계약노동자 체제를 통하여 설립된 새로운 농장들은 점차 단일작물재배화 되어갔으며 동시에 커피재배 외에 바하까웅(barracão)이라는 상업시설로의 또 다른 기능을 수행하게 되었다. 바하까웅을 통해 농장주는 노동자들에게 필요한 모든 것을 조달하고 그 대가로 지급한 임금을 다시 돌려받는 상인의 역할을 했다. 그리하여 이들 간의 계약은 계약노동자들로 하여금, 통상 4년간의 커피재배에 계약된 노동임금의 가치를 잠재적으로 하락시키는 인플레와 바하까웅에서 공급되는 필수품 착취라는 두 가지 문제에 얽매이게 만들었다. 이러한 상황에서 계약노동자들은 자신의 임금소득을 넘는 비용을 지출했기 때문에 저축을 할 수 없게 되었으며 이와 함께 부채가 늘어나 자립 기반을 갖추는 데 큰 어려움을 겪게 되었다.

계약노동제에서 농장주는 농장에 거주하지 않으며 도시에서 관리인을 통해 농장을 지배했지만, 공화정 체제에서 그들은 제국주의 시대의 헤게모니를 그대로 유지하며 모든 정부기구를 커피농업의 후원자 기능을 하도록 하는 소수과두지배체제의 권력을 향유했다. 제1공화국 정부가 염원하며 실행하고자 했던 주(州) 정부의 자율권은 커피농장주들이 끊임없이 모든 것을 자신들의 이익에 종속시키려는 그러한 노력에 의해 설명될 수 있다.

커피농장주들은 정부의 정치적 통제와 관리에서 벗어나고자 하는 노력 외에도 구시대적인 메커니즘을 그대로 유지하려고 했는데, 그 대표적인 사례가 커피의 국제가격이 하락함에 따라 변동되는 환율을 통제하려는 것이었다. 이러한 평가절하와 함께 환율 방어를 위해 해외에서 차관이 도입되었으며 이는 지속적으로 외채를 증가하게 했지만 다른 한편으로는 공업이 전무한 국가에서 국제무역에 의존하는 전체 국민으로 구성된 거대한 수입계층으로 수출 부문의 손해가 이전되고 있었다.

훗날 이러한 과정은, 해외 차관을 통하여 주정부들이 재고를 소진하기 위해 수확량을 사들인 "가치화"(valorização) 정책과 함께 극단적으로 치닫게 되었는데, 1929년 대공황이 발생하면서 더 이상 해외 차관을 얻지 못하는 상황에 직면하자 새로운 정책이 도입되었다.

당시 연방정부는 구매자로서의 역할을 할 수밖에 없었다. 커피 재고가 미처 판매할 수 없을 정도로 엄청나게 늘어나자 정부는 국제가격을 안정시키고자 커피를 사들여 불태우기까지 했다. 커피농업 보조정책으로 인한 손해를 전체 국민에게 이전하여 발생하는 사회적인 문제 외에도 이러한 정책은 그 결과 커피재배의 지속적인 확대를 가져와 문제는 더욱더 심각해질 수밖에 없었다. 이와 함께 다른 나라들이 커피 가격을 안정시키려고 커피농업에 대한 간접적인 보조금 정책을 시행했으며 이 때문에 브라질 커피는 단일작물로서의 가치를 상실할 수밖에 없었다.

공공적자 가속화를 방지하고 수확량 구매비용과 재정적자를 보전하려고 행한 추가 화폐발행은 엄청난 인플레 압력을 불러일으켰으며 그 때문에 브라질은 항구적인 재정위기를 겪는 국가로 전락할 수밖에 없었다. 하지만 그 어떠한 세력도 유일한 임금노동 원천이요 유일한 자본집약 산업인 커피농업을 포기하게 할지도 모르는 경기침체를 겪으면 더욱 심각한 위기를 가져올 수도 있는, 커피농장주들의 헤게모니적 이익에 반대할 수 없었다.

왕정체제와 공화주의 시대의 막강한 정치세력으로서 커피농장주들의 소수과두지배체제는 브라질 사회의 가장 심각한 변화를 불러온 책임이 있다. 그 대표적인 것은 국내수익 점유에 대한 지속적인 정쟁(政爭)과, 도시에서 확대된 빈곤계층에 대한 것만큼이나 흑인 노예 또는 해방된 노예 그리고 까이삐라 민중에 대한 뿌리 깊은 차별 등이다. 이러한 정쟁과 차별을 통해, 노예해방만큼 국민 기초교육 의무를 국가가 보장하고 또 농촌 노동자의 노조결성 및 파업의 권리를 확대하는 문제에 있어 브라질이 다른 라틴아메리카 국가들과 또 비슷한 수준의 개발도상국과 관련해 너무나도 뒤처진 이유를 설명할 수 있을 것이다.

거의 모든 라틴아메리카 국가에서 시민권 행사를 강화하면서 국민의 문화적 수준을 높이기 위한 민족적 노력을 과시해준 독립과 공화정 체제는 유독 브라질에서만 그러지 못했다. 대중교육에 대한 무관심과 국민의 건강 및 복지에 대한 낮은 관심은 농장주들의 귀족주의와 식민지 시대에서 독립 후까지 그리고 왕정체제에서 공화정 시대에 이르기까지 여전히 동일한 지배계층이 주도한 소리 없는 계승에 의한 것이었다. 지도력의 쇄신은 기대할 수 없었으며 다만 동일한 소수과두지배체제 귀족주의에서의 단순 이동으로 구체제의 질서가 그대로 유지되고 있었을 뿐이다.

이러한 상황에서 정치에 있어 전체 국민의 민주적 참여는 자신들의 이익에 영향을 미치는 문제를 통제하려 벌이는 정쟁에서 소수과두지배체제의 압력 집단 때문에 제한을 받을 수밖에 없었다.

농장주들의 공화정 체제 안에서 국민복지와 정의, 토지에 대한 접근성, 교육과 노동자의 권리 등의 문제는 민주주의와 자유 그리고 평등의 문제만큼이나 많이 논의되었지만 이는 수사적인 문제였을 뿐이다. 정부기구는 부자들의 권력과 그들의 부를 더 공고히 하기 위해서만 운용되었을 뿐이다. 미국과 비교해 그러한 정치의 사회적 결과가 너무나도 지체되었기에 지배계급 내에서는 국민 자체, 혼혈인과 흑인의 상황이 국가적 지체를 설명할 수도 있다는 솔직한 불만이 제기되고 있었다. 그 결과, 경제적 동기에다 "인종 개선"을 목적으로 한 국민 재생산의 질에 있어 유럽 백인들을 유인할 목적으로 막대한 공공 투자를 실현하려는 이념적 자극이 더해지게 되었다.

커피경제 확대는 공간적으로 수백만의 인구를 포용하며 히우 지 자네이루 해안에서 서쪽으로 그 지평을 넓혀, 커피농장은 히우 지 자네이루 주 산림지역에서부터 이스삐리뚜 싼뚜 주, 그리고 미나스 제라이스 주 남부 그리고 싸웅 빠울루 주까지 퍼졌으며, 이후에는 빠라나 주 북서부와 마뚜 그로수 두 술 주 그리고 혼도니아 주까지 확대되었다.

커피농장의 이러한 공간적인 확대는 문명의 혜택이 침투하지 못한 호전적인 원주민 인디오들이 차지하고 있던 미나스 제라이스 주와 이스삐리뚜 싼뚜 주(1910) 그리고 싸웅 빠울루 주(1911)의 밀림지역까지 커피재배가 이루어지는 결과를 낳게 되었다. 이들 지역에는 커피농업을 위해 항구까지 연결되는 철도와 도로가 건설되었으며, 해외 무역을 위한 체계가 만들어지고 또한 마을과 도시가 급속하게 형성되어, 브라질 국내에서 가장 인구가 밀집한 지역과 가장 광범위한 경제 지역을 만들게 되었다.

커피재배를 위해 광범위한 처녀림(處女林) 지역이 마구잡이로 개간되고, 기업인들은 후에 부담을 지울지도 모르는 농업 방식에 대한 어떠한 고려도 없이 커피나무를 심으면서 농업을 거의 단순 추출산업으로 변형시키는 원시적 형태의 기술주의로 토지를 마모, 사용했다. 그리하여 다만 비옥한 토양이 있는 지역에서만 실질적으로 커피농업이 항구적인 영농으로 고착화되었고 나머지 지역에서는 오히려 토양 악화만을 가속화했다. 커피재배는 보통, 서리나 한발로 그리고 토양 악화 때문에 생산이 줄어들거나 생산이 거의 없게 되는 약 10여 년 혹은 그 이하를 주기로 순환적으로 지속된다.

그러한 채취 및 추출 과정을 통하여 커피농업은 항상 자본과 노동자 그리고 풍요를 앞세우지만 동시에 황폐화되고 쓸모없는 거대한 지역을 남겨두면서 운영되고 있었다. 그래서 커피를 더 이상 재배할 수 없는 지역에서는 커피나무 대신 목초를 재배, 번성시키려는 또 다른 소유주들에 의해서 목축업이 정착되기 시작했다. 하지만 목축업이라는 새로운 경제는 노동력을 확보하기가 쉽지 않았으며, 사회적 비용이 많이 드는 철도를 이용해 밀림을 횡단하는 것도 불가능했고 또한 목축업을 통한 새로운 도시망 건설에도 실패하고 말았다. 그래서 이 지역 대부분은 쇠락의 길로 접어들어 거의 죽은 도시의 모습을 보여주고 또한 빈곤 사회를 대변하게 되었다. 이 지역 중 일부에서는 새로운 영농작물, 즉 사탕수수와 사탕수수에서 추출되는 알코올을 생산하는 지역으로 변모했으며, 빠라나 주에서는 밀과 콩으로 주력 생산물이 대체되었다. 이러한 주력 생산물 대체는 곧 또 다른 단일작물 재배를 위해 백만 명 이상의 노동자를 조달했던 번영하고 풍요로웠던 농촌지역의 쇠퇴라는 비용을 낳고 말았다.

토지의 마모와 황폐화에 따른 사회적 비용은 우선, 밀림을 개간하고 커피나무를 심는 데 동일한 지역에 고용될 수 있는 노동자 수를 비교하고 또한 연간 수확량이 점차 감소하는 문제 그리고 토지 황폐화 때문에 목축업으로 전환되는 문제를 살펴봄으로써 충분히 가늠해볼 수 있다. 100명의 노동자가 투입되어 30의 커피 수확을 이루고 목축업으로 전환되어 1의 결과만을 얻게 되는 그 비율은 수백만의 노동자가 투입되어 인간적인 황폐함의 결과를 낳게 되어 결국 도시의 파괴와 철도의 적자 그리고 상업의 파산이라는 막대한 손해를 입고 말았다.

싸웅 빠울루 주 북동부 지역이나 빠라나 주 일부 지역과 같이 가장 빈곤한 지역에서는 밀림의 개간과 커피재배로 막 생겨난 도시들이 채 성장하기도 전에 죽은 도시로 변모하여 이곳의 성당과 주택들이 공사가 채 마무리되지도 않은 채 방치되었으며, 상업 또한 몰락하여 거의 모든 주민이 가난과 기아에 내몰리고 말았다.

빠라나 주 북부의 론드리나(Londrina)시 인근 지역에서는 커피농업이 유망한 산업으로 등장했는데, 그 이유는 이 지역 토양이 커피재배에 탁월했으며 또한 이 지역이 라티푼디오라는 대토지소유제를 통한 식민화가 이루어지지 않았기 때문이었다. 이 지역은 소규모 소유체제 형태로 영국 기업들이 지배해 자신들의 땅을 지키려는 주민들이 직접 소유자가 되어 커피를 재배하고자 했다. 그 결과 이 지역 사회는, 주민들의 삶의 질에서뿐만 아니라, 도시와 사업의 성장 그리고 정치적 자율성에 있어서 빠라나 주와 싸웅 빠울루 주의 구체제적 소수과두지배체제와 라티푼디오 체제의 커피재배 지역과는 정반대로 확연한 차이를 보여주게 되었다.

한편 싸웅 빠울루 지역에서는 브라질 다른 지역에서 발생하지 않던 상황이 나타났는데 그것은 다름 아닌 이방인, 즉 외국 이민자가 대거 밀려들어 원래의 주민보다도 그 수가 크게 앞섰다는 것이다. 1950년에 특히 이탈리아인과 그 후손들은 원래의 빠울리스따보다 많았는데 이러한 외래 인구 폭발은 곧 주민의 생활과 관습에서 유럽화가 이루어졌음을 의미한다.

브라질 모더니즘의 시작으로 알려진 1922년의 “현대예술주간”(Semana de Arte Moderna) 행사도 이러한 유럽화의 물결이요, 유럽중심주의의 가장 실험적인 형태로 예술과 문화를 표출한 것으로 볼 수 있다. 이러한 외국의 이민자들이 모두 철저하게 브라질화되었다는 것은 다행한 일이지만, 하지만 자신의 선조들이 타고 온 이민선 깊숙한 곳에서 벗어나지 못하고 있는 일부 무국적자적인 사람들이 여전히 남아있다. 그들은 자신들의 원래 조국을 잃어버렸으며 오로지 자신들의 안식의 거처를 찾고자 하며, 돈을 벌 수 있는 이익의 행위에만 모든 약속을 걸고 있다. 그들은 또한 독립을 이룬 이 거대한 브라질이라는 나라가 어떻게 그 힘들고 고통스러운 과업을 달성했는지에 대해서도 관심조차 없는 것 같다. 어쩌면 아르헨티나인들이 외국의 이민자들에게 행한 것처럼, 이 브라질 이민자들은 브라질 북동부 노동자들과 그들이 바이아인(baianos, 역자 주: 북동부 바이아 주 사람)이라고 불렀던 싸웅 빠울루의 까이삐라인들을 아주 경멸하며 바라보기에 이르렀다.

싸웅 빠울루 출신의 한 거물 정치인이, 싸웅 빠울루가 문맹률이 높고 또 발전되지 못한 이유는 바로 이 지역에 바이아인이 많기 때문이며 그래서 이들에게 자기 고향으로 돌아갈 여비를 주어야 한다고 말한 적이 있다. 하지만 다행히도 싸웅 빠울루의 바이아인은 소수에 불과하다.

06 남부 브라질: 가우슈, 마뚜뚜 그리고 그링구

(Brasis Sulinos: Gaúchos, Matutos e Gringos)

이 인디오들은 모두 가우슈들이다.

가우슈라고 언급됨.

옛 싸웅 빠울루 인들의 확장은 전에 스페인이 지배했던 남부 지역까지 점령하여 이를 브라질 영토로 편입시켰지만, 이 지역과의 교류를 통하여 싸웅 빠울루 인의 구성인자로 볼 수 없는 매우 복잡하고 또 단일한 문화를 이 지역에 자리 잡게 했다. 경제-사회적 차이가 있음에도 공통의 문화적 토대를 보여주는 광업지역과 까이삐라 자연 경제 지역 그리고 커피농업이 활발했던 지역과 같이 싸웅 빠울루 인들에 의해 만들어진 이들 지역과는 달리, 남부 지역에서는 그들 지역의 형태에 포함할 수 없고 또한 동질의 문화 지역으로 취급할 수도 없는 매우 차별적이고 다양한 삶의 양식이 나타났다.

브라질의 다른 지역과 비교해볼 때 남부 브라질의 기본적인 특징은 문화적 이종성(異種性)이라고 말할 수 있다. 이 지역 3개 주요 구성요인의 국민적 삶에 대한 참여와 존재 방식은 그들끼리도 아주 판이하게 다를 뿐 아니라 브라질의 다른 지역과 비교해도 매우 다르다. 이 3개 주요 구성인자는, 첫째, 빠라나 주에서 남부에 이르는 해안지역을 차지한 포르투갈 아쏘리스 출신의 마뚜뚜(matuto) 농민들과, 둘째, 쁘라따 강 경계의 초원지대와 싼따 까따리나 주와 빠라나 주의 광대한 목초지대의 가우슈(gaúcho) 그리고 마지막으로 빠라나 주와 싼따 까따리나 주 지역 중부지대에서 하나의 섬을 형성하는 일반적으로 유럽이민자의 후손을 지칭하는 그링구(gringo)이다.

이들 3개 구성인자의 공존과 교류는 서로의 외모와 관습에 영향을 주면서 동질화 측면에서 활발하게 이루어져 왔지만, 이들 각각의 문화적 유산 그리고 무엇보다도 마뚜뚜들의 고전적인 재배방식과 가우슈들의 목축업 그리고 그링구들의 집중화된 소규모 토지방식과 같은 농업방식 체계의 차이는 서로를 분명 다르게 만들었다. 그리고 산업화와 도시화에서 연유하는 현대화의 동질적인 결과 앞에서도 이 3개 구성인자는 자신들만의 방식으로 그리고 생산과 삶의 새로운 형태의 통합에도 보편적인 민족공동체의 참여방식과는 다른 스타일로 반응했다.

남부 브라질은 현재의 가우슈 지역 내에서 그리스도-과라니띠까 공화국의 사상을 꽃피운 스페인 예수회 선교사들에 의해 문명의 혜택을 받으며 등장했다. 이 선교사들이 포르투갈이나 스페인의 문명에 대해 양자택일적인 자신들의 목적을 이루려 시도한 것은 확실하지만 성공이든 실패든 문명화의 대리인으로서 활약하면서 선교사들은 그러한 대안을 견고하게 만들었다.

예수회 선교사들은 새로운 인간 존재 형태를 효율적으로 실천할 수 있게 하고자 선교마을이라는 공동체적이며 유토피아적인 모델을 창조하려 했다. 비록 이교도적인 생각에도 불구하고 그들이 창조한 사회구조 모델은 원주민 인디오들 앞에서 고결한 사회적 책임을 지려는 의미가 있었다. 인디오를 중상주의적 생산체제에서 소모되는 에너지 요소로 취급했던 식민-노예적 지배 체제와는 반대로 예수회 모델은 인디오들에게 스스로를 위해 존재하는 공동체 내에서 자신들의 존재가치를 확보하게 해주었으며 이는 곧 근본적으로 자신들의 생존과 발전에 직결된다는 것을 인식시켜주었다.

하지만 기대하지 않았던 두 가지 서로 다른 특징이 만든 결과가 있는데, 그 하나는 탈종족적 효율성으로 이는 수천 명의 인디오를 짧은 시간에 예수회 선교구로 유인하게 만들었으며, 또 다른 하나는 지역 및 외부 시장에 대한 물품 생산에서의 경제적 효율성에 바탕을 두고 선교구를 활발한 상업교류의 장으로 유지했다는 것이다.

문화적으로 단일하며 그리고 훈련받은 노동에 동원된 탈문화된 대규모 인디오의 선교구 집중은, 선교구를 쉽게 포획할 수 있는 인디오 보관소로 보았던 싸웅 빠울루의 인디오 사냥꾼 마멜루꾸 혼혈인의 공포에서 벗어나는 효과가 있었다. 초기 선교구들은 인디오 구도자(求道者)를 노예화하고 또 그들을 북동부 사탕수수 농장에 매매함으로써 없어지기도 했으며, 또 새로 생겨난 선교구들이 지닌, 식민화 목적보다는 상업적 성격에 걸맞는 특징은 현지 식민사회뿐 아니라 포르투갈 식민본국의 시기와 불만을 불러 예수회 선교사가 로마 교황청에서 파문되는 상황을 맞이하기도 했다. 그 결과 과거의 선교구를 새로 소유하게 된 농장주들에 의해 인디오들이 노예로 들어가게 되었다. 예수회 선교구는 남부 브라질 형성에 두 가지 측면에서 기여했는데, 첫째는, 수출 가능한 노예 창고 역할을 하며 이들과 목축업 경제에 노동력을 제공한 초기 가우슈라는 현지의 하층 계층을 형성했으며, 둘째로, 브라질 사람들이 선교구 소속 가축과 땅을 강제점유하고 또 그곳에 살던 사람들을 강제동화시켰다는 점이다.

남부 브라질 형성의 근본적인 동력은 그러나 식민 초기 일찍이 쁘라따 강 지역까지 헤게모니를 장악하려는 의도로 진행된 포르투갈의 식민 사업이었으며, 그래서 이러한 목적에 따라서 오지개척단 반데이란찌에 의해 시작된 인디오 노예화 작전은 브라질 내에서 첫 번째 상업적 사이클을 설정하게 된 것이고, 이러한 의도는 이후에 쁘라따 강 인근 지역에 싸끄라멘뚜 식민지(Colônia do Sacramento)를 건설하면서 구체화되었다.

하지만 이후에, 주로 스페인 지배 지역 식민자들에 의해 이루어진 가죽과 유지(油脂)를 수출하는 목축업이 남부 사람들을 스페인 영향력 아래 끌어들이게 되자 포르투갈 왕실의 남부 식민 계획은 경제적 실효성이 없어 심각하게 위협을 받게 되었다. 그렇지만 이러한 위협은 광업이 활성화되기 시작한 미나스 제라이스 주 지역 등에 필요한 막대한 운송용 및 승용 말과 소, 노새 등을 공급하는 새로운 시장이 형성되면서 극복될 수 있었다.

17세기의 인디오 노예와 18세기의 가축은, 아무리 멀고 험한 시장이라도 그들 스스로 운송될 수 있는 상업 물품으로서 브라질 남부 지역을 북부와 중부 지역과 연결해주는 훌륭한 경제적 매개체였다.

광물 자원 고갈과 광업지역 쇠퇴는 브라질 다른 지역과 새로운 경제적 관련 방식이나 새로운 경제 산물이 나타나지 않는 한 남부 브라질을 몰락시키거나 경제 후퇴 지역으로 전락시킬 수 있었다. 이러한 상황에서 효용성 있는 새로운 경제 산물인 육포(肉脯) 제조 기술이 북부 쎄아라(Ceará) 주민들에 의해 도입되었는데, 이는 남부 가우슈 산 가축 가격을 상승시켰을 뿐 아니라 북동부와 아마존 지역, 그리고 훗날에는 안틸랴스 지역의 시장까지 연결할 매개체로 주목을 받게 되었다.

브라질 남부 지역의 경제적 통합은 이처럼 인근의 스페인 식민지 지역보다도 브라질 지역에 더욱더 연결되는 상업적 유대관계가 만들어지면서 실현되었다. 이러한 유대관계는 그러나 유대를 넘어 단일화라는 원동력을 성취하지 않았다면 진정한 통합을 보장하기에는 충분치 않았을 것이다. 이러한 원동력으로는 싸끄라멘뚜 식민지를 유지함으로써 또 아쏘리스 섬 출신 이민자들과 함께 이 지역 식민화를 위한 강력한 노력을 함으로써 그리고 스페인과 포르투갈 간 경계선을 확정하려는 오랜 외교적 협상에 의해 쁘라따 강 지역 헤게모니를 장악하려는 포르투갈의 강력한 정치력이 돋보인다.

이외에도 남부 지역의 경제적 통합은 이 지역에서 국경을 마주한 스페인 아메리카 사람들의 위상과 대비해 포르투갈-브라질 사람들의 위상을 높이고 그들의 인종적 정체성을 통합하는 데 기여했다. 이러한 정체성은, 자신들의 식민 본국의 헤게모니 경쟁과 관련되어 있다.

그러한 통합적인 원동력에도 불구하고 남부 브라질 지역을 브라질에 구속하는 데는 한 번 더 무력을 사용해야 했다. 사람이 살지 않는 광범위한 국경지역 중 유일하게 사람이 살만한 이곳에서 포르투갈인들과 스페인인들은 오랜 세월에 걸쳐 주기적으로 침입과 습격을 반복하면서 극심한 긴장 상태를 유지하고 있었으며, 이러한 갈등 속에서 브라질은 여러 차례 씨스쁠라띠나(Cisplatina, 역자 주: 쁘라따 강 인근 지역으로 오늘날의 우루과이 영토에 해당) 지역에서 벌어진 전쟁에 연루되어야 했는데, 그 동기는 무엇보다도 영토 확장 열망에서 그리고 국경의 차별화와 단일화 그리고 확정 과정에서 대치하는 민족성의 총체에서 비롯된 것이었다.

중앙정부는 다른 지역의 봉기보다도 훨씬 더 활기 있고 조직화되어 이 지역의 자율을 염원하는 봉기를 무력을 앞세워 무너뜨려야 했다. 그러한 자율을 주장하며 분리주의 경향을 공고히 하려는, 중앙권력과의 단절로 이끌기 위해 파괴적 긴장을 기도하려는 포기할 수 없는 이익을 가진 광대하고도 먼 지역이 존재한다는 사실, 여기에 브라질에서 분리되어 살고 또 몬테비데오나 부에노스 아이레스처럼 문화적으로 발전된 중심도시의 지적이며 정치적인 영향력에 예속된 상황이 더해졌다. 이러한 상황에서, 때로는 남부지역이 연방 국가의 일부로서보다는 자율적인 나라로서 더 강력한 잠재력을 실현할 것이라는 생각에 고취되거나 또 어떤 때는 노예해방주의자와 공화주의 주창자들처럼 이상적인 정치가들에 의해 고취되어 독립에 대한 염원이 나타나기에 이르렀다.

남부 브라질의 국경 상황은, 군대 대부분을 이곳에 집중시키고, 한편으로 가우슈의 과거 투쟁을 지속시키고 그 기능을 유지하면서 다른 한편으로는 히우 그란지 두 술 주에 경제적인 중요성에 비해 더 큰 권력을 양도하려는 중앙 권력의 의지가 돋보였다.

역설적으로, 독립 이후 시작된 중부 유럽지역 이민자의 대규모 유입 또한 남부 브라질의 브라질화(化)에 중요한 역할을 했을 것으로 보인다. 브라질의 남부 국경과 주요 인구중심지 사이에 정착한 이 유럽이민자들은 이 지역 경제를 활성화하여 남부 경제를 현대화하고 또 다른 지역과 더 나은 새로운 형태로 교류할 능력을 갖추는 데 기여했다. 브라질적인 정체성을 갖게 된 이들 외부 이민자 없이 그리고 가우슈화되어간 더 평화적이며 근면한 이들의 위상이 없이는 남부 브라질 사람들이 브라질의 맥락 내로 편입하는 것은 매우 어려웠을지 모른다. 이들의 브라질 사회로의 편입은 브라질 민중과 동일한 구성인자로 그리고 동일한 민족적 차원으로 공통의 운명을 살아가게끔 만들어진 것이다.

* * *

브라질의 가우슈들은 쁘라따 강 인근의 다른 가우슈들과 역사적으로 그 형성 체계가 유사하다. 그들은 스페인과 포르투갈 남성과 과라니족 인디오 여성과의 혼혈이라는 종족적 변형에서 출발했는데, 이들은 쁘라따 강을 두고 양쪽의 자연 초원지역에서 크게 늘어나는, 밀림에서 자생하는 야생 가축을 목축하는 데 전문적으로 임하고 있었다. 이들 가우슈의 주요 구성인자는 무엇보다도 따뻬스(Tapes) 지역에 존재했던 과라니족 인디오나 예수회 선교사들에 의해 포교된 다른 인디오 종족, 그리고 후에는 스페인과 포르투갈 백인들과 혼혈되어 형성된 사람들이었다. 또 다른 구성인자는 가축들과 함께 아르헨티나 초원지대로 진출한 아순씨온 지역 파라과이 신과라니족 인디오들이 주축이 된 사람들이며, 또 다른 구성인자는 쁘라따 강 싸끄라멘뚜 식민지(Colônia do Sacramento, 1680)에 정착한 포르투갈 백인들의 후손이었다.

17세기 싸웅 빠울루 오지개척단의 파괴적 공격과 그리고 무엇보다도 1759년 예수회 선교사 축출 이후 이 지역에 진출한 초기 가우슈들은, 이 지역을 강제정복하려는 스페인과 포르투갈의 공격을 피해 이주한 사람들이었지만 결국 노동력 강제동원을 통하여 막 태동한 민족사회의 원세포적 인구로 통합되었다. 그리고 나중에 들어온 가우슈들은 예수회가 포교한 인디오 중 나머지 생존자들이 쁘라따 강 하구 인근 지역에서 재결합하여 형성되었다.

쁘라따 강 동쪽 지역에서 그 수가 늘어난 가축들은 주로 예수회 선교사들이 들여온 것으로, 인디오들이 정기적으로 육류를 공급받으며 자신들의 주업인 사냥과 낚시와는 무관하게 농업 경작과 수공업에 헌신할 수 있도록 이들의 정착화 과정을 위한 수단 중 하나로 집약적인 형태로 추진되었다. 다른 지역에서 들여온 가축들과 함께 예수회가 가져온 가축은 포교된 인디오들뿐 아니라 쁘라따 강 인근 지역, 아르헨티나 그리고 후에는 빠울리스따와 포르투갈 백인들이 가축을 집합시키게 된 바까리아스 델 마르(Vacarias del Mar, 역자 주: 오늘날의 히우 그란지 두 술 주 북부에서 우루과이에 이르는 지역) 지역에서 가축들이 소멸되지 않는 근원을 만들게 되었다.

북미 초원지역 인디언이 그랬듯이 막대한 수의 가축이 그 지역에 살기 시작한 사람들에게 사냥되었다. 이들은 처음에 가축을 매우 어려운 사냥으로 여겼지만 점차 목축생활에 익숙해져 갔다. 그리하여 이 지역 인디오들은 말을 타고 다니게 되었고 또 육류를 먹게 되었다. 하지만 여전히 서로 적대시했으며 또한 예수회에 의해 포교된 과라니와 백인 그리고 혼혈인들과 충돌했다. 포교된 과라니족과 백인 그리고 혼혈인들은 식량을 얻으려는 가축 사냥꾼에서 가죽 밀매업자로 변하면서 최초의 가우슈 핵을 구성했으며 이때부터 많은 가죽을 이용하기 위해 가축을 살육하는 데 헌신했다.

가우슈 원형 구성의 요인은 다음과 같이 세 가지로 요약할 수 있는데 그 첫째는, 누구의 땅도 아닌 곳에 누구의 소유도 아닌 가축이 존재했다는 것이고, 둘째, 목축업에 상업적 전문성이 더해졌다는 것 그리고 셋째, 수입물품이 부족하여 가죽을 수입물품과 교환하기 위해 교환체제를 수립할 능력이 있는 혼혈인들의 유럽화가 그것이다.

바까리아스 델 마르 전 지역에 과라니어 지명이 사용되었다는 사실과 역사적 사료를 볼 때 이들 가우슈들은 스페인어보다도 과라니어를 더 잘 구사했으며 그리하여 언어적 측면에서, 식량을 조달하기 위해 자연에 적응하는 방법에 있어서, 연합 형태에서 그리고 자신들의 세계관에서 16~17세기의 빠울리스따와(Holanda, 1956: 108~118) 현대 파라과이인에 문화적으로 더 가까운 것으로 보인다.

과라니 근원은 가우슈 원 종족을 더욱 탁마하여, 그 수가 폭발적으로 늘어나고 또 다른 구성인을 "과라니화"하면서 식민화를 가속화하여 훗날 남부 인구의 기본적인 종족 근원이 되기에 이르렀다. 외부세력의 영향 아래 후에 이들은 아르헨티나, 우루과이, 파라과이 그리고 브라질이라는 신생 국가의 정체성으로 고착화되어 나뉘게 되었다.

원래 이들 가우슈들은 예수회의 선교활동이나 노예화에 의해 탈종족화된 인디오들과 주변화로 밀려난 백인과 인디오의 혼혈인 그리고 가난한 백인들의 집합에 개방적인 종족을 구성하면서 더 이상 인디오로만 여겨지지 않는 것처럼 스페인인도 포르투갈인도 아닌 것으로 생각되었다.

이들은 공통의 언어와 관습의 단일성만큼이나 목축활동에 의해 문화적으로 통일화된 오리지날 가우슈들이었다. 그들에게 공통적인 것은 씨마하웅(chimarrão, 역자 주: 마테차를 마시는 도구), 담배, 그물침대, 판초 등의 특이한 의복, 말채찍과 사냥용 채찍, 기름 램프와 모든 승마도구, 여기에 가축이 끄는 작은 마차, 양념으로 소금을 사용하며 독주(毒酒)를 마시고 비누를 사용하는 습관, 고기를 자르는 칼이나 화살촉, 박차와 말고삐, 음식물을 끓이는 도구와 같은 금속 도구 사용 등이 바로 그것이다.

이들 가우슈들의 브라질 인종으로의 편입은, 남부 목축활동에 참여하기 위한 빠울리스따와의 경쟁과 씨스쁠라띠나 지역의 지배권을 얻으려는 스페인과 포르투갈인과의 싸움 그리고 무엇보다도 금광지대에서 이용할 수송용 가축 공급시장으로 남부가 통합된 데서 기인한 훗날의 역사적 과정 때문이었다.

* * *

이 지역에 브라질이 최초로 침략한 것은 17세기 초 따뻬(Tape)족과 또 다른 예수회 선교구에 대한 빠울리스따들의 인디오 포획활동을 통해서였다. 그들은 애초 이 지역에 어떠한 지배를 시도하지는 않았으며, 다만 그 지역을 이해하고, 노예무역에 필요한 인디오를 모으고 도망친 노예들을 몰아내려고 진출했을 뿐이다. 그들의 뒤를 이어 포르투갈 백인들이 공식적인 식민화의 일환으로 이 지역에 진출하여 예수회에 의해 버려진 가축들이 자라는 꾸리찌바 평원을 지배하기 위해 싸웅 프란씨스꾸(1660)와 라구나(1676)를, 이후 쁘라따 강변에 싸끄라멘뚜 식민지(1680)를 설립했다. 포르투갈이 식민지배를 확대할 목적으로 설치한 이 정치 · 군사시설들은 무엇보다도 포르투갈로 하여금 바까리아스 델 마르 지역 밀림에서 자생하는 야생 가축의 가죽무역에 참여하도록 허용하여 경제적 효용을 제공함으로써 적의 영토에서 유지된 것이었다.

18세기 초 빠울리스따는 가축사육자로 정착하려고 꾸리찌바인과 함께 이 지역에 다시 돌아왔다. 그들은 소들을 집합시켜 적응하게 하고, 후에는 금광지대에 생긴 새로운 시장에 팔 말과 노새를 키울 목적이 있었다. 노새 생산은 아주 전문적이고 또 도망친 가축 수색활동과는 정반대되는 것이었다. 또한 광산지역의 예전 가우슈인 공급업자들이 진정한 사육업 중개인이 되는 것을 염두에 두었는데, 이 사육업의 업자들은 아르헨티나 지역의 꼬리엔찌스(Corrientes)와 싼따 페(Santa Fé)의 농장주들로서 뽀또시(Potosi) 은광(銀鑛)지대에서 쓰일 수송용 가축을 생산했던 전문성을 지닌 사람들이었다. 브라질보다 앞서 시작된 스페인령 지역 광물업이 쇠퇴하자 브라질 미나스 제라이스 지역에서는 운송용 노새 공급이라는 새로운 시장이 생겨났다. 다만 오랜 시간이 지난 후 히우 그란지 두 술 지역에서 운송용 노새 사육이 이어질 수 있었다.

싸웅 빠울루 지역 혼혈인 마멜루꾸들이 이해하는 과라니어를 말하고 만지오까와 옥수수, 호박을 기르며 뚜삐족 계열의 인디오들처럼 밀가루를 만들 줄 아는 모든 지역에서 도망친 가축들을 다루는 데 익숙한 사람이나 가우슈를 충원했는데 이들은 목부(牧夫)와 운송용 가축 조련사와 말과 노새 사육자로 일했다.

가축의 가죽뿐 아니라 모든 부분까지 그리고 광산지대로 운송되는 소떼와 함께 승마용 노새와 운송용 소를 다루는 힘든 작업을 목적으로

한 새로운 활동은 남부 지역에 신 브라질인들을 정착시켰으며 나아가 점진적으로 브라질 사회에 가우슈 구성요소를 통합했다.

역사 기록에는 여기서 제기되는 가설을 뒷받침하는 사실이 많지 않지만, 그러한 가설들은 브라질 가우슈 형성을 설명하는 데 필요한 흔적으로서 유효하다고 말할 수 있다. 가우슈들이 일부 스페인인의 동참과 함께 빠울리스따와 인디오들이 남부지역으로 단순히 이동했다는 사실로 설명될 수는 없다. 또한 과거 이곳 초원지역의 지배자였던 싸후아(Charrua)와 미우나누(Minuano)족의 문명을 위한 진보적인 성숙은 더욱 아니다. 전 농업문명의 인디오 종족들은 전염병에 희생되거나 자신의 영토에 침입한 백인들에 의해 포획되거나 하여 그 수가 점차 줄어들어 급기야는 종족 멸망까지 이르렀으며, 일부 여성만이 후에 가우슈인으로 편입된 혼혈인 자식을 생산했고 극히 소수의 남성은 노예의 운명을 겪게 되었다.

남부 지역을 침략하고 지배하려는 포르투갈 왕실의 지속적인 노력에 의해 통합은 계속되었는데, 이는 두 가지 과정, 즉 포르투갈인의 항구적인 중심을 구성하기 위해 특히 아쏘리스와 같은 포르투갈 섬에서 이주한 가족들을 해안지역에 정착시키거나 쓸모없어진 가축우리가 설치된 평야지역에 세즈마리아라는 토지분배제도를 실행함으로써 이루어졌다. 아쏘리스 섬에서 이주한 사람들에 더해 히우 지 자네이루와 싸웅빠울루 그리고 미나스 제라이스에서 충원된 포르투갈 군인들도 싸끄라멘뚜 식민지와 과거 쎄찌 뽀부스 다스 미쏭이스(Sete Povos das Missões)의 지역으로 보내졌다.

토지의 강제적인 법적 수용은 목축지역 가축우리 형태를 변형시키기 시작했으며 이곳에 소유주와 가축들을 정착시켰다. 비아마웅(Viamão)과 그란지 강(Rio Grande) 지역에서 시작된 세즈마리아에 의한 토지 분배는 후에 뻴로따스 강 평원지역으로 그리고 그 이후에는 한편으로 라구나 지역으로 다른 한편으로는 과거 예수회 선교구 지역까지 확대되었다. 이후에도 토지 점유는 계속되어 남쪽으로 이비꾸이(Ibicuí), 서쪽으로 꼬실랴 그란지(Coxilha Grande) 지역까지 확대되었다.

오랫동안 이 목장주인들의 활동은 밀림에서 자생하는 야생 가축을 자신의 초원에 모으거나 예전의 우리로 이동시켜 적응시키고 후에는 말이나 노새를 기르는 것이었다. 그들은 언제나 지평선을 바라보며 스페인인들의 공격에 대비했는데, 국경의 상당부분은 양쪽 국가보다도 양쪽의 목장과 가축에 늘 위협적인 지역이었다. 그래서 국경 양쪽의 목장주인은 카우디요(caudilho, 역자 주: 지방의 토호(土豪))가 되었으며, 이들은 자신들 휘하의 가우슈들과 함께 거주지 내에서 진지를 만들어 자신들의 가축을 지키며 때로는 다른 목장의 가축을 강탈하며 외부의 침입에 즉시 응대할 준비를 갖추었다.

수출용 가축 생산과 초원에서 무한대로 번식하는 야생 가축의 유입으로 마르지 않을 것 같았던 가축의 근원은 그러나 점차 감소하기 시작하여 국경 양편 목장주인들은 자신들의 우리에 가축을 정착시키려고 확정되지 않은 국경 경계를 놓고 잦은 충돌을 벌였다. 초기에 광업지역에서 이용할 운송용 가축 시장을 찾고 있던 빠울리스따들은 내륙 안으로 수백 레구아(légua,)를 들어갔다. 훗날 이 지역 일대에 18세기 말엽 육포가공업이 시작되면서 더욱 내륙으로 침투해 들어갔는데, 스페인령 쪽에서는 육포가 안틸랴스 제도 노예 식량이 되면서 주요 수출품목이 되었으며, 브라질 쪽에서는 미나스 제라이스 주 주민들에게 그리고 이후 나타난 상업재배와 북동부 지역 사탕수수 농장에 공급할 식량 때문에 그 가치가 더욱 커졌다.

가축이 목장에서 적응한 것은 또한 가우슈들로 하여금 목부(牧夫)로서 그리고 자신의 주인인 카우디요의 전사(戰士)로서 적응한 것과 그 궤적을 같이한다. 한편, 국경을 확정하려는 외교적 노력이 시작되면서 국경 인근 지역의 점진적인 평화화가 진행되어 브라질과 아르헨티나 사이에 있는 광대한 영토가 우루과이로 탄생하게 되었다. 또한 쁘라따 강 주변에서 격렬히 나타났던 민족 통일 투쟁과 외세와의 전쟁 시기 이후 브라질의 목장들은 상대적으로 평온한 국면에 접어들게 되었다.

당시 육포가공업 성장세는 가축 가치를 높임과 동시에 육우 산업을 활성화했으며 이와 함께 목축업이 위험하지 않고 더 합리적인 사업임을 입증시켜주었다. 하지만 육포 제조는 예전의 가우슈들은 잘 적응하지 못하는 엄격한 의무와 시간으로 통제되는 집중적인 노동 때문에 목축업과는 다른 새로운 활동 분야로 자리 잡았으며 여기에 노동력의 주된 원천으로 흑인 노예가 투입되었다.

노동자와 노예를 갖는 이 육포 제조시설의 공동체는 목축지역의 사회구조와 뚜렷하게 대비되면서 미래에 도살장과 냉장고를 통하여 새로운 목축활동의 거점 중심지로 확장되는 초기산업중심지를 구성하게 되었으며, 그 이후 카우디요-목장주가 통제하는 사회가 아니라, 밀매에 대처하고 목축지역에 기술혁신을 도입하면서 공식적으로 통제되는 더 복합적인 상업-산업 체제를 갖추게 되었다.

이러한 과정에서 목장주는 카우디요의 역할을 포기하고 단순히 가우슈 소유주로 변모하게 되었으며, 이들의 특권은 점차 줄어들고 이와 함께 육류와 마테차 소비도 줄어들게 되었다. 주인 없는 땅의 주인 없는 가축의 목부였던 과거 가우슈들과 소유주의 가축을 돌보는 목장 고용인인 새로운 가우슈의 격차는 점차 벌어지게 되었다. 하지만 민족 통일 투쟁으로 격화되는 목축지역 상황 변화 때문에 카우디요와 가우슈의 관계 양상도 크게 변하기 시작했다.

브라질 남부 가우슈들은 브라질인으로서 과거부터의 적인 스페인인들과 대치하고 있을 뿐 아니라 자신들의 문제에 관심을 두지 않는 포르투갈 왕실에 대해서도 적대감을 갖고 있어 이제 막 피기 시작한 브라질 정체성을 완전하게 갖추지는 못한 인종성을 나타내고 있었다. 이들의 국경분쟁과 식민 본국에 대항한 독립을 위한 투쟁은 오랜 세월에 걸쳐 목축지역에서 끊임없이 발생했으며, 초원지대와 가축을 둘러싼 새로운 부의 원천이 되는 지역에서 카우디요 간의 투쟁도, 중앙권력에 붙어있는 아쏘리스 출신의 상인과 농업경작자 카우디요 간의 투쟁도 그리고 식민 본국 지배에 반대하거나 공화정을 지지하거나 아니면 자신들의 열망에 부응할 수 있는 정부 형태를 옹호하는 서로 다른 세력 간의 투쟁도 가속화되어 갔다.

전쟁에 즉각 나갈 준비가 되어 있는 카우디요 목장주에 의해 통솔되면서 지휘부와 후발대로 나뉘어 있는 목축지역과 함께 이러한 투쟁 분위기가 지속되는 동안 군인이라기보다는 고용 농부인 가우슈들은 식량과 대우 면에서 일종의 특권을 유지했다. 목축지역과 평화로운 관계를 맺으며 철조망으로 둘러싸인 토지와 가축을 소유하며 새로이 정착한 가우슈는 단순한 고용 농부 역할을 맡게 되었으며, 여전히 목축활동에 대한 자부심으로 품격 있게 주인의 가축을 다루는 목부로 활약했지만 그러나 점차 빈곤해지고 또 임금도 줄어들어 더욱 초라한 생활을 이어갔다.

넓은 바지와 긴 장화, 넓은 모자와 햇빛 가리개를 쓰고, 가죽 허리띠에는 권총과 단검, 돈을 지니고 목에는 스카프를 두르고, 허리에는 긴 채찍을 매고 위세 당당하게 말을 탄 가우슈의 모습은 초원지역을 누비는 멋진 주인 그 자체였다. 목장의 오두막집은 안락하게 바뀌었으며, 창고는 목장의 자랑으로 마구(馬具)를 걸어놓는 갈고리 장식으로 치장했지만, 목부의 초가집은 점점 더 가난한 삶을 영위하는 그 모습 자체였다.

축산학의 발전과 목초의 개선, 종(種)의 재생산 도입은 가축의 질적 혁신을 가져와 더 유순하게 또 더 많은 것을 생산하게 되었으며 이와 함께 가축 수가 크게 늘어났고 양모(羊毛) 생산도 증가했다. 이에 따라 집중적으로 목축활동을 하기 위해 새로운 지역이 개발되었으며 또한 유전적 형질 개선을 위한 축사시설도 개량되었다.

지방호족인 토호, 카우디요와 이들의 전사(戰士)의 관계를 연상시키는 목장주와 가우슈 간의 개인적 관계는 여전히 문화적 차이가 있었는데, 그들은 다른 목축지역에서와 마찬가지로 때로는 말을 타고 야생의 가축을 사로잡기 위해 올가미를 던지는 사냥꾼으로서 서로의 기술을 경쟁하면서 단결하여 진정한 동거 관계를 유지하면서도 주인과 피고용자 관계로 주인이 존경받는 비대칭적인 관계에 있었다. 마테차 모임은 언제나 가우슈들의 사회적 동거의 범주 안이었으며 때때로 이 자리에 주인도 참석하여 지시를 내리거나 새로운 일거리를 나눠주곤 했다. 목장주는 자신이 거느린 목부인 가우슈들과 남성적인 주종관계를 유지하면서 일련의 관습을 유지했는데, 가우슈들은 목장주에게 마테차를 끓이거나 고기를 구워 슈하스꾸를 제공하거나 인근의 인디오 여성과의 은밀한 만남을 주선하곤 했는데 일부 가우슈는 이러한 행동을 일종의 음모나 아첨의 행위로 간주하곤 했다.

목장의 고용 목부는 목축지역에서 인간적으로 특권시 되었으며, 힘든 목축활동 노동력으로 동원되지 못하고 남은 사람들은 목장에서 점차 퇴거당했고 이들은 쓸모없는 땅에 모여들어 초원지역에는 무허가 오두막집이 많이 늘어났다. 그리하여 일부 가우슈는, 목장주들이 목장을 넓히거나 울타리를 설치하거나 가죽을 벗기는 시기에 필요한 인력을 충원할 때 동원될 예비노동력으로 바뀌었다. 이들은 보잘것없는 대가를 받고 짐꾼과 같은 힘든 노동을 하게 되었으며, 이들의 가족은 전염병이나 희귀병에 시달리며 극빈 상태에서 살아야 했다.

이들 가난한 가우슈 대부분은 동업 형태를 통하여 아직 목축지역으로 편입되지 않은 인근 지역 토지를 개간하는 농부로 변했으며, 이들은 도시 시골뜨기들이 상업시대 임금노동자들에 대치되는 것처럼 목장의 고용 목부에 대치되는 남부의 농촌 자유인들이었다. 이들은 또한 자신들에게 경작지를 제공하는 토지소유주들에게 종속되어 이들에게 개인적이고 정치적인 충성을 하는 것 외에도 수확의 절반이나 1/3을 냈으며, 국가와 정부를 주인으로 이해하고 또한 국민군대와 대표 및 감시의 체제로 자신의 봉사를 기꺼이 수행해야 하는 전지전능한 존재로 보고 있었다.

농장 포기로 토지 점유망이 와해될 때 이 길 잃은 민중은, 한편 경찰력이 동원되어 자신들의 문제를 해결해줄 때까지 버려진 땅을 점유하는 행동을 보이기도 했다. 이러한 상황에서 목장의 가우슈나 동업자 가우슈들은 시민으로서 자율적인 행위를 할 최소한의 조건을 갖질 못했으며, 더욱더 어려운 상황에 처할지도 모른다는 위협에 직면해 자신들을 보호해주는 주인과의 관계를 잃어버리는 것을 두려워하는 종속의 처지에 놓여있었다. 이들은 마을 인근 선술집에서 마테차와 술을 마시고, 언제나 켜져 있는 라디오를 들으며 새로운 소식에 대해 이야기하고 매일매일 먹을 것을 걱정하는 빈곤 속에서 비인간적인 생활을 영위하고 있었다. 그들은 침착하고 진지하게 정치와 정치가에 대해 논하며 농지개혁에 대해서도 목소리를 높였다. 이제 그곳에서는 더 이상 웃고 춤추며 즐거워하는 목장의 축제는 없었으며, 또한 여러 가지 악기에 맞춰 흥겹게 노래 부르고 고기를 굽는 풍경은 볼 수 없었다. 그리하여 이 가난한 공동체에서는 새로운 가우슈로서의 자신들의 운명에 대한 인식이 확고해지며 또한 아직은 구체화되지 않은 반란과 폭동의 기운이 들끓기 시작했다.

북동부지방 목축 오지 지역에서 그랬듯이, 마을이 사람들 양성소이듯이 남부지방 목장들도 가축 양목장(養牧場)이었다. 이 마을 사람들은 주로 힘든 목축 일에서 쓸모없어진 노인들과 이제 막 힘든 노동일을 시작하는 헐벗고 영양결핍인 어린이들로 구성되었다. 젊고 건강한 사람 대부분은 더 나은 환경을 위해 다른 농촌지역이나 도시로 이주했으며, 그리하여 히우 그란지 두 술 주는 산업화가 진행되지 않은 채 도시화의 과정을 겪었고, 이곳 크고 작은 도시에는 헐벗고 가난한 민중과 걸인 그리고 매춘부로 들끓게 되었다. 같은 이유로 이웃 주(州)들의 농촌지역과 마뚜 그로쑤 주 남부 초원에도 거주민이 정착했다. 이 광대한 지역에서 가우슈의 영향은 마테차의 풍습과 슈하스꾸(churrasco, 역자 주: 고기를 덩어리로 잘라 꼬챙이에 끼워 숯불에 구워먹는 요리법)에 대한 기호 그리고 국경지방의 뒤섞인 언어 등에서 볼 수 있다.

최근 거대한 국내시장의 출현과 함께 남부지역은 생태적, 기후적 조건에 적합한 비열대 농산물 생산이 전문화되고 있어, 현대기술과 기계화의 도움으로 예전에 목축활동이 활발했던 구릉지역에서 대규모로 밀과 쌀 그리고 수출용 대두를 재배하게 되었다. 드물게도 이러한 생산활동의 반전은 목축 라티푼디오에 의해 진행되었는데, 일반적으로 이 대토지소유자들은 일부의 땅을 농업 활동에 임대하고 나머지 땅은 전통적인 목축활동에 전념했다.

동업 형태로 1/2 또는 1/3의 수익을 제공하는 전통적인 체제 대신에 기업인에 의해 현금으로 지급되는 임대체제가 도입되었는데, 이들 기업인은 공공 및 사적 금융에 근거하여 보다 확대된 상업적 목적을 가진 도시인들이었다. 이들의 이러한 선구적 활동과 임차인의 도시 유출은 체제의 심각한 변형을 가져오고 있었다. 그러한 변형은 무엇보다도 토지제도를 재고하는 데 또는 적어도 유기적으로 농촌 인구를 더 풍요로운 경제에 통합시킬 방법으로 노동관계를 현대화하는 데 기여해야 하는 계층의 무능력함 때문이었다. 더 현대적인 기계와 영농기술을 이용한 그들은 가우슈들을 농업경제의 더 생산적인 부문에 잘 통합하기보다는 가우슈들의 주변화에 더 기여했다.

생산품 가격상승 주요 요인 중 하나인 높은 임대료는 과거 라티푼디오 계층에 의한 토지 독점 때문이었다. 큰 부담을 지면서 이 소유주들은, 안락한 주택을 건설하고 목장을 개선하면서 농촌의 현대화를 이끌었다. 다른 한편으로 기계화와 하부구조 지원, 관개 그리고 비료 등에 있어서 대규모 경작체제에 드는 막대한 경비는 남부지역의 밀밭과 논을 지속적으로 확대하는 데 주요한 장애 중 하나로 기록되었다. 게다가 이 작물들과 다른 작물과의 조합이나 계속되는 재배 또한 생산비를 부담하고 토지를 희생해야 한다는 이유로 방해를 받았다.

하지만 같은 조건에서도 이러한 활동은 특히 수확기에 새로운 노동기회를, 그리고 일부의 농촌 대중에게는 더 나은 보상 조건을 제공했다. 가장 중요한 사회적 결과는 지금까지는 극히 제한적이었던 소유주와 가우슈 간 중간계층의 확대와 함께 남부 농업사회의 다변화일 것이며, 이 중간계층은 다름 아닌 영농기계화와 수확 그리고 상업화에 따른 일을 담당하게 하려고 충원된 반 전문가적 노동자들이다. 그러나 기계화가 진행되는 그 자체는 고용 가능성을 낮추는 것으로 작용했는데, 토지독점과 관련되어 목축활동에 또한 새로운 영농경제에 필요한 노동력을 넘는 남아도는 농촌 인구 대부분을 주변화하는 데 기여했다.

* * *

남부 브라질의 또 다른 역사-문화적 모습은 18세기 포르투갈 정부에 의해 아쏘리스 제도에서 이주한 사람들에 의해 형성된 것이었다. 이러한 식민화의 목적은 스페인 정부와 직면한 지역의 점유를 정당화하기 위해 그리고 또한 국경에서 벌어지고 있는 전쟁의 배후로 운용하기 위해 항구적인 포르투갈 지배의 핵을 건설하는 것이었다. 이 아쏘리스 사람들은 당시로서는 아주 특별한 특전, 즉 가족당 일정 토지를 양도받기로 약속받고 가족들과 함께 브라질 남부 지역으로 이주했다. 정착과 동시에 이들은 또한 식량과 칼, 무기, 노동 도구, 재배용 씨앗, 암소 두 마리와 노새 한 마리 등을 받기로 되어 있었는데, 원래 아쏘리스 섬에서는 가난했던 이들에게 이러한 선물은 풍요를 보장해주는 것이었을 것이다. 이들 중 일부는 해안지대와 구아이바 강 주변 지역 그리고 또 다른 일부는 싼따 까따리나 주 해안지역에 정착했다.

아쏘리스 사람들의 식민화는 경제적인 측면에서는 필연적인 실패였다. 미지의 땅에서의 영농활동에 아무런 준비도 없이 황량한 해안지대에서 고립되어 소규모로 정착한 이들은 자신들의 수확물을 소비할 시장이 없었기 때문에 식량을 조달하는 경작활동에 전념했는데, 백인들이 노예제도를 이끌기 위해 '주인'의 위상을 보여주었던 땅에서 이들은 경작인으로 불려온 것이다. 하지만 이들은 자신들의 운명에 헌신하며 싼따 까따리나 주 해안에 널리 퍼져있던, 브라질 원세포인으로 구성된 사람들과의 동거를 통하여 이 지역에서 토지를 일구었다.

마뚜뚜(matuto)로 불린 이들은, 원래의 아쏘리스인으로서보다는 인디오적 생활양식에 더 적응하여 화전(火田)을 통해 땅을 경작하고, 만지오까와 옥수수, 콩과 호박을 경작하여 식량으로 삼았으며, 까이삐라인과 같이 옷감이나 끈으로 짠 어망 그리고 노동 도구 등을 만들었다.

그러나 일부 아쏘리스인은 까이삐라인으로서 살아가는 것을 거부하며 밀과 같은 곡물 생산에 주력하거나 목축지역에 식량을 밀매하는 범죄인 상인으로서의 역할을 했다. 그리하여 이 지역에 생겨난 작은 마을들에서는 상업활동이 시작되었으며 이와 함께 이들 작은 마을로 하여금 지역 경제체제 내로 통합되게 했다.

신 브라질 문화에 대한 이들의 기여는 크지 않았다. 왜냐하면 이들은 여전히 포르투갈 전통유산의 흔적에 젖어있었기 때문이다. 하지만 지역 문화에 대한 이들의 영향과 사회적 역할은 이 지역의 문화적 브라질화와 언어적으로 포르투갈어화, 특히 포르투갈 왕실에 대한 충성 확립, 그리고 후에 지방 호족 카우디요에게 충성하지 않고 독립적인 지역과 스페인과의 국경지역에서의 제국주의적 권위 확립에는 결정적으로 작용했다.

이 지역이 국경분쟁으로 땅과 가축을 놓고 경쟁하던 카우디요들의 싸움으로 그리고 제국중심주의에 반대하여 공화주의를 제창하던 자유주의자들의 싸움으로 요동칠 때 마뚜뚜 민중은 중요한 역할을 했다. 이들은 평화적이며 정주적(定住的)인 농촌 생활을 위해 목축지역 마을의 가우슈들에 대항하여 자신들의 영역을 확보하려는 염원을 갖고 있었다. 그리하여 이 지역은, 제국주의 세력이 카우디요를 진압하기 위한 그리고 군대 일부를 보충하기 위한 전진기지로 기능했다.

지역시장의 태동으로 가치가 높아진 지역에서 강탈되거나 또는 여타 지역에서 유산 상속에 의해 분할되어 아쏘리스인에게 주어진 땅은 오늘날 농장 경제에 구조를 둔 대농장체제인 라티푼디오와 자급자족 경제에 구조를 둔 소농장체제인 미니푼디오 지역을 형성하고 있다. 이와 함께 농장의 마뚜뚜들은 까이뻬라와 아주 유사한 특징의 농촌 동업자로 변모했으며 또 다른 노동력의 원천을 구성하게 되었고, 농장체제에 편입되지 않은 일부는 산간지역 마을이나 도시로 흘러들어 주변화된 남부의 빈민계층을 더욱 두텁게 만들었다.

이들 마뚜뚜의 일부는 전국적인 시장의 확대와 함께 새로운 생산 활동, 즉 어부나 석탄광부 등의 직업에 전문화되어갔다. 이들은 아주 열악한 상황에서 어쩌면 결핵이나 높은 유아사망률에 의해 가장 희생된 브라질 민중이었는지도 모른다.

주변부로 내몰린 마뚜뚜인들과 가우슈들은 노동과 생활 시설이 단순하며 획일화되는 빈곤 상태에 놓여있었다. 이들은 농촌지역에서는 풀이나 짚, 진흙으로 손수 만든 오두막에 그리고 도심 외곽지역에서는 함석판이나 포장종이 등으로 만든 빈민촌에서 거주했다.

문명의 소통이 어느 정도 진행된 체제에 통합된 사회 속에서 문맹자인 이 하층민들은 라디오와 같은 전파기구를 통해 새로이 획득된 가치체계로 대치되어 자신들의 민속적 전통마저 잃어버리게 되었다. 이러한 상황에서, 과거에는 노예제도에 의해 진행되었던 단일한 탈문화화와 마찬가지로, 빈곤에 의해 진행된 문화적 동질화가 가난이라는 공통의 용어에 의해, 단순한 표현으로 압축된 관습과 습성에 의해 그리고 현대적인 커뮤니케이션 수단 보급에 의해 진행되어 이들은 이전과는 전혀 다르게 브라질인으로 단일화되었다.

문화적 동질화는 현대화된 민족사회 부문에서 통합된 삶의 수준과 직업체계의 폐지에 책임 있는 공동의 운명의식에 의해 작용했으며, 이러한 운명적인 표현은 아직은 초보적이기는 하지만 점차 봉기의 양상으로 확대되어 가기 시작했다. 상업자본주의 질서가 확립되면서 초기 하층화 국면에 있었던 유럽 농촌과 마찬가지로, 남부지역뿐 아니라 여타 지역에서의 브라질 하층 계층의 실질적인 봉기는 메시아적 형태로 나타나기 시작했다.

이러한 사건의 대표적인 경우가 황무지 땅의 점유를 법적 공권력으로 금지한 이유로 1910~1914년 빠라나 주와 싼따 까따리나 주 경계에서 발생했는데, 이 지역 지배를 둘러싼 두 주(州) 간의 분쟁이 시작되면서 이 지역은 법적으로 분쟁이 금지되었지만 마뚜뚜인들의 소유를 주장하는 움직임과 농장주들의 땅 확대를 주장하는 움직임 속에서 여전히 분쟁의 소지가 남아 있었다.

인근 지역 농촌 인구의 토지를 소유하려는 염원에 기인하여 이 지역은 밀림에서 수많은 공간을 확보하여 급속도로 인구가 정착했으며, 이들은 거처를 정하고 농민으로의 독립적인 생활을 영위하고자 했는데, 이들 앞에서 두 개 주 간의 격렬한 반응과 연방정부의 군대 개입은 새로 정착한 주민들을 불법으로 간주했다. 메시아적 봉기에 대한 이들 연구는 마리아 이자우라 뻬레이라 지 께이로즈(Maria Isaura Pereira de Queiroz, 1957, 1965)와 마우리씨우 빙냐스 지 께이로즈(Maurício Vinhas de Queiroz, 1966)를 참조할 수 있다.

이들 봉기는 라티푼디오적 질서가 공화주의로 불렸기에 전제군주적이요, 라티푼디오 소유에 바탕을 둔 사회개혁만을 정당화하는 사회를 재정비하려는 것으로 이해될 수 있기에 문화적으로 메시아주의적이라고 규정되었다. 여기서 메시아주의는 땅을 침범하여 사회를 재정비하려는 문화적 표현으로 나타난다. 메시아주의의 확실한 행동이 이 지역에서 늘 믿어온 낡은 대중 종교 신앙에 새로운 의미와 목적을 주었지만, 이제 이 신앙은 사회 재건을 북돋울 목적의 성전(聖戰)을 위한 새로운 지도력을 고취했다.

폭동과 봉기의 전복적인 성격은 즉각적으로 현지 농장주들에게 반감을 갖게 만들었으며, 또한 황무지 땅을 수용하는 법적 정당성을 확보하지 못했기에, 숲을 점거하고 그곳에 자신들의 밭을 일구고 사는 것은 용서할 수 없는 것으로 보였다. 결국, 땅의 침범은, 넓은 지역을 분쟁화했기 때문에, 소유자들을 주정부군과 투쟁, 대치하도록 만들었기 때문에, 전제군주제 재건운동으로 규정되었기 때문에 그리고 무엇보다도 헌법적 질서를 위험에 빠뜨리는 것이기 때문에 연방정부로서는 혁명과 유사한 것으로 이해했다.

이러한 상황에서, '도보 순례 수도자'들에 의한 과거의 숭배사상이 혁명적인 의미를 얻게 되었다. 수도회에 소속되지 않고 이곳저곳을 걸어 다니며 일반인들과 기도를 하거나 가톨릭 신앙과 더 극단적인 성경 말씀, 특히 형벌과 대홍수의 위협이나 집단 구원과 황금시대의 재건에 대한 염원을 전파하는 이들은 다름 아닌 전문 기도자들이었다.

마뚜뚜인과 그링구인들이 밀림에 집단 거주하면서 이 도보 순례 수도자들에게 호의적인 분위기가 형성되었으며, 이들은 현지인들에게 불치의 병을 치료하는 기적의 행위자요, 영혼을 구제하며 죄를 용서하고 구원의 길을 인도하는 사제요 그리고 미래를 예견하는 예언자로 인식되면서 어디서나 환영을 받았다.

종교적인 문제뿐 아니라 기타 모든 문제에 있어 자문가요 안내인 역할을 한 이 수도자들은 땅의 점유를 놓고 분쟁이 발생할 때 지도자 역할을 하여, 그들의 지도력 아래 법적 강제에 대한 소유를 주장하는 투쟁을 두 가지 측면에서 소위 '성전'(聖戰)이라고 여기게 되었다. 그 첫째는, 주정부군 그리고 후에는 연방군에 대항한 성스러운 전쟁이요, 둘째는 주민들의 소유에 대한 권리를 존중하여 이들의 노동의 결실에 대해 권리를 인정하는 가치체계를 확립하려는 사회적 재정비인 것이었다.

투쟁의 긴장 속에서 수도자들이 이끄는 마뚜뚜들은 전쟁에서 노동 그리고 신앙에 이르기까지 엄격한 위계질서를 통해 훈련받으면서 그리고 집단 구원의 길을 제시하는 수도자들의 가르침을 받으며 사회적 삶을 영위했다. 꼰떼스따두(Contestado, 역자 주: 빠라나 주와 싼따 까따리나 주 경계 지역

이름)에서의 메시아적 혁명사건이 발발하던 즈음 주민들은 수도자들을 신격화했는데, 그것은 수도자들이 부정과 가난, 질병과 슬픔을 끝내주며 세상을 다시 세워줄 예견된 인물로 생각되었기 때문이다. 투쟁이 벌어진 곳에서는 기다린 낙원의 도래와 잃어버린 낙원의 재창조를 추구하는 '성스러운 마을'이 만들어졌으며, 이곳에 라티푼디오 대농장에서 도망친 사람들과 가난한 마을에서 살던 주민들이 모여들어 평등한 사회적 동거 생활을 했고 또한 상거래가 금지된 자연경제의 삶을 영위하게 되었다. 이곳에서 1천 명에서 1만2천여 명의 전사(戰士)가 처음에는 칼로, 후에는 노획한 총으로 무장하여 언젠가는 지상의 낙원처럼 자신들에게 예정된 삶을 수호하고 또 영원한 구원을 염원하면서 기꺼이 투쟁하며 노동하며 살고 있었다.

마뚜뚜인들은 자신들이 소유한 땅뿐만 아니라 여가활동과 종교활동 그리고 매일같이 반복되는 미사나 결혼, 세례식과 같은 종교축제 등의 생활양식 등을 잘 지켜나가고 있었다. 춤이나 술이 금지되어 있고 간통이나 매춘도 금지되어 있지만 '성스러운 마을'에서의 생활은, 고립되어 가난한 생활을 영위했던 과거에 비하면 더없이 즐겁고 행복한 것이었다. 이곳에서의 가장 큰 매력은 평등주의 사상에 의해 움직이는 집중적인 사회적 동거와 구성원들로 하여금 자신의 생존을 충족하는 데 집합적으로 헌신하게 하는 비상업적 구조에 있었다.

빈곤한 존재의 상황을 영속화하는 농장 노동제도에 얽매인 최하층 계층으로서의 예전의 상황과 비교해 새로운 구조는 모두에게 땅을 제공하고, 집단 노동조직을 가능하게 하며 그리고 평등주의의 분배 기준을 확립하여 이들에게 전에는 몰랐던 삶의 즐거움과 풍족한 식량을 보장해주었다.

주로 마뚜뚜인들과 일부 독일계, 폴란드계, 이탈리아계 이민들과 그들의 가난한 후손들로 구성된 '성스러운 마을'의 근절은 브라질 정부군에게는 가장 어려운 문제 중 하나였으며 이 때문에 정부군은 '광신자적'인 이곳 전사들과 대치하여 수많은 인원을 동원하고 또 중화기로 무장하기도 했다.

오늘날에도 여전히 마뚜뚜인들의 후손이 남아있는 빈곤지역에서는, 풍요와 행복을 가져다주고, 노인들을 젊은이로 또 못생긴 사람을 잘생긴 사람으로 만들며 그리고 모든 사람에게 하느님이 나타날 수 있도록 해주는 수도자들에 관한 믿음이 널리 전파되고 있다. 1954년 메시아적 사상이 이 지역에 다시 나타나 '수도자'들을 중심으로 이들을 따르는 마뚜뚜인들이 재건되는 움직임이 있어 정부가 또다시 이들을 통제하기 위해 개입하는 사태가 벌어지기도 했다.

라티푼디오 대농장제도가 사라진 미나스 제라이스와 이스삐리뚜 싼뚜 주 지역 사이에서 그리고 히우 그란지 두 술 주에서도 이와 유사한 봉기들이 연이어 발발하여 무토지(無土地) 농민들이 자신들의 근거지를 요구했지만 곧 정부군에 의해 와해되고 말았다.

까누두스(Canudos)와 까바나젱(Cabanagem) 그리고 무커(Muckers)와 여러 다른 지역에서의 이러한 마뚜뚜인들의 투쟁은 공통적으로 특기할만한 내용이 있었는데, 그것은 자신들이 살고 또 자신들의 식량을 조달할 수 있는 토지를 요구한 것이었다. 하지만 그들은 이러한 토대에서 풍요와 배부름, 즐겁고 만족스러운 삶의 조건을 주장했지만, 그들의 이러한 요구에 대해 경찰력과 무력으로 무장한 정부는 언제나 강경 진압으로 맞서 그들의 주장을 무력화하고 말았다.

* * *

남부지역 역사-문화적 형성의 세 번째 특징은 이 지역이 지난 세기 말부터 독일과 이탈리아, 폴란드, 일본, 레바논 그리고 여러 다른 지역에서 들어온 이민자들의 후손으로 이루어졌다는 것이다. 이들은 브라질인이기는 하지만 자신들의 부모와 조부모의 조국에서 거주한 적이 없으며 자신들의 근본적인 충성 대상은 브라질 정부이기 때문에 민족사회의 참여 형태에서는 완전한 브라질 국민과는 차별적인 모습을 띠고 있다. 그들은 특히 모국어와 포르투갈어를 함께 사용하는 이중 언어와 유럽풍 습성 특히 소규모 집약농업에 근간을 둔 농촌생활 방식 그리고 일반 국민보다도 높은 교육수준 등으로 차별화되고 있다.

제국주의 시대에 시작된 유럽의 식민화는 독립과 함께 권력을 장악한 라틴아메리카 국가들의 소수과두지배체제와 공통의 태도, 즉 유럽인의 시각으로 바라보는 문화적 낙후에서 이루어졌다. 유럽인들과 마찬가지로 라틴아메리카의 소수과두지배계급은 국민의 상당수를 차지하는 흑인과 혼혈인을 의심스럽게 바라보고 유색인종의 인종적 열등함이 나라의 전반적인 낙후에 책임이 있다고 보았다. 이 때문에 우생학적으로 우월한 인종, 즉 당시 북미로 대규모 이주하여 이 지역발전에 기여한 중앙 유럽의 백인들처럼 인종을 대치하여 저급한 정체성을 바꾸어야 한다고 압박했다. 식민자들은 제국주의 정부가 막대한 투자를 통하여 새로운 식민자들에게 토지를 양도해주고 정착의 기회를 제공함으로써 이러한 목적 달성에 노력했지만, 당시 라티푼디오 대농장제에 의해 대규모 주변화된 계층을 구성했던 브라질 까이삐라인에게는 이와 유사한 조건이 주어지지 않았다.

백인 식민자들의 식민사업 결과로 나타난 그링구인들은 오늘날 빠라나, 싼따 까따리나와 히우 그란지 두 술 주 중앙지역을 차지하고 있으며 인근의 이스삐리뚜 싼뚜와 싸웅 빠울루 주에서도 쉽게 찾아볼 수 있다. 이들은 동쪽으로는 아쏘리스인이 차지한 과거 해안지역과 그리고 서쪽과 남쪽으로는 가우슈들이 차지한 목축지역과 경계를 이루고 있다. 이 때문에 그링구인들은 인근의 접촉지역에서 서로 영향을 주고받으며 문화적 충돌을 겪었지만 마뚜뚜나 가우슈로 바뀐 사람은 소수에 불과했다.

유럽과 아시아 상이한 지역에서 온 이민자들로 형성된 그링구인들의 문화적 양상은, 각각의 나라별 이민자들이 보여주는 차이의 다양함에도 불구하고 그들이 만들어낸 생활방식 등에서는 일련의 사회적 단일성을 보여준다. 그러한 사회적 단일성은 이민자들을 경작자로서 영농을 집중적으로 수행하게 한 데 따른 직업적 숙련과 가족이 소유할 수 있는 소규모 토지를 양도받은 데 따른 식민형태에서 근본적으로 유래한다. 그리고 그들의 문화적 전통은 이주 초기 서로 다른 민족이 동거할 수 없는 완전히 상이한 사회에서 제각각 살아온 분리주의적 특징에서 기인하며, 남부지방이 목축이나 농업 라티푼디오 대농장 지역과 다르며 그래서 대토지소유주의 권력과 전횡을 피할 수 있었다는 상황 또한 그러한 분리주의적 특징을 고착화하는 데 일조했다.

그래서 각각의 이국적 집단은 부모와 조부모의 전통에 따라 이민 1세대의 정신을 지키며 자신들만의 생활양식을 자치적으로 조직했고, 자신들만의 학교와 교회를 건설할 수 있었다. 이들은 제각기 고립되어 살면서 브라질인과 다른 이민자들의 소통 도구로 사용되는 포르투갈어도 훨씬 나중에야 습득할 수 있었다. 유럽사회의 원초적 유산인 타민족과의 긴장과 괴리 또한 이들의 고립주의를 더욱 가속화하는 데 일조했다. 남부지역 외곽 대도시 중심 인근 지역에 정착해 채소 생산자로 활동한 일본인 이민자들도 유럽이민자와 유사한 고립과 분리의 노정을 겪었다.

이민 1세대들은 밀림지역 땅을 개간하여 밭을 일구면서 때로는 호전적인 원주민 인디오와 대치하기도 하고 집과 도로를 만들면서 거칠고 힘든 생존의 노동에 부닥쳐야 했지만, 그들의 가장 큰 어려움은 다름 아니라 자신들이 생산한 농산물을 내다팔 정규 시장이 없었다는 것이다. 이들이 수행한 초기의 가장 큰 과업은 국가 전체 경제에 최적으로 통합될 수 있는 생산 활동을 결정하는 것이었다. 산업혁명의 여파로 농촌에서 이탈되거나 유럽의 정치, 사회적 위기에 연루되어 자신들의 본국에서 겪게 된 극심한 빈곤이 브라질 땅에서의 어렵고 힘든 상황에서도 이들을 지탱해준 근거였으며, 적어도 브라질에서 이들은 처녀지(處女地)요 가치 없는 땅이긴 하지만 자신들의 노력으로 비옥한 곳으로 만들 수 있는 땅을 소유하게 된 것이다.

선구자들의 그러한 숭고한 희생의 수혜자가 된 이민 2세대는 더 호의적인 상황에서 안정기에 접어들어 새로운 생활을 하게 되었으며, 자신들의 과업을 성실히 수행할 수 있는 토지의 진정한 소유자가 되었다. 그들의 문제는 날로 늘어나는 가족들을 위한 새로운 땅을 개척하기 위해 토지 가용성을 높이는 것이었지만, 아직 미개간되고 값싼 가격으로 취득할 수 있는 식민지 인근의 땅은 국경에 접한 것이었다.

이민 선구자들과 다음 2세대의 번영기 중간의 전환기에 일부 그링구인은 메시아적 특징의 무정부주의에 심취했지만, 개신교적 성서에 영향을 받고 독일의 민속전통에서 기인한 문화적 특징 때문에 과거 브라질에서 발생한 봉기와는 다른 양상을 보였다. 이 대표적인 예가 1872년 히우 그란지 두 술 주도(州都)인 뽀르뚜 알레그리에서 35킬로미터 떨어진 씨누스(Sinos) 강 인근 지역에서 발생한 무케르(Mucker)의 메시아적 반란사건으로, 이 사건은 광적이며 평등주의 공동체를 조직한 여성 예언자가 주도했다. 이 사건으로 말미암아 연속적인 범죄와 살인이 발생했지만 결국은 신봉자들의 집단자살로 끝을 맺었다.

격리된 생활 속에 있음에도 불구하고 유럽이민자들은 본국 유럽의 패턴에서 벗어나 관습과 언어 그리고 희망에 있어 스스로를 변화하게 한 이 땅에서 생존해야 한다는 것을 잘 알고 있었다. 새로운 이민자들은 원주민 인디오와 마뚜뚜인 그리고 가우슈와의 동거를 통하여 자신들의 모국어와 자신들의 조국에 대한 문화적 무지를 비교할 수 있었지만, 과거 이 땅의 지배자였던 그들의 비참하고 가난한 삶의 방식과는 차별화하고자 노력했다.

특히 독일과 일본, 이탈리아 이민자들의 인종적 주변화 상황은 제2차 세계대전 발발 전과 그 이후에 심각한 인종적-사회적 문제를 일으키면서 자국 정부들에 의해 악용되었는데, 이들 정부는 민족주의적이며 인종주의적 이념에 근거한 테러리스트 조직을 출현시키거나 선전도구를 이용하기도 했다.

그리하여 한편으로는 포르투갈계 브라질인들과 다른 한편으로 그링구계 브라질인 또는 일본계 브라질인 사이에서 심각한 충돌이 일어났으며, 이들 공동체가 발전해온 상대적인 분리 상황과 문화적이고 언어적인 보수주의는 그러한 충돌 행동이 쉽게 일어나게 했다. 하지만 학교에서 포르투갈어 교육을 강제하며, 공동체의 고립을 깨뜨리고 그링구와 일본계 브라질인들이 군대에 복무하게 되면서 결정적으로 동화의 기능을 수행하기도 했다. 그래서 대도시 중심에서 교육을 받은 이 청년들은 자신들의 문화적 지평과 브라질에 대한 세계관을 넓히며 민족적 정체성을 이해하고 받아들이게 되었다.

유럽이민자들이 모여 있는 다양한 지역은 오늘날 상가(商街)와 교회 그리고 학교 주변에 주민들이 모여 공동체적 마을을 이루고 있으며 이곳에서부터 새로운 브라질의 풍광을 보여주는 도로와 구획된 논과 밭이 그 모습을 드러낸다. 이 농촌 마을들은, 수공업 기반의 산업 활동을 농업 활동에 접목하면서 시장 상황에 적응한 생산의 다양화를 통해 도시를 위한 생산체계의 망을 형성했다. 그리하여 브라질의 포르투갈계 백인의 상대적 단일성 내에서 유럽화된 문화적 풍광에 번영의 지역경제가 확립된 것이다.

그링구-브라질인 공동체는 포도주와, 꿀, 밀, 감자, 보리, 맥주호프, 유럽산 채소와 과일 그리고 가축사료와 만지오까 등의 생산에 매우 중요한 중심지가 되어, 온대지역 농업이 활성화되고, 과거의 농산물재배는 더욱 숙련되었으며 그리고 무엇보다도 소규모 토지를 소유하여 집약농업을 함으로써 높은 생활수준을 보여주었다. 이들이 차지하고 있는 토지를 고려할 때 이러한 재배경제는 목축지역이나 라티푼디오 대농장제 아래 농업지역보다도 훨씬 많은 인구를 수용했고 또한 훨씬 높은 생활수준을 보장해주었다.

하지만 이들의 식민지가 점차 확대되어가면서 대토지소유제인 라티푼디오와 충돌하여 소유 토지는 점차 줄어들게 되었고, 원래는 한 가족에게만 배당되었던 지역이 둘 혹은 네 가족이 차지하는 토지 부족현상이 발생하여 경제적인 차원에서도 생산성이 낮아지는 결과를 초래했다. 이는 오늘날 그링구인들이 유지하게 된 영세농장이요 소농장체제인 미니푼디오의 기원이 되었다.

라티푼디오의 족쇄 때문에 과거 가장 부유했던 농업지역에서도 주변으로 내몰린 하층민이 등장했는데 이들은 다름 아닌 남부 식민지역의 '까보끌루'였다. 토지를 소유하지 못한 까보끌루화된 그링구인들 또한 땅을 차지하기 위한 경쟁에 휩싸이면서 아쏘리스 섬 출신의 마뚜뚜인들과 그리고 빈민촌에 사는 가우슈들과 유사하게 인식되며 빈곤 상태로 떨어졌다. 이들의 노동 및 여가 습관, 식생활, 오두막집과 빈곤한 삶은 그들을 '남부지역의 빈곤화된 주변인'이라는 단 하나의 계층으로 만들어버렸다.

오늘날에도 그 차이는 너무도 명백하여 그링구인 지역의 농민들은 소규모 소유자로 그리고 까보끌루들은 무토지 농민들로 고착화되었으며, 토지소유와 관련한 위상 때문에 근본적으로 구별될 수 있는 가우슈 혹은 아쏘리스 출신의 브라질인들과 그링구 출신의 브라질인들은 각각의 범주에서 혼동되었다.

까보끌루화된 그링구인 계층은 국내의 다른 하층화된 계층과 마찬가지로, 농촌에서는 농업 임금노동자들 아래에 그리고 도시에서는 노동자들 아래에 위치한 하층 계층으로서 노동력을 구성하고 있었다. 그러한 사회계층의 존재는 두 가지 심각한 사회적 결과를 보여주는데, 첫째로, 자신들의 삶의 조건을 개선하는 데서 농민과 노동자의 경쟁력 약화로서 그리고 여전히 더욱 악화된 상황에 떨어질 수 있음을 보여주어 똑같이 빈곤해도 이들 위에 있는 노동자가 아직 잃을 것이 있다는 것을 증명함으로써 순응 유인자로 기능한다는 점이다. 또 다른 면에서 하층 계층에게는 더 이상 참을 수 없는 빈곤의 최하 수준이 혁명적 봉기에 대한 자극으로 작용하여 심각한 사회적 재질서화만이 자신들에게 더 나은 삶의 지평을 열어놓을 수 있다는 신념을 준다는 점이다.

최근 수년간 식민지역에서는 가내수공업에서 유래한 집약적인 공업 발전이 진행되어, 이미 제철과 직물, 화학, 가죽, 도기 및 유리 공업 생산에 주력하는 중규모 수준의 제조산업망이 갖추어지고 있다. 그래서 과거 그링구인 식민지역들은 까시아스(Caxias)와 싸웅 레오뽈두(São Leopoldo), 노부 암부르구(Novo Hamburgo), 브루메나우(Blumenau), 조인빌레(Joinville) 그리고 이따자이(Itajaí)와 같은 주요 지역 공업중심지로 변했다. 기업가로 변신한 과거의 농업경작자들은 자신들의 지역에만 한정을 두지 않고 지역 거점 도시에도 공업시설을 구축해 남부지역의 주요 현대적 기업가로 변모했다. 이러한 산업발전은 그링구인이나, 가우슈나 마뜨뚜인들과 같은 하층 계층을 노동자로 고용함으로써 이들의 노동력을 집중시키는 기회를 제공했다.

농업에서 수공업으로 그리고 훗날 제조업으로의 도약은 유럽 생산기술에 대한 농업경작자들의 인식 때문에 가능했지만, 그러나 무엇보다도 더 우월한 기술정보에 쉽게 접근하고 질적으로 우수한 시설과 인력을 수입하고 또 산업 설치와 확대에 지원을 얻도록 해준 유럽과의 접촉이 가능해진 이중 언어 때문이었다고 볼 수 있다. 이러한 공업발전은, 미나스 제라이스와 같이 낙후된 지역에서는 대규모 수입 직물 공단이 기술혁신 능력 부족과 현대 기업정신의 부재 때문에 몰락한 것과 같은 시기에 이루어졌다는 점은 특기할만하다.

그링구와 일본계 이민 지역의 사회, 경제적 발전은, 생산자와 소비자로서 국가 경제시장에 대한 동시적 통합만큼이나 새로운 인간관계의 지평과 더 나은 문화적 통합의 조건을 얻을 기회를 제공했다. 이제 그링구와 일본인 2세에 의해 형성된 브라질인의 이미지는 하층 민중이나 라티푼디오 소수과두지배 체제와 혼동되지는 않지만 현대적이며 진보적인 삶을 누리는 도시 민중으로 비치며 동시에 이들은 더 이상 자신들 선조의 문화적 세계에 속하지 않고 있다.

이러한 새로운 접촉 상황에서 그리고 새로운 이해에 비추어 그들은 자신의 기원과 자신의 경험에 의해서 하지만 단일한 브라질인으로서 민족적 삶의 참여 방식에 의해 차별화된 브라질인으로서 식민 후손의 자기 정체성을 발전시키고 있다. 다만 일본인들은 차별화된 인종적 특징을 유지함으로써 자신들의 동화를 인식하지 않으려는 경향이 있다. 브라질사람들이 브라질 땅의 일본인을 혼혈인과 낙후된 사람들로 규정하고 있는 다소 고통스러운 이러한 특징은 그러나 일본이라는 나라의 점증하는 국력 신장세와 일본인 2세의 문화, 경제적 성공 앞에서 점차 사라지고 있다. 일본인은 확실히 가장 빠르게 성장하고 또 현대화된 이민자 집단이 되고 있음은 부정할 수 없다. 이제 일본인 이민 1세의 손자들이 최근 브라질에 설립된 대기업들의 기술자나 경영자가 되고 또 그들의 손녀가 교사나 박사가 되어 가는 것은 드문 일이 아니다.

V

민족의 운명

출산의 고통

이국적인 열대의 나라 브라질은, 원래의 원주민 인디오와 아프리카에서 유입된 흑인이 거주하며 처음에는 노예제도 아래의 식민지로 통치되었지만, 후에는 포르투갈 백인에 아프리카인과 인디오의 피가 섞여 외세의 소유 아래 외부적 프롤레타리아의 운명을 안고 살았다. 그래서 외부수출이라는 식민 번영의 요건에만 주목했기 때문에 브라질 사람과 민중의 미래 이익이나 열망은 고려의 대상이 아니었다. 관심의 대상은 오로지, 식민지 본국인 포르투갈의 이익 산출의 원천이었던 노동력을 증대하기 위해서 더 많은 인디오를 밀림에서 끌어내거나 아니면 아프리카에서 더 많은 흑인을 수입하는 것뿐이었다. 이러한 상황에서 모든 노동자를 총체화하여 이들에게 권리를 부여해주는 국민의 개념은 애초부터 존재하지도 않았으며, 이들의 기본적인 의식주를 충족시키기 위한 노동의 기본권조차 또한 존재하지도 않았다.

이러한 이익의 극대화 정책은, 민중의 생존 조건에 대해서는 어떠한 관심도 두지 않았기 때문에 낙후와 기아에 허덕일 수밖에 없는 이들의 노동력에 근간을 두고 외부 시장이 요구하는 생산 가속화에 의해 움직이는 경제체제를 만들어냈다.

그 결과, 때때로 전 세계에서 최고의 위치를 점하는 기업적 번영과 현지 민중의 보편화된 빈곤은 늘 공존할 수밖에 없었다. 또한 브라질 사회는 유럽의 백인들과 아프리카 흑인 그리고 원주민 인디오 사이에서 보다 집중적인 혼혈화가 일어나고 원주민들을 잔인하게 대량살육하며 인디오와 흑인들의 문화적 특성을 급격하게 말살하면서 태동한 다인종의 단순한 총체였던 것이 사실이다.

그리하여 한편 인디오에 대한 강제적인 탈인디오화에 의해 그리고 흑인의 탈아프리카화에 의해 인종적 변형을 위한 이상적인 조건을 얻을 수 있었지만, 그들 각자의 정체성은 빼앗기면서 총체화된 새로운 인종성을 만들어낼 수밖에 없었다. 곧 각각의 인종 본연의 얼굴은 잃어버린 채 거대 인종의 혼합체를 탄생시켜, 탈인디오화된 인디오들과, 소수의 백인과 흑인과 인디오 여성의 교배에 의한 다수 혼혈인의 존재만 남게 되었다.

이들 다양한 외형의 혼혈인들은 자신들이 말하는 포르투갈어에 의해 그리고 자신들에게 강요된 세계관에 의해 포르투갈화되어 브라질의 인종으로 만들어졌으며 또한 동시에 브라질 국가라는 형태로 통합을 이루게 되었다. 그리고 이러한 통합은 유럽 및 일본에서 대규모 이민자를 받아들이게 되었을 때 비로소 성숙 단계에 접어들었고 그리하여 보편적인 브라질 사람의 상황으로 모든 민중을 동질화하는 것이 가능해진 것이다.

하지만 일본인 이민자는 서구인과는 다른 외형적 특징을 고수하고 있어 전반적으로 인종적 동질화가 이루어졌을 때도 동화에 대한 일종의 저항을 드러내 이민 2세의 외모를 버리지 못했다. 하지만 이탈리아, 독일, 스페인 등의 이민자들은 유사한 백인의 피부와 이름을 갖고 있음에도 불구하고 쉽게 동화되어 브라질인의 조건을 받아들였다. 이들 중에는 독일계 이민 후손인 에르네스트 가이젤(Ernesto Geisel) 장군(역자 주: 후에 29대 브라질 대통령(1974~1979)에 당선)처럼 수세기 동안 이곳 브라질 땅에 거주했던 원주민 인디오들이 왜 브라질인으로 동화되는 것을 두려워하는지 이해를 못하고 격노한 사람들도 있었다.

아랍계 이민자는 가장 성공적인 성과를 거두었는데 이들은 아주 빠르게 브라질의 삶에 통합되어 정치 기구와 정부 주요 요직에 쉽게 진출했다. 이들은 심지어 자신들이 어디에서 왔는지도 그리고 자신의 출신

국가에서의 가난했던 삶에 대해서도 망각했으며, 이들의 사회적 성공은 무엇보다도 현지 사회에 대한 분리나 무관심으로 설명되는데, 이는 곧 오로지 부자가 되기 위한 노력에 집중하려고 사회와 가정에 대한 의무나 충성심에서 벗어나 그 어떤 사회적 연대도 무시하는 것이다.

이들 아랍계 이민자들의 태도는 때때로 경멸과 몰이해에서 기인하는 것으로, 이들은 가난한 브라질 사람은 자신의 가난에 책임이 있으며 그리고 인종적 요인은 인디오와 흑인들의 후손을 빈곤에 빠져들게 한다고 생각하는 경향이 있다. 그들은 심지어 가톨릭교회와 포르투갈어가 브라질의 저발전에 기여한 바가 크다고 확신하며, 또한 자신들 조국의 쓸모없고 넘쳐나는 노동력에 기인한 위기 때문에 이곳 브라질에 도착했으며 그리고 이 개방되고 거대한 나라에서 자신들의 운명을 자발적으로 이끌어왔다는 사실조차 망각하고 있다.

운이 좋게도 다양한 이 인종적 요인 그 누구도 전체 사회의 지배에 경쟁하는 인종으로서 드러나는 데 충분한 항구성을 갖고 있지 못하거나 또는 운명의 자율성에 대해 전위적이지도 못했다. 다인종과의 민족적 정체화에 확연하게 반대적인 입장에 있는 다른 나라들과는 달리 브라질에서는 국민의 인종적이며 종족적인 기원의 복합성에도 불구하고 그러한 분리주의적인 요인을 만날 수 없다.

브라질인을 서로 다른 구성요인에서 분리하고 이탈시키는 것은 계급의 계층화이지만, 하지만 하층 계층 쪽에서는 짙은 피부색의 거대 대중을 완전한 흑인이나 백인보다도 브라질인으로서 더욱 공고하게 통일하고 접합시키는 것이 바로 계층화이다. 그래서 에르만 폰 이예링(Hermann von Ihering) 같은 학자는 이민자들 일부 후손의 기형적 세계관을 통렬하게 비판했다. 그는 식민화를 위해 양도받은 땅에서 인디오들과 투쟁을 벌였던 자신의 동향인 독일인을 옹호하기 위해 두 가지 과학적인 사고에 바탕을 둔 캠페인을 주장했는데, 그 하나는 진보와 문명화의 필수 요건으로서 인디오의 근절을 정부에 요구한 것이며, 또 다른 하나는 국가 건설 사업에 무능력한 브라질 사람을 비난하고 나선 것이다.

> 싸웅 빠울루 주의 현재 원주민 인디오들은 노동과 진보의 요소를 대표하지 못한다. 브라질의 다른 주에서처럼 문명화된 인디오들의 진지하고 지속적인 노동을 기대할 수도 없으며 그리고 미개한 까잉강기(Caingangue)족 인디오들이 오지 밀림지역 식민화에 방해물인 것처럼 그들의 근절 이외에는 또 다른 방법이 없다.
>
> 인디오들의 개종은 만족할만한 결과를 보여주지 못했는데, 포르투갈 이민자들과 연합한 이 인디오들은 농민들의 습관에 아주 나쁜 영향만 끼쳤다. 근원적으로 이러한 상황 때문에 싸웅 빠울루 주는 수많은 이민자를 받아들여야만 하며, 인디오들만으로는 농업을 위한 노동에서 더 확실하고 효과적인 결과를 기대할 수 없다고 나는 확신한다(Ihering, 1907: 215).

브라질의 민족 특징에 대한 또 다른 견해들은 다양한 결점과 특징을 원인적 가치에 돌리고 있으며, 특히 쎄르지우 부아르끼(Sérgio Buarque) 같은 학자는 이베리아 반도의 유산에서 비롯된 특징, 특히 모험가적 정신과 서로에 대한 충성심, 그리고 스페인적 오만함과 포르투갈적인 태만함과 유연성, 거기에다 사업보다는 여가에 대한 기호 같은 것이 그대로 브라질적 특징이 되었다고 지적하고 있다. 그는 또한 이러한 요인들이 혼합되면서 일종의 나태함과 무정부적 태도, 응집력의 결여, 무질서함, 비규율적인 태도, 무관심 등이 나타났지만, 또한 무질서한 명령과 권력 남용 그리고 전제적 체제가 비롯되었다고 보았다.

이 모든 것이 거의 결점이라고 지적된다면 우리 브라질인들은 정말 잘못된 인성을 갖고 있으며, 그만큼 우리가 고통받고 있는 부족함이 많다는 것을 인정해야만 한다. 하지만, 정말 그런 것일까? 나는 진실로 그렇지 않다고 생각한다. 브라질인들에게 너무도 나쁜 그러한 인식들은 어쩌면 쎄르지우 부아르끼가 인식하고 있듯이 우리의 결점과는 반대의 것들, 즉, 유순함과 겸손함, 엄격함, 질서의 존중, 의무감, 일상에 대한 기호, 엄중함 그리고 신중함 같은 것이다. 우리에게서 모험가의 창조성과 엄격하지 않지만 유연한 사람들의 순응성, 비규율적인 원시성에 용감하게 대처한 사람들의 활동을 빼앗아버렸기 때문에 그런 것들이 우리를 여전히 불행하게 만든 것일지도 모른다.

게으른 인디오나 도망치기 좋아하는 흑인 노예 그리고 심지어 사악한 지배계층에 이르기까지 이들에게서 연유한 브라질 사람의 나태함에 대해 여전히 말들이 많지만, 그 모든 것이 이곳 브라질 땅에서 아직도 행해지고 있다는 것이 사실이라면 이는 지나치게 의심스러운 일이다. 이곳 브라질에서는, 북미에서 이루어진 것과 비교할 수 없이 훨씬 활발하고 또 화려한 식민 시대 모든 도시 문명이 건설된 것처럼 많은 업적이 실현되었다. 문제는, 왜 너무도 가난하고 낙후된 브라질 사람들이 문화 창조성 분야에서 뛰어난 업적 없이 나무판자로 만든 교회에서 그저 기도나 하면서 산업문명화로 이끌리며 여전히 낙후와 지체에 빠져들게 되었는가를 이해해야 한다는 것이다.

이러한 부조화와 불규칙성의 원인은 다른 분야에서 찾아야 할 것이다. 지체와 낙후의 결정적인 원인은, 식민지 초기부터 피를 흘리며 투쟁해온 브라질 사람들의 이익과는 반대로 외부적 타인의 이해에만 초점을 맞추어 체계화된 사회 구조 배열 방식이다. 이곳 브라질에는 과거에도 그리고 지금도 자신들의 번영을 추구하면서 자신의 운명을 다스리는 진정한 자유의 민중이 없었다. 오로지 과거에도 또 지금도 존재하는 것은, 현행 사회 질서를 개혁하고자 하는 어떠한 공격도 무산할 준비가 되어 있고 또 자신의 번영과 행복 유지에만 대단히 효율적으로 대처하는 소수 지배계층에게 착취당하고 공격당하는 대다수 노동자뿐이다.

대치

당대의 브라질 민중 사이에서 브라질은 과연 어떤 나라인가? 또 새로운 문명과의 융합에 대한 도전 속에서 문화적 이중성의 드라마를 살아가는, 고도의 고대문명에서 유래한 멕시코와 안데스 고원 국가의 민족과 현재 아메리카의 민족들이 대비되고 있는 가운데, 브라질인은 과연 누구인가?

아메리카에서 오로지 유럽적 인간성과 모습을 대변하는 다른 나라들과 브라질은 또 다르게 대조된다. 같은 이민자로 이루어진 미국과 캐나다는 진정 브라질보다는 남아프리카와 호주와 너무도 닮아있다. 그리고 스페인-인디오의 낡은 구 제국을 무너뜨리며 독립을 이룬 소수의 민중 위에 무려 4백만의 유럽이민자가 몰려들었던 아르헨티나와 우루과이는 또 다른 이민자들의 나라이다. 하지만 여기서 의문이 드는 것은, 비슷한 경제 규모를 갖고 있지만 오히려 곡물과 육우 그리고 양털이 더 많은 이 나라들이 호주나 캐나다와 같은 번영을 이룩하지 못하고 왜 낙후될 수밖에 없었던가 하는 점이다. 영국 청교도 출신의 크롬웰(Cromwell)과 같은 정치가와 그리고 그에 의해 만들어진 제도정치가 여전히 지배하는 북미와 라틴아메리카는 무엇이 다른가?

또 다른 라틴아메리카인들도 우리 브라질인처럼, 첫째, 해외에서 무미건조한 유럽의 세계를 재창출하는 것과 둘째, 고도의 문명을 개조하는 것 그리고 셋째, 새로운 종류의 사람을 만들면서 우리라는 인간을 재창조하는 도전과 같은 너무도 복잡하고 어려운 과업을 실행하고 있다.

해외로 눈을 돌리면 아프리카는 우리와 대비되는데, 아프리카는 자유주의적인 리더십을 고취하기 위해 수행해온 유럽화 분위기에서 여전히 살고 있으며, 여전히 존재하며 폭발의 위협까지 보여줄 정도인 종족성에 대해 재식민화 위협보다도 더 큰 공포를 지니고 있다. 그러나 이러한 공포는 환상에서 비롯된 것이다. 브라질 잔존 인디오가 식민시대 500년 동안 모든 야만적 만행에 저항했고 또 여전히 그렇게 존재해오고 있다면, 아프리카 원주민 또한 궁극적으로는 자신들의 신유럽화된 지도자들의 얼굴에서 미소를 보기 위해 저항을 해야 할 것이다. 유럽보다도 더욱 성숙한 동양처럼 아주 먼 세계는 자신들의 존재와 자신들의 얼굴을 유지하면서 새로운 문명에 조직화되고 있다.

이러한 국면에서 우리 브라질인들은 하나의 민족이 되는 것을 저지당한 존재로서의 민족인 것이다. 우리는 정신과 육체에서 혼혈의 민족으로, 이제 이곳 브라질 땅에서 혼혈화는 더 이상 죄악도 형벌도 아니다. 혼혈화를 통해 우리는 생겨났으며 그리고 여전히 그렇게 만들어질 것이다. 혼혈화에서 유래한 이 거대한 토착민들은 스스로의 자각 없이 '아무도 아닌' 존재로 수세기를 살아왔으며, 그렇게 '브라질인'이라는 새로운 인종적-민족적 정체성을 결정짓게 된 것이다. 오늘날까지도 존재로서의 브라질 민중은 자신들의 운명을 추구하는 거친 투쟁을 계속하고 있다. 이들을 바라보고 이들의 얘기를 들어보면, 이들은 이미 인디오와 흑인의 피가 희석되었기 때문에 새로이 로마화된, 다시 말하면 새로이 라틴화된 민족이라는 것을 쉽게 알 수 있다.

과거 1세기 반 동안 이베리아 반도 전역을 정복했던 로마인 군대는 그곳에서 루지따니아인들을 라틴화했고, 그들의 후손이 북유럽과 사라센 침략자들의 오랜 억압의 세월에 저항하면서 라틴성과 라틴의 얼굴을 유지하도록 견고하게 지켜왔으며, 이들의 2천 년 세월의 노력 끝에 포르투갈 루지따니아인들이 대양을 건너 브라질에 들어와 현재의 우리인 신 로마성(neo-romanidade)을 만들게 된 것이다.

너무나도 판이한 기원에서 나온 원형들이 융합하여 만들어졌음에도 오늘날의 브라질인들은 언어학적으로 또 문화적으로 가장 동질성을 지키고 있는 민족 중 하나이며 또한 지구상에서 사회적으로 가장 통합된 민족 중 하나라는 점은 특기할만하다. 브라질 사람들은 방언 없는 똑같은 언어를 말하며, 과거 식민지배의 아픈 상처에 대해 어떠한 복수심도 없이, 미래에 대해서 개방적인 사고와 마음을 지닌 사람들이다.

미국과 캐나다 그리고 호주와 같은 신대륙의 나라들은 유럽에서 바다 건너 저편의 드넓은 공간으로 단순히 이주한 사람들의 나라들로, 그 세계에서 그 어떤 새로운 것도 보여주지 못하고 있다. 그들은 구세계에서 더 이상 수용되지 않는 사람들로 넘쳐났으며, 자신들의 거처에서 편안하게 자유와 휴식을 만끽하며 살아가기 위해 자신들이 태어난 유럽적 풍광을 그대로 재현하고자 했다. 물론 때로는 공화국을 만들고 그리스식 선거 제도를 창조하면서 창조적인 것을 행할 때도 있었지만 그것은 드물었다. 엄밀히 말하면 우리 브라질과는 정반대의 것인지도 모른다.

우리 브라질인의 운명은, 앵글로-색슨 아메리카라는 북미지역과는 반대로 시몬 볼리바르(Simón Bolívar)가 꿈꾸었던 하나로 통합된 라틴아메리카 곧 라틴아메리카 연합(Nações Latino-Americana)을 건설하기 위해 모든 라틴아메리카인과 함께 견고하게 단결하는 것이다. 라틴아메리카는 현재 5억의 인구이지만 내일은 10억의 인구에 이르게 될 것이며, 미래의 인간성에 중국과 슬라브, 아랍 그리고 신 브리타니카의 장벽 앞에서 라틴성(latinidade)을 실현하는 데 충분한 거대한 인간 군집의 요인을 갖추게 될 것이다.

우리는, 과거에는 결코 존재하지 않았던 새로운 인간 종(種)으로서 우리 자신을 만들기 위한 투쟁에 여전히 노출된 민족이다. 그 과업은 어렵고도 힘들겠지만 그러나 진정 아름답고 또 용기 있는 것이다.

우리는 진실로 새로운 로마－지체되고 또 열대적이지만－와 같은 나라임이 틀림없다. 브라질이라는 이 나라는 신 라틴적인 국가 중 가장 큰 나라이며, 거대한 인구를 지닌 나라이며 또한 예술적이고 문화적인 창조성을 유감없이 전 세계에 과시하는 나라임이 틀림없다. 이제 브라질은 경제적인 힘과 자율적인 진보를 구가하기 위해 미래 문명과 기술의 지배에 앞장설 필요가 있다. 우리 스스로가 자부하는 혼혈과 열대의 새로운 문명국가로서 미래에 번영을 꽃피우기 위한 투쟁에 적극 나서고 동참해야 한다. 그것이 힘들고 고통스러워도 미래에 즐거움을 약속하고 또 더 인간적인 약속으로 나아가는 최선의 작업이기 때문이다. 그리고 모든 인종과 모든 문화와 기꺼이 동거할 수 있는 개방성을 갖고 있으므로 또한 지구상에서 가장 아름답고 빛나는 나라로서 자리 잡을 수 있으므로 우리는 관대하게 이 과업에 참여할 필요가 있다.

ALBERSHEIM, Ursula. 1962. *Uma comunidade teuto-brasileira – Ibirama, Santa Catarina*. Rio de Janeiro, CBPE/Ministério da Educação.

ANCHIETA, José de. 1933. *Cartas, informações, fragmentos históricos e sermões do padre Joseph de Anchieta (1554-1594)*. Rio de Janeiro, ABL/Civilização Brasileira (Cartas Jesuíticas III).

____________. 1958. *De gestis mendi de saa*. Edição bilíngüe, tradução do pe. Armando Cardoso. Rio de Janeiro, Arquivo Nacional.

ANDREONI, João Antonio (André João Antonil). 1711. *Cultura e opulência do Brasil por suas drogas e minas*. Lisboa, Officina Real Deslandesiana, 1ª ed.

____________. 1967. *Cultura e opulência do Brasil por suas drogas e minas*. São Paulo, Companhia Editora Nacional (Roteiro do Brasil), vol. 2.

ARAÚJO, José de Souza Azevedo Pizarro e. 1945/1951. *Memórias históricas do Rio de Janeiro*. Rio de Janeiro, INL/Imprensa Nacional, 10 vols.

ÁVILA, pe. Fernando Bastos de. 1956. *L'immigration au Brésil*. Rio de Janeiro, Agir.

AZEVEDO, João Lúcio d'. 1930. *Os Jesuítas no Grão-Pará, suas missões e a colonização*. Coimbra, Imprensa da Universidade.

____________. 1931. *História de Antônio Vieira*. Lisboa, Liv. Clássica Ed., 2 vols.

____________. 1947. *Épocas de Portugal econômico: Esboços de história*. Lisboa, Liv, Clássica Editora.

BAIÃO, Antonio. 1939. *História da expansão portuguesa no mundo*. Lisboa, Ática, vol. 2.

BLASQUEZ, Antônio. 1931. *Cartas avulsas (1550-1568)*. Rio de Janeiro,

Academia Brasileira de Letras (Cartas Jesuíticas II).
BOITEAUX, Lucas Alexandre. 1912. *Notas para a história catharinense*. Florianópolis, Typ. da Liv. Moderna.
BONFIM, Manuel. 1929. *O Brasil na América*. Rio de Janeiro, Francisco Alves.
____________. 1930. *O Brasil nação*. Rio de Janeiro, Francisco Alves, 2 vols.
____________. 1931. *O Brasil na História*. Rio de Janeiro, Francisco Alves.
____________. 1935. *O Brasil*. São Paulo, Companhia Editora Nacional (Brasiliana, vol. 47).
BORAH, Woodrow. 1962. "Population decline and the social and institutional changes of New Spain in the middle decades of the sixteenth century" in *Akten des 34. Internationalem Amerikanisten-Kongresses*. Copenhague.
____________. 1964. "America as model: the demographic impact of european expansion upon the non-european world" in *Actas XXXV Congreso Internacional de Americanistas*. México.
BOXER, Charles R. 1963. *A idade de ouro do Brasil*. São Paulo, Companhia Editora Nacional.
BRANDÃO, Ambrósio Fernandes. 1968. *Diálogos das grandezas do Brasil*. Rio de Janeiro, Edições de Ouro.
BUESCU, Mircea. 1968. *Exercícios de história econômica do Brasil*. Rio de Janeiro, APEC Editora.

CALDAS, João Pereira. 1900. "Roteiro do Maranhão a Goyax pela capitania do Piauhy" in *Revista do Instituto Histórico e Geográfico Brasileiro*, Rio de Janeiro, t. LXII, parte 1ª, pp. 60-161.
CALDEIRA, Clovis. 1960. *Menores no meio rural* (*trabalho e escolaricação*). Rio de Janeiro, CBPE.
CALÓGERAS, J. Pandiá. 1927. *A política exterior do Império*. São Paulo,

2 vols.

____________. 1938. *Formação histórica do Brasil*. São Paulo. 3ª ed.

CAMARGO, José Ferreira de. 1957. *Êxodo rural do Brasil*. São Paulo.

____________. 1968. *A cidade e o campo*, São Paulo.

CANSTATT, Oscar. 1954. *O Brasil, a terra e a gente*. Rio de Janeiro, Irmãos Pongetti.

CAPSTRANO DE ABREU, João. 1929. *O descobrimento do Brasil*. Rio de Janeiro, Ed. da Soc. Capistrano de Abreu.

____________. 1954. *Capítulos de história colonial (1500-1800)*, Rio de Janeiro, Ed. da Soc. Capistrano de Abreu.

____________. 1975. *Caminhos antigos e povoamento do Brasil*. Rio de Janeiro, Ed. Civilização Brasileira.

CARDIM, FERNÃO. 1980. *Tratados da terra e gente do Brasil*. Belo Horizonte/São Paulo, Itatiaia/EDUSP.

CARDOSO, Efraim. 1959. *El Paraguay colonial: las raíces de la nacionalidad*. Buenos Aires/Assunçao.

CARDOSO, Fernando Henrique. 1962. *Capitalismo e escravdão no Brasil meridional – O negro na sociedade escravocrata do Rio Grande do Sul*. São Paulo, Difel.

CARNEIRO, Édison. s.d. *Candomblés da Bahia*. Rio de Janeiro.

CARNEIRO, J. Fernando. 1950. *Imigração e colonização no Brasil*. Rio de Janeiro, Faculdade Nacional de Filosofia, cadeira de geografia do Brasil (Publicações Avulsas no. 2).

CASCUDO, Luís da Câmara. 1954. *Dicionário do folclore brasileiro*. Rio de Janeiro, INL.

CASTRO, Josué de. 1946. *Geografia da fome*. Rio de Janeiro.

CAVA, Ralph dela. 1970. *Miracle at Joaseiro*. Nova York/Londres, Columbia University Press.

COOK, Sherburne e Borah, Woodrow. 1957. "The rate of population change in Central Mexico 1550-1570" in *Hispanic American Historical*

Review 37(IV), pp. 463-470.

CORRÊA FILHO, Virgílio. 1969. *História de Mato Grosso*. Rio de Janeiro, INL.

CORTES, Geraldo de Menezes. 1954. *Migração e colonização no Brasil*. In separata da *Revista de Serviço Público*. Rio de Janeiro, Depto. de Imprensa Nacional.

CORTESÃO, Jaime. 1943. *A carta de Pero Vaz de Caminha*. Rio de Janeiro, Ed. Livros de Portugal.

____________ (org.). 1956. *Pauliceae lusitana monumenta historica*. Lisboa, ed. comemorativa do 4º Centenário da Cidade de São Paulo, Real Gabinete de Leitura do Rio de Janeiro, vol. 1 (1494-1600), partes V-VIII.

____________. 1958. *Raposo Tavares e a formação territorial do Brasil*. Rio de Janeiro, Serviço de Documentação/Ministério da Educação e Cultura.

____________. 1964. *Introdução à história das bandeiras*. Lisboa, Portugália, 2 vols.

COSTA PINTO, L. A. 1948. "A estrutura da sociedade rural brasileira" in *Sociologia* (x 2/3). São Paulo.

____________. 1953. *O negro no Rio de Janeiro*. Rio de Janeiro.

CRULS, Gastão. 1938. *A Amazônia que eu vi. Obidos – Tumucumaque*. São Paulo.

CRUZ, Ernesto. 1963. *História do Pará*. Belém, Universidade Federal do Pará (Coleção Amazônica), 2 vols.

CUNHA, Euclides da. 1945. *Os sertões* (*Campanha de Canudos*). Rio de Janeiro, Francisco Alves.

CURTIN, Philip D. 1969. *The Atlantic slave trade: a census*. Madson/Londres, University of Wisconsin Press.

DANIEL, pe. João. 1976. *Tesouro descoberto no rio Amazonas*. Separata dos Anais da Biblioteca Nacional, Rio de Janeiro, vol. 95, 2 vols.

DAVATZ, Thomas. 1941. *Memórias de um colono no Brasil* (*1850*). São Paulo, Martins (Biblioteca Histórica Brasileira).

DIAS, Carlos A. 1981. "O indígena e o invasor: A confrontação dos povos indígenas do Brasil com o invasor europeu, nos séculos XVI e xvII" in *Encontros com a Civiilzação Brasileira* 28, Rio de Janeiro, pp. 201-225.

DIÉGUES JR., Manuel. 1960. *Regiões culturais do Brasil*. Rio de Janeiro, CBPE.

____________. 1964. *Imigração, urbanização e industrialização*. Rio de Janeiro, CBPE.

DOBBYNS, Henry F. e THOMPSON, Paul. 1966. "Estimating aboriginal American population" in *Current Anthropology* (7-4). Utrecht, Holanda.

DOURADO, Mecenas. 1958. *A conversão do gentio*. Rio de Janeiro, Liv. São José.

DREYS, Nicolao. 1839. *Notícia descriptiva da província do Rio Grande de São Pedro do Sul*. Rio de Janeiro, Typ. Imp. e Const. de J. Villeneuve e Cia.

ENNES, Ernesto. 1938. *As guerras nos Palmares*. São Paulo, Companhia Editora Nacional (Brasiliana, vol. 127).

FAORO, Raymundo. 1958. *Os donos do poder. Formação do patronato político brasileiro*. Porto Alegre, Globo, 2 vols.

FERNANDES, Florestan. 1949. *A organização social dos tupinambás*. São Paulo, Progresso Editorial.

____________. 1952. *A função social da guerra na sociedade Tupinambá*. São Paulo, *Revista do Museu Paulista*, n. s., vol. 6.

____________. 1964. *A integração do negro à sociedade de massas*. São

Paulo.

FRANCO, Francisco de Assis Carvalho. 1953. *Dicionário de bandeirantes e sertanistas do Brasil (séculos XVI, XVII e XVIII)*. São Paulo, comissão do IV centenário da cidade de São Paulo.

FRANK, Andrew Gunder. 1964. "A agricultura brasileira: Capitalismo e o mito do feudalismo" in *Revista Brasiliense* 51. São Paulo.

FREYRE, Gilberto. 1935. *Sobrados e mucambos*. Rio de Janeiro, José Olympio.

____________. 1954, *Casa-grande e senzala*. Rio de Janeiro, José Olympio, 2 vols.

FRIEDERICI, Georg. 1967. *Caráter da descoberta e conquista da América pelos europeus*. Rio de Janeiro, INL.

FURTADO, Celso. 1959. *Formação econômica do Brasil*. Rio de Janeiro.

GANDIA, Enrique de. 1929. *História crítica de los mitos de la conquista americana*. Buenos Aires, Ed. Juan Roldan y Compañia.

GEIGER, Pedro Pinchas. 1963. *Evolução da rede urbana brasileira*. Rio de Janeiro, CBPE.

GILLIN, John. 1947. "Modern Latin American culture" in *Social Forces* 25.

GORENDER, Jacob. 1978. *O escravismo colonial*. São Paulo, Ática.

GUERREIRO RAMOS, Alberto. 1957. *Condições sociais do poder nacional*. Rio de Janeiro.

GUIMARÃES, Alberto Passos. 1963. *Quatro séculos de latifúndio*. São Paulo, Fulgor.

HARRIS, Marvin. 1964. *Patterns of race in the Americas*. Nova York, Walker and Company.

HEMMING, John. 1978, *Red gold: The conquest of the Brazilian indians*. Londres, Macmillan London Ltd.

HOLANDA, Sérgio Buarque de. 1945. *Monções*. Rio de Janeiro, Ed. Jornal do Comércio.

____________. 1956. *Raízes do Brasil*. Rio de Janeiro, José Olympio (Documentos Brasileiros 1),

____________. 1977. *Visão do paraíso*. São Paulo, Companhia Editora Nacional (Brasiliana vol. 333).

____________. 1986. *O extremo oeste*. São Paulo, Brasiliense.

IANNI, Octavio. 1962. *As metamorfoses do escravo. Apogeu e crise da escravatura no Brasil meridional*. São Paulo, Difel.

____________. 1966. *Raças e classes sociais no Brasil*. Rio de Janeiro, Civilização Brasileira.

IHERING, Hermann von. 1907. "A anthropologia do estado de São Paulo" in *Revista do Museu Paulista*. São Paulo, vol. VII, pp. 202-257.

KLOSTER, W. e SOMMER, F. 1942. *Ulrico Schmidl no Brasil quinhentista*. São Paulo, Pub. da Soc. Hans Staden.

KOSTER, Henry. 1942. *Viagens ao Nordeste do Brasil – Travels in Brazil*. São Paulo, Companhia Editora Nacional (Brasiliana, vol. 221).

LABRADOR, José Sanchez. 1910/1917. *El Paraguay católico*. Buenos Aires, Imprensa de Coni Hermano/Comp. Sud-Americana de Billetes de Banco, 3 vols.

LAYTANO, Dante de. 1952. *A estância gaúcha*. Rio de Janeiro, Serviço de Informação Agrícola no. 4, Ministério da Agricultura.

LEAL, Victor Nunes. 1948. *Coronelismo, enxada e voto*. Rio de Janeiro.

LEITE, pe. Serafim. 1938/1950. *História da Companhia de Jesus no Brasil*. Lisboa/Rio de Janeiro, Liv. Portugália/Civilização Brasileira, 10 vols.

____________. 1940. *Novas cartas Jesuíticas*. São Paulo, Companhia Editora Nacional (Brasiliana, vol. 194).

____________. 1956/1958. *Cartas dos primeiros jesuítas no Brasil* (*Monumenta brasiliae, 1538-1563*). Coimbra, Comissão do IV Centenário da Cidade de São Paulo, Tip. da Atlântida, 3 vols.

____________. 1960. (*Monumenta brasiliae IV 1563-1568*). Coimbra, Tip. da Atlântida.

____________. 1965. *Novas páginas de história do Brasil*. São Paulo, Companhia Editora Nacional.

LÉRY, Jean de. 1960. *Viagem à terra do Brasil*. São Paulo, Martins (Biblioteca Histórica Brasileira, vol. 7).

LIMA, Ruy Cirne de. 1935. *Terras devolutas. História, doutrina e legislação*. Porto Alegre.

LISBOA, João Francisco. 1901. *Obras*. Lisboa, Typ de Mattos Moreira & Pinheiro, 2 vols.

LUGON, Clovis. 1968. *A república comunista cristã dos guaranis*. Rio de Janeiro. Paz e Terra.

MACEDO SOARES, José Carlos. 1939. *Fronteiras do Brasil no regime colonial*. Rio de Janeiro, José Olympio.

MACHADO, José de Alcântara. 1943. *Vida e morte do bandeirante*. São Paulo, Martins.

MAGALHÃES, Couto de. 1935. *O selvagem*. Rio de Janeiro, 3ª ed.

MALHEIRO DIAS, Carlos (org.). 1921/1924. *História du colonização portuguesa do Brasil*. Porto, Lit. Nacional, 3 vols.

MANCILLA, Justo e MASSETA, Simon. 1951. "Relación de los agrarios que hicieron algunos vecinos y moradores de la villa de S. Pablo [...]" in CORTESÃO, Jaime (org.), *Manuscritos da Coleção de Angelis*. Rio de Janeiro, Biblioteca Nacional, vol. 1, pp. 310-339.

MARCHANT, Alexander. 1943. *Do escambo à escravidão*. Rio de Janeiro, Companhia Editora Nacional (Brasiliana, vol. 225).

MARTINS, Romário. 1899. *História do Paraná* (*1555-1853*). Corytiba. Typ.

da Liv. Econômica.

MARTINS, Wilson. 1955. *Um Brasil diferente. Ensaio sobre fenômenos de aculturação no Paraná*. São Paulo, Anhembi.

MATOS, Raimundo José da Cunha. 1979/1981. *Corografia histórica da província de Minas Gerais (1837)*. Belo Horizonte, Arquivo Público Mineiro, 2 vols.

MATOS GUERRA, Gregório de. 1946. *Florilégio da poesia brasileira*. Org. F. A. Varnhagen. Rio de Janeiro, Pub. da ABL (Coleção Afrânio Peixoto).

____________. 1990. *Gregório de Matos*. Ed. James Amado. Rio de Janeiro, Record, 2 vols.

MEGGERS, Betty. 1971. *Amazonia, man and culture in a counterfeit paradise*. Chicago, Aldine.

MELLO FRANCO, Afonso Arinos de. 1936. *Conceito de civilização Brasileira*. Rio de Janeiro, Companhia Editora Nacional (Brasiliana).

MELLO MORAES, A. J. de. 1858/1860. *Corographia histórica* [...] *do Império do Brasil*. Rio de Janeiro, Typ. Brasileira, 5 vols.

MELO NETO, José Antonio Gonsalves de. 1947. *Tempo dos flamengos, documentos brasileiros*. Rio de Janeiro, José Olympio.

MELO E SOUZA, Antonio Candido de. 1964. *Os parceiros do Rio Bonito. Estudo sobre o caipira paulista e a transformação dos seus meios de vida*. Rio de Janeiro, José Olympio.

MENDONÇA, Marcos Carneiro de. 1963. *A Amazônia na era pombalina*. Rio de Janeiro, IHGB, 3 vols.

MILLIET, Sérgio. 1939. *Roteiro do café*. São Paulo.

MONTENEGRO, Abelardo F. 1959. *História do fanatismo religioso no Ceará*. Fortaleza, Ed. A. Batista Fontenele.

MONTOYA, pe. Antonio Ruiz de. 1892. *Conquista espiritual*. Bilbao, Imprenta de Corazon de Jesus.

MOREIRA NETO, Carlos de Araújo. 1960. "A cultura pastoril do Pau

D'Arco" in *Boletim do Museu Paraense Emilio Goeldi*. Belém (Nova Série, Antropologia no. 10).

____________. 1971. "A política indigenista brasileira durante o século XIX". Tese de doutorado, Faculdade de Filosofia de Rio Claro, 2 vols.

MORUS, Thomas. 1941. "Utopia" in *Utopias del Renascimiento*. México, Fondo de Cultura.

NEWEN ZEYTUNG AUSS PRESILLG LANDT (1515). 1914. "A nova gazeta da terra do Brasil" in *Anais da Biblioteca Nacional*. Rio de Janeiro, vol. 33, pp. 1-27.

NIMUENDAJU, Curt. 1939. *The Apinayé.* Washington, The Catolic University of America.

____________. 1946. *The Eastern Timbira*. Berkeley/Los Angeles, University of California Press.

____________. 1950. "Reconhecimento dos rios Içana, Ayarí e Uaupés－Relatório apresentado ao Serviço de Proteção aos Índios do Amazonas e Acre de 1927" in *Journal de la Société des Américanistes* XXXIX, pp. 125-182.

____________. 1952. *The Tukúna*. Berkeley/Los Angeles.

____________. 1987. *As lendas da criação do mundo como fundamentos da religião dos Apapocuva-Guarani*. São Paulo, Hucitec/Edusp.

NINA RODRIGUES, Raimundo. 1939. *As coletividades anormais*. São Paulo.

____________. I939a. O alienado no direito civil brasileiro. São Paulo, Companhia Editora Nacional.

NINA RODRIGUES, Raimundo. 1945. Os africanos no Brazil. São Paulo, Companhia Editora Nacional.

NÓBREGA, Manuel da. 1931. *Cartas do Brasil* (*1549-1560*). Rio de Janeiro, ABL/Officina Industrial Graphica (Cartas Jesuíticas I).

____________. 1954. *Diálogo sobre a conversão do gentio*. IV Centenário

____________. 1970. *As Américas e a civilização — Processo de formação e causas do desenvolvimento desigual dos povos americanos*. Rio de Janeiro, Civilização Brasileira.

____________. 1970a. *Os índios e a civilização — A integração das populações indígenus no Brasil moderno*. Rio de Janeiro, Civilização Braslleira.

____________. 1971. *El dilema de América Latina — Estructuras de poder y fuerzas insurgentes*. México, Siglo XXI.

RIBEIRO PIRES, Simeão. 1979. *Raízes de Minas*. Montes Claros, Minas Gráfica Ed.

ROCHA POMBO, José F. da. 1905. *História do Brazil Ilustrada*. J. Fonseca Saraiva/Benjamim de Aguila, 10 vols.

ROCHE, Jean. 1969. *A colonização alemã no Rio Grande do Sul*. Porto Alegre, Globo, 2 vols.

RODRIGUES, João Barbosa. 1890. "Paranduba amazonense" in *Anais da Biblioteca Nacional*, vol. XIV. Rio de Janeiro.

RODRIGUES, José Honório. 1954. *O continente do Rio Grande*. Rio de Janeiro, Ed. São José.

____________. 1965. *Conciliação e reforma no Brasil*. Rio de Janeiro, Civilização Brasileira.

____________. 1979. *História da história do Brasil*. São Paulo, Companhia Editora Nacional (Brasiliana, vol. 1).

RODRIGUES DO PRADO, Francisco. 1839. "História dos índios Cavalleiros ou da nação Guaykurú" in *Revista do Instituto Histórico e Geográfico Brasileiro*, vol. 1. Rio de Janeiro, pp. 25-57.

ROMERO, Sílvio. 1943. *História da literatura brasileira*. Rio de Janeiro, José Olympio, 5 vols.

____________. 1954. *Folclore brasileiro*. Rio de Janeiro, 3 vols.

ROSENBLAT, Angel. 1954. *La población indígena y el mestizage en América*. Buenos Aires, Ed. Nova, 2 vols.

SAINT-HILAIRE:, Auguste de. 1939. *Viagem ao Rio Grande do Sul (1820-1821)*. São Paulo, Companhia Editora Nacional (Brasiliana, vol. 167).

SAITO, Hiroshi. 1961. *O japonês no Brasil*. São Paulo, Ed. Sociologia e Política.

SALVADOR, frei Vicente do. 1888. *História do Brasil (1550-1627)*. Rio de Janeiro, Annaes da Biblioteca Nacional, vol. 13, pp. 1-261.

____________. 1982. *História do Brasil (1500-1627)*. São Paulo, Itatiaia (Reconquista do Brasil, vol. 49).

SANTIAGO DANTAS, bel. F. C. D. 1877. *Ligeira notícia sobre as operações militares contra os Muckers na província do Rio Grande do Sul*. Rio de Janeiro, Typ. da Gazeta de Notícias.

SANTOS, Milton. 1955. *Zona de cacau*. Salvador.

SCHMIDEL, Ulrich. 1947. *Derrotero y viaje a España y las Indias*. Buenos Aires/México, Calpe Argentina SA.

SCHUPP, pe. Ambrósio. s/d (1957). *Os Muckers*. Porto Alegre, Ed. Liv. Selbach.

SEPP, pe. Antonio. 1951. *Viagem às missões jesuíticas e trabalhos apostólicos*. São Paulo, Martins (Biblioteca Histórica Brasileira).

SERRA, Ricardo Franco de Almeida. 1844. "Extracto da descripção geographica da província de Mato Grosso feita em 1797 por [...]" in Revista do Instituto Histórico e Geográfico Brasileiro, vol. 6. Rio de Janeiro.

SILVA, cel. Ignacio Accioli de Serqueira. 1919/1940. *Memórias históricas e políticas da província da Bahia*. Bahia, Imp. Oficial do Estado, 6 vols.

SIMONSEN, Roberto. 1937. *História econômica do Brasil (1500-1820)*. São Paulo, Companhia Editora Nacional (Brasiliana, vols. 100 e 100a), 2 vols.

SODRÉ, Nelson Werneck. 1963. *Introdução à revolução brasileira*. Rio de

Janeiro.

SOUSA, Gabriel Soares de. 1971. *Tratado descritivo do Brasil em 1587*. São Paulo, Companhia Editora Nacional (Brasiliana, vol. 117).

SOUTHEY, Robert. 1862. *História do Brasil*. Rio de Janeiro, B. L. Garnier, 6 vols.

SOUZA LEITE, Antonio Attico de. 1898. *Fanatismo religioso, memória sobre o reino encantado na comarca de Villa Bella*. Juiz de Fora, Typ. Mattoso.

SPIX, J. B. von e Martius, C. F. P. von. 1938. *Viagem pelo Brasil*. Rio de Janeiro, *IHGBI* Imp. Nacional, 3 vols.

____________. 1938a. *Atlas*. Rio de Janeiro, lHGB/Imp. Nacional.

STADEN, Hans. 1942. Duas viagens ao Brasil. São Paulo, Pub. da Soc. Hans Staden.

STEWARD, Julian H. 1949. "The native population of South America" in *Handbook of South American Indians*, vol. 5. Washington, Smithsonian Institution.

____________. 1960. "Perspectivas de las plantaciones" in vários autores. *Sistemas de plantaciones en el Nuevo Mundo*. Washington.

STUDART, barão de. 1920/1923. "Documentos para a história do Brasil e especialmente a do Ceará" in *Revista do Instituto do Ceará*, vols. 24(1910), 34(1920), 35(1921), 36(1922), 37(1923). Fortaleza.

TAUNAY. Affonso de E. 1922. *Na era das bandeiras*. São Paulo, Melhoramentos.

____________. 1924/1950. *História geral das bandeiras paulistas*. São Paulo, Typ. Ideal H. L. Canton－Imp. Oficial do Estado, 11 vols.

____________. 1936. *A guerra dos bárbaros*. Separata do no. XXII da Revista do Arquivo.

____________. 1941. *Subsídios para a história do tráfico africano no Brasil colonial*. Rio de Janeiro, Imp. Nacional.

____________. 1952. *Ensaio de carta geral das bandeiras paulistas*. São Paulo, Melhoramentos.

TAVARES, Maria da Conceiçao e outros. 1964. "Auge y declinación del proceso de sustitución de importaciones en el Brasil" in *Boletin Económico de América Latina* (IX-1). Santiago de Chite.

TORRES, João Camilo de Oliveira. 1962. *História de Minas Gerais*. Belo Horizonte, Difusão Pan-Americana do Livro, 5 vols.

TOYNBEE, Arnold J. 1959. *Estudio de la historia* (*Compendio*). Buenos Aires, 2 vols.

VALENTE, Waldemar. 1963. Misticismo e religião. Aspectos do sebastianismo nordestino. Recife, Instituto Joaquim Nabuco de Pesquisas Sociais.

VALVERDE, Orlando. 1964. *Geografia agrária do Brasil*. Rio de Janeiro, vol. 1.

VARNHAGEN, Francisco A. de. 1854-7. *Historia geral do Brazil*. Madri, Imprensa de V. de Dominguez/lmprenta de J. del Rio, 1ª ed., 2 vols.

____________. 1962. *História geral do Brasil*. São Paulo, Melhoramentos, 5 vols.

VASCONCELOS, Diogo de. 1948. *História média de Minas Gerais*. Rio de Janeiro, INL, 2 vols.

____________. 1948a. *História média de Minas Gerais*. Rio de Janeiro, INL.

VIANNA, F. J. Oliveira. 1956. *Evolução do povo brasileiro*. Rio de Janeiro.

VIEIRA, pe. Antônio. 1925-8. *Cartas do padre Antônio Vieira, coordenadas e anotadas por J. Lúcio de Azevedo*. Coimbra, Imprensa da Universidade, 3 vols.

____________. 1951. *Sermões*. Porto, Lello e Irmãos Editores, 15 vols.

____________. 1951a, *Em defesa dos índios*－*Obras escolhidas*. Lisboa, Liv. Sá da Costa, vol. 5.

VIEIRA DA CUNHA, Mário Wagner. 1963. *O sistema administrativo brasileiro 1930/1950*. Rio de Janeiro.

VILHENA, Luís dos Santos. 1969. *A Bahia no século XVIII* (*Recopilação das notícias soteropolitanas e brasílicas*). Salvador, Ed. Itapuã, 3 vols.

VITÓRIA, Francisco de. 1696. *De indis y De iure belli* em *Relectiones morales*. Colonia, ed. Augusti Boetii, 1ª ed.

____________. 1943. *Las relecciones de indis y de iure belli*. Washington, Imprenta de la Union Panamericana.

WAGLEY, Charles e HARRIS, Marvin. 1955. "A typology of Latin American subcultures" in *American Anthropologist*, vol. 57, no. 3, pp. 428-451.

WAIBEL, Leo. 1947. "O sistema de plantações tropicais" in *Boletim Geográfico* (v-56). Rio de Janeiro.

____________. 1949. "Princípios de colonização européia no Sul do Brasil" in *Revista Brasileira de Geografia* (11-2), Rio de Janeiro.

____________. 1958, *Capítulos de geografia tropical e do Brasil*. Rio de Janeiro.

WILLEMS, Emílio. 1946. *A aculturação dos alemães no Brasil. Estudo antropológico dos imigrantes alemães e seus descendentes no Brasil*. São Paulo, Companhia Editora Nacional.

____________. 1947. *Cunha – Tradição e transição em uma cultura rural no Brasil*. São Paulo.

❙ 역자 후기 ❙

군부 쿠테타의 시련을 피해 해외 여러 나라에서 망명하던 시절 다르씨 히베이루가 집필한 문명 인류학 시리즈 전 5권(문명화의 과정』, 『아메리카와 문명화』, 『라틴아메리카의 딜레마』, 『브라질인: 브라질의 이론』 그리고 『인디오와 문명화』)은 저자가 브라질과 라틴아메리카의 인류학적 해석을 마감하는 기초를 놓는 성격의 저작들로서 이 책들을 통해 저자는 '설명 또는 해석 가능한 브라질'이라는 기본적인 물음에 답을 하려고 했다. 1995년 발표한 저자의 최대 역작 『브라질 민족: 브라질의 형성과 의미』는 위의 저작물을 마감하는 후속연구로 '어째서 브라질은 확실하게 발전하지 못하고 있는가?'라는 물음에 직면하여 쓴 최고의 인류학적 연구물이다.

이 책은 브라질과 브라질 민족의 형성을 인류학적 차원에서 해석하고 이론을 제시하려 시도한 것으로, 특히 다양한 인종-원주민 인디오와 흑인 그리고 유럽의 백인-의 기원에서부터 이들 인종의 혼합(또는 혼종)을 출발점으로 하여 브라질 사회의 형성과 사회문화적 과정, 각각의 인종에서 나타난 브라질의 의미 그리고 나아가 브라질의 민족적 도전과 발전을 해석하고자 했다. 저자는 특히 새로운 사회학적 구조의 모델을 브라질이 특이하게 갖고 있는 혼혈성(또는 혼종성)을 통해 보려고 시도했으며 이러한 혼혈성이 오늘날 브라질의 정신적이고도 실체적인 정체성의 근원이라고 말하고 있다.

저자는 민족으로서 브라질과 브라질 사람들의 잉태는 포르투갈 침략자들과 야생의 전원주의자들인 원주민 인디오, 노예로서 팔려온 아프리카 흑인 이 셋의 융합과 충돌 그리고 혼합으로 나타났으며 포르투갈 사람들의 정복과 집권으로 만들어진 이러한 융합에서 서로 다른 인종적 원형과 서로 다른 문화적 전통 그리고 차별된 사회적 구성은 서로 대치되었고 새로운 사회적 구조의 모델 내에서 새로운 민족으로 자리를 내주게 되었다고 말하고 있다. 그는 또한 진정 제설 혼합적 문화에 의해 활성화되고 그것에서 유래된 문화적 자취를 재규명함으로써 브라질 민족을 단일화된 뚜렷한 혼혈적 특징을 가지고 문화적으로 차별화된 새로운 민족적 인종이었다고 말하며 어쩌면 전혀 다른 새로운 인종일지 모른다고 설파하고 있다.

1995년 출간 이후 현재까지 브라질 국내뿐 아니라 전 세계 주요 언어로 번역되어 포르투갈의 식민 이전부터 브라질의 인종과 민족의 형성, 브라질의 사회문화적 양태 등을 일목요연하게 파악할 수 있는 이 책은 브라질 사회와 인종의 면모를 보다 정확히 파악할 수 있는 책임에 틀림없다.

따라서 이 책은 '총합의 문화' 또는 '통문화'(Transculturação)라고 일컬어지는 라틴아메리카, 특히 브라질의 사회적, 문화적 실체와 브라질이라는 실체적 현실체의 의미를 파악하고자 하는 다양한 브라질 연구자들에게 도움이 될 수 있다. 이 책은 서구에서는 이미 여러 언어로 번역되어 있어 많은 브라질 연구자에게 브라질의 실체와 본질의 의미를 깨닫게 하는 데 활용되고 있지만, 국내에서는 처음 번역되는 것으로 번역의 미진함은 전적으로 역자의 책임으로 돌린다. 브라질의 형성과 실체에 대한 저자의 논의를 꼼꼼한 읽기와 사고를 통하여 가급적 정확하게 전달하는 것이 역자의 역할이며 또한 역자의 일종의 중재적 역할이어야 함에도 불구하고 그러지 못했음은 역자의 모자란 능력 때문이라고 자인하며 독자 여러분의 애정 어린 이해와 냉엄한 질책을 바랄 뿐이다.

이 훌륭한 책을 번역할 기회를 제공해준 한국연구재단, 이 역서의 출판 기회를 허락해준 한국문화사, 몇 번씩이나 기일을 어기는 중에도 참고 기다려 보잘것없는 원고를 소중한 책으로 만들어준 이지은 팀장님, 모든 분들께 고마움을 표한다.

이광윤

찾아보기

ㄱ

가르시아 다빌라(Garcia D'Ávila) __175
가마(Luís Gama) __231
가브리엘 쏘아리스 지 쏘우자(Gabriel Soares de Sousa) __288
가우슈 문화(cultura gaúcha) __278
가우슈(gaucho) __11, 97
가이젤(Ernesto Geisel) __440
갈레고(Pero Galego) __82
게제(gegê)족 __114
고이따까(Goitacá)족 __24
곤자가(Gonzaga) __156
과이꾸루(Guaikuru)족 __26
교리문답 __72
구아나(Guaná)족 __27
국영석유회사(Petrobás) __208
국영전력회사(Eletrobrás) __208
그란지 오뗄루(Grande Otelo) __235
그리스도성(cristanidade) __55
그링구-까이뻬라(gringo-caipira) __278
금의 시대(Cíclo do Ouro) __282
까누두스(Canudos) __14, 172
까딸라웅(Catalão) __221
까라멜루스(caramelus) __85
까라무루(Caramuru) __81
까르네이루 형제(Mangabeira e Nelson Carneiro) __231
까르도주(Efraim Cardoso) __77
까르딩(Cardim) 신부 __183
까리조(Carijó)족 __24
까바나젱(Cabanagem) __324
까바누스(Cabanos) __14, 171
까보끌루(caboclo) __11, 96, 278
까부 베르지(Cabo Verde) 섬 __32
까브랄(Pedro Álvares Cabral) __79
까뽀에이라(capoeira) __230
까삐따니아(Capitania) __24
까에떼(Caeté)족 __91
까이삐라(caipira) __11, 278
까잉강(Kaingang)족 __111
깐돔블레 __212
깔데이라웅(José Lourenço do Caldeirão) __357
깔로제라스(Pandiá Calógeras) __372
께이로즈(Maria Isaura Pereira de Queiroz) __425
께이로즈(Maurício Vinhas de Queiroz) __425
꼬로넬(coronel) __349
꼬르떼자웅(Jaime Cortesão) __19, 77
꼬스따(Cláudio Manoel da Costa) __156
꼬엘류(Duarte Coelho) __83
꼰떼스따두(Contestado) __14, 426
꽁셀레이루(Antônio Conselheiro) __172
꾸루밍스(curumins) __87
꾸리보까(curiboca) __134
꾸냐(Euclides da Cunha) __179
꾸냐디즈무(cunhadismo) __77
끄루즈 이 쏘우자(Cruz e Sousa) __231
끄리오울루(crioulo) __11, 132, 278

ㄴ

나고(nagô)족 __114
나씨멘뚜(Abdias do Nascimento) __231

남극 프랑스(França Antártica) __88
넹엥가뚜(nheengatu) __123
노브레가(Nóbrega) 신부 __44, 53
노예무역 __62
노예선 __120
니무엔다주(Curt Nimuendaju) __131, 151
니에메이어(Oscar Niemeyer) __269
니콜라우스 5세 (교황) __31

ㄷ

단일작물 재배(모노컬쳐 시스템) __163
대저택과 노예숙소(Casa Grande & Senzala) __95
대토지소유제 __16
데하마(derrama) __374
두뜨라(Gaspar Dutra) __209
따모이우 동맹(Confederação dos Tamoios) __23
따바자라(Tabajara)족 __81
따뿌이아(Tapuia) __23, 92
떼르세이라웅(terceirão) __154
또르데질랴스 조약(Tratado de Tordesilhas) __53
또메 지 쏘우자(Tomé de Souza) 총독 __45
뚜삐(tupi) __19
뚜삐-과라니(tupi-guarani)어 __87
뚜삐남바(Tupinambá)족 __24, 39

ㄹ

라틴성(latinidade) __447
라틴아메리카 연합(Nações Latino-Americana) __446
로바뚜(Monteiro Lobato) __387
로뻬스 지 쏘우자(Lopes de Sousa) __83
루주(luso) __370

ㅁ

마뚜따-아쏘리아나(matuta-açoriana) __278
마뚜스(Gregório de Matos) __135
마르띵 아퐁쑤 지 쏘우자(Martim Afonso de Sousa) __84
마르티우스(Karl von Martius) __381
마멜루꾸(mameluco) __26
마싸뻬(massapé) __96, 281
마우리씨우(José Maurício) __231
마이라(Maíra) __34
마이르스(maírs) __39
마좀부(mazombo) __128
만딩가(Mandinga) __114
만지오까(mandioca) __22
말레(malé) __114
말로까(maloca) __125
메두엔 조약(Tratado de Methuen) __379
메스티소(mestiço) __161
메시아주의(messianismo) __355
메이링냐(Meirinha) __88
멘지스(Chico Mendes) __340
멜루 이 쏘우자(Melo e Souza) __382
멩 지 싸(Mem de Sá) __43, 90
모꼬(mocó) __347
모꼬까(Mococa) __223
몬또바(Ruiz de Montova) __108
무께르(Mucker) __14
문명화 과정 __31
물라뚜(mulatos) __95
미네이라 사람의 불충(不忠) __378
미네이리다지(mineiridade) __161
미션(missão) __49
민주농촌연맹(União Democrática Ruralista, UDR) __208

ㅂ

바까리아스 델 마르(Vacarias del Mar) __410
바떼이아(bateia) __373
바르가스(Getulio Vargas) __208
바르보자(Rui Barbosa) __231
바하까웅(barracão) __397
반다-포하(Banda-Forra) __154
발라이아다(Balaiada) __325
베들레엠 스틸(Bethlehem Steel) __338
벤뜨리 리브리(Lei do Ventre Livre) __240
벨류(Domingos Jorge Velho) __47
보또꾸두(Botocudo)족 __111
볼리바르(Simón Bolívar) __446
부에스꾸(M. Buescu) __166
붐(Boom) 경제 __163
브라질 섬(Ilha Brasil) __19
브라질레이루스(brasileiros) __127
브라질인디오(brasilíndios) __95, 127
브라질주의(brasileirismo) __251
브란다웅(Brandão) __97
블라스께즈(Antonio Blasquez) __92
비또리아(Francisco de Vitória) __53
빌라-로보스(Villa-Lobos) __269
빌레가뇽(Villegaignon) __88
빠라과쑤(Paraguaçu) 전투 __24
빠우-브라질(pau-brasil) 나무 __35
빠울리스따(paulista) __365
빨마리스(Palmares) __146
뻬드루 왕자(D. Pedro) __259
뻬레이라 꼬우찡유(Pereira Coutinho) __83
뻬로스(perôs) __39
뻴레(Pelé) __235
뽀띠과라(Potiguara)족 __82
뽀르띠나리(Portinari) __269
뽕발(Pombal) 후작 __51
쁘라두(Francisco Rodrigues do Prado) __26
삐씽깅냐(Pixinguinha) __235

ㅅ

사금채취업자(garimpeiro) __335
사탕수수 __62
산적행위(cangaço) __355
살따-아뜨라스(salta-atrás) __154
살바도르(Vicente do Salvador) 수사 __138
샤반찌(Xavante)족 __111
선교마을 __48
세바스찌아웅 왕(D. Sebastião) __98, 195
세습봉토제(世襲封土制, Capitania Hereditária) __83
세인트 힐레어(Saint-Hilaire) __149
세즈마리아 __84, 290
소수과두지배계층 __309
소수과두지배체제 __13
소촌락(vizinhos) __93
슈하스꾸(churrasco) __420
스튜어드(Julian Steward) __145
시빠이우(xipaio) __108
식인풍습 __53
신 로마성(neo-romanidade) __446
신 브라질인(Os Neobrasileiros) __121
신(新) 브리타니카 __64
십자군 전쟁 __61
싸끄라멘뚜 식민지(Colônia do Sacramento) __152, 407
싸르딩냐(Fernandes Sardinha) 주교 __98
싸웅 비센찌(São Vicente) __83
싼따 호자(Santa Rosa) __233
싼따렝(Satarém) __221
싼뚜 앙드레(Santo André) __80
싼뚜스 빌례나(Luís dos Santos Vilhena) __288

쎄르따네주 문화(cultura sertaneja) __278
쎄찌 뽀부스(Sete Povos) __57
쏘끌렝(Xokleng)족 __111
씨마하웅(chimarrão) __412
씨스쁠라띠나(Cisplatina) __408

ㅇ

아라부땅(arabutan) __39
아브레우(Capistrano de Abreu) __82, 139, 370
아씨스(Machado de Assis) __231
아이모레(Aimoré)족 __24, 92
아제베두(Lúcio de Azevedo) __176
아퐁쑤 왕(D. Afonso) __32
아프로-브라질 종교 __213
아프리카-브라질인(afro-brasileiros) __127
안냥가(Anhangá) __187
안또니우 비에이라(Antonio Vieira) __51, 53
안또닐(Antonil, João Antônio Andreoni) __287
안쉬에따(Anchieta) 신부 __43
알까세르-끼비르전투(Batalha de Alcácer-Quibir) __196
알레이자딩유(Aleihadinho) __156
알루파(alufá) __114
알바리스(Diogo Álvares) __81
알부께르끼(Jerônimo de Albuquerque) __81
야노마미(Yanomami)족 __25
엔꼬미엔다(encomienda) __289
엠보아바스 전쟁(Guerra dos Emboabas) __373
엥리께 왕자(D. Henrique) __32, 55
예수회 __45
오우루 쁘레뚜(Ouro Preto) __377
오지개척단 __102
올란다(Sérgio Buarque de Holanda) __28
외적 프롤레타리아 __71
요루바(Yoruba)족 __114
우이라(Uirá) __277
움반다 __213
원시 브라질인(protobrasileiro) __131
유럽성(europeidade) __66
이따마라까(Itamaracá) __85
이레이우뻬(Ereiupe) __187
이베로(ibero)족 __61
이비라마(Ibirama) __223
이에만자(Iemanjá) __230
이예링(Hermann von Ihering) __441
인디아니즘(Indianismo) __143
인디오성(indianidade) __56
인떼르 꼬에떼라(Inter Coetera) 칙서 __32
인종적 정체성 __12

ㅈ

자군쑤(jagunço) __178
자니자루(janízaro) __108
적도 프랑스(França Antártica) __82
정당한 전쟁 __48
젠찌 호자(gente roja) __102
젠찌(gente) __102
종교개혁 __89
종교재판소 __30
종교적 광신주의(fanatismo religioso) __355
줄리우 지 까스띨류스(Júlio de Castilhos) __223
중상주의 __31
중상주의적-노예제도 __71
지하드(Jihad) __60
찌라덴찌스(Tiradentes) __142

ㅊ

총독제(Governo Geral) __86

ㅋ

카니발 __213
카우디요(caudilho) __415
커틴(P. Curtin) __166
콩트(Augusto Comte) __150
쿠비체크(Juscelino Kubitschek) __209

ㅌ

탈문화(deculturação) __212
토인비(A. Toynbee) __258
토착백인 __13
토착주의 운동(Nativismo) __143

ㅍ

파라과이 전쟁(Guerra do Paraguai) __29
파벨라(favea) __200
페르난데스(Florestan Fernandes) __242
펠리뻬 두스 싼뚜스(Felipe dos Santos) __374
포르투갈성(性) (A Lusitanidade) __29
푸르따두(Celso Furtado) __153
프레이리(Gilberto Freyre) __56

ㅎ

하말류(João Ramalho) __79
하무스(Arthur Ramos) __114
하무스(Guerreiro Ramos) __231
하우사(Haussa)족 __114
하위계층 __216
한스 스타덴(Hans Staden) __25
헤꽁까부(Recôncavo) __46
현대예술주간(Semana de Arte Moderna) __402
호드리게스(Antônio Rodrigues) __79
호드리게스(José Honório Rodrigues) __304
호드리게스(Nina Rodrigues) __114
호자(Guimarãs Rosa) __270
혼동(Cândido Rondon) __150
혼혈노예(cabra) __225
혼혈화 __64

지은이 다르씨 히베이루(Darcy Ribeiro)

1922년 10월 브라질의 미나스 제라이스 주 몬찌스 끌라루스(Montes Claros)에서 출생하여 1997년 수도 브라질리아에서 사망한 다르씨 히베이루(Darcy Ribeiro)는 인류학자요, 작가요 정치가로 활약했으며, 라틴아메리카의 정체성에 대한 그의 사상은 훗날 수많은 라틴아메리카 학자와 연구자들에게 지대한 영향을 미쳤다.

20세기 브라질 최고 지성인 중의 한 사람으로 꼽히는 그는, 1946년 싸웅 빠울루 정치·사회과학원에서 인류학을 전공하여 박사학위를 받았으며 이후 수년 간(1947~1956) 인디오 보호 기구(Serviço de Proteção aos Índios)에서 브라질 각 지역의 인디오에 관한 연구를 수행했으며, 또한 인디오 박물관을 설립하여 운영하면서 원주민 인디오에 관한 다양한 연구, 조사활동을 펼치게 된다. 또한 그는 UNESCO와 공동으로 20세기 브라질 인디오 집단에 관한 문명화의 충격과 그 영향 등에 관해 연구하는 등 국제학회에서 브라질 인디오에 관한 연구의 대가로 알려지게 된다.

그는 교육개혁자로서도 능력을 발휘하여 학교 교육의 개혁에 헌신하여 오늘날의 브라질리아 대학을 설립하여 초대 총장을 지냈으며 1961년에는 자니우 꽈드루스 정부 하에서 교육부 장관을 역임하기도 했다. 이어 주엉 굴라르 대통령 직속 내각 수반을 역임하면서 교육에 대한 구조적인 개혁을 주도했지만 1964년 군부 쿠데타의 발발로 모든 정치적 권리가 박탈된 채 해외 망명길에 오르게 된다.

해외망명 중에도 그는 라틴 아메리카의 많은 국가, 칠레와 페루, 베네수엘라와 멕시코 그리고 우루과이 등지에서 새로운 대학 프로젝트라는 기치 하에 이들 지역의 대학 개혁에 적극 참여하기도 했다. 이때 당시 그는 문명 인류학에 관한 연구를 주제로 5권의 역작 『문명화의 과정』(1968), 『아메리카와 문명화』(1970), 『인디오와 문명화』(1970), 『브라질인: 브라질의 이론』(1972), 『라틴아메리카의 딜레마』(1978)를 발표하여 아메리카 민족의 불평등 발전의 원인을 설파했는데 이 책들은 출간 이후 브라질 뿐 아니라 전 세계 지성계에 커다란 반향을 일으키며 동시에 많은 국가에서 번역, 출간되었다.

그는 또한 망명 시절 자신의 처녀 소설집 『마이라』(Maíra, 1976)와 『물루』(O Mulo, 1981)를 발표하여 소설가로도 활약했으며 훗날 『야생의 유토피아』(Utopia Selvagem, 1982)와 『미구』(Migo, 1988)라는 작품을 추가 발표하면서 소설가로서의 그의 명성을 더욱 높이게 된다.

1976년 브라질로 귀국한 그는 1980년에 정치적으로 사면되어 교육과 정치에 전념하여 히우 지 자네이루 부지사와 주정부 산하 교육위원회의 수장으로 활동하여 공립교육과 유아 및 초등교육의 개혁에 헌신했다. 그는 또한 1990년 연방 상원의원에 당선되어 다양한 제도 개혁에 앞장서 정치가로서도 진면목을 보였으며 다양한 정치 활동에 참여했다. 이러한 업적을 인정받은 그는 소르본느 대학교와 코펜하겐 대학교에서 그리고 베네수엘라 등지에서 명예 박사학위를 수여받기도 했다.

그는 1995년 『브라질 민족: 브라질의 형성과 의미』라는 최고의 역작을 발표했는데 이 책은 앞서 발표된 문명 인류학에 관한 연구를 주제로 한 5권의 역작을 마감하는 책으로 기록되고 있다.

옮긴이 이광윤

한국외국어대학교 포르투갈(브라질)어과와 동 대학원 중남미지역연구학과를 졸업하고, 브라질로 유학하여 싸웅 빠울루 가톨릭대학교(PUC-SP) 대학원 커뮤니케이션과 기호학과에서 수학했다. 브라질에서 귀국 후 1991년 3월부터 현재까지 부산외국어대학교 포르투갈(브라질)어과 교수로 재직 중이다. 주요 저서로는 『브라질 문학사』, 『브라질 역사』, 『포르투갈·브라질의 역사문화기행』, 『실용포어작문』, 『실용포어』, 『브라질 흑인의 역사와 문화』 등이 있고, 주요 역서로는 『광란자』, 『호징냐, 나의 쪽배』, 『수정돛배』, 『기억을 파는 남자』 등이 있으며, 브라질의 모더니즘을 비롯한 현대문학과 문화, 브라질의 정체성 등에 관한 다수의 논문이 있다.